Gudrun Wacker

**Werbung in der VR China (1979-1989):
Entwicklung, Theorie, Probleme**

MITTEILUNGEN
DES INSTITUTS FÜR ASIENKUNDE
HAMBURG

---------------------------------------- Nummer 201 ----------------------------------------

Gudrun Wacker

# Werbung in der VR China (1979 - 1989)
## Entwicklung, Theorie, Probleme

--------------------------------------------------------------------------------
Hamburg 1991

Redaktion der Mitteilungsreihe des Instituts für Asienkunde:
Dr. Brunhild Staiger

Textgestaltung und Einbindung der chinesischen Schriftzeichen:
DruckWORK Meyer/Kleinbach GbR, Eisenbahnstr. 120, 7400 Tübingen

Umschlaggestaltung: Constanze Schelenz

Gesamtherstellung: Weihert-Druck GmbH, Darmstadt

ISBN 3-88910-096-1
Copyright Institut für Asienkunde
Hamburg 1991

**VERBUND STIFTUNG
DEUTSCHES ÜBERSEE-INSTITUT**

Das Institut für Asienkunde bildet mit anderen, überwiegend regional ausgerichteten Forschungsinstituten den Verbund der Stiftung Deutsches Übersee-Institut.

Dem Institut für Asienkunde ist die Aufgabe gestellt, die gegenwartsbezogene Asienforschung zu fördern. Es ist dabei bemüht, in seinen Publikationen verschiedene Meinungen zu Wort kommen zu lassen, die jedoch grundsätzlich die Auffassung des jeweiligen Autors und nicht unbedingt des Instituts für Asienkunde darstellen.

für Wolfgang,
ohne den es nicht gegangen wäre

## INHALTSVERZEICHNIS

VERZEICHNIS DER ABKÜRZUNGEN  11

0. EINLEITUNG  13

1. ENTWICKLUNG DER WERBUNG IN DER VR CHINA  24

    1.1. AUSGANGSLAGE 1949 UND ENTWICKLUNG BIS 1978  24

    1.1.1. Die Phase des wirtschaftlichen Wiederaufbaus (1949 bis 1952)  25

    1.1.2. Die Phase der sozialistischen Umgestaltung (1953 bis 1956)  30

    1.1.3. Die Periode nach Beendigung der sozialistischen Umgestaltung (1957 bis 1965)  34

    1.1.4. Die Periode des "zehnjährigen Chaos" (1966 bis 1976)  38

    1.1.5. Zusammenfassung  40

    1.2. WERBUNG IN DER VR CHINA SEIT 1978/79  42

    1.2.1. 1978/79 bis 1981: Wiederaufnahme der Werbung nach dem 3. Plenum des XI. ZK  42

    1.2.2. 1982: Das Jahr der "Vorläufigen Bestimmungen" und der ersten Ausrichtung der Werbung  67

    1.2.3. 1983: Die Gründung des Chinesischen Werbeverbandes  80

    1.2.4. 1984 bis 1986: Organisatorischer Aufbau und erneute Ausrichtung  86

    1.2.5. 1987: Der Werbekongreß der Dritten Welt und die "Bestimmungen zur Regelung der Werbung"  109

    1.2.6. 1988 und 1989: "Konsolidierung"  119

## 2. GESETZLICHER UND ORGANISATORISCHER RAHMEN DER WERBUNG IN DER VR CHINA 130

### 2.1. DIE "VORLÄUFIGEN BESTIMMUNGEN" UND DIE "BESTIMMUNGEN" ZUR WERBUNG 130

### 2.2. DIE VERWALTUNG DER WERBUNG 147

- 2.2.1. Das Staatliche Industrie- und Handelsverwaltungsamt 147
- 2.2.2. Verwaltung der Werbung auf zentraler und regionaler Ebene 148
- 2.2.3. Ausführungsanordnungen zu den gesetzlichen Bestimmungen 151

### 2.3. CHINESISCHE WERBEVERBÄNDE 153

- 2.3.1. Der Chinesische Werbeverband 153
- 2.3.2. Der Chinesische Werbeverband für außenwirtschaftliche Beziehungen und Handel 164

## 3. THEORETISCHE ANSÄTZE ZUR WERBUNG IN CHINA 170

### 3.1. WAS IST WERBUNG? - VERSUCHE EINER DEFINITION 170

- 3.1.1. Lexika, Nachschlagewerke, Handbücher 171
- 3.1.2. Monographien und Aufsätze 173

### 3.2. LEGITIMATION DER WERBUNG IM SOZIALISMUS 180

### 3.3. SOZIALISTISCHE VERSUS KAPITALISTISCHE WERBUNG 188

### 3.4. PRINZIPIEN DER SOZIALISTISCHEN WERBUNG 196

- 3.4.1. Ideologischer Charakter (*sixiangxing* 思想性) 198
- 3.4.2. Wahrheitscharakter (*zhenshixing* 真实性) 201
- 3.4.3. Künstlerischer Charakter (*yishuxing* 艺术性) 204
- 3.4.4. Planungscharakter (*jihuaxing* 计划性) 206

|  |  |  |  |
|---|---|---|---|
| | 3.4.5. | Nationaler Stil (*minzu fengge* 民族风格) | 208 |
| | 3.4.6. | Andere Prinzipien | 209 |
| 3.5. | DIE ROLLE DER WERBUNG IM SOZIALISMUS | | 210 |
| | 3.5.1. | Informationsfunktion | 213 |
| | 3.5.2. | Förderung der Produktion (*cujin shengchan* 促进生产) | 220 |
| | 3.5.3. | Erweiterung der Zirkulation (*kuoda liutong* 扩大流通), Beschleunigung der Zirkulation (*jiasu liutong* 加速流通) | 223 |
| | 3.5.4. | Anleitung des Konsums (*zhidao xiaofei* 指导消费 oder *yindao xiaofei* 引导消费) | 224 |
| | 3.5.5. | Erleichterung des Lebens des Volkes (*fangbian renmin shenghuo* 方便人民生活) | 228 |
| | 3.5.6. | Entwicklung der internationalen Wirtschaftsbeziehungen und des Handels (*fazhan guoji jingji maoyi* 发展国际经济贸易) | 229 |
| | 3.5.7. | Dienst am Aufbau der beiden Zivilisationen (*wei jianshe liang ge wenming fuwu* 为建设两个文明服务) | 231 |
| 3.6. | ZUSAMMENFASSUNG | | 235 |
| **4.** | **KONFLIKTFELDER IN DER CHINESISCHEN WERBUNG** | | **240** |
| 4.1. | WERBEFIRMEN VERSUS MEDIEN | | 240 |
| | 4.1.1. | Die chinesische Situation und ihre Ursachen | 240 |
| | 4.1.2. | Ausländische Vorbilder | 254 |
| | 4.1.3. | Chinesische Lösungen | 258 |
| | 4.1.4. | Zusammenfassung | 264 |
| 4.2. | WERBUNG UND NACHRICHTEN | | 266 |
| | 4.2.1. | Die Vermischung von Werbung und Nachrichten | 267 |
| | 4.2.2. | Die Abgrenzung von Werbung und Nachrichten | 270 |

|  |  |  |
|---|---|---|
| 4.2.3. | Ursachen und Auswirkungen der Nachrichtenwerbung | 276 |
| 4.2.4. | Zusammenfassung | 279 |

### 4.3. AUSLÄNDISCHE WERBUNG IN CHINA — 281

|  |  |  |
|---|---|---|
| 4.3.1. | Das Beispiel Toyota | 282 |
| 4.3.2. | "Öffnung nach außen" oder "Landesverrat" | 285 |
| 4.3.3. | Untersuchungen | 289 |
| 4.3.4. | Zusammenfassung | 293 |

## 5. SCHLUSSBEMERKUNGEN — 294

## SUMMARY — 298

## ANHANG — 303

### TABELLEN — 304

### BIBLIOGRAPHIE — 311

#### CHINESISCHE UND WESTLICHE LITERATUR — 311
#### GESETZLICHE BESTIMMUNGEN UND VERORDNUNGEN — 351

## Verzeichnis der Abkürzungen

| | |
|---|---|
| *BRu* | *Beijing Rundschau* |
| *Ca* | *China aktuell* |
| *CBR* | *The China Business Review* |
| *CMJJ* | *Caimao Jingji* 财贸经济 |
| *CQ* | *China Quarterly* |
| *GMRB* | *Guangming Ribao* 光明日报 |
| *RMRB* | *Renmin Ribao* 人民日报 |
| *XWZX* | *Xinwen Zhanxian* 新闻战线 |
| *ZGGG* | *Zhongguo Guanggao* 中国广告 / China Advertising |
| *ZGGGB* | *Zhongguo Guanggao Bao* 中国广告报 (ab Juni 1987 umbenannt in *Zhongguo Gong-Shang Bao*) |
| *ZGGGNJ* | «Zhongguo guanggao nianjian» bianjibu (Hg.): *Zhongguo guanggao nianjian (1988 nian)* «中国广告年鉴» 编辑部编: 中国广告年鉴 *(1988 年)*. (Jahrbuch der chinesischen Werbung [1988], hg. vom Redaktionskomitee 'Jahrbuch der chinesischen Werbung'). Beijing: Xinhua chubanshe, 1988. |
| *ZGGSB* | *Zhongguo Gong-Shang Bao* 中国工商报 (vormals *Zhongguo Guanggao Bao*) |

# 0. EINLEITUNG

In den westlichen Industrienationen ist jeder einzelne tagtäglich mit einer wahren Flut von Werbebotschaften konfrontiert, und Werbung wurde - durch die allgemeine Wirtschaftsentwicklung vor allem nach dem Zweiten Weltkrieg - zu einem eigenen Industriezweig und bedeutenden ökonomischen Faktor.[1] Dabei ist bislang nicht einmal mit Sicherheit geklärt, welchen Einfluß kommerzielle Werbung auf den Absatz von Waren, oder allgemeiner, welche Wirkung sie auf das Verhalten der Rezipienten bzw. Konsumenten hat.[2] Die zahlreichen Publikationen, die zur kommerziellen Werbung in marktwirtschaftlichen Systemen erschienen sind, befassen sich mit dem Thema unter allen erdenklichen Gesichtspunkten und zeichnen sich durch ein außerordentlich breites Spektrum kontroverser Anschauungen und Meinungen aus.[3]

Im sozialistischen Wirtschaftssystem mit zentral geplanter Produktion und Distribution spielte Werbung über lange Zeit keine nennenswerte Rolle, zumal sie in der orthodoxen marxistischen Ideologie als unproduktive Verschwendung betrachtet wird und daher abgelehnt wurde. Seit Ende der fünfziger, Anfang der sechziger Jahre gewann Wirtschaftswerbung aber auch in den Staaten Osteuropas an Bedeutung. Dies gilt insbesondere für Jugoslawien und Ungarn, die beide mit marktwirtschaftlichen Elementen zu experimentieren begannen, aber auch für die Sowjetunion und andere Länder, die weiterhin an einer zentralisierten Planwirtschaft festhielten.[4] Dieser neuen Entwicklung, welche im allgemeinen auf die

---

[1] Einige Zahlen aus dem Jahr 1986 verdeutlichen dies: In den USA beliefen sich die Werbeausgaben auf 102 Mrd. US$, das sind 424 US$ pro US-Bürger. Japan lag mit 18 Mrd. US$ bei den Werbeausgaben an zweiter Stelle. Die Bundesrepublik Deutschland gab etwa 8 Mrd. US$ für Werbung aus, d.h. etwa 133 US$ pro Kopf.

[2] Mit den verschiedenen Theorien, die zu dieser Frage aufgestellt wurden, setzt sich kritisch auseinander Eva Heller: *Wie Werbung wirkt: Theorien und Tatsachen*, Frankfurt/M., 1984.

[3] Einen Überblick über die Positionen und Argumente der Gegner und der Verteidiger der Werbung bieten Klaus G. Grunert und Eduard Stupening: *Werbung - ihre gesellschaftliche und ökonomische Problematik*, Frankfurt/M. und New York, 1981.

[4] Durch die in der Sowjetunion begonnenen und noch geplanten Reformen und die dramatischen Veränderungen in Osteuropa seit Ende 1989 hat sich dieses Bild natürlich vollkommen gewandelt.

gegenüber den Nachkriegsjahren verbesserte wirtschaftliche Lage bzw. das sich verbessernde Warenangebot zurückgeführt wird, wurde in den Staaten Osteuropas selbst durch eine verstärkte theoretische Auseinandersetzung mit der Rolle der Werbung im Sozialismus Rechnung getragen.[5] Auch im Westen entstanden in den sechziger und siebziger Jahren einige Studien zur Werbung im Sozialismus, denen teilweise - über die Darstellung ihrer Funktionen, Möglichkeiten und Grenzen im Sozialismus hinaus - weitergehende Fragestellungen und Zielsetzungen zugrundeliegen: In einigen Arbeiten wird die Rolle der Werbung in sozialistischen Staaten untersucht, um die Funktionen der Werbung in der kapitalistischen Welt aus einer neuen Perspektive zu beleuchten[6] oder um Vergleiche über die Rolle der Werbung in unterschiedlich organisierten Wirtschaftsabläufen anzustellen.[7] Andere Beiträge wollen erklärtermaßen westlichen Unternehmen Informationen darüber liefern, was bei der Vermarktung von Produkten und der Planung und Durchführung von Werbeaktionen in osteuropäischen Staaten zu beachten ist.[8] Die VR China schließen die westlichen Studien der sechziger Jahre zur Werbung im Sozialismus als

---

[5] Einige aus osteuropäischer Sicht verfaßte Beiträge sind in westlichen Nachschlagewerken und Aufsatzsammlungen zur Werbung aufgenommen. Ein Beispiel hierfür sind die Arbeiten des Polen Emil Peter Ehrlich: "Werbung in der sozialistischen Volkswirtschaft", *Handbuch der Werbung mit programmatischen Fragen und praktischen Beispielen von Werbefeldzügen*, hg. von Chr. K. Behrens, Wiesbaden, 1970, pp.982-992; ders.: "Werbung im Wandel der sozialistischen Planwirtschaft", *Werbung im Wandel 1945-1995. Eine Sammlung von werbefachlichen Texten*, hg. von Carl Hundhausen, Essen, 1972, pp.103-114.

[6] Dies gilt beispielsweise für Marshall I. Goldman: "Product Differentiation and Advertising: Some Lessons from Soviet Experience", *The Journal of Political Economy*, Vol.68, No.4 (Aug.1960), pp.346-357; und andere Arbeiten desselben Autors.

[7] Dies ist eines der Ziele von Endre Antal: *Die Funktionen der Werbung im System der zentralen Wirtschaftslenkung*, Wiesbaden, 1970 (= Giessener Abhandlungen zur Agrar- und Wirtschaftsforschung des europäischen Ostens, Bd.52); und von Philip Hanson: *Advertising and Socialism. The Nature and Extent of Consumer Advertising in the Soviet Union, Poland, Hungary and Yugoslavia*, London und Basingstoke, 1974.

[8] Beispielsweise publizierte die Zeitschrift *Der Volkswirt* im Jahre 1966 ein Beiheft mit zehn Beiträgen zum Thema "Ostmarketing". Siehe *Der Volkswirt. Wirtschafts- und Finanz-Zeitung*, Beiheft zu No.19 vom 13. Mai 1966.

Untersuchungsgegenstand nicht mit ein,[9] obwohl Werbung nur während der Kulturrevolution (bis 1976) völlig aus China "verbannt" war.

Mit den Ende 1978 eingeleiteten Reformen im Bereich der Wirtschaft wurde Wirtschaftswerbung in China nicht nur wieder erlaubt, sondern sie nahm innerhalb der darauffolgenden Jahre stetig an Umfang und Bedeutung zu. Gemessen an den Ausgaben für Werbung in den kapitalistischen Industrienationen, sind die Umsatzzahlen der Werbebranche in der Volksrepublik China zwar auch heute noch immer sehr gering, sie stiegen aber zwischen 1981 und 1989 von rund 110 Mio. Yuan auf fast zwei Mrd. Yuan an. Die Zahl der registrierten Werbeeinheiten und der in der Werbung Beschäftigten nahmen seit Beginn der Wirtschaftsreformen ebenfalls in erheblichem Umfang zu, so daß man das Werbewesen in China mit Fug und Recht als "Wachstumsbranche" bezeichnen kann. Mag, insgesamt betrachtet, Werbung in China auch noch kein bedeutender ökonomischer Faktor sein, so ist sie doch mittlerweile in alle Bereiche des chinesischen Alltages - besonders in den Städten - eingedrungen: Die Einkaufsstraßen in den Großstädten werden von großen Werbetafeln und den Schaufensterauslagen der Kaufhäuser beherrscht, entlang der Bahnlinien und in den öffentlichen Verkehrsmitteln wird geworben. Die Massenmedien publizieren und senden nicht nur täglich Werbung, sondern sie sind zunehmend auch auf Werbeeinnahmen angewiesen. Große Sportveranstaltungen werden ebenso durch Sponsorenwerbung mitfinanziert wie die Publikation von Jahrbüchern. Allein schon durch ihre starke Präsenz stellt die Werbung eine Größe dar, deren Bedeutung für die chinesische Gesellschaft nicht unterschätzt werden darf.

*Chinesische Materialien*

Mit der Wiederzulassung kommerzieller Werbung setzte in der VR China auch eine rege Publikationstätigkeit zum Thema Werbung ein. Eine entscheidende Rolle bei der praktischen und theoretischen "Rehabilitierung" der Werbung kam den chinesischen Tageszeitungen zu, die als erstes Massenmedium wieder Werbung publizierten und seit Anfang 1979 wichtige Ereignisse und Entwicklungen aus dem Bereich der Werbung und des Werbewesens berichten und kommentieren. In den achtziger Jahren entstanden dann eine ganze Reihe von Monographien zur Werbung bzw. Werbelehre allgemein sowie zu speziellen Themenbereichen wie

---

[9] Eine Ausnahme bildet Carter R. Bryan: "Communist Advertising: Its Status and Functions", *Journalism Quarterly*, Vol.39, No.3 (Autumn 1963), pp.500-506. In diesem Beitrag wird am Rande erwähnt, Werbung in der VR China beschränke sich fast ausschließlich auf Anschlagzettel an Mauern (p.505).

Werbedesign, Werbeplanung oder Werbepsychologie.[10] In zahlreichen Fachzeitschriften insbesondere aus den Bereichen Wirtschaft, Pressewesen, Sprachwissenschaft und Kunst wurden Beiträge zur ökonomischen und gesellschaftlichen Funktion der Werbung publiziert. Und im Jahr 1988 erschien das erste (und bislang einzige) Jahrbuch zur chinesischen Werbung,[11] das einen ausführlichen Überblick über die Entwicklungen der vorangegangenen Jahre vermittelt und in dem wichtige Dokumente wie beispielsweise die bis zu diesem Zeitpunkt erlassenen staatlichen Bestimmungen und Zirkulare zur Werbung abgedruckt sind. Zudem gibt es mittlerweile zwei Fachzeitschriften, die sich ausschließlich mit Werbung befassen: Bereits seit 1981 erscheint in Shanghai vierteljährlich die Zeitschrift *Zhongguo Guanggao* 中国广告 / *China Advertising*, die als Diskussionsforum für die gesamte chinesische Werbebranche dient. Und Anfang 1985 wurde mit *Guoji Guanggao* 国际广告 / *International Advertising* ein Periodikum gegründet, das sich hauptsächlich an die im chinesischen Exporthandel Beschäftigten wendet.

Die wichtigste Quelle, um Einblicke in die aktuellen Diskussionen auf dem Gebiet der chinesischen Werbung zu gewinnen, ist zweifellos die Zeitschrift *Zhongguo Guanggao*, die ein breites Spektrum von Themen bietet, die alle Bereiche der Werbung umfassen. Quantitativ überwiegen Beiträge, die praktische Kenntnisse über bestimmte Werbetechniken, beispielsweise das Dekorieren von Schaufenstern oder Werbephotographie, vorstellen und vermitteln sollen.[12] Artikel, in denen

---

[10] Als Beispiele seien hier nur genannt: Fu Hanzhang 傅汉章 und Kuang Tiejun 邝铁军: *Guanggaoxue* 广告学 (Werbelehre), Guangdong: Guangdong gaodeng jiaoyu chubanshe, 1985; dies.: *Guanggao xinlixue* 广告心理学 (Werbepsychologie), o.O.: Huazhong Shifan Daxue chubanshe, 1988; Ding Yunpeng 丁允朋: *Xiandai guanggao sheji* 现代广告设计 (Modernes Werbedesign), Shanghai: Shanghai renmin meishu chubanshe, 1987; Tang Rencheng 唐仁承: *Guanggao cehua* 广告策划 (Werbeplanung), Beijing: Qinggongye chubanshe, 1989. Außerdem erschienen auch einige Übersetzungen ausländischer Arbeiten zur Werbung.

[11] «Zhongguo guanggao nianjian» bianjibu (Hg.): *Zhongguo guanggao nianjian (1988 nian)* «中国广告年鉴» 编辑部编: 中国广告年鉴 *(1988 年)*. (Jahrbuch der chinesischen Werbung [1988], hg. vom Redaktionskomitee 'Jahrbuch der chinesischen Werbung'), Beijing: Xinhua chubanshe, 1988. [ZGGGNJ]

[12] In den Jahren 1982 und 1983 setzte die Zeitschrift ZGGG noch in jeder Ausgabe einen bestimmten thematischen Schwerpunkt: Schaufensterdekoration (1982, No.1), Druckwerbung (1982, No.2), Rundfunk-, Fernseh- und Filmwerbung (1982, No.3), Ausstellungen (1983, No.3) oder

Mitarbeiter aus der Werbebranche oder aus Industrie- und Handelsunternehmen über die Planung und Durchführung von Werbeaktionen und deren Erfolg berichten, dienen dem praktischen Erfahrungsaustausch, gleichzeitig wird damit die positive Wirkung der Werbung immer wieder von neuem dokumentiert. Die in der chinesischen Werbung existierenden Probleme - irreführende Werbung, illegale Geschäftspraktiken usw. - werden ebenfalls dargestellt und kommentiert. Daneben finden sich vorwiegend theoretische Ausführungen zu den ökonomischen und gesellschaftlichen Funktionen und Aufgaben der Werbung im Sozialismus - meist geschrieben von Wissenschaftlern aus Forschungs- und Bildungseinrichtungen wie z.B. Handelsakademien. Schließlich enthält jede Ausgabe mindestens einen programmatisch-ideologischen Artikel, welcher die anstehenden Aufgaben im Bereich der Werbung im jeweiligen ökonomischen und/oder ideologischen Kurs von Partei und Staat verankert oder daraus herleitet.

Die Autoren, die zum Thema Werbung publizieren - seien es eigene Monographien oder Artikel in *Zhongguo Guanggao* oder anderen Zeitschriften -, sind ohne Ausnahme der Auffassung, daß Werbung für die Modernisierung Chinas notwendig ist. Es besteht zwar keine Einigkeit darüber, in welchem Umfang Werbung getrieben werden sollte oder inwieweit die Organisation des Werbewesens und die Werbemethoden kapitalistischer Länder China als Vorbild dienen können. Immer wieder wird Kritik an bestimmten Erscheinungsformen der Werbung in China laut. Eine Position aber, die den Nutzen der Werbung für die chinesische Wirtschaft und Gesellschaft grundsätzlich verneint, wurde in keiner Veröffentlichung seit Beginn der Wirtschaftsreformen explizit vertreten.

*Westliche Wahrnehmungen - Zum Forschungsstand*

Die Reformen im Bereich der Wirtschaft, die in der VR China im Jahr 1978 eingeleitet wurden, und die damit verbundene Politik der ökonomischen "Öffnung nach außen" wurden in den westlichen Industrieländern mit Interesse beobachtet und haben bei westlichen Unternehmen große Hoffnungen auf neue Absatzmärkte und Investitionsmöglichkeiten geweckt, wenn auch allzu optimistische Einschätzungen in der Folgezeit durch Phasen einer restriktiveren Wirtschaftspolitik der chinesischen Führung wieder revidiert werden mußten.

Im Rahmen der wirtschaftlichen Reformen war die Wiederzulassung kommerzieller Werbung ein Schritt, welcher dem Traum vom riesigen und unerschlossenen chinesischen Markt eine neue Dimension hinzufügte: Internationale Werbeagenturen, so schreibt Eric Clark in der Einleitung zu seinem Buch *Weltmacht Werbung*, be-

---

POP-Werbung, also Werbung, die "am Ort des Verkaufs" (*point of purchase*) gemacht wird (1983, No.4) usw.

trachten das kommunistische China als "der Welt größter ungenutzter Werbemarkt".[13]

In die westlichen Medien fand das Thema "Werbung in der VR China" als berichtenswertes "Kuriosum" Eingang: Nicht nur in überregionalen deutschsprachigen Zeitungen,[14] sondern auch in den Auslandsmagazinen des Fernsehens wurde einer breiteren Öffentlichkeit ein anschauliches Bild der chinesischen Werbung vermittelt. Die überwiegende Mehrzahl westlicher Veröffentlichungen über Werbung in China aber richtet sich an westliche Wirtschaftskreise oder Unternehmer und versorgt diese - ähnlich wie früher im Falle Osteuropas - mit Hintergrundinformationen und praktischen Ratschlägen, welche Werbemöglichkeiten ausländischen Unternehmen in der Volksrepublik China offenstehen.[15] Der ausführlichste bislang erschienene "Ratgeber" dieser Art ist das 1985 in Hongkong erschienene Buch *Advertising and Marketing in China: Past, Present and Future*, das seinem Adressaten die Werbemöglichkeiten nicht nur im heutigen, sondern auch im künftigen China zu erklären verspricht und unter Verweis auf die Öffnung Chinas für westliche Waren verkündet:

---

13  Siehe Eric Clark: *Weltmacht Werbung*, Bergisch-Gladbach, 1989, p.9.

14  Siehe beispielsweise Andreas Theyssen: "Weichzeichner für Zahnräder", *Die Zeit*, No.32 (31. Juli 1987), p.18; Willy Linder: "Werbung in China", *Neue Zürcher Zeitung*, 12./13. Dezember 1987, pp.77-79 [mit Bildern von Georg Gerster]; und Georg Gerster: "Duftender Frühling", *Süddeutsche Zeitung*, No.94 (23./24. April 1988), p.11. Insbesondere der Artikel von Willy Linder enthält interessante Überlegungen zur Rolle und Problematik der Werbung in China.

15  Beispiele solcher Beiträge sind: Hans Breithaupt: "Werbung in der VR China", *Mitteilungen der Bundesstelle für Außenhandelsinformation. Beilage zu den NfA [Nachrichten für Außenhandel]*, Januar 1984, pp.1-8; Kathryn Dewenter: "Who's Who in Chinese Advertising", *CBR*, November-December 1980, pp.29-30; Edith Terry: "Advertising in China: Open Channels, New Ideas", *CBR*, March-April 1980, pp.48-51; Scott D. Seligman: "China's Fledgling Advertising Industry. The start of something big?", *CBR*, January-February 1984, pp.12-17; ders.: "Corporate and Product Promotion", *CBR*, May-June 1986, pp.8-13; ders.: "Translating Your Trademark into Chinese", *CBR*, November-December 1986, pp.14-16; Lois Bolton: "Chinese ad unit determines society's needs, not wants", *Advertising Age*, August 20, 1979, S-13; Lynne Reaves: "China: A new frontier for advertisers", *Advertising Age*, September 16, 1985, pp.74 und 78.

> You, the marketer, cannot assume that those end-users [in China, G.W.] have any knowledge of your company or its products. Only recently released from the information void of the "Cultural Revolution", the Chinese consumer is a virtual blank. Now is your opportunity to imprint your name upon it.[16]

Die Erfüllung des Traumes von der Erschließung des riesigen chinesischen Marktes, so suggeriert das Buch, ist, nachdem die "Linken der Alten Garde" ihre "letzte Schlacht" [sic!] im September 1985 verloren haben,[17] zumindest in greifbare Nähe gerückt:

> Realizing the full potential of the China market is still a dream of the future. But now is the time to take the first steps towards realizing that dream.[18]

Daß sich mit den 1978/79 begonnenen Wirtschaftsreformen in der VR China Möglichkeiten für den Absatz westlicher Industrie- und Konsumgüter in China eröffnet haben und daß hierbei Werbung - vorausgesetzt, sie wird richtig eingesetzt - eine unterstützende Rolle spielen kann, ist die zentrale Botschaft solcher Veröffentlichungen. Obwohl diese Arbeiten in ihrer Themenstellung eingeschränkt und auf einen speziellen Leserkreis zugeschnitten sind, lassen sich darin auch viele nützliche Informationen über die generelle Entwicklung der Werbung in China finden.

Neben den Publikationen, die als "Marketingberater" für ausländische Anbieter konzipiert sind, nimmt sich die bislang erschienene Literatur, welche die Wiederzulassung der Werbung und ihre Entwicklung nach 1978 unter dem Gesichtspunkt ihrer wirtschaftlichen, politischen oder auch ihrer ideologischen Bedeutung für China behandelt, sehr bescheiden aus.

---

[16] [O.Verf.:] *Advertising and Marketing in China: Past, Present and Future*, Hongkong, 1985, p.1.

[17] Siehe [o.Verf..] *Advertising and Marketing in China: Past, Present and Future*, p.334. Daß hier davon ausgegangen wird, die "konservativen" Kräfte in der Partei hätten ihre "letzte Schlacht" verloren, bezieht sich offenbar auf die personellen Veränderungen in der Parteiführung. Siehe dazu Peter Schier: "Die Nationale Delegiertenkonferenz der Kommunistischen Partei Chinas im September 1985 und die neue Zusammensetzung der Parteiführungsgremien", Teil 1: *Ca*, September 1985, pp.609-623.

[18] [O.Verf.:] *Advertising and Marketing in China: Past, Present and Future*, p.334.

Ein erster solcher Beitrag wurde Anfang 1982 von James Chu publiziert.[19] Chu faßt in diesem kurzen Artikel die wichtigsten Entwicklungsstationen der chinesischen Werbung von 1979 bis 1981 sowie die Rolle, die ihr zugeschrieben wird, zusammen. Einige der Kernpunkte Chus müssen angesichts der Veränderungen in den Jahren nach 1981 revidiert, andere ergänzt werden. So gilt beispielsweise die Aussage, die chinesischen Medien seien nicht profitorientiert und betrachteten Werbung nicht als wichtige Einnahmequelle,[20] - im Jahr 1981 durchaus berechtigt - nur noch bedingt. Auch Chus Feststellung, es gebe keine "offizielle Werbephilosophie" in China[21] läßt sich in dieser Pauschalität nicht aufrechterhalten.

Im September 1990 erschien ein Beitrag in *China Quarterly*, dessen Autor Randall Stross primär die ideologische Dimension der Werbung in China beleuchtet.[22] Die Wiederaufnahme der Werbung in der VR China hält Stross insofern für eine der wichtigsten unter den in den achtziger Jahren wiederbelebten Einrichtungen und Verfahrensweisen, als sie für China die Notwendigkeit mit sich brachte, früher getroffene Unterscheidungen zwischen sozialistischem und kapitalistischem Gesellschaftssystem zu überdenken und zu revidieren.[23] Stross' Hauptinteresse gilt dem ideologischen "Feldzug", den die chinesischen Verteidiger der Werbung führten.[24] Er betrachtet die chinesischen Publikationen zum Thema Werbung im wesentlichen als Legitimierungsversuche - eine Einschätzung, die von der Verfasserin der hier vorgelegten Arbeit geteilt wird. Ein gewisser Mangel des Beitrags von Stross ist die wenig systematische Zusammenstellung und Präsentation chinesischer Materialien und Fallbeispiele, die beim Leser ein zu diffuses Bild entstehen lassen. Einige im Hinblick auf Stross' selbst formulierte Zielsetzung relevante Aspekte - beispielsweise zur Unterscheidung kapitalistischer und sozialistischer Werbung in der chinesischen Literatur - blieben völlig unberücksichtigt.

---

[19] James Chu: "Advertising in China: Its Policy, Practice and Evolution", *Journalism Quarterly*, Vol.59, No.1 (Spring 1982), pp.40-45 und 91.

[20] Siehe James Chu: "Advertising in China: Its Policy, Practice and Evolution", p.41 und p.44.

[21] Siehe James Chu: "Advertising in China: Its Policy, Practice and Evolution", p.40.

[22] Randall Stross: "The Return of Advertising in China: A Survey of the Ideological Reversal", *CQ*, No.123 (September 1990), pp.485-502. Da dieser Artikel erst kurz vor Fertigstellung der vorliegenden Arbeit erschien, kann er in ihrem Hauptteil nur am Rande berücksichtigt werden.

[23] Siehe Randall Stross: "The Return of Advertising in China: A Survey of the Ideological Reversal", p.485.

[24] Siehe ebenda.

Mit den oben genannten Beiträgen ist die westliche Sekundärliteratur zum Thema "Werbung in China" weitgehend erschöpft.

*Zielsetzung dieser Arbeit*

Eine Studie, welche die Entwicklung der Werbung und des Werbewesens in der VR China nach 1979 systematisch aufgearbeitet hätte, stand bislang noch aus. Zentrales Anliegen der vorliegenden Arbeit ist es daher, diese Lücke zu schließen. Für dieses Vorhaben, das noch weitgehend unerschlossenes Neuland betritt, erwies es sich als unerläßlich, neben dem eigentlichen Prozeß, wie und in welchem Rahmen sich der Aufbau des chinesischen Werbewesens vollzog, auch die in der chinesischen Werbeliteratur vertretenen ideologisch-theoretischen Grundpositionen sowie die wesentlichen Problembereiche innerhalb des Entwicklungsprozesses ausführlich zu behandeln und zu analysieren. Die Darstellung endet mit dem Jahr 1989, wenn auch noch einige danach erschienene Publikationen einbezogen werden konnten.

Ein Bereich der Werbung in China, der außerhalb des in der vorliegenden Arbeit gesetzten thematischen Schwerpunktes liegt, soll an dieser Stelle zumindest angerissen werden: Für den in dieser Arbeit behandelten Zeitraum wurde darauf verzichtet, ausführlich auf Theorie und Praxis der Werbetechniken und Gestaltungsprinzipien chinesischer Werbung einzugehen. Was die in chinesischen Publikationen verbreiteten theoretischen Vorstellungen von wirkungsvoller Gestaltung und effizientem Einsatz moderner Werbung anbelangt, so läßt sich ganz generell sagen, daß diese in der schlichten Übernahme westlicher Erkenntnisse und Prinzipien bestehen. Praktisch das gesamte Instrumentarium, das zur westlichen Marktforschung, Werbeplanung und Werbepsychologie gehört, hat in die chinesische Literatur Eingang gefunden. Darunter fallen beispielsweise Kriterien für die Wahl des geeignetsten Werbemediums, der an den "Lebenszyklus" des Produktes angepaßte Einsatz von Einführungswerbung, Erhaltungswerbung und Reduktionswerbung, die Wirkung verschiedener Farben auf den Verbraucher bzw. auf unterschiedliche Altersgruppen oder auch Prinzipien für die Länge und Struktur eines Fernsehwerbespots unter dem Gesichtspunkt der menschlichen Merkfähigkeit.[25]

---

25 An dieser Stelle seien nur einige Literaturhinweise gegeben: Zur Wahl des richtigen Werbemediums siehe z.B. Mei Ruhe 梅汝和 und Chen Xinkang 陈信康: "Guanggao meiti xuanze zong-heng tan" 广告媒体选择纵横谈 (Freies Gespräch über die Auswahl von Werbemedien), *ZGGG*, 1988, No.1, pp.5-8. Mit dem Lebenszyklus von Produkten befassen sich Fu Hanzhang 傅汉章: "Guanyu guanggaoxue de jige wenti" 关于广告学的几个问题 (Zu einigen Fragen der Werbelehre), *ZGGG*, 1981, No.1, pp.14-

Auch die AIDA- bzw. AIDAS-Formel, die besagt, daß Werbung beim Konsumenten einen Prozeß in Gang setzt oder setzen soll, der die Stufen *attention* (Aufmerksamkeit), *interest* (Interesse), *desire* (Wunsch), *action* (Kaufakt) und *satisfaction* (Befriedigung) beinhaltet, gehört in China längst zum festen Inventar des Werbevokabulars.[26] Dies bedeutet natürlich noch nicht, daß diese Techniken und Erkenntnisse auch in der Praxis angewandt werden, aber man gibt sich Mühe, sie der chinesischen Werbebranche nahezubringen. Eine Analyse, in welchen Medien und wofür geworben wird, welche sprachlichen, darstellerischen, optischen und akustischen Mittel dabei zum Einsatz kommen, inwieweit sich diese Mittel in den Jahren nach Beginn der Werbung verändert haben - kurz, die Analyse dessen, wie nun eigentlich Werbung in China aussieht, muß zukünftigen Untersuchungen vorbehalten bleiben.

Aus der Themenstellung und Zielsetzung dieser Arbeit ergibt sich folgende Gliederung: Der erste Teil des ersten Kapitels stellt vor, wie Entwicklung und Rolle der Werbung in der Zeit von der Gründung der VR China bis zum 3. Plenum des XI. ZK im Dezember 1978 aus der Rückschau chinesischer Autoren der achtziger Jahre präsentiert und beurteilt werden. Teil zwei bietet eine chronologische Darstellung der wichtigen Stationen und Ereignisse beim Aufbau und Ausbau des chinesischen Werbewesens. Der gesetzliche und organisatorische Rahmen, in den das chinesische Werbewesen eingebettet ist, und die wesentlichen Veränderungen und Konstanten, die sich in der Dekade von 1979 bis 1989 feststellen lassen, werden in

---

20; Di Naizhuang 邸乃壮: "Chanpin guanggao celüe" 产品广告策略 (Strategie der Produktwerbung), *Qiye Guanli* 企业管理, 1984, No.7, pp.47-48; Yu Cai 于才: "Guanggaoxue yu xinli" 广告学与心理 (Werbelehre und Psyche), *Xiandaihua* 现代化, 1982, No.8, pp.30-31. Zur Farbpsychologie siehe Yi Ding 艺丁: "Sheji secai de yingyong" 设计色彩的应用 (Anwendung des Designs von Farben), *ZGGG*, 1984, No.2, pp.18-19 [mit Abb. pp.38-39]; [o.Verf.:] "Yanse yu xiaofeizhe de guanxi" 颜色与消费者的关系 (Die Beziehung von Farbe und Verbraucher), *Juece yu Xinxi* 决策与信息, 1987, No.5, p.25. Zur Gestaltung von Fernsehwerbung siehe Er Dong 尔冬: "Dianshi guanggao chuyi" 电视广告刍议 (Meine bescheidene Meinung zur Fernsehwerbung), *ZGGG*, 1985, No.4, pp.19-20; Xu Yi 徐益: "Dianshi guanggao de gousi yuanze" 电视广告的构思原则 (Prinzipien der Konzeption von Fernsehwerbung), *ZGGG*, 1987, No.1, pp.31-32.

26 Siehe beispielsweise Fu Hanzhang und Kuang Tiejun: *Guanggao xinlixue*, pp.12-13; Shen Yanghua 沈扬华, Yu Tijun 余惕君 und Liu Rujin 刘汝金: *Guanggao de xuewen* 广告的学问 (Kenntnisse der Werbung), Shanghai: Shanghai Jiaotong Daxue chubanshe, 1986, p.29.

Kapitel zwei erläutert. Kapitel drei stellt die Grundzüge des ideologisch-theoretischen Gebäudes vor, mit Hilfe dessen die Werbung als notwendiger Bestandteil des reformierten sozialistischen Wirtschaftssystems legitimiert und begründet wird. Kapitel vier zeigt am Beispiel von drei Konfliktfeldern auf, welchen spezifischen Problemen sich das chinesische Werbewesen gegenübersieht. Die wichtigsten Ergebnisse sind in den Schlußbemerkungen nochmals zusammengefaßt.

# 1. ENTWICKLUNG DER WERBUNG IN DER VR CHINA

## *1.1. Ausgangslage 1949 und Entwicklung bis 1978*

Die für den vorliegenden Teil der Arbeit herangezogenen Darstellungen über die Entwicklung des chinesischen Werbewesens von 1949 bis 1979 sind ohne Ausnahme in den achtziger Jahren entstanden. Publikationen zur chinesischen Werbung, die aus der fraglichen Zeit selbst stammen, sind bibliographisch nicht nachweisbar. Der Mangel an zeitgenössischen Materialien erklärt sich aus der insgesamt marginalen Rolle der Werbung innerhalb des chinesischen Wirtschaftssystems sowie aus ihrer negativen Bewertung in der "orthodoxen" marxistischen Polit-Ökonomie.[1] Auch wenn in der VR China zumindest bis Mitte der sechziger Jahre Wirtschaftswerbung in gewissem Umfang betrieben wurde, war sie offenbar kein Thema, mit dem man sich auf theoretischer Ebene näher beschäftigt hätte. Erst nachdem der Werbung im Zuge der ökonomischen Reformen nach 1978 eine positive Funktion für Chinas Wirtschaftsaufbau und Modernisierung zuerkannt worden war,[2] befaßten sich einige wenige Publikationen auch mit der früheren Geschichte der Werbung in der VR China. An diesen Darstellungen fällt auf, daß sie generell die üblich gewordene Zeiteinteilung für die fünfziger bis siebziger Jahre - dreijähriger Wiederaufbau der Wirtschaft, sozialistische Umgestaltung bzw. erster Fünfjahresplan, "Großer Sprung" und anschließende Rekonsolidierung, zehnjähriges Chaos bzw. Kulturrevolution[3] - zugrundelegen und für die Entwicklungsphasen der chinesischen Werbung weitgehend auch die mit diesem Schema einhergehende Bewertung der einzelnen Zeitabschnitte übernehmen. Zudem ist eine starke Übereinstimmung in der Präsentation der Ereignisse festzustellen, die häufig bis in einzelne Formulierungen hineinreicht.[4]

---

[1] Siehe dazu auch 3.2. dieser Arbeit.

[2] Siehe dazu Kap.3 dieser Arbeit.

[3] Siehe z.B. Shangyebu shangye jingji yanjiusuo 商业部商业经济研究所: *Xin Zhongguo shangye shigao (1949-1982)* 新中国商业史稿 *(1949-1982)* ([Forschungsinstitut für Handelswirtschaft des Handelsministeriums:] Entwurf einer Geschichte des Handels im neuen China, 1949-1982), Beijing: Zhongguo caizheng jingji chubanshe, 1984.

[4] Ähnliches läßt sich auch für die Arbeiten über die Geschichte der Werbung in China *vor* 1949 sagen: Vor dem Hintergrund des marxistischen Periodisierungsmodells der Geschichte von der Urgesellschaft über die Sklaven-

Die oben geschilderte Materiallage läßt es nicht zu, für den Zeitraum von 1949 bis 1978/79 ein in sich stimmiges und in seinen Einzelheiten auch belegbares Bild der Entwicklung des chinesischen Werbewesens zu vermitteln. Die folgenden Ausführungen sind daher ein Abriß dessen, was chinesische Autoren aus ihrer spezifischen Perspektive der achtziger Jahre als wesentliche Entwicklungsetappen und -aspekte der Werbung präsentieren.

### 1.1.1. Die Phase des wirtschaftlichen Wiederaufbaus (1949 bis 1952)

Die allgemeine wirtschaftliche Lage Chinas zum Zeitpunkt der kommunistischen Machtübernahme wird als schwierig und die anstehenden Aufgaben für die neue Regierung als komplex charakterisiert.[5] Die Verantwortung für die schwierige ökonomische Situation wird der "finsteren Herrschaft der reaktionären Guomindang-Regierung"[6] angelastet, aber auch der Kriegszeit und der langwährenden Unterdrückung Chinas durch Imperialismus, Feudalismus und bürokratischen Kapitalismus.[7] In den Jahren vor 1949 schnellten die Preise in die Höhe, Industrie und Handel stagnierten,[8] und auch das Werbewesen, das sich in

---

haltergesellschaft zum Feudalismus wird die Entwicklung der chinesischen Werbung an immer wieder denselben Zitaten aus der klassischen Literatur und an denselben Standardbeispielen demonstriert. Am ausführlichsten wird die Geschichte der Werbung vor 1949 behandelt in Xu Baiyi 徐百益 (Hg.): *Shiyong guanggao shouce* 实用广告手册 / *Practical Advertising Handbook*, Shanghai: Shanghai fanyi chuban gongsi, 1986, pp.28-61.

[5] Siehe Zhongguo Guanggao Hanshou Xueyuan jiaowu weiyuanhui 中国广告函授学院教务委员会 (Hg.): *Guanggao jianshi (shiyong)* 广告简史 (试用) (Kurze Geschichte der Werbung [Probeausgabe], hg. von Unterrichtskommission des Fernlehrinstituts für chinesische Werbung), Vol.1, o.O., o.J. [Vorwort vom Januar 1986], p.16.

[6] Ebenda.

[7] Siehe Liu Linqing 刘林清 und Chen Jixiu 陈季修: *Guanggao guanli* 广告管理 (Regelung der Werbung), Beijing: Zhongguo caizheng jingji chubanshe, 1989, p.59.

[8] Siehe [o.Verf.:] "Jianguo yilai guanggaoye fazhan gaikuang" 建国以来广告业发展概况 (Abriß der Entwicklung des Werbewesens seit der Staatsgründung), *ZGGGNJ*, pp.9-19, hier: p.9.

den zwanziger und dreißiger Jahren vor allem in den Großstädten an der Küste stark entwickelt hatte,[9] lag "in den letzten Zügen" (*yanyan yixi* 奄奄一息)[10].

Die wirtschaftlichen Hauptaufgaben für die Zeit nach 1949 werden folgendermaßen beschrieben:

> Man mußte den ökonomischen Einfluß des Imperialismus in China beseitigen, das Bürokratenkapital beschlagnahmen, die private Industrie und den Handel dazu bringen, sich auf einem für die Finanzverwaltung des Staates und die Lebenshaltung des Volkes (*guoji minsheng* 国计民生) nützlichen Weg zu entwickeln, und die Volkswirtschaft rasch wiederaufbauen [...].[11]

Beim Wiederaufbau der industriellen und landwirtschaftlichen Produktion und bei der Belebung der Wirtschaft nahm auch das Werbewesen einen Aufschwung - insbesondere in den Großstädten, in denen schon zuvor Werbefirmen konzentriert waren. Die Verwaltungsarbeit in der Werbung wurde, wie auch in allen anderen Bereichen der Wirtschaft, wieder aufgenommen. Die Volksregierungen von Shanghai, Tianjin, Chongqing und anderen Städten richteten Werbeverwaltungsorgane ein, wobei die administrative Zuständigkeit für die Werbung je nach Stadt bei verschiedenen Behörden (Kulturamt, Industrie- und Handelsamt oder Amt für öffentliche Dienste) lag.[12] Außerdem wurden von den Volksregierungen dieser Städte neue allgemeine Werbebestimmungen erlassen, zuerst im April 1949 in Tianjin, im Dezember desselben Jahres in Shanghai und Ende 1951 in Chongqing.

---

9  Zur Werbung in der Republikzeit siehe Xu Baiyi: *Shiyong guanggao shouce*, pp.46-60; Liu Linqing und Chen Jixiu: *Guanggao guanli*, pp.53-58; und Zhongguo Guanggao Hanshou Xueyuan jiaowu weiyuanhui (Hg.): *Guanggao jianshi (shiyong)*, Vol.1, pp.8-15. In diesen drei Darstellungen wird hervorgehoben, daß seit Beginn des anti-japanischen Widerstandskrieges auch die von der KP publizierten Zeitungen in den befreiten Gebieten Werbung, vor allem für politische Bücher, veröffentlicht hätten.

10 [O.Verf.:] "Jianguo yilai guanggaoye fazhan gaikuang", p.9; dieselbe Formulierung verwendet Zhongguo Guanggao Hanshou Xueyuan jiaowu weiyuanhui (Hg.): *Guanggao jianshi (shiyong)*, Vol.1, p.16.

11 Zhongguo Guanggao Hanshou Xueyuan jiaowu weiyuanhui (Hg.): *Guanggao jianshi (shiyong)*, Vol.1., p.16; diese Formulierung ist wörtlich übernommen in Liu Linqing und Chen Jixiu: *Guanggao guanli*, p.59.

12 Siehe Zhongguo Guanggao Hanshou Xueyuan jiaowu weiyuanhui (Hg.): *Guanggao jianshi (shiyong)*, Vol.1, p.16; und [o.Verf.:] "Jianguo yilai guanggaoye fazhan gaikuang", p.9.

Einige Städte regelten zusätzlich spezielle Bereiche der Werbung.[13] Der Erlaß neuer Werbebestimmungen mit einem klaren Geltungsbereich, die Vorschriften und Verbote in bezug auf Werbeinhalte enthielten und die Frage der von den möglichen Werbeauftraggebern vorzulegenden Genehmigungen und Bescheinigungen regelten, wird als einer der Schwerpunkte der Werbearbeit auf administrativer Ebene in der Zeit von 1949 bis 1952 hervorgehoben[14] und gleichzeitig als Beweis dafür angeführt, daß der Werbetätigkeit von offizieller Seite eine gewisse Bedeutung beigemessen wurde.[15]

Ein zweiter Aspekt, der die Arbeit im Bereich der Werbung in dieser Zeit auszeichnete, war eine erste "Ausrichtung" (zhengdun 整顿) des privat betriebenen Werbewesens.[16] Da nach 1949 zunächst keine neuen Werbefirmen gegründet, sondern die alten, von Imperialismus und Kompradorenbourgeoisie geprägten Firmen in Privatbesitz weitergeführt wurden, deren Werbung sich häufig der Fälschung, Übertreibung und des Aberglaubens bediente, galt es, die Politik der Partei, welche die Nutzung, Einschränkung und Umgestaltung der nationalen Bourgeoisie vorsah, auch im Bereich des Werbewesens zu realisieren. Dazu wurden die kleinen und verstreuten Werbefirmen zu größeren "zusammengefaßt" (hebing 合并) und "einige Werbefirmen mit unkorrektem Geschäftsstil, geringer Kapazität oder [solche] am Rande des Bankrotts aufgelöst"[17]. Die Werbefirmen der Stadt Tianjin

---

[13] Z.B. erließ das Gesundheitsamt von Tianjin im Jahr 1949 Bestimmungen für die Arzneimittelwerbung; das Industrie- und Handelsamt der Stadt Shanghai legte zwischen 1950 und 1951 Regelungen für Geschenkwerbung, postalische Werbung, Flugblattwerbung, Neonreklame, Rundfunkwerbung und Außenwerbung fest. Siehe Zhongguo Guanggao Hanshou Xueyuan jiaowu weiyuanhui (Hg.): *Guanggao jianshi (shiyong)*, Vol.1, p.16.

[14] Siehe dazu Liu Linqing und Chen Jixiu: *Guanggao guanli*, p.60; und [o.Verf.] "Jianguo yilai guanggaoye tazhan gaikuang", pp.9-10. Verboten war es unter anderem, die Staatsflagge, Abbildungen von revolutionären Führern usw. für kommerzielle Zwecke zu mißbrauchen; ebenso durfte keine Werbung gemacht werden, die Aberglauben involvierte, die öffentliche Moral untergrub oder sich anderweitig negativ auswirkte.

[15] Dieser Aspekt wird betont in Zhongguo Guanggao Hanshou Xueyuan jiaowu weiyuanhui (Hg.): *Guanggao jianshi (shiyong)*, Vol.1, p.16.

[16] Siehe Liu Linqing und Chen Jixiu: *Guanggao guanli*, pp.60-61.

[17] Liu Linqing und Chen Jixiu: *Guanggao guanli*, p.61. Dieselben Formulierungen verwendet Zhongguo Guanggao Hanshou Xueyuan jiaowu weiyuanhui (Hg.): *Guanggao jianshi (shiyong)*, Vol.1, p.16. Eine nähere

beispielsweise wurden unter Leitung eines der städtischen Handelsämter im Jahr 1951 zu einer Werbezentrale (*guanggao zongdian* 广告总店) mit fünf Zweigstellen zusammengelegt.[18] Eine weitere Maßnahme bestand darin, die Kontrolle über die privaten Werbefirmen durch Gewerbeverbände (*tongye gonghui* 同业公会 oder *hangye gonghui* 行业公会) zu verstärken. In Chongqing hatte der Gewerbeverband für die Werbung, der 1949 aufgebaut worden war, zunächst 31 Mitgliedsfirmen, die auf der Basis ihrer Kapital- und Personalausstattung in drei Kategorien eingeteilt waren.[19] Im Jahr 1952 waren davon noch achtzehn übrig.[20] Die etwa hundert großen und kleinen Mitgliedsfirmen in der 1950 gegründeten Branchenvereinigung Shanghais waren nach ihrem jeweiligen Hauptbetätigungsfeld - Werbetafeln, Zeitungen und andere - eingeteilt.[21] Das Industrie- und Handelsamt von Shanghai legte fest, daß für jede kommerzielle Werbung in Rundfunk oder Zeitung eine erste Überprüfung vom Gewerbeverband vorzunehmen und danach die endgültige Genehmigung vom Industrie- und Handelsamt einzuholen sei.[22] Zudem konnten die Verbände eingesetzt werden, um neu erlassene Werbebestimmungen gezielt unter den Werbefirmen bekannt zu machen[23] oder um die Politik der kommunistischen Partei zu propagieren.[24]

---

Erklärung, wie diese Zusammenfassung vonstatten ging und welche Konsequenzen sie für die Firmen hatte, wird nicht gegeben.

[18] Siehe Liu Linqing und Chen Jixiu: *Guanggao guanli*, p.61; und Zhongguo Guanggao Hanshou Xueyuan jiaowu weiyuanhui (Hg.): *Guanggao jianshi (shiyong)*, Vol.1, p.16. Das Beispiel Tianjins wird auch in [o.Verf.:] "Jianguo yilai guanggaoye fazhan gaikuang", p.11 aufgeführt, dort allerdings unter der nächsten Entwicklungsetappe der "sozialistischen Umgestaltung".

[19] Siehe Liu Linqing und Chen Jixiu: *Guanggao guanli*, p.61.

[20] Siehe [o.Verf.:] "Jianguo yilai guanggaoye fazhan gaikuang", p.10. Die Reduzierung von 31 auf 18 Werbefirmen bleibt hier ohne Erklärung.

[21] Ebenda. Siehe dazu auch Xu Baiyi (Hg.): *Shiyong guanggao shouce*, p.61. Xu hebt hervor, die Gründung des Gewerbeverbandes in Shanghai habe bei den Werbeleuten auch wieder Zuversicht in bezug auf die Zukunft geweckt.

[22] Siehe [o.Verf.:] "Jianguo yilai guanggaoye fazhan gaikuang", p.10. Siehe auch Liu Linqing und Chen Jixiu: *Guanggao guanli*, p.62.

[23] Siehe z.B. Xu Baiyi (Hg.): *Shiyong guanggao shouce*, p.62.

[24] In Liu Linqing und Chen Jixiu: *Guanggao guanli*, p.63 wird beschrieben, wie die Werbebranche zur Propagierung des Renminbi als allgemeines Zahlungsmittel eingesetzt wurde.

Andere wichtige politisch-administrative Maßnahmen, die sich auf die Werbung auswirkten, waren die Übernahme von öffentlichen Rundfunksendern und Zeitungen sowie die verstärkte Kontrolle privat betriebener Zeitungen und Rundfunksender. Allein in Shanghai gab es zum Zeitpunkt der Machtübernahme durch die KP 22 öffentliche und 23 private Rundfunksender. Während die öffentlichen Sender von der Militärkontrollkommission der Stadt Shanghai verschiedenen Einrichtungen wie dem Amt für öffentliche Sicherheit u.a. übergeben wurden,[25] bereitete man für die privaten ebenfalls die Gründung eines Berufsverbandes vor. Einige der privaten Sender wurden verboten,[26] die übrigen zusammengefaßt und gemischt staatlich-privat (gong-si heying 公私合营) betrieben.[27] Schließlich nahm am 1. Oktober 1952 der staatlich-private Vereinigte Rundfunksender Shanghais die Arbeit auf, ein Jahr später wurde er ganz verstaatlicht.

Die ingesamt 83 nacheinander errichteten Volksrundfunksender Chinas strahlten zunächst auch Werbeprogramme aus. Der Rundfunksender Tianjins konnte sich völlig aus seinen Werbeeinnahmen finanzieren, der Beijings führte sogar Gewinne an den Staat ab. Rundfunkwerbung, so lautet die Schlußfolgerung in zwei Darstellungen, habe nicht nur den materiellen Austausch belebt, sondern auch die Ausgaben des Staates für diese öffentlichen Einrichtungen gesenkt.[28] Jedoch traten in dieser Zeit auch Probleme in der Rundfunkwerbung auf:

> 1. Reiner Profitstandpunkt - Einzelne Sender verkaufen sogar ihre gesamte Sendezeit, Werbemittler reißen alles an sich, um Werbung zu machen.
> 2. Man fragt nicht nach Politik, versteht die Wirtschaftspolitik des Staates nicht, berücksichtigt die Interessen der Massen nicht und fügt ihnen sogar Schaden zu.
> 3. Der Inhalt der Werbung wird nicht geprüft, man nimmt sie an, ohne feste Grundsätze zu haben. Es kommt sogar vor, daß

---

[25] Siehe Liu Linqing und Chen Jixiu: *Guanggao guanli*, p.62.

[26] Das Verbot betraf nach Xu Baiyis Darstellung die beiden "reaktionären" Sender "Neue Stimme" (*Xinsheng* 新声) und "Frohe Botschaft" (*Fuyin* 福音). Siehe Xu Baiyi (Hg.): *Shiyong guanggao shouce*, p.62.

[27] Ebenda. Xu beschreibt die Zusammenlegung als Resultat der Erkenntnis der Verantwortlichen und der Mehrheit der Angestellten dieser Sender, daß "private Rundfunksender in den Bereichen der menschlichen, materiellen und finanziellen Ressourcen der großen Aufgabe der Rundfunkpropaganda nicht gerecht werden können".

[28] Siehe [o.Verf.:] "Jianguo yilai guanggaoye fazhan de gaikuang", p.10; und Liu Linqing und Chen Jixiu: *Guanggao guanli*, pp.62-63.

geschmacklose und vulgäre Erzählgeschichten [...] ausgestrahlt werden, um Werbe[aufträge] anzulocken.[29]

Diese Kritikpunkte wurden von einer Konferenz der nordchinesischen Volksrundfunksender aufgestellt, die im September 1952 auf Weisung des Zentralen Rundfunkamtes in Tianjin stattfand und die Erfahrungen in der Rundfunkwerbung der vorangegangenen beiden Jahre zusammenfassen sollte.[30] Zur Korrektur der kritisierten Geschäftspraktiken wurde die Einrichtung eines strengeren Kontrollsystems gefordert.

Ebenso wie die Rundfunksender übernahmen auch die 253 Zeitungen, die nach 1949 entweder neu gegründet oder wiederpubliziert wurden, Werbeaufträge und hatten teilweise eigene Werbeabteilungen.[31]

Insgesamt werden sowohl die Rolle der Werbung als auch die Entwicklung des Werbewesens zwischen 1949 und 1952 von den chinesischen Autoren positiv beurteilt. Doch bereits in dieser Phase, so wird in einer Darstellung abschließend angemerkt, wurden "die ideologischen und theoretischen Bedingungen für die spätere Einschränkung und das Verbot der Werbung vorbereitet": Da sich die neue Regierung enormen praktischen und theoretischen Problemen gegenübersah, die vordringlich gelöst werden mußten, fand eine gründliche Untersuchung der sozialistischen Warenwirtschaft und der mit der Warenwirtschaft einhergehenden Werbung noch nicht statt. Infolgedessen war das Wissen über Werbung sehr begrenzt, ihre Rolle wurde falsch beurteilt und manche sahen in ihr ein Produkt des Kapitalismus.[32]

### 1.1.2. Die Phase der sozialistischen Umgestaltung (1953 bis 1956)

Die zweite Entwicklungsetappe der Werbung und der Werbebranche umfaßt in der Literatur den Zeitraum von 1953 bis 1956 und wird vor dem allgemeinen wirtschafts- und entwicklungspolitischen Hintergrund des ersten Fünfjahresplans und der Generallinie der Partei für den Übergang Chinas zum Sozialismus und

---

29 [O.Verf.:] "Jianguo yilai guanggaoye fazhan gaikuang", p.10.

30 Ebenda. Die Konferenz wird auch erwähnt in Liu Linqing und Chen Jixiu: *Guanggao guanli*, p.63.

31 Siehe Zhongguo Guanggao Hanshou Xueyuan jiaowu weiyuanhui (Hg.): *Guanggao jianshi (shiyong)*, Vol.1, p.17; und Liu Linqing und Chen Jixiu: *Guanggao guanli*, p.62.

32 So die Einschätzung in Liu Linqing und Chen Jixiu: *Guanggao guanli*, p.64.

vom Agrarland zum Industrieland dargestellt. *Guanggao jianshi (shiyong)* charakterisiert diese Phase folgendermaßen:

> In bezug auf die privat betriebene Industrie und den Handel führte der Staat zu dieser Zeit die Wirtschaftspolitik der privaten Verarbeitung und staatlichen Warenbestellung und des zentralisierten Ankaufs und garantierten Verkaufs durch. Dies wirkte sich günstig darauf aus, die Preisstabilität auf dem Binnenmarkt zu gewährleisten, die Produktion voranzutreiben, die Zirkulation zu beleben, die kapitalistische Industrie und den Handel in die staatliche Planung einzubeziehen und den geplanten Wirtschaftsaufbau in großem Umfang zu entfalten.[33]

Die sozialistische Umgestaltung bezog natürlich auch die Werbebranche mit ein: Durch ideologische Erziehung unter Leitung der örtlichen Volksregierungen wurde den in der Werbung Beschäftigten "geholfen, die kapitalistische Geschäftsideologie und Geschäftsweise zu erkennen und zu überwinden".[34] Die alten Werbefirmen wurden in Werbefirmen "mit sozialistischem Charakter" umgewandelt. Diese Umwandlung bestand im wesentlichen darin, die vorhandenen Werbefirmen in größeren Einheiten zusammenzufassen und diese der Leitung städtischer Ämter zu unterstellen, wie Tianjin dies bereits im Jahre 1951 getan hatte.[35] In Shanghai wurden zwei solcher Einheiten gebildet, von denen die eine - Shanghai-shi Guanggao Zhuanghuang Gongsi 上海市广告装潢公司 (Shanghaier Werbe- und Dekorationsfirma) bzw. Zhongguo Guanggao Gongsi Shanghai-shi Fen-gongsi 中国广告公司上海市分公司 (Shanghaier Zweigfirma der Chinesischen Werbefirma) - dem Handelsamt, die andere - Shanghai-shi Guanggao Meishu Gongsi 上海市广告美术公司 (Shanghaier Werbe- und Kunstfirma) bzw. Shanghai

---

33  Zhongguo Guanggao Hanshou Xueyuan jiaowu weiyuanhui (Hg.): *Guanggao jianshi (shiyong)*, Vol.1, p.17. Eine inhaltlich übereinstimmende Darstellung bringt [o.Verf.] "Jianguo yilai guanggaoye fazhan gaikuang", p.11.

34  Zhongguo Guanggao Hanshou Xueyuan jiaowu weiyuanhui (Hg.): *Guanggao jianshi (shiyong)*, Vol.1, p.17; fast identische Formulierung in Liu Linqing und Chen Jixiu: *Guanggao guanli*, p.65; und in [o.Verf.:] "Jianguo yilai guanggaoye fazhan gaikuang", p.11.

35  Die Werbezentralstelle Tianjins, die zunächst dem dritten Handelsamt unterstand, wurde in der Periode der sozialistischen Umgestaltung dem Industrie- und Handelsverwaltungsamt, im Jahr 1956 dann dem Kulturamt der Stadt unterstellt und in Tianjin Kunst- und Designfirma umbenannt. Siehe [o.Verf.:] "Jianguo yilai guanggaoye fazhan gaikuang", p.11.

Meishu Sheji Gongsi 上海美术设计公司 (Shanghaier Kunst- und Designfirma) - dem Kulturamt unterstand.[36] Entsprechende Einrichtungen wurden in Beijing mit der Kunstfirma der Stadt Beijing unter Leitung des Kulturamtes und in Guangzhou mit der Kunst- und Werbefirma geschaffen.[37] *Guanggao jianshi (shiyong)* urteilt über diese Entwicklung:

> Der Aufbau staatlich betriebener Werbefirmen brachte eine grundlegende Veränderung in Serviceobjekt und Propagandainhalt der Werbung sowie in ihrer Funktion mit sich und machte sie zu einem wichtigen Instrument der sozialistischen Wirtschaftspropaganda.[38]

Die administrative Kontrolle über die Werbung wurde durch Ergänzung und Korrektur der bereits erlassenen oder durch die Erarbeitung neuer Werbebestimmungen ausgedehnt. Die Stadt Guangzhou verkündete im Jahr 1954 detaillierte Vorschriften für Werbung jeder Art, in Tianjin, Shanghai und Guangzhou wurde eine Registriergebühr für Werbung eingeführt, und in Shanghai ergriff man zusätzliche Maßnahmen zur besseren Kontrolle der Werbung mit Handzetteln für Zigaretten, Medikamente usw.[39]

Insgesamt ging die Werbung in den Jahren von 1953 bis 1956 quantitativ erheblich zurück, denn da für viele Produkte der Absatz über den staatlichen Handel garan-

---

[36] Die Angaben in der Literatur stimmen zwar in der Frage der zuständigen Ämter überein, weichen aber in bezug auf die Namen der beiden Firmen voneinander ab. Vgl. dazu Zhongguo Guanggao Hanshou Xueyuan jiaowu weiyuanhui (Hg.): *Guanggao jianshi (shiyong)*, Vol.1, p.17; [o.Verf.:] "Jianguo yilai guanggaoye fazhan gaikuang", p.11; Liu Linqing und Chen Jixiu: *Guanggao guanli*, p.65; und Xu Baiyi: *Shiyong guanggao shouce*, p.63.

[37] Siehe [o.Verf.:] "Jianguo yilai guanggaoye fazhan gaikuang", p.11; Zhongguo Guanggao Hanshou Xueyuan jiaowu weiyuanhui (Hg.): *Guanggao jianshi (shiyong)*, Vol.1, p.17; und Liu Linqing und Chen Jixiu: *Guanggao guanli*, p.65.

[38] Zhongguo Guanggao Hanshou Xueyuan jiaowu weiyuanhui (Hg.): *Guanggao jianshi (shiyong)*, Vol.1, p.17. Siehe dazu auch Liu Linqing und Chen Jixiu: *Guanggao guanli*, p.65: "Der Aufbau staatlich betriebener und gemischt staatlich-privat betriebener Werbefirmen brachte eine enorme Veränderung in Serviceobjekt, Propagandainhalt und Propagandawirkung der Werbung und machte sie zu einem wichtigen Instrument der politischen und ökonomischen Propaganda des Sozialismus."

tiert war, erübrigte es sich für Produktionsbetriebe und Handelsunternehmen, Werbung als absatzförderndes Mittel einzusetzen.[40] Die Werbefläche in den Zeitungen wurde reduziert, die Rundfunkwerbung nahm ab oder wurde ganz eingestellt. Die falsche Auffassung, Werbung sei das Produkt des Kapitalismus und Ausdruck der Verschwendung in der kapitalistischen Gesellschaft, so kommentieren Liu Linqing und Chen Jixiu in ihrer Darstellung, habe allmählich die Oberhand gewonnen. Als Beweis für ihre Behauptung, die Fehler in der Theorie hätten zwangsläufig die Entwicklung des Werbewesens behindert, führen sie einige Zahlen aus der Shanghaier Werbebranche an, die von 1954 bis 1956 einen einschneidenden Rückgang der Geschäfte zu verzeichnen hatte.[41] In diesem Kontext verweisen die beiden Autoren auf eine Rede Liu Shaoqis beim Besuch des Zentralen Amtes für Rundfunkwesen in Juni 1956, in der er "die Ideologie der Mißachtung der Werbung kritisierte und die positive Funktion der Werbung für den sozialistischen Wirtschaftsaufbau bestätigte"[42]. *Guanggao jianshi (shiyong)* zitiert die für die Werbung entscheidende Passage der Rede:

> Warum machen die Rundfunksender keine Werbung? Das Volk liebt Werbung, die Kleinigkeiten des Lebens und das Volk haben eine vitale Beziehung. Viele Menschen achten auf Werbung, die mit ihnen zu tun hat. Früher haben einige Rundfunksender in Beijing Werbung gesendet, ihr habt das abgeschafft, habt ihr etwa Angst, daß Werbung gemacht wird? Auch die Zeitungen sollten Werbung bringen. Meiner Meinung nach dürfen einige städtische Rundfunksender Werbung senden.[43]

---

[39] Siehe Liu Linqing und Chen Jixiu: *Guanggao guanli*, pp.65-66; und [o.Verf.:] "Jianguo yilai guanggaoye fazhan gaikuang", p.11.

[40] Während es in Zhongguo Guanggao Hanshou Xueyuan jiaowu weiyuanhui (Hg.): *Guanggao jianshi (shiyong)*, Vol.1, p.17 dazu erklärend heißt, in dieser Zeit habe bei Industrieprodukten die Nachfrage das Angebot überstiegen, bezeichnen Liu Linqing und Chen Jixiu: *Guanggao guanli*, p.67 das Verhältnis von Angebot und Nachfrage als "ausgewogen".

[41] Siehe Liu Linqing und Chen Jixiu: *Guanggao guanli*, p.67.

[42] Ebenda.

[43] Zitiert nach Zhongguo Guanggao Hanshou Xueyuan jiaowu weiyuanhui (Hg.): *Guanggao jianshi (shiyong)*, Vol.1, p.17. Außer diesem Zitat ist über Inhalt und Wortlaut der Rede nichts bekannt. Es finden sich auch keine Angaben darüber, wo diese Rede publiziert wurde. Offenbar wurde ihr außerhalb der Werbekreise wenig Bedeutung beigemessen, denn sie ist in keine der Materialsammlungen zu Liu Shaoqi aufgenommen.

Der Hinweis auf diese Rede bzw. die ersten Sätze des obigen Zitates finden sich in der chinesischen Literatur zur Werbung immer wieder.[44] Liu Linqing und Chen Jixiu werten die Rede als "Richtigstellung" (*zhengming* 正名) in bezug auf die sozialistische Werbung, welche der Entwicklung des Werbewesens wieder Auftrieb gab.[45]

### 1.1.3. Die Periode nach Beendigung der sozialistischen Umgestaltung (1957 bis 1965)

Die Bemerkungen Liu Shaoqis und die Beschlüsse des VIII. Parteitages im September 1956, der die sozialistische Umgestaltung für weitgehend abgeschlossen und den Wirtschaftsaufbau zur neuen Hauptaufgabe erklärte,[46] markieren in der Literatur das Ende der rückläufigen Entwicklung in der Werbung. Das Jahr 1957 wird als eines der erfolgreichsten Jahre im Hinblick auf die Wirtschaftsarbeit seit 1949 bezeichnet:

> Die industrielle und landwirtschaftliche Produktion entwickelte sich umfassend und das materielle Leben des Volkes und der Standard des kulturellen Lebens verzeichneten eine deutliche Steigerung; dies schuf günstige Bedingungen für die Entwicklung der Werbebranche.[47]

---

44 Siehe z.B. Zhang Nanzhou 张南舟: "Jianli juyou Zhongguo tese de shehuizhuyi de guanggaoye" 建立具有中国特色的社会主义广告业 (Ein sozialistisches Werbewesen chinesischer Prägung aufbauen), *Xiamen Daxue Xuebao (Zhexue Shehuikexue ban)* 厦门大学学报(哲学社会科学版), 1986, No.3, pp.140-144, hier: p.142; Li Zhiyi 李志一 u.a.: *Shangbiao guanggao falü zhishi* 商标广告法律知识 (Rechtskenntnisse zu Warenzeichen und Werbung), Shanghai: Zhishi chubanshe, 1985, pp.125-126; Zhang Yan 张岩 und Liu Wenchang 刘文昌: "Qian tan baozhi guanggao" 浅谈报纸广告 (Oberflächliche Diskussion über Zeitungswerbung), *ZGGG*, 1982, No.3, pp.40-41; hier: p.40.

45 Siehe Liu Linqing und Chen Jixiu: *Guanggao guanli*, p.67.

46 Siehe Zhongguo Guanggao Hanshou Xueyuan jiaowu weiyuanhui (Hg.): *Guanggao jianshi (shiyong)*, Vol.1, p.17; Zhang Nanzhou: "Jianli juyou Zhongguo tese de shehuizhuyi guanggaoye", p.142; und [o.Verf.:] "Jianguo yilai guanggaoye fazhan gaikuang", p.11.

47 [O.Verf.:] "Jianguo yilai guanggaoye fazhan gaikuang", p.11.

Auch Liu Linqing und Chen Jixiu verweisen auf eine Vervielfachung des Werbeumsatzes in den Großstädten von 1956 auf 1957, ohne dies jedoch mit Zahlen zu belegen.[48]

Im Dezember 1957 entsandte das chinesische Handelsministerium einen Delegierten zu einer Werbekonferenz in Prag, an der dreizehn sozialistische Länder teilnahmen.[49] Der chinesische Vertreter sprach auf der Konferenz über die Verbindung von wirtschaftlicher und politischer Propaganda und die allgemeine Lage der Werbung in der VR China.[50] Von der Prager Versammlung und dem von ihr gefaßten Beschluß mit dem Titel "Ausgehend vom Nutzen des Volkes die sozialistische Handelswerbung entwickeln" (*cong renmin liyi chufa, fazhan shehuizhuyi shangye guanggao* 从人民利益出发, 发展社会主义商业广告)[51] gingen neue Impulse für die chinesische Werbearbeit aus.[52] Nach *Guanggao jianshi (shiyong)* fand Anfang 1958 eine von den zuständigen Behörden des Staatsrates einberufene Versammlung zur "Verbreitung des Geistes der Prager Konferenz" in Beijing statt, zu der alle chinesischen Werbefirmen Vertreter entsandten und auf der die spezifischen Merkmale sozialistischer Werbung diskutiert wurden.[53]

---

[48] Siehe Liu Linqing und Chen Jixiu: *Guanggao guanli*, p.67.

[49] Nach Wang Yang 汪洋 und Miao Jie 苗杰: *Xiandai shangye guanggaoxue* 现代商业广告学 (Moderne Handelswerbelehre), Beijing: Zhongguo Renmin Daxue chubanshe, 1988, p.34 war der chinesische Teilnehmer der Leiter des technischen Amtes des Handelsministeriums, Li Shangping 李尚平. Zu der Konferenz in Prag siehe auch 3.4. dieser Arbeit.

[50] Siehe Liu Linqing und Chen Jixiu: *Guanggao guanli*, p.66.

[51] Siehe Zhongguo Guanggao Hanshou Xueyuan jiaowu weiyuanhui (Hg.): *Guanggao jianshi (shiyong)*, Vol.1, p.18; und [o.Verf.:] "Jianguo yilai guanggaoye fazhan gaikuang", p.12. Vgl. Liu Linqing und Chen Jixiu: *Guanggao guanli*, p.66, dort heißt der Beschluß "Ausgehend vom Nutzen des Volkes die Funktion der sozialistischen Handelswerbung entfalten" (*cong renmin de liyi chufa, fahui shehuizhuyi shangye guanggao zuoyong* 从人民的利益出发, 发挥社会主义商业广告作用).

[52] Übereinstimmend urteilen Zhongguo Guanggao Hanshou Xueyuan jiaowu weiyuanhui (Hg.): *Guanggao jianshi (shiyong)*, Vol.1, p.18 und Liu Linqing und Chenjixiu: *Guanggao guanli*, p.66, die Konferenz habe "das Blickfeld der in China mit Werbung Beschäftigten erweitert und Anregungen vermittelt".

[53] Diese Konferenz wird nur in *Guanggao jianshi (shiyong)* erwähnt. Siehe Zhongguo Guanggao Hanshou Xueyuan jiaowu weiyuanhui (Hg.):

Die Jahre 1958 und 1959 erscheinen in der Literatur zunächst als eine regelrechte Blütezeit für das Werbewesen: Im Januar 1958 gaben das Handelsministerium und das Eisenbahnministerium gemeinsam ein Zirkular mit der Anweisung heraus, Bahnhöfe, Eisenbahnwaggons sowie die Speisekarten usw. innerhalb der Züge für Werbung zu nutzen.[54] Im Mai des darauffolgenden Jahres verschickte das Handelsministerium ein Rundschreiben, das sich vor allem an die 45 für das Ausland geöffneten Städte richtete und dazu aufrief, die Werbepropaganda und die Ausstellung von Waren zu verstärken. Außerdem fand im August 1959 eine Werbekonferenz in Shanghai mit Teilnehmern aus 21 der geöffneten Städte statt, auf der die positiven Funktionen der Werbung im Sozialismus hervorgehoben wurden.[55] Konkreter Hintergrund sowohl für das Zirkular vom Januar als auch für die Konferenz im August 1959 war die Feier des zehnten Jahrestages der Volksrepublik. Zu diesem Anlaß sollten "die Überlegenheit des sozialistischen Systems und die Erfolge des zehnjährigen Wirtschaftsaufbaus" besonders herausgestellt werden - und zu diesem Zweck war auch das Mittel der Werbung eingeplant.[56] Umsetzung und Wirkung dieser Aktion schildert *Guanggao jianshi (shiyong)*:

> Am Vorabend des Nationalfeiertags erschien die kommerzielle Werbung aller großen und mittelgroßen Städte des Landes in völlig neuem Antlitz. Diese Werbung erleichterte den Kauf, verbreitete Kenntnisse, verschönerte die Umgebung und demonstrierte die

---

*Guanggao jianshi (shiyong)*, Vol.1, p.18. Zu den Merkmalen sozialistischer Werbung siehe 3.4. dieser Arbeit.

54 Siehe Zhongguo Guanggao Hanshou Xueyuan jiaowu weiyuanhui (Hg.): *Guanggao jianshi (shiyong)*, Vol.1, p.18; und Zhang Nanzhou: "Jianli juyou Zhongguo tese de shehuizhuyi guanggaoye", p.142.

55 Siehe [O.Verf.:] "Jianguo yilai guanggaoye fazhan gaikuang", p.12; Zhongguo Guanggao Hanshou Xueyuan jiaowu weiyuanhui (Hg.): *Guanggao jianshi (shiyong)*, Vol.1, p.18; und Zhang Nanzhou: "Jianli juyou Zhongguo tese de shehuizhuyi guanggaoye", p.142.

56 Dieser Aspekt wird deutlich gemacht in Zhongguo Guanggao Hanshou Xueyuan jiaowu weiyuanhui (Hg.): *Guanggao jianshi (shiyong)*, Vol.1, p.18; und Zhang Nanzhou: "Jianli juyou Zhongguo tese de shehuizhuyi guanggaoye", p.142. Dagegen stellt [o.Verf.:] "Jianguo yilai guanggaoye fazhan gaikuang", p.12 die Entwicklung des Jahres 1959 ohne Bezugnahme auf diesen politischen Hintergrund dar.

Besonderheit sozialistischer Werbung, der Produktion und dem Volk zu dienen; sie fand Anklang bei den Massen.[57]

Parallel zu diesen positiv bewerteten Ereignissen für die chinesische Werbung wird aber von der Literatur für die Jahre 1958 und 1959 auch ein negativer Entwicklungsstrang präsentiert, dessen Wurzel und Auslöser in der Politik des "Großen Sprungs" gesehen wird: Mit dem Beginn des "Großen Sprungs" im Jahr 1958 wurde für die Industrie die Parole ausgegeben, "was gebraucht wird, wird produziert", und für den Handel, "was produziert wird, wird aufgekauft, wieviel produziert wird, so viel wird aufgekauft". Dies bedeutete, so heißt es erklärend dazu, daß die staatlichen Handelsabteilungen jedes Produkt übernahmen, ohne Rücksicht auf Sortiment, Qualität oder Preis.[58] Diese Politik, die zu einer schweren Wirtschaftskrise führte, bedeutete nicht nur einen schweren Rückschlag für die Werbebranche, sondern auch die Werbeverwaltung wurde temporär eingestellt.[59]

Den inneren Bruch, den das obige Bild der chinesischen Werbung für die Jahre 1958 und 1959 aufweist, versuchen Liu Linqing und Chen Jixiu aufzuheben, indem sie gerade das starke quantitative Wachstum der Werbung mit der Politik des "Großen Sprungs" und der allgemeinen Politisierung des Lebens in dieser Phase in Beziehung setzen - ein Zusammenhang, der in anderen Darstellungen wie *Guanggao jianshi (shiyong)* bestenfalls angedeutet wird. Nach Meinung von Liu und Chen war das überproportionale Aufblühen der Werbung in den beiden fraglichen Jahren das Resultat der Verquickung von politischer Propaganda und Wirtschaftswerbung, und diese "Blüte" verbarg in sich eine Krise, die dann nach 1959 voll zum Vorschein kam.[60] Da die Werbeaktionen zur Feier des zehnten Jahrestages der Volksrepublik nicht ökonomischen, sondern politischen Erfordernissen gehorchten, waren sie nur ein vorübergehendes "Zwischenhoch" für das Werbewesen, das sofort nach dem Jahrestag zu Ende war. Als positive Begleiterscheinungen dieser Zeit registrieren Liu und Chen zum einen eine qualitative Verbesserung in der Werbeherstellung, zum anderen die zunehmende Zusammenarbeit der Wirtschaftsverwaltungsbehörden im Bereich der Werbekontrolle, die

---

[57] Zhongguo Guanggao Hanshou Xueyuan jiaowu weiyuanhui (Hg.): *Guanggao jianshi (shiyong)*, Vol.1, p.18.

[58] Siehe Zhongguo Guanggao Hanshou Xueyuan jiaowu weiyuanhui (Hg.): *Guanggao jianshi (shiyong)*, Vol.1, p.18; und Liu Linqing und Chen Jixiu: *Guanggao guanli*, p.68.

[59] Siehe [o.Verf.:] "Jianguo yilai guanggaoye fazhan gaikuang", p.12; und Zhongguo Guanggao Hanshou Xueyuan jiaowu weiyuanhui (Hg.): *Guanggao jianshi (shiyong)*, Vol.1, p.18.

[60] Siehe Liu Linqing und Chen Jixiu: *Guanggao guanli*, p.68.

sich beispielsweise an dem gemeinsamen Rundschreiben von Handelsministerium und Eisenbahnministerium zeigt.[61] Ein Produkt behördlicher Zusammenarbeit war auch ein gemeinsames Zirkular der Ministerien für Außenhandel, Handel und Kultur sowie des Obersten Industrie- und Handelsverwaltungsamtes, das mit Blick auf den sich entwickelnden Außenhandel mit nichtsozialistischen Ländern und die geöffneten Städte jeweils eine Werbefirma in Shanghai, Tianjin und Guangzhou autorisierte, ausländische Werbeaufträge zu übernehmen.[62]

Für die drei Jahre nach dem "Großen Sprung" verzeichnet die Literatur einen extremen Rückgang der Werbeumsätze.[63] Eine allmähliche Erholung der chinesischen Wirtschaft - und mit ihr des Werbewesens - von dieser Krise setzte erst 1962 mit der von der Partei beschlossenen Politik der "Readjustierung" ein, der allerdings durch die Kulturrevolution ein Ende gesetzt wurde.[64]

### 1.1.4. Die Periode des "zehnjährigen Chaos" (1966-1976)

Die Jahre zwischen 1966 und 1976 werden in der Literatur meist mit einigen knappen Sätzen abgehandelt, welche die katastrophale Auswirkung der Kulturrevolution auf die Werbung und das Werbewesen beschreiben.[65] Etwas ausführlicher wird auf diesen Zeitabschnitt nur in *Guanggao jianshi (shiyong)* und bei Liu Linqing und Chen Jixiu eingegangen, deren Darstellungen mit weitgehend identischen Formulierungen und Beispielen ein Bild der totalen Verwüstung zeichnen.

---

[61] Siehe dazu Liu Linqing und Chen Jixiu: *Guanggao guanli*, pp.68-70.

[62] Siehe Liu Linqing und Chen Jixiu: *Guanggao guanli*, p.70; und [o.Verf.:] "Jianguo yilai guanggaoye fazhan gaikuang", p.12.

[63] Für Shanghai wird angegeben, der Werbeumsatz sei von 9,72 Mio. Yuan im Jahr 1959 auf 3,46 Mio. Yuan im Jahr 1962 gesunken. Siehe [o.Verf.:] "Jianguo yilai guanggaoye fazhan gaikuang", p.12.

[64] Siehe Zhongguo Guanggao Hanshou Xueyuan jiaowu weiyuanhui (Hg.): *Guanggao jianshi (shiyong)*, Vol.1, p.18. Vgl. dagegen Liu Linqing und Chen Jixiu: *Guanggao guanli*, p.69, die den Beginn der Readjustierung auf 1960 datieren und mit der sofort einsetzenden Erholung der Wirtschaft und der Werbung u.a. erklären, daß Tianjin 1960 und 1961 bereits wieder zusätzliche Werbebestimmungen erließ.

[65] Siehe z.B. [o.Verf.:] "Jianguo yilai guanggaoye fazhan gaikuang", p.12; Xu Baiyi: *Shiyong guanggao shouce*, p.63; und Wang Yang und Miao Jie: *Xiandai shangye guanggaoxue*, p.35.

Liu Linqing und Chen Jixiu leiten ihre Schilderung mit einem Blick auf die ökonomische Situation Chinas vor und nach Beginn der Kulturrevolution im Jahr 1966 ein:

> Am Vorabend dieser Bewegung befand sich die chinesische Volkswirtschaft in einer ausgezeichneten Lage stürmischer Entwicklung, und auch das Werbewesen blühte täglich mehr auf (*zhengzheng ri shang* 蒸蒸日上). Aber die "Große Kulturrevolution" brachte den normalen Gang der Volkswirtschaft unseres Landes durcheinander und zerstörte die ausgezeichnete Lage, die durch die langjährigen harten Anstrengungen der gesamten Partei und des ganzen Volkes erreicht worden war.[66]

Mit der Parole "Zerschlagung der Vier alten Dinge" (*po si jiu* 破四旧), d.h. Bruch mit der alten Ideologie, der alten Kultur, den alten Sitten und den alten Gebräuchen, wurde auch der Angriff auf die Werbearbeit geführt. Die Auffassung, Werbung sei das Produkt des Kapitalismus und Ausdruck der Dekadenz und Verschwendung in der kapitalistischen Gesellschaft, dominierte. In den Zeitungen gab es keine Warenwerbung mehr, Außenwerbung wurde durch politische Propaganda ersetzt und die Ladenschilder mit traditionellen Geschäftsnamen zerschlagen. Von den 3700 Einzelhandelsgeschäften, die dem Ersten Handelsamt von Shanghai unterstanden, mußten über dreitausend ihren Namen ändern. Nach der Umbenennung gab es dann z.B. 36 Läden namens "Rote Garde" (*Hongwei* 红卫).[67] Schaufensterauslagen wurden durch politische Parolen und Fahnen in "ein Meer von Rot" verwandelt, was für die Kunden, die von außen nicht mehr erkennen konnten, was in welchem Laden verkauft wird, "extreme Unbequemlichkeit" bedeutete.[68] Bei den Bezeichnungen, Markenzeichen, Mustern und Formen von Waren gab es ebenfalls Kritik und Einschränkungen: Waren mit Mustern und Motiven wie "Kaiser, König, General, Kanzler", "junge Gelehrte und anmutige Schönheiten", "Glück, Reichtum, langes Leben und Freude" oder "das Mandarinentenpaar spielt auf dem Wasser" durften weder propagiert noch verkauft werden. Warenbezeichnungen mit westlichem Klang wie Khaki (*kaji* 卡叽), Aspirin (*asipilin* 阿斯匹林), Schokolade (*qiaokeli* 巧克力) oder Whisky (*weishiji* 威士

---

[66] Liu Linqing und Chen Jixiu: *Guanggao guanli*, pp.70-71.

[67] Siehe Liu Linqing und Chen Jixiu: *Guanggao guanli*, p.71; und Zhongguo Guanggao Hanshou Xueyuan jiaowu weiyuanhui (Hg.): *Guanggao jianshi (shiyong)*, Vol.1, p.19.

[68] Zhongguo Guanggao Hanshou Xueyuan jiaowu weiyuanhui (Hg.): *Guanggao jianshi (shiyong)*, Vol.1, p.19.

忌) waren verboten.[69] Werbung wurde während des "zehnjährigen Chaos" nur noch für die acht Modellopern und in ganz geringem Umfang für andere politisch-kulturelle Ereignisse gemacht. Die Organe der Werbeverwaltung wurden aufgelöst, ihr Aktenmaterial wurde verbrannt oder ging verloren.[70]

Alle obigen und weitere Beispiele, an denen *Guanggao jianshi (shiyong)* und Liu Linqing und Chen Jixiu die Zerstörung der Werbung und des Werbewesens während der Kulturrevolution demonstrieren, finden sich auch schon in einem Buch über die Geschichte des Handels in der VR China, das im Jahr 1984 erschien.[71] Die Umbenennung von Geschäften, die Ersetzung von Schaufensterauslagen durch politische Slogans und rote Fahnen und das Verbot von Warenbezeichnungen und Mustern, die als "problematisch" (*you wenti* 有问题) eingestuft waren, dienen in dieser Publikation als Belege für die Auswirkungen der Kulturrevolution auf den Handel überhaupt; der Aspekt der Werbung wird dabei kaum berücksichtigt.

Die beiden Jahre, die zwischen dem offiziellen Ende der Kulturrevolution (Oktober 1976) und dem 3. Plenum des XI. ZK (Dezember 1978) liegen, bleiben aus den chinesischen Darstellungen ausgespart. Einzig Liu Linqing und Chen Jixiu charakterisieren diese Zeit als eine Phase, in der sich die Volkswirtschaft zwar rasch erholte, andererseits aber neue Fehlschläge in der ökonomischen Arbeit auftraten, da noch nicht alle "linken" Fehler beseitigt werden konnten. Bedingt durch die allgemeine Wirtschaftslage und das knappe Warenangebot, erlebte das Werbewesen seine "Wiedergeburt" (*fuxing* 复兴) noch nicht.[72]

### 1.1.5. Zusammenfassung

Insgesamt wird die Entwicklung des chinesischen Werbewesens für den Zeitraum von 1949 bis 1978 als ein "gewundener Weg" (*quzhe de daolu* 曲折的道路)[73]

---

[69] Siehe Liu Linqing und Chen Jixiu: *Guanggao guanli*, p.71; und Zhongguo Guanggao Hanshou Xueyuan jiaowu weiyuanhui (Hg.): *Guanggao jianshi (shiyong)*, Vol.1, p.19. Laut *Guanggao jianshi (shiyong)* waren sogar die Bezeichnungen *maoyi* 毛衣 (Pullover) und *maotan* 毛毯 (Wolldecke) tabu, weil Maos Familienname Bestandteil dieser Wörter ist.

[70] Siehe Liu Linqing und Chen Jixiu: *Guanggao guanli*, p.72.

[71] Siehe Shangyebu shangye jingji yanjiusuo: *Xin Zhongguo shangye shigao (1949-1982)*, pp.317-319.

[72] Siehe Liu Linqing und Chen Jixiu: *Guanggao guanli*, p.72.

[73] Wang Yang und Miao Jie: *Xiandai shangye guanggaoxue*, p.33.

oder "gewundener Prozeß" (*quzhe de guocheng* 曲折的过程)[74] charakterisiert. Bei allen Darstellungen ist das Bemühen erkennbar, die Zeiten, in denen der Werbung zumindest eine beschränkte Bedeutung zukam oder ihr eine positive Rolle zugesprochen wurde, mit denjenigen Phasen in der Geschichte der VR China zu identifizieren, die aus der Sicht der achtziger Jahre positiv bewertet werden. Dies gilt besonders für den dreijährigen wirtschaftlichen Wiederaufbau nach 1949 und die ökonomische Readjustierung von 1962 bis 1965. Während der sozialistischen Umgestaltung von 1952 bis 1956 ging die Werbung zwar zunächst quantitativ zurück, jedoch schufen die allgemein positive Wirtschaftsentwicklung und die Umwandlung der Werbefirmen in eine "sozialistische" Branche die Voraussetzungen für einen erneuten Aufschwung, der im Jahr 1957 einsetzte. Immer dann aber, wenn durch "linke Fehler" die Entwicklung der Wirtschaft gehemmt oder gestört wurde, gehörte auch die Werbung mit zu den Opfern. Da die Zeit des "Großen Sprungs" zur Kategorie der eindeutig negativ belegten Perioden gehört, andererseits aber gerade in den Jahren 1958 und 1959 die Werbung quantitativ erheblich zunahm, erscheint dieser Zeitraum in den Darstellungen - mit Ausnahme des Buches von Liu Linqing und Chen Jixiu - in sich gebrochen. Über das "zehnjährige Chaos" der Kulturrevolution sind sich alle Autoren einig: Sie war für das chinesische Volk und die chinesische Wirtschaft insgesamt eine Katastrophe und bereitete, fehlgeleitet durch eine "extrem linke Ideologie", auch allen Entwicklungsansätzen in der Werbung ein Ende.

Die Art und Weise, wie die Entwicklung der Werbung für die Zeit von 1949 bis 1979 beschrieben wird, läßt darauf schließen, daß ein Hauptinteresse der Autoren darin besteht, den Schritt, nach Beginn der Wirtschaftsreformen Werbung in bislang nicht gekanntem Ausmaß zu erlauben, nicht als einen völligen Bruch mit den vorangegangenen dreißig Jahren erscheinen zu lassen, sondern ihn aus der "positiven" sozialistischen Tradition heraus zu begründen und damit zu legitimieren. Aus der Absicht, die Werbepraxis im China der Wirtschaftsreformen zu rechtfertigen, erklärt sich auch der zum "Standardrepertoire" gehörende Verweis auf die Rede Liu Shaoqis von 1956: Durch das Zitat aus dem Munde des (rehabilitierten) Vertreters einer "pragmatischen" Wirtschaftspolitik schlechthin werden der Werbung ideologische Entlastung und Aufwertung von autoritativer Stelle zuteil. Insofern liegt den Darstellungen der chinesischen Werbegeschichte dieselbe Motivation zugrunde wie der chinesischen Werbe-"Theorie" der achtziger Jahre, mit der sich Kapitel 3 dieser Arbeit ausführlich beschäftigen wird.

---

[74] Xu Baiyi (Hg.): *Shiyong guanggao shouce*, p.61.

## 1.2. Werbung in der VR China seit 1978/79

Im vorliegenden Teil dieser Arbeit wird die Entwicklung der Werbung in den zehn Jahren von 1979 bis 1989 dargestellt, wobei vor allem die Herausbildung des administrativen und gesetzlichen Rahmens, der Aufbau von Branchenorganisationen sowie quantitative Aspekte der Entwicklung des Werbewesens - soweit Zahlenmaterial über Geschäftsumsatz, Anzahl der Werbeeinheiten und der Beschäftigten etc. vorliegt - und die Branchenstruktur berücksichtigt werden.

### 1.2.1. 1978/79 bis 1981: Wiederaufnahme der Werbung nach dem 3. Plenum des XI. ZK

*1979:* *Die Anfänge*

Für den Zeitraum vom Januar 1979 bis Ende 1980 wird die Darstellung der Entwicklung des chinesischen Werbewesens dadurch erschwert, daß die von chinesischer Seite publizierten Daten spärlich und lückenhaft sind, während sich westliche Veröffentlichungen vorwiegend auf den Bereich ausländischer Werbemöglichkeiten in China konzentrieren. Schon die Angaben darüber, wann genau und wie kommerzielle Werbung nach dem "zehnjährigen Chaos" der Kulturrevolution, die nach chinesischer Zeitrechnung erst mit dem Sturz der "Viererbande" im Jahre 1976 endete, wieder aufkam, nachdem sie durch die Brandmarkung als "kapitalistisches Übel" praktisch völlig verschwunden war, sind in der Literatur uneinheitlich. Offenbar war zwischen 1976 und dem 3. Plenum des XI. ZK, das im Dezember 1978 stattfand und von chinesischer Seite als die eigentliche Stunde der "Wiedergeburt" des chinesischen Werbewesens betrachtet wird,[75] zwar das Deko-

---

[75] Im Einklang mit der Auffassung, das 3. Plenum des XI. ZK markiere die endgültige Abwendung von der "ultralinken Ideologie" der Vergangenheit und den Beginn der Wirtschaftsreformen, werden von allen chinesischen Autoren die Beschlüsse dieses Plenums auch als Voraussetzung für die Rehabilitierung der Werbung gesehen. Da dieses Plenum als historischer Wendepunkt überall in der chinesischen Literatur zur Werbung zu finden ist, seien hier stellvertretend für viele andere nur zwei Artikel herausgegriffen: Chen Xingen 陈信根: "Bai chi gantou geng jin yi bu" 百尺竿头更进一步 (Große Erfolge mit weiteren Fortschritten krönen), *ZGGG*, 1985, No.4, pp.3-4; und Yu Guangyuan 于光远: "Tantan guanggao" 谈谈广告 (Über Werbung), *ZGGG*, 1986, No.2, p.2.

rieren von Schaufenstern wieder üblich,[76] und es erschienen einige Artikel, welche die Notwendigkeit und Funktion von Warenzeichen unterstrichen,[77] jedoch gab es noch keine Werbung in den Massenmedien.[78]

Die erste Annonce für ein kommerzielles Produkt (Zahnpasta) erschien laut einer japanischen Pressemeldung am 14.1.1979 in der *Tianjin Ribao*.[79] Ebenfalls noch im Januar 1979 publizierte die Shanghaier Tageszeitung *Wenhui Bao* einen Artikel, in dem der Werbung die positive Funktion zugesprochen wurde, die Verbraucher zu informieren und zwischen Produzent, Verkäufer und Verbraucher engere Beziehungen herzustellen. "Presse, Rundfunk und Fernsehen sollten für neue Produkte, neue Techniken und Technologien sowie neue Dienstleistungen Reklame machen", hieß es darin weiter.[80]

---

[76] Dies zeigt z.B. ein Leserbrief, der in der *RMRB* publiziert wurde. Der Verfasser des Briefes beschwert sich über die Praxis der Geschäfte, in den Schaufenstern "Muster" von Waren auszustellen, die es im Laden gar nicht zu kaufen gebe. Zhou Hongyou 周鸿猷: "Teshu shangpin" 特殊商品 (Eine besondere Art Waren), *RMRB*, 15.12.1978, p.2.

[77] Siehe z.B. Wu Fumin 吴复民: "Huifu shangbiao - weihu mingpai xinyu" 恢复商标 - 维护名牌信誉 (Warenzeichen wieder einführen - das Ansehen bekannter Marken bewahren), *RMRB*, 4.12.1978, p.4.

[78] James Chu begründet dies mit der Unsicherheit der Medien über den zukünftigen politischen Kurs. Siehe James Chu: "Advertising in China: Its Policy, Practice and Evolution", p.40.

[79] Siehe dazu [o.Verf.:] "Kommerzielle Werbung in den Medien", *Ca*, Januar 1979, p.25 (Ü 77), dort wird Kyodo Press (17.1.1979) als Quelle angegeben. Die Zahnpasta-Anzeige in der *Tianjin Ribao* ist auch erwähnt in [o.Verf.:] "Anzeigenwerbung", *BRu*, No.10 (13. März 1979), pp.30-31, hier: p.30. Yi Changtai 易昌泰: *Shiyong guanggao zhinan* 实用广告指南 (Praktischer Führer der Werbung), o.O.: Hubei renmin chubanshe, 1986, p.41 sowie Zhang Yan und Liu Wenchang: "Qian tan baozhi guanggao", p.40 geben ebenfalls an, die *Tianjin Ribao* habe im Januar 1979 als erste chinesische Zeitung Warenwerbung publiziert.

[80] Zitiert nach [o.Verf.:] "Anzeigenwerbung", p.31. Der Artikel wird auch erwähnt von James Chu: "Advertising in China: Its Policy, Practice and Evolution", p.41, der den Beitrag der *Wenhui Bao* zitiert nach *Beijing Review* vom 9. März 1979, p.31. Siehe auch [o.Verf.:] "Kommerzielle Werbung in den Medien", p.25; sowie Erhard Louven und Karen Zürn: "Werbung in der VR China", *Ca*, März 1988, pp.230-233, hier: p.230. Randall Stross: "The Return of Advertising in China: A Survey of the

Verschiedene Tageszeitungen, Fernseh- und Rundfunksender begannen ebenfalls im Frühjahr 1979 mit der Publikation von Werbung, und Werbefirmen wurden entweder wiedereröffnet oder neu gegründet. Ende 1978 gab es in ganz China nur etwa zehn Werbefirmen[81] (mindestens zwei davon in Shanghai), die entweder mit Aufgaben in der Exportwerbung oder mit Arbeiten im Bereich politische Propaganda befaßt waren. Die Gesamtzahl der Zeitungen betrug 186, die der Zeitschriften 930.[82] Wieviele von diesen bereits 1979 mit Werbung begannen, ist nicht bekannt.

Insbesondere Shanghai, das als weltoffene Küstenstadt schon in den dreißiger Jahren das Zentrum der chinesischen Werbung war,[83] fiel eine führende Rolle im aufkommenden chinesischen Werbewesen zu. Am 12.3.1979 veröffentlichte die *RMRB* einen Bericht der Xinhua-Nachrichtenagentur über die Wiederaufnahme der Warenwerbegeschäfte in Shanghai. Als Aufhänger diente dabei die Ausstrahlung des ersten chinesischen Werbespots im Shanghaier Fernsehen:

> Am Abend des 9. März fesselte die Direktübertragung eines herrlichen internationalen Basketballwettkampfes der Damen die Masse

---

Ideological Reversal", pp.485-486 gibt an, der Verfasser des *Wenhui Bao*-Artikels, auf dessen Inhalt er ausführlich eingeht, sei Ding Yunpeng, der später noch weitere Arbeiten zum Thema Werbung publizierte.

[81] Diese Zahl nennt z.B. [o.Verf.:] "Jianguo yilai guanggaoye fazhan gaikuang", p.13.

[82] Diese Angaben stammen aus Guojia Tongji Ju 国家统计局 (Hg:): *Zhongguo tongji nianjian 1988* 中国统计年鉴 1988 (Statistisches Jahrbuch Chinas 1988, hg. vom Staatlichen Amt für Statistik), Beijing: Zhongguo tongji chubanshe, 1988, pp.950-951. Bei der Zahl der Zeitungen sind auch die der Provinzbezirksebene mitgerechnet. Nach 1979 erscheinen diese Zeitungen nicht mehr mit in der Statistik, sondern nur noch Zeitungen auf der Ebene der Provinzen, Autonomen Regionen, regierungsunmittelbaren Städte und höher.

[83] Siehe dazu die Kapitel über die Zeit von 1911 bis 1949 in Xu Baiyi (Hg.): *Shiyong guanggao shouce*, pp.46-61; und [Benkan bianjibu 本报编辑部:] "Guanggao zhuanye gongsi mianlin guannian shang de biange yu gengxin" 广告专业公司面临观念上的变革与更新 ([Redaktion dieser Zeitschrift:] Konzeptionelle Umwälzungen und Erneuerungen, denen sich die Werbefachfirmen gegenübersehen), *ZGGG*, 1987, No.1, pp.3-6, hier: p.6. Carl Crow: *Four Hundred Million Customers*, New York, 1937 berichtet in unterhaltsamer Form von seinen Erfahrungen mit einer eigenen Werbeagentur in Shanghai.

der Fernsehzuschauer. Die erste Spielhälfte war gerade zu Ende, da erschien auf dem Bildschirm ein ungewöhnliches Bild: Der bekannte chinesische Basketballspieler Zhang Dawei und seine Mitstreiter trinken nach einem erbitterten Kampf mit großem Vergnügen ein neu produziertes Getränk: "Glücks-Cola" (Xingfu-Kele 幸福可乐). Dies war kein Ereignis in der Pause dieses Ballspiels, sondern eine Aufnahme aus der ersten Reihe chinesischer Fernsehwerbespots, die das Shanghaier Fernsehen dieses Jahr aufgenommen hat.[84]

Der Artikel fährt dann fort mit einer Schilderung der Gesamtlage der Werbung in Shanghai:

> Vom diesjährigen Frühlingsfest an nahmen die Shanghaier *Jiefang Ribao* und *Wenhui Bao* sowie der Shanghaier Volksrundfunksender nacheinander die über zehn Jahre unterbrochene Warenwerbung wieder auf. Bis 10. März übernahm die Shanghaier Kunstfirma (Shanghai-shi Meishu Gongsi 上海市美术公司) bereits Werbeaufträge von fast hundert Kunden. Die ersten 65 Werbetafeln, die im Zentrum und in den Vorortgebieten von Shanghai aufgestellt werden sollen, und die Neonreklame auf vier hohen Gebäuden innerhalb der Stadt ist auch schon von Kunden ausgebucht. Werbung in Zeitschriften, Schaufensterwerbung von Geschäften, Schilderwerbung auf Ladentischen, Leinwandwerbung in Kinos, Werbung auf Schiffen und Werbung mit realen Gegenständen (*shiwu guanggao* 实物广告) werden ebenfalls aktiv wieder aufgenommen.
> Die Import- und Exportwarenwerbung, die man als Brücke des internationalen Handels bezeichnet, ist auch schon wiederbelebt. Die Shanghai Werbefirma (Shanghai Guanggao Gongsi 上海广告公司), die solche Aufgaben übernimmt, hat jetzt schon Geschäftsverbindungen mit 'zig Staaten und Regionen auf den fünf Kontinenten der Welt. Mehr als zwanzig Im- und Exportfirmen im Land haben sie beauftragt, im Ausland Warenwerbung zu publizieren. Unternehmer aus Japan, den USA, Großbritannien, Westdeutschland, den Nieder-

---

[84] He Zijia 何子葭: "Shanghai huifu shangpin guanggao yewu" 上海恢复商品广告业务 (Shanghai nimmt Warenwerbungsgeschäft wieder auf), *RMRB*, 12.3.1979, p.2. Nach Xu Baiyi: *Shiyong guanggao shouce*, p.63 wurde die erste Werbung vom Shanghaier Fernsehen bereits am 28.1.1979 ausgestrahlt und bezog sich auf eine Apotheke. James Chu: "Advertising in China: Its Policy, Practice and Evolution", p.42 gibt an, der Fernsehsender Guangzhous habe den ersten Werbespot gesendet.

landen und Schweden haben nacheinander Briefe und Telegramme geschickt, um sich geschäftlich beraten zu lassen.[85]

Nach einem kurzen Ausflug in die Geschichte der chinesischen Werbung schließt der Bericht mit der Bemerkung, Werbung könne in den Bereichen der Förderung der industriellen und landwirtschaftlichen Produktion und der Entwicklung des in- und ausländischen Handels, des Tourismus und des technischen Austausches eine positive Rolle spielen.[86]

Die RMRB selbst druckte am 9.2.1979 eine Anzeige über die gesamte Seitenbreite für im Jahr 1978 bei Shanghai Yinshuguan (Commercial Press) erschienene Bücher[87] und am 4.4. neben einer ganzen Reihe von kleineren Annoncen aus dem kulturellen Bereich (neue Filme, Theateraufführungen usw.) das bebilderte Inserat eines Geschäftes für traditionelle Kalligraphie- und Malutensilien im Beijinger Liulichang.[88] Später folgten eine Anzeige für eine Exportwarenmesse und in derselben Ausgabe die Annonce eines Herstellers geologischer Instrumente in Chongqing mit Photo.[89] Am 25.6. erschien eine bebilderte Werbung der Werkzeugmaschinenfabrik Ningjiang.[90]

*Ausländische Werbung*

Chinesische Medien begannen im Frühjahr 1979 auch mit der Publikation von Werbung ausländischer Unternehmen. In diesem Zusammenhang war v.a. die in der RMRB erwähnte Wiederaufnahme bzw. Ausweitung der Geschäfte der Shanghai Guanggao Gongsi[91] von Bedeutung, denn diese übernahm neben Werbe-

---

[85] He Zijia: "Shanghai huifu shangpin guanggao yewu", p.2.

[86] Siehe ebenda.

[87] RMRB, 9.2.1979, p.6 (Format 35x8,5 cm). Ankündigungen neuer Bücher, Inhaltsverzeichnisse von Zeitschriften etc. waren schon vor 1979 erschienen.

[88] RMRB, 4.4.1979, p.6.

[89] RMRB, 17.4.1979, p.4. Die Anzeige für die Exportwarenmesse war auch schon in der RMRB vom 10.3.1979, p.4 (Format 18x7 cm) erschienen.

[90] RMRB, 25.6.1979, p.4 (Format 27,5x12,5 cm). Auf diese Anzeige und ihre Auswirkung für die Fabrik bezieht sich ein Bericht auf der Titelseite der RMRB vom 5.8.1979. Siehe dazu genauer 3.5.2. dieser Arbeit.

[91] Diese Werbefirma bestand bereits seit 1962. In der Zeit von der Gründung bis 1978/79 hatte sie hauptsächlich chinesische Firmen in Fragen der Exportwerbung und Verpackung unterstützt und stellte Exportkataloge her.

aufträgen für chinesische Exportwaren nun auch die Betreuung ausländischer Firmen, die in der Volksrepublik China für ihre Produkte werben oder ihr Firmenimage aufbauen wollten. In der Ausgabe der *Beijing Rundschau* vom 13. März 1979 plazierte die Shanghai Guanggao Gongsi (unter dem Namen "Shanghaier Werbungsgesellschaft") eine ganzseitige Annonce, in der sie u.a. "Werbung in China für ausländische Unternehmen und Handelsgesellschaften" anbot.[92]

Als erste chinesische Tageszeitung veröffentlichte die *Wenhui Bao* am 15. März eine Anzeige der Schweizer Uhrenfirma Rado (chinesischer Name: Leida 雷达).[93] Die Vorgehensweise dieses mittelgroßen Herstellers, der über eine Hongkonger Handelsfirma die in der Hongkonger Ausgabe der *Wenhui Bao* Ende Februar annoncierte Möglichkeit, in China für sein Produkt zu werben, als erstes ausländisches Unternehmen nutzte, wird in der westlichen Literatur zur Werbung in China als Paradebeispiel dafür herausgestellt, wie erfolgreich man in den Anfangszeiten

---

Siehe dazu Brigitte Hitzinger: "Werbung in China", *China Report*, 66/67 (1982), pp.28-33, hier: p.31.

[92] Umschlagrückseite von *BRu*, No.10 (13. März 1979). Eine Anzeige mit identischem Text in englischer Sprache erschien in *Beijing Review* vom 9. März 1979, siehe dazu im einzelnen James Chu: "Advertising in China: Its Policy, Practice and Evolution", p.42.

[93] Siehe Ruan Jiageng 阮家耕: "Guanggao he yingxiao zai Zhongguo kaifang zhengce zhong de zhongyaoxing" 广告和营销在中国开放政策中的重要性 (Die Wichtigkeit von Werbung und Marketing in der chinesischen Öffnungspolitik), *ZGGGNJ*, pp.120-122, hier: p.121. Und [o.Verf.:] *Advertising and Marketing in China: Past, Present and Future*, p.314; laut dieser Publikation wurde am selben Tag auch ein Werbespot für Rado-Uhren im Shanghaier Fernsehen gezeigt. Yi Changtai: *Shiyong guanggao zhinan*, p.41 sowie Zhang Yan und Liu Wenchang: "Qian tan baozhi guanggao", p.40 geben ebenfalls an, die *Wenhui Bao* habe im März 1979 als erste chinesische Zeitung ausländische Werbung publiziert. [O.Verf.:] "Werbung ausländischer Firmen in chinesischen Zeitungen", *Ca*, April 1979, p.4/5 (Ü 45) berichtet dagegen unter Berufung auf *Japan Economic Journal* vom 27.3.1979, die *Guangming Ribao* habe am 20.3.1979 eine ganzseitige (!) Annonce der japanischen Toshiba Corporation abgedruckt, und dies sei das erste Inserat eines ausländischen Unternehmens in einer chinesischen Zeitung seit Gründung der Volksrepublik. Dies konnte jedoch von der Verfasserin dieser Arbeit nicht verifiziert werden; die Durchsicht der Monate Januar bis April 1979 der *GMRB* ergab, daß in diesem Zeitraum nur Anzeigen für in China publizierte Bücher und Zeitschriften u.ä. erschienen.

volksrepublikanischer Werbung sein konnte, wenn man die Gunst der Stunde nutzte.[94] Das beworbene Produkt selbst gab es zum Zeitpunkt des Erscheinens der Anzeige in China zwar nicht zu kaufen, Rado zielte mit der Werbung aber darauf ab, daß die Rezipienten der Annonce sich Rado-Uhren von im Ausland lebenden Verwandten wünschen würden und daß später, wenn Rado-Uhren dann tatsächlich in der Volksrepublik China zu kaufen wären, der Markenname bereits bei den Verbrauchern bekannt sein würde.[95]

Die erste Werbung eines US-Unternehmens erschien am 14. April in der *Guangzhou Ribao*.[96] In der *RMRB* inserierte als erstes ausländisches Unternehmen die philippinische Luftfahrtgesellschaft, welche die Aufnahme von Direktflügen zwischen Manila und Beijing sowie Manila und Guangzhou ab August 1979 ankündigte.[97] Auch in chinesischen Zeitschriften wurde ausländische Werbung möglich: Im Juli kam ein Abkommen zwischen der New Yorker Werbeagentur BNC Enterprises und Science Press (Kexue chubanshe 科学出版社) - einem Verlag, der zu diesem Zeitpunkt fünfzig wissenschaftliche Fachzeitschriften in China herausgab - in Beijing zustande, welcher der BNC die Alleinvertretungsrechte für ausländische Werbung in diesen Periodika einräumte.[98]

Bereits im Mai hatte die *RMRB* einen Artikel publiziert, der Entwicklung und Rolle der Werbung im Kapitalismus kritisch darstellt, am Ende aber (etwas unvermittelt) zu dem Schluß kommt, China müsse die ausländische Werbung analysieren und untersuchen, denn an einigen Erfahrungen des Auslandes, wie die Funktion von Werbung und Markenzeichen bei der Einführung von Waren und der Erweite-

---

[94] Siehe dazu ausführlich [o.Verf.:] *Advertising and Marketing in China: Past, Present and Future*, pp.313-321. Dort findet sich auch eine Kopie der Anzeige in der *Wenhui Bao* vom 15.3.1979 (p.321).

[95] Siehe dazu z.B. [o.Verf.:] "Werbung ausländischer Firmen in chinesischen Zeitungen", p.475.

[96] So in der Einleitung zu Edith Terry: "Advertising in China: Open Channels, New Ideas", p.41.

[97] *RMRB*, 1.8.1979, p.6. Siehe dazu auch [Eckard Garms:] "Werbemedien für Ausländer in China", *Ca*, August 1979, pp.894-95 (Ü 33), hier: p.894.

[98] Siehe dazu [Eckard Garms:] "Amerikanische Werbeagentur als Generalagent für Anzeigen in chinesischen Fachzeitschriften", *Ca*, Juli 1979, pp.761-62 (Ü 36), hier: p.761; und Edith Terry: "Advertising in China: Open Channels, New Ideas", p.49.

rung der Verbindungen zwischen Hersteller und Verbraucher zu entfalten sei, könne sich China ein Beispiel nehmen.[99]

Endgültig von offizieller Seite abgesegnet wurde Werbung ausländischer Unternehmen in China, als die Propagandaabteilung des ZK im November 1979 ein "Zirkular zur Publikation und Ausstrahlung ausländischer Warenwerbung durch Zeitungen und Zeitschriften, Rundfunk und Fernsehen" herausgab, in welchem es hieß, man müsse "die positiven Faktoren in allen Bereichen mobilisieren, um den Aufgabenbereich der ausländischen Werbung besser zu entwickeln".[100] Im Dezember richtete das chinesische Zentralfernsehen (Zhongyang Dianshitai 中央电视台) den China Television Service (Zhongguo Dianshi Fuwu Gongsi 中国电视服务公司) ein, der, wie es in einer Meldung der *RMRB* dazu heißt, Werbeaufträge für die beiden Programme des Zentralfernsehens übernehme. Man werde gemeinsam mit ausländischen Fernsehsendern und anderen kommerziellen Einrichtungen Filme drehen, den An- und Verkauf von Fernsehfilmen und Video-Programmen und die Bearbeitung von Farbfilmen durchführen, die Satelliten-Übertragung von Fernsehprogrammen abwickeln und ausländischen Fernsehteams technischen Service anbieten.[101]

---

[99] Chen Dezhang 陈德彰: "Mantan waiguo guanggao" 漫谈外国广告 (Zwanglose Aussprache über ausländische Werbung), *RMRB*, 6.5.1979, p.6. Diesem Artikel ist als Illustration ein englischsprachiges Inserat aus dem Jahr 1769 beigefügt, in dem Negersklaven zum Verkauf angeboten werden.

[100] So die Darstellung in [o.Verf.:] "Jianguo yilai guanggaoye fazhan gaikuang", p.13. Dieselben Angaben über das Zirkular und dasselbe Zitat daraus finden sich in Zhongguo Guanggao Hanshou Xueyuan jiaowu weiyuanhui (Hg.): *Guanggao jianshi (shiyong)*, p.20. In welchem Umfang und Rahmen dieses Zirkular verbreitet wurde, geht aus der vorliegenden Literatur nicht hervor.

[101] Siehe [o.Verf.:] "Zhongguo Dianshi Fuwu Gongsi kaishi fuwu" 中国电视服务公司开始服务 (China Television Service nimmt die Arbeit auf), *RMRB*, 31.12.1979, p.3. Kurz darauf, nämlich am 8.1.1980 publizierte China Television Service eine Anzeige in der *RMRB* (p.8) in chinesischer und englischer Sprache zum Geschäftsbereich der Firma. Siehe dazu auch Edith Terry: "Advertising in China: Open Channels, New Ideas", p.49; die Einrichtung von CTS wird in diesem Artikel als Verlust des Alleinvertretungsrechts der chinesischen Werbefirmen für Werbung in Fernsehen und Rundfunk interpretiert.

Die US-Zeitschrift *Advertising Age* zog im August 1979 eine erste Bilanz der Werbung ausländischer Unternehmen in China: Die Shanghai Advertising Corporation (Shanghai Guanggao Gongsi) erwarte im Jahr 1979 Einnahmen von etwa einer Mio. Yuan aus ausländischen Werbeaufträgen, 30% der ausländischen Werbung sei von japanischen Firmen, 40% komme aus Hongkong, repräsentiere jedoch auch Unternehmen anderer Länder. Die Nutzung von Werbetafeln für Werbung sei bislang nur in Shanghai, Nanjing und Guangzhou erlaubt. Es gebe etwa 5 Mio. Radiogeräte in China, von den 18 Stunden Sendezeit pro Tag werde aber weniger als 10% Werbung gesendet. Die Zahl der Fernsehapparate werde auf 50.000 geschätzt, die Zahl der Fernsehzuschauer belaufe sich aber etwa auf das Fünffache; allerdings akzeptierten nur wenige Fernsehsender Werbung, und auch diese wenigen beschränkten die Werbezeit auf etwa zwanzig Minuten von insgesamt zweieinhalb Stunden Programm am Abend.[102] Auch *Ca* berichtete im August 1979 über "Werbemedien für Ausländer in China" und führt darin sechs chinesische Tageszeitungen auf, die ausländische Annoncen akzeptierten, nämlich *Gongren Ribao*, *Wenhui Bao*, *Jiefang Ribao*, *Guangzhou Ribao*, *Tianjin Ribao* und *Renmin Ribao*.[103]

*Positives Bild der Werbung*

Ein Leserbrief mit der Überschrift "Eine Anzeige rettete eine Fabrik", der im Dezember 1979 in der *RMRB* erschien, verdeutlicht, daß zu diesem Zeitpunkt ein positives Bild der Werbung in der Öffentlichkeit gezeichnet wurde. Die Verfasser des Briefes - beide von der Propagandaabteilung des Bezirksparteikomitees von Qiuyang (Provinz Hunan) - berichten über einen Kollektivbetrieb für Wärmeisoliermaterial im Norden der Stadt Qiuyang, der aufgrund fehlenden Absatzes allein im ersten Halbjahr 1979 über hundert Kubikmeter Lagerbestände gehabt habe. Von Januar bis August seien nur 29% des geplanten Produktionswertes für 1979 realisiert worden. Man habe schon geglaubt, die Fabrik stecke in einer Sackgasse und es gebe keine Rettung mehr. Durch Nachforschungen der Fabrik habe sich herausgestellt, daß weder mangelnde Qualität noch ein Überangebot des Produktes für diese Situation verantwortlich waren, sondern fehlende Information bei den potentiellen Anwendern. Daher habe man sich entschlossen, in der *Hunan Ribao* eine Anzeige aufzugeben. Am Tag nach Erscheinen der Annonce seien telefonische Bestellungen von sechs Einheiten und danach Bestelltelegramme und -briefe "wie

---

[102] Siehe Lois Bolton: "Chinese ad unit determines society's needs, not wants", S-13. Die hier gemachten Angaben über die Verfügbarkeit von Sendezeit in Rundfunk und Fernsehen beziehen sich vermutlich nicht nur auf ausländische Werbung, sondern auf Werbung überhaupt.

[103] Siehe [Eckard Garms:] "Werbemedien für Ausländer in China", p.894.

Schneeflocken" eingegangen, so daß die Lagerbestände schnell ausverkauft gewesen seien. Derzeit lägen bereits Bestellungen von über sechzig Einheiten aus Hunan und anderen Provinzen vor. Früher sei man in der Fabrik nicht ausgelastet gewesen, jetzt komme man kaum mehr nach, und die Fabrik habe in einem Monat nach Publikation der Anzeige den Produktionswert der vorangegangenen acht Monate realisiert.[104]

Die Redaktion der *RMRB* kommentiert dazu: Der Brief zeige, daß durch fehlenden Kontakt von "Produktion" und "Bedarf" die Produktionsseite häufig die Bedarfslage nicht kenne und daher in ihrer Entwicklung, sogar in ihrer Existenz gefährdet sei, andererseits die Nachfrage der Bedarfsseite nicht befriedigt werden könne. Der Brief mache deutlich, daß Werbung das Problem von Bedarf und Angebot bei Industrieprodukten lösen könne, um aber Angebot und Nachfrage noch weiter aufeinander abzustimmen, reiche es bei weitem nicht aus, sich allein auf Werbung zu stützen. Die *RMRB* plane daher die Einrichtung einer Kolumne "Austausch und Kooperation", die als Forum des Meinungsaustausches zwischen beiden Seiten dienen solle.[105] Die positive Rolle der Werbung wird hier bestätigt, zugleich aber verweist die Redaktion der *RMRB* auf die ergänzende oder zusätzliche Lösungsmöglichkeit, Zeitungsberichterstattung zur Vermittlung zwischen Hersteller und Verbraucher einzusetzen - ein Weg, der aber gewisse Gefahren in sich barg, da später verschiedene Medien auf den Einfall kamen, für solche "Berichte" Werbegebühren zu verlangen.[106]

Der Verlag der *RMRB* gab ab 1. Oktober 1979 die alle vierzehn Tage erscheinende Zeitschrift *Shichang* (Markt) heraus. Die *RMRB* berichtete hierzu, diese Zeitschrift spezialisiere sich auf Wirtschaftsnachrichten und solle zwischen Produzenten und Verbrauchern vermitteln, neue Konsumgüter vorstellen, über Wirtschafts- und Marktstudien sowie Wirtschaftsgesetze berichten. Kommerzieller Werbung werde darin viel Raum geboten.[107]

---

[104] Gui Hua 桂华 und Xian Feng 先锋: "Yi zhang guanggao jiule yi ge chang" 一张广告救了一个厂 (Eine Anzeige rettete eine Fabrik), *RMRB*, 22.12.1979, p.3.

[105] [Bianzhe de hua 编者的话:] "Women yuanyi «da qiao»" 我们愿意«搭桥» ([Kommentar des Herausgebers:] Wir wollen 'eine Brücke schlagen'), *RMRB*, 22.12.1979, p.3.

[106] Mit dem Problem der Vermischung von Werbung und Nachrichten befaßt sich ausführlich 4.2. dieser Arbeit.

[107] Siehe dazu [o.Verf.:] "Zhuanmen baodao jingji xinwen de «Shichang» bao shiyue yiri chuban" 专门报道经济新闻的«市场»报十月一日出版 (Zeitung 'Markt', die speziell Wirtschaftsnachrichten berichtet, erscheint ab 1.

*Vorbehalte*

Daß die Wiederaufnahme kommerzieller Werbung in China und die damit verbundene Hinwendung zu neuen Tätigkeitsbereichen nicht völlig reibungslos abliefen und mit verschiedenen Vorbehalten zu kämpfen hatten, verdeutlicht ein Rückblick auf dreißig Jahre Firmengeschichte der Shanghai-shi Meishu Sheji Gongsi 上海市美术设计公司 (Shanghaier Kunst- und Designfirma)[108], den zwei Mitarbeiter im Jahre 1986 publizierten. Die Firma, so führen die Autoren aus, sei zwar bereits im Jahre 1956 gegründet worden, aber in bezug auf die Werbebranche ein noch "junges Talent" (*houqi zhi xiu* 后起之秀). Bis 1979 habe sie dem Kulturamt der Stadt Shanghai unterstanden und sich hauptsächlich mit politisch-kulturellen Aufgaben und angewandter Kunst befaßt, z.B. mit Entwürfen für die Ausschmückung von Museen, politischer Propaganda etc. Nach dem 3. Plenum des XI. ZK habe man aufgrund der Verlagerung des Arbeitsschwerpunktes der Partei auf den Wirtschaftsaufbau eine Entscheidung über den zukünftigen Kurs der Firma treffen müssen, da einerseits im Zuge der Entwicklung der Warenwirtschaft der Bedarf an Warenwerbung in der Gesellschaft immer größer geworden sei, die politischen Aufgaben, die in der Vergangenheit den Löwenanteil der Geschäfte ausgemacht hätten, dagegen stark zurückgegangen seien. Der Übergang zum neuen Aufgabenbereich der Werbung sei eine Existenzfrage gewesen. Die Haltung der Mitarbeiter in der Firma zu diesem Problem sei jedoch, so die Autoren, nicht einmütig gewesen:

> Einige Genossen standen unter dem ideologischen Einfluß der Tradition und verkoppelten, kaum daß die Sprache auf Werbung kam, diese aus Gewohnheit immer mit Kapitalismus, manche Genossen vertraten auch die Meinung, ob es, wenn wir als "Kunstdesignfirma" Werbung machen, nicht bedeute, von der Richtung des Kunstdesigns abzuweichen und die berufliche Arbeit zu vernachlässigen. Aber noch mehr Genossen waren der Auffassung, die Lage der Revolution entwickle sich, und wenn sich der Arbeitsschwerpunkt der Partei auf den Wirtschaftsaufbau verlagere, sei der Dienst am Aufbau der Vier Modernisierungen selbst die wichtigste Politik [...]. Durch breite und heftige Debatten wurde schließlich ideologische Einheit erzielt, und mit Unterstützung der Führung der übergeordneten Ebene wurde

---

Oktober), *RMRB*, 23.9.1979, p.3. Zur Gründung von *Shichang* siehe auch [Eckard Garms]: "«Wörterbuch der politischen Ökonomie» und Halbmonatsschrift «Markt» erschienen", *Ca*, September 1979, p.979 (Ü 55); und James Chu: "Advertising in China: Its Policy, Practice and Evolution", p.43.

mit Beginn des Jahres 1980 unsere Firma formell eine der Haupteinheiten, die in Shanghai Werbung durchführen.[109]

*Wachstum*

Genaue Angaben über Umsatz und Beschäftigtenzahl in der Werbung liegen weder für das Jahr 1979 noch für 1980 vor.[110] Das Fehlen statistischer Angaben ist v.a. darauf zurückzuführen, daß für diesen Zeitraum ein umfassender institutioneller Rahmen für die Werbung noch nicht existierte. Wie in anderen Bereichen der Wirtschaftsreform gab es auch für das Werbewesen kein genaues Konzept, sondern man wartete zunächst einmal ab, wie sich die Dinge entwickeln würden. Für die Jahre 1979 und 1980 wird von chinesischer Seite besonders die aufkommende Vielfalt der Werbemedien und Werbeformen positiv hervorgehoben[111] oder darauf verwiesen, daß die Werbung bei "führenden Genossen von Partei und Staat" auf Beachtung gestoßen sei.[112] Der Stand des Werbewesens vor 1979 wird dann einfach mit dem am Ende des Jahres 1981 kontrastiert, um damit zu zeigen, welchen enormen Aufschwung die chinesische Werbung in diesem kurzen Zeitraum nahm. Als Voraussetzungen für diesen Aufschwung werden "die

---

[108] Zur Gründung der Firma siehe auch 1.1.2. dieser Arbeit.

[109] Jiang Changyi 蒋昌一 und Lü Changtian 吕长天: "Zuotian. Jintian. Mingtian" 昨天. 今天. 明天 (Gestern, heute, morgen), *ZGGG*, 1986, No.2, p.47.

[110] Ein Artikel aus dem Jahr 1987, der eine Tabelle zur Entwicklung der Werbung von 1979 bis 1986 enthält, beziffert für das Jahr 1979 die Zahl der Werbeagenturen, wie schon oben erwähnt, mit zehn; das Jahr 1980 ist in der Übersicht einfach ausgelassen. Siehe Liu Jianjun: "Werbung in China", *BRu*, No.22 (2. Juni 1987), pp.20-22, hier: p.20. Die Angaben von Liu wurden übernommen von Erhard Louven und Karen Zürn: "Werbung in der VR China", p.231. Für den Gesamtzeitraum von der Wiederaufnahme der Werbung Anfang 1979 bis November 1980 wird der Umsatz mit rund 20 Mio. Yuan angegeben. Siehe [Benkan bianjibu 本刊编辑部:] "Zhongguo guanggaoshi de xin pianzhang" 中国广告史的新篇章 (Ein neues Kapitel in der Geschichte der chinesischen Werbung), *ZGGG*, 1981, No.1, p.3.

[111] Siehe z.B. Li Zhiyi u.a.: *Shangbiao guanggao falü zhishi*, p.126.

[112] Siehe dazu die Darstellung in Zhongguo Guanggao Hanshou Xueyuan jiaowu weiyuanhui (Hg.): *Guanggao jianshi (shiyong)*, p.20. Darin werden Äußerungen Hu Yaobangs bei der Besichtigung einer Fabrik, des Vorsitzenden der Staatlichen Wirtschaftskommission Zhang Jinfu und anderer

Wirtschaftsreform, die Politik der Öffnung nach außen und Belebung nach innen, die Steigerung der Warenproduktion und die rasche Entwicklung des Außenhandels" genannt.[113]

*1980: Aufkommende Kritik an Werbepraktiken*

Im Jahre 1980 erschienen in der *RMRB* jedoch erstmals auch Leserbriefe und Berichte, die bestimmte Werbepraktiken kritisierten. Den Auftakt bildete der Brief einer Maschinenfabrik aus der Provinz Hebei, in dem die Verfasser ihrer Empörung über ihre Erfahrungen bei der Überholung eines Fahrzeuges der Fabrik Luft machen: Erst elf Monate nach Ablieferung des Fahrzeugs, nach Vorauszahlung von mehreren tausend Yuan zur Beschaffung von Ersatzteilen usw. habe man das Auto schließlich bei der Autoreparaturwerkstatt Nr.1 der Stadt Shijiazhuang abholen können - in desolatem Zustand, wie sich bei der Probefahrt herausgestellt habe. Als zwei Monate später (im November 1979) eine Anzeige dieser Werkstatt in der *Hebei Ribao* mit dem Text "Generalüberholung von Fahrzeugen, rasche Übergabe des Wagens, Qualität und Quantität garantiert (*bao zhi bao liang* 保质保量)" erschienen sei, habe man sich angesichts der eigenen Erfahrungen doch ziemlich geärgert. Man hoffe, daß die Werkstatt nun auch halte, was sie verspreche.[114] Am 6. April 1980 erschienen gleich drei kritische Leserbriefe zum Thema Werbung. Einer davon - verfaßt von einem Mittelschullehrer in Tianjin - bezeichnet es als Geldmacherei, daß in Zeitschriften für Jugendliche und Kinder Werbung von Fabriken für Süßigkeiten und Vakuumröhren publiziert werde. Die Aufgabe von wissenschaftlich-technischen Zeitschriften für Jugendliche sei es, Kenntnisse zu vermitteln. Wenn nun aber ein Teil der Seiten von Werbung eingenommen werde, dann nehme der Inhalt ab, der Nutzen für den Leser werde geringer und dabei bleibe der Preis unverändert. Diese Vorgehensweise sei doch wohl nicht richtig.[115] In den beiden anderen Zuschriften geht es um das Problem, daß in

---

Persönlichkeiten zitiert, welche alle die Wichtigkeit der Werbung unterstreichen.

113 Siehe z.B. die Darstellung in [o.Verf.]: "Jianguo yilai guanggaoye fazhan gaikuang", p.13. Ähnliche Ausführungen bei Li Zhiyi u.a.: *Shangbiao guanggao falü zhishi*, p.126.

114 Hebei-sheng Shen-xian Jixiechang 河北省深县机械厂: "Kanle «guanggao» zhihou" 看了«广告»之后 (Nachdem [wir] die 'Werbung' gesehen haben), *RMRB*, 1.2.1980, p.4.

115 Wu Xianglin 吴祥林: "Qingshaonian kanwu deng yiban guanggao zhide yanjiu" 青少年刊物登一般广告值得研究 (Daß gewöhnliche Werbung in Jugendzeitschriften erscheint, bedarf der Untersuchung), *RMRB*, 6.4.1980,

Inseraten angepriesene Waren nicht zu kaufen waren. Der eine dieser Briefe vermerkt einleitend, es sei eine gute Sache, die den Vier Modernisierungen diene, daß jetzt alle Zeitungen und Zeitschriften Werbung publizierten, fährt dann aber fort:

> Aber einzelne Anzeigen suchen die Wahrheit nicht in den Tatsachen. Solche Dinge sind zwar selten, aber ihre Auswirkung ist negativ und läßt die Leute das Vertrauen in die Werbung verlieren. Man kann sagen, ein bißchen Mäusedreck verdirbt einen Topf Suppe.[116]

Die Verfasser hatten vergeblich versucht, einen Gemüse- und Fleischschneider, der in der *Henan Ribao* annonciert war, direkt beim Hersteller zu kaufen, und auf ihren Beschwerdebrief an die *Henan Ribao*[117] die lapidare Antwort erhalten, es sei unvermeidlich, daß manche Produkte von schlechter Qualität seien oder die Ware fehle. Die Autoren schließen mit der Frage ab:

> Wenn das nach dieser "Unvermeidlichkeits-Theorie" für die annoncierenden Einheiten nicht zu vermeiden ist, muß dann etwa der Verbraucher umsonst das Geld des Staates ausgeben, um im Wasser nach dem Mond zu fischen?[118]

Der dritte Brief, verfaßt vom Mitarbeiter einer Bettzeug- und Uniformfabrik in Wuhai (Autonomes Gebiet Innere Mongolei), schildert die Odyssee des Autors durch Tianjin auf der Suche nach einer nichtexistenten Säummaschine, für die in der *RMRB*[119] geworben worden war. Der Grundtenor dieses Briefes ist tiefe Enttäuschung:

> Ganz zu schweigen davon, daß ich als alter Mann von über fünfzig, mit hohem Blutdruck und herzkrank, einen halben Monat die Mühsal

---

    p.3. Die Überschrift des Leserbriefes suggeriert zwar, daß es seinem Verfasser um "gewöhnliche" Werbung in Jugendzeitschriften geht, der Inhalt des Briefes selbst deutet jedoch eher auf die Ablehnung jeder Art Werbung in solchen Periodika.

[116] Ma Changgao 马常高, Dong Ruyi 董如义 und Wang Yunhua 王云华: "Bu neng zhi deng guanggao bu gong huo" 不能只登广告不供货 (Man kann nicht nur Werbung publizieren, [aber] keine Ware liefern), *RMRB*, 6.4.1980, p.3.

[117] Dieser Brief ist dem Leserbrief als Anhang beigefügt. Siehe ebenda.

[118] Ebenda.

[119] Die Anzeige war in der *RMRB* vom 2.10.1979, p.3 erschienen und enthielt auch eine Abbildung der fraglichen Säummaschine.

[dieses] Hin und Her durchgemacht habe - aber daß diese Dienstreise die Fabrik über zweihundert Yuan gekostet hat, das kann ich wirklich kaum ertragen. Sie müssen wissen, unsere Fabrik ist eine kollektive Einheit mit nur etwas über zehn Leuten, die selbst für Gewinn und Verlust verantwortlich ist!
Sind die Anzeigen, die in Ihrer Zeitung erscheinen, unwahr und unglaubwürdig? Oder hat die Industrienähmaschinenfabrik der Stadt Tianjin übertrieben?[120]

Es fällt auf, daß sich in allen drei Briefen zumindest ein Teil der Kritik auf die Medien erstreckt, welche Werbung publizieren - im Fall der Jugendzeitschriften bewertet der Schreiber die Veröffentlichung von Werbung als reine Geldmacherei, die den Inhalt der Zeitschriften schmälert, in den beiden anderen Fällen wird den Zeitungen implizit eine Mitverantwortung für die inhaltliche Richtigkeit der erschienenen Anzeigen zugewiesen.[121] Gleichzeitig wird in den beiden letztgenannten Fällen hervorgehoben, daß Annoncen für nichtexistente Waren sinnlose Ausgaben und damit ökonomischen Schaden für den Interessenten bzw. seine Einheit (und damit letztendlich auch den Staat) bedeuten.

Auf derselben Seite der *RMRB* findet sich zwar auch ein positiver Bericht über die Aufarbeitung des Informationsrücklaufes und vorbildliche Kundenbetreuung nach dem Erscheinen von Werbung,[122] das negative Bild der Beschwerdebriefe wird dadurch aber nur zum Teil aufgehoben.

---

[120] Zhao Shulan 赵淑兰: "Deng guanggao yao yan er you xin" 登广告要言而有信 (Wenn man Werbung publiziert, muß man halten, was man verspricht), *RMRB*, 6.4.1980, p.3.

[121] In den später erlassenen gesetzlichen Bestimmungen wird den Werbeeinheiten eine Mitverantwortung für die inhaltliche Wahrheit der Werbung auferlegt. Das Problem, daß betrogene Verbraucher ihre Vorwürfe zuerst gegen die Medien richten, welche die Werbung publiziert haben, reicht bis in die jüngste Zeit hinein. Siehe dazu z.B. Wang Qingxian 王清宪: "Zhinen de Zhongguo guanggaoye" 稚嫩的中国广告业 (Die junge chinesische Werbeindustrie), *RMRB*, 4.5.1989, p.5. Zu den gesetzlichen Bestimmungen siehe ausführlich 2.1. dieser Arbeit.

[122] Cheng Quangao 程全皋: "Shangdian fuwu gongzuo yue zuo yue huo" 商店服务工作越做越活 (Die Servicearbeit des Geschäftes wird immer lebhafter), *RMRB*, 6.4.1980, p.3 (mit einem zusätzlichen Bericht eines *RMRB*-Reporters).

## Erste Ansätze eines institutionellen Rahmens

Unter Bezugnahme auf die Leserbriefe vom April trat ein *RMRB*-Artikel im Oktober 1980 dafür ein, sich systematischer mit Werbelehre (*guanggaoxue* 广告学) zu beschäftigen.[123] Der Autor Zhang Shuping von der Handelsakademie in Beijing vertritt darin die Auffassung, Werbung erfordere Fachkenntnisse, denn wie man aus den Leserbriefen ersehen könne, hätten "Mißverständnisse" über die Rolle der Werbung und Nachlässigkeit beim Publizieren von Anzeigen bereits zu entsprechender Konfusion geführt. Es komme vor, daß Versprechen nicht gehalten werden (*yan er wu xin* 言而无信), daß zuviel versprochen (*yan guo qi shi* 言过其实) oder daß blind Propaganda gemacht werde (*mangmu xuanchuan* 盲目宣传)[124]. Daraus folgert der Autor, es sei keineswegs eine einfache Sache, Werbung zu machen, und es müßten Anstrengungen zu ihrer Erforschung unternommen werden. Im einzelnen spricht er am Ende seiner Ausführungen folgende Punkte an:

> Wenn wir Planregulierung und Marktregulierung verbinden wollen, dann dürfen Untersuchungen zur Werbelehre nicht fehlen. Ich schlage vor, ein paar Monographien und Übersetzungen im Bereich Werbelehre herauszugeben, in den Hochschulen für Finanzen und Ökonomie dieses Lehrfach einzurichten, bei der Wirtschaftsgesetzgebung Fragen zu einem Werbegesetz zu durchdenken und den Unternehmen, die durch Publikation falscher Behauptungen dem Kunden Verluste beibringen, wirtschaftliche Sanktionen aufzuerlegen. Derzeit muß die Verwaltungsarbeit für die Werbung verstärkt werden - die Unternehmen, die Annoncen aufgeben, brauchen hauptsächlich Anleitung, um diese Arbeit in Angriff zu nehmen, und die Einheiten, welche Werbeaufträge annehmen, müssen auch aktiv kooperieren. Z.B. können die Werbefirmen sich bemühen, ihren Aufgabenbereich zu vergrößern und für die Unternehmen, welche die Bedingungen mitbringen, Marktforschung und -prognosen machen, Materialien zur Marktlage liefern usw. Nur so können Mißstände beseitigt und Werbung zu einem wahren Spiegel unseres sozialistischen Marktes gemacht werden.[125]

---

[123] Zhang Shuping 张庶平: "Yao yanjiu dian guanggaoxue" 要研究点广告学 ([Wir] sollten etwas [auf dem Gebiet der] Werbelehre forschen), *RMRB*, 10.8.1980, p.3.

[124] Zum letzten Punkt führt Zhang Shuping Jugendzeitschriften an, die in großem Umfang Anzeigen für Geräte bringen, für die Jugendliche keine Zielgruppe seien.

[125] Zhang Shuping: "Yao yanjiu dian guanggaoxue", p.3.

Mit seinen Vorschlägen zu einem fundierteren Umgang mit Werbung durch Fachveröffentlichungen, Ausbildungsmöglichkeiten und v.a. auch durch gesetzliche Regelungen spricht Zhang Shuping wesentliche Aspekte an, die in Angriff genommen werden mußten, wenn man die Werbetätigkeit in China in geordnete Bahnen lenken wollte.

Wichtige Schritte zum Aufbau eines organisatorischen und gesetzlichen Rahmens für die Werbebranche wurden noch im selben Jahr eingeleitet: Vom 28. November bis 5. Dezember fand in Guangzhou die zweite Konferenz für Werbearbeit[126] statt, die unter Leitung des Obersten Industrie- und Handelsverwaltungsamtes (Gong-Shang Xingzheng Guanli Zongju 工商行政管理总局) stand. Vor diesem Ereignis hatte der Staatsrat festgelegt, daß diese Behörde für das chinesische Werbewesen zuständig sein solle.[127] An der Konferenz nahmen Repräsentanten von 25 Werbeagenturen aus zwanzig Städten sowie von Behörden, Hochschulen, Presse- und Publikationseinheiten Chinas, aber auch Vertreter aus Hongkong, Macao und Taiwan teil. Die insgesamt 93 Teilnehmer befaßten sich im wesentlichen mit folgenden Punkten: Der Entwurf für Werbebestimmungen[128] und die Satzung für

---

[126] Die erste Konferenz für Werbearbeit wurde bereits im Oktober 1979 in Shanghai abgehalten, es ging jedoch dabei nur um einen informellen Erfahrungsaustausch und die Verstärkung der Zusammenarbeit zwischen Werbeeinheiten. Offenbar fand sie ohne Beteiligung von Regierungsbehörden statt. So zumindest die Darstellung in [Benkan bianjibu:] "Zhongguo guanggaoshi de xin pianzhang", p.3. Zur Konferenz in Guangzhou siehe auch Zhang Nanzhou 張南舟: *Guanggaoxue zai Zhongguo* 廣告學在中國 (Werbelehre in China), Hongkong: Daxue chuban yinwu gongsi, 1987, p.104.

[127] Siehe [Benkan bianjibu:] "Zhongguo guanggaoshi de xin pianzhang", p.3. Nach [o.Verf.:] "Da shi jiyao" 大事纪要 (Chronologische Darstellung großer Ereignisse), ZGGGNJ, pp.151-155, hier: p.151, machte der damalige stellvertretende Ministerpräsident Yao Yilin am 15.9.1980 einen Aktenvermerk, der dem diesbezüglichen Vorschlag der Arbeitsgruppe Finanzen und Handel des Staatsrates zustimmte und gleichzeitig das Oberste Industrie- und Handelsverwaltungsamt damit betraute, gesetzliche Bestimmungen und den Aufbau von Organen zur Regelung der Werbung in Angriff zu nehmen.

[128] [O.Verf.:] "Jianguo yilai guanggaoye fazhan gaikuang", p.13 führt zur Entstehung der Werbebestimmungen aus, das Oberste Industrie- und Handelsverwaltungsamt habe im Jahr 1980 nach Untersuchungen einen Bericht mit Vorschlägen zur Verstärkung der Werbeverwaltung an den Staatsrat eingereicht, woraufhin dieser die Staatliche Wirtschaftskommission und das

einen Zusammenschluß von Werbefirmen[129] wurden diskutiert und die Gründung des Chinesischen Verbandes der Werbekunst (Zhongguo Guanggao Yishu Xiehui 中国广告艺术协会) beschlossen, der zukünftig eine Fachzeitschrift mit dem Titel *Zhongguo Guanggao* 中国广告 herausgeben sollte.[130] Während die drei letztgenannten Projekte in der ersten Hälfte des Jahres 1981 vorangetrieben und z.T. auch realisiert wurden, vergingen bis zum formellen Inkrafttreten von für ganz China geltenden Werbebestimmungen noch eineinhalb Jahre.

*1981: Wachsende Kritik und organisatorischer Aufbau*

Ab Januar 1981 erschienen weitere Artikel in der *RMRB* und auch in der *GMRB*, die sich kritisch mit bestimmten Erscheinungen und Praktiken in der chinesischen Werbung auseinandersetzten und Lösungsvorschläge unterbreiteten. Zunächst berichtete die *RMRB* über ein Zirkular der Volksregierung der Provinz Jiangsu, das von den unterstellten Volksregierungen die verstärkte Regelung der Werbung fordere, da verschiedene Industriebetriebe in ihrer Werbung übertrieben, verfälscht und Geheimnisse enthüllt hätten. Das Zirkular hebe hervor, daß die Unternehmen vor dem Publizieren oder Ausstrahlen von Werbung Produktqualitätsgutachten der zuständigen Behörden und bei Produkten wie Medikamenten, welche direkt die Gesundheit der Volkes beträfen, außerdem die Produktionsgenehmigung der Gesundheitsbehörden vorweisen müßten. Der Inhalt der Werbung müsse der Wahrheit entsprechen, Staatsgeheimnisse dürften nicht verraten werden, die Werbeabbildungen müßten schön (*meiguan* 美观) und gesund (*jiankang* 健康) sein. Wenn dem Verbraucher durch Verfälschung und Betrug Schaden entstehe, sei von den Unternehmen Wiedergutmachung zu leisten; bei schweren Fällen werde von den zuständigen Verwaltungsbehörden die Schuldfrage ermittelt oder sogar gerichtliche Schritte eingeleitet.[131]

---

Industrie- und Handelsverwaltungsamt mit dem Entwurf für entsprechende Bestimmungen beauftragt habe.

[129] Es handelte sich dabei um die Zhongguo Guanggao Lianhe Zong Gongsi. Siehe dazu den Abschnitt über "Die Gründung landesweiter Organisationen und einer Fachzeitschrift" weiter unten.

[130] Siehe zu diesen Punkten detaillierter [Benkan bianjibu:] "Zhongguo guanggaoshi de xin pianzhang", p.3.

[131] Siehe [o.Verf.:] "Jiangsu jiaqiang guanggao guanli" 江苏加强广告管理 (Jiangsu verstärkt Werbekontrolle), *RMRB*, 31.1.1981, p.2. Die hier aufgezählten Punkte finden sich z.T. auch in den "Vorläufigen Bestimmungen zur Regelung der Werbung" wieder. Siehe dazu die Übersetzung der "Vorläufigen Bestimmungen" in 2.1. dieser Arbeit.

In derselben Ausgabe veröffentlichte die *RMRB* einen Kommentar, der zwar erneut die positive Rolle der Werbung für die Wirtschaft bestätigt, negative Erscheinungen in der chinesischen Werbung aber noch stärker in den Vordergrund stellt, als dies in den Ausführungen Zhang Shupings zum Ausdruck kam:

> Jetzt wird die Funktion der Werbung immer mehr erkannt und beachtet. Von Januar bis Oktober letzten Jahres [d.h. 1980, G.W.] erreichte der Umsatz der Werbegeschäfte der Stadt Shanghai 5,58 Mio. Yuan, der der Stadt Guangzhou mehr als 4 Mio. Yuan. Die schnelle Entwicklung des Werbegeschäftes spiegelt einerseits das Florieren des Marktes wider, andererseits brachte sie eine Menge Probleme an den Tag. Z.B. ist der Inhalt mancher Werbung falsch (*xujia* 虚假) und verstößt direkt gegen die Prinzipien sozialistischen Wirtschaftens. Eine Fabrik im Kreis Jiangdu, Provinz Jiangsu, begann gerade erst mit den Bauvorbereitungen, da drängte sie sich schon mit der Werbung vor: "Produkte mit hervorragender Leistung und schöner Form". Als eine Einheit aus Hubei jemand den weiten Weg schickte, um die Ware zu kaufen, fand dieser am Ende nicht einmal das Fabriktor. Da stellt sich doch die Frage, wie kommt eine Fabrik, die noch nicht formell produziert, zu Produkten mit hervorragender Leistung? [...] Und manche Werbung benutzt inflationär übertriebene Ausdrücke wie "auf der ganzen Welt bekannt" (*yu man quanqiu* 誉满全球), "hervorragende Qualität" (*zhiliang youliang* 质量优良), "ausgezeichneter Service" (*fuwu zhoudao* 服务周到). Wenn man zuviel verspricht, verliert man zwangsläufig die Glaubwürdigkeit.
>
> Manche Einheiten, [die Werbeaufträge] übernehmen, setzen Werbung, die ausländische Waren vorstellt, unpassend an die exponiertesten Stellen, manche Fernseh- und Rundfunksender bringen Werbeprogramme zur besten Zeit unter und vermitteln den Eindruck, der Gast mache sich zum Wirt. Und es gibt Werbung, die zuviel Platz einnimmt, oder sie ist äußerlich abstoßend, die Begleitmusik seltsam und die Sendezeit zu lang, sie wird den Leuten fast aufgezwungen. Dies hat bei den breiten Massen schon Widerwillen erzeugt.[132]

---

[132] [Benbao pinglunyuan 本报评论员:] "Guanggao de shengming zaiyu zhenshi" 广告的生命在于真实 (Das Leben der Werbung liegt in der Wahrheit), *RMRB*, 31.1.1981, p.2. Dem *RMRB*-Kommentar wird auch in *Ca* eine Kurzmeldung gewidmet, siehe [Eckard Garms:] "Übertriebene Werbung", *Ca*, Februar 1981, pp.108-109 (Ü 67).

Bei der Werbepropaganda, so hebt der Kommentar hervor, müsse man unbedingt am Prinzip festhalten, die Wahrheit in den Tatsachen zu suchen, denn in der Wahrheit liege das Leben der Werbung. Man müsse erkennen, daß die Werbung zwar eine gewisse positive Funktion habe, aber keineswegs omnipotent sei. Unter sozialistischen Bedingungen bilde die Planregulierung das Herzstück, daher sei die Rolle der Werbung begrenzt und müsse dem Gesamtinteresse der sozialistischen Wirtschaft gehorchen. Bei der derzeitigen Ausrichtung der Volkswirtschaft müsse die Werbung v.a. ihre Blindheit überwinden, die Einheiten, die Werbeaufträge übernehmen, dürften nicht einfach für jeden Werbung machen, der dafür bezahle. Die in der Werbung Tätigen müßten einen Beitrag zur Verbesserung der Werbewerke und zur Entwicklung des chinesischen sozialistischen Werbewesens leisten. Die Industrie- und Handelsverwaltungsbehörden hätten die Pflicht, die Werbearbeit anzuleiten und zu kontrollieren, sie müßten praktikable Regelungsmethoden festlegen, in Zusammenarbeit mit den zuständigen Einrichtungen die Werbearbeit einheitlich planen, die Administration verstärken und Gesetzesbrecher, die Werbung zum Betrug an den Massen ausnutzten, streng bestrafen. Durch gemeinsame Anstrengung werde sich, nachdem die derzeit in mancher Werbung existierende "Verschmutzung" (*wuran* 污染) beseitigt sei, das chinesische Werbewesen bestimmt gesund entwickeln.[133]

*Die Gründung landesweiter Organisationen und einer Fachzeitschrift*

Entscheidende Ereignisse für die gesamte chinesische Werbebranche waren die Gründungen erster landesweiter Organisationen, die im Jahr 1981 erfolgten:

Am 24. März gab die Zhongguo Guanggao Lianhe Zong Gongsi 中国广告联合总公司 (China United Advertising Corporation, manchmal auch übersetzt mit

---

[133] Ebenda. Fälle betrügerischer Werbung, Kritik an ineffizientem Werbeeinsatz (z.B. Werbung für Produktionsmittel im Fernsehen) und "ungesunden" Erscheinungen in der Werbung bildeten auch weiter ein Thema in den Tageszeitungen. Siehe z.B. Zhang Mingqing 张铭清: "Xiwang gaijin dianshi guanggao" 希望改进电视广告 (Hoffnung auf die Verbesserung der Fernsehwerbung), *RMRB*, 10.6.1981, p.2; Xia Bingzhi 夏秉智 und Xu Wenzheng 徐文正: "Shangye guanggao yao zhenshi kexin" 商业广告要真实可信 (Kommerzielle Werbung muß wahr und vertrauenswürdig sein), *RMRB*, 21.12.1981, p.2; Fan Min 樊民: "Ying zhongshi guanggao meijieti de xuanze" 应重视广告媒介体的选择 (Man muß auf die Wahl des Werbemediums achten), *GMRB*, 5.8.1981, p.2; Xiong Jiayu 熊家钰: "You ganyu jingshen shenghuo zhong de «san duo» xianxiang" 有感于精神生活中的 «三多» 现象 (Reflexionen zum Phänomen der 'drei Viel' im geistigen Leben), *GMRB*, 26.8.1981, p.2.

"China National United Advertising Corporation"), deren Errichtung - wie oben ausgeführt - bereits bei der Konferenz der Werbearbeit in Guangzhou am Ende des Vorjahres beschlossen worden war, in Beijing auf einer Pressekonferenz ihre Gründung bekannt.[134] Als freiwilliger Zusammenschluß von 25 lokalen Fachwerbefirmen - aus Beijing, Shanghai, Tianjin, Nanjing, Guangzhou, Wuhan, Chengdu, Xi'an, Shenyang und anderen Städten - übernehme es diese Organisation, inländische und internationale Werbeaufträge zu realisieren oder zu vermitteln, den Austausch in- und ausländischer Werbekunst und -technik zu organisieren, die Ergebnisse fortschrittlicher Techniken in Werbedesign und -herstellung zu verbreiten, moderne Werbemethoden zu entwickeln und Fachleute für das Werbewesen auszubilden, heißt es dazu in der *RMRB*.[135] Westliche Darstellungen betonen v.a. die Tatsache, daß die China United Advertising Corporation dem Obersten Industrie- und Handelsverwaltungsamt (englische Bezeichnung: State Administration for Industry and Commerce, kurz: SAIC) unterstellt wurde und damit die Werbeagenturen auch unter stärkere administrative Kontrolle brachte:

> One of its other major tasks, however, was to bring under central government control through the SAIC's licensing authority all local

---

[134] Siehe [o.Verf.:] "Zhongguo Guanggao Lianhe Zong Gongsi chengli" 中国广告联合总公司成立 (China United Advertising Corporation gegründet), *RMRB*, 25.3.1981, p.4; und die Notiz von Chu Tian 楚天: "Zhongguo Guanggao Lianhe Zong Gongsi xuangao zhengshi chengli" 中国广告联合总公司宣告正式成立 (China United Advertising Corporation verkündet formelle Gründung), *ZGGG*, 1981, No.1, p.20. Dagegen gibt Yi Changtai: *Shiyong guanggao zhinan*, p.42 als Gründungsmonat Februar an. Hans Breithaupt: "Werbung in der VR China", p.1 nennt mit dem April 1981 den Monat der formellen Geschäftsaufnahme.

[135] [O.Verf.:] "Zhongguo Guanggao Lianhe Zong Gongsi chengli", p.4. Zum Tätigkeitsbereich der Firma siehe auch [Eckard Garms:] "Landesweite Werbeagentur gegründet", *Ca*, März 1981, p.172 (Ü 49). Siehe auch Cang Shi 苍石: "Tan Zhongguo Guanggao Lianhe Zong Gongsi de xingzhi yu renwu" 谈中国广告联合总公司的性质与任务 (Zum Charakter und den Aufgaben der China United Advertising Corporation), *ZGGG*, 1981, No.2, p.3; sowie Zhen Xing 振兴 und Yun Hui 蕴辉: "Ren zhong er dao yuan - Fang Zhongguo Guanggao Lianhe Zong Gongsi zongjingli Cang Shi tongzhi 任重而道远 - 访中国广告联合总公司总经理苍石同志 (Die Last ist schwer und der Weg ist weit - Besuch beim Generalmanager der China United Advertising Corporation, dem Genossen Cang Shi), *ZGGG*, 1981, No.2, pp.4-5.

corporations dealing in advertising, pointedly including many small agencies that until then had been operating more or less independently of regulation.[136]

Daß der Aspekt besserer Kontrollmöglichkeiten angesichts der aufkommenden Kritik an falscher Werbung und "ungesunden" Geschäftspraktiken eine gewisse Rolle bei der Errichtung der China United Advertising Corporation spielte, ist nicht von der Hand zu weisen.

Die Vorbereitungen für eine weitere Vereinigung, deren Gründung ebenfalls auf der Konferenz in Guangzhou beschlossen worden war, verliefen offenbar etwas komplizierter: Im Februar 1981 trafen zunächst Vertreter von 25 Werbeeinheiten sowie Repräsentanten von Nachrichten- und Bildungseinheiten in Beijing zusammen, bildeten den Vorbereitungsausschuß des Chinesischen Verbandes für Werbekunst und wählten einen ständigen Ausschuß mit dreizehn Mitgliedern, der die Gründung des Verbandes vorantreiben sollte.[137] Eine weitere Versammlung des Vorbereitungsausschusses fand am 22. Oktober 1981 statt und legte fest, daß die Vereinigung den Namen "Zhonghua Quanguo Guanggao Xiehui" (Nationaler Werbeverband Chinas) tragen und im Dezember gleichzeitig mit der formellen Gründung seine erste Mitgliedervollversammlung abhalten werde.[138] Offenbar fanden die geplante Mitgliederversammlung und die Verbandsgründung jedoch erst im Februar des darauffolgenden Jahres statt.[139]

---

[136] Scott D. Seligman: "China's Fledgling Advertising Industry", p.12. Diesen Aspekt bestätigt indirekt Chu Tian: "Zhongguo Guanggao Lianhe Zong Gongsi xuangao zhengshi chengli", p.20. Dort werden als Aufgabenbereiche der neuen Firma u.a. genannt, "Kurs und Politik von Partei und Staat zur Werbung konsequent durchzuführen und die gesunde Entwicklung des Werbewesens unseres Landes voranzutreiben [...]."

[137] Siehe Qian Zhenhui 钱振辉: "Zhongguo Guanggao Yishu Xiehui choubei weiyuanhui yijing jianli" 中国广告艺术协会筹备委员会已经建立 (Vorbereitungsausschuß des Chinesischen Verbandes der Werbekunst bereits gebildet), ZGGG, 1981, No.1, p.20. Bei den 25 Werbeeinheiten scheint es sich um die Mitgliedsfirmen der China United Advertising Corporation zu handeln; außerdem wird als Mitglied des ständigen Ausschusses der Manager der Corporation genannt.

[138] Siehe dazu die Kurznachricht in ZGGG, 1981, No.2, p.15.

[139] Siehe dazu unten 1.2.2. zur Entwicklung ab 1982: "Der Chinesische wissenschaftliche Verein der Werbung".

Dennoch erschien bereits am 15. April 1981 als Fachorgan des geplanten Verbandes die erste Ausgabe der Zeitschrift *Zhongguo Guanggao* in Shanghai.[140] Diese erste Nummer trug im Impressum noch den Vermerk "intern" (*neibu* 内部), doch schon die zweite Ausgabe vom November 1981 unterlag dieser Beschränkung nicht mehr.[141] Ab der dritten Ausgabe (1982, No.1) finden sich im Impressum als Herausgeber die Zhongguo Guanggao Lianhe Zong Gongsi und die Shanghai-shi Guanggao Zhuanghuang Gongsi[142]. Mit der Zeitschrift *Zhongguo Guanggao* wurde ein Forum geschaffen, das Raum für die Beschäftigung mit allen theoretischen und praktischen Aspekten der Werbung bot.

Am 21. August desselben Jahres wurde noch eine weitere landesweite Organisation der chinesischen Werbebranche gegründet: der Chinesische Außenhandelswerbeverband (Zhongguo Duiwai Maoyi Guanggao Xiehui 中国对外贸易广告协会), der wie die China United Advertising Corporation als Dachgesellschaft verschiedener regionaler Werbefirmen fungiert, dabei allerdings der Leitung des Ministeriums für Außenhandel untersteht:

> Not to be outdone, the Ministry of Foreign Economic Relations and Trade (now MOFERT, but then the Ministry of Foreign Trade) established the China National Foreign Trade Advertising Association in the second half of 1981. MOFERT saw the need to assert its authority over advertising that earned foreign exchange. [...]
> The actual division of responsibility between China United and the Foreign Trade Advertising Association remains somewhat hazy, since both coordinate the work of local agencies, are empowered to accept foreign advertising, and assist clients in planning national ad campaigns. The chief distinction seems to be the association's power - which it derives from its close association with MOFERT - to

---

[140] In ihren ersten beiden Nummern bezeichnet sich die Zeitschrift selbst noch als "Publikation des Chinesischen Verbandes der Werbekunst (geplant)".

[141] [O.Verf.:] "Zhi duzhe" 致读者 (An den Leser), *ZGGG*, 1981, No.2, p.60 vermerkt dazu: "Nachdem die erste Nummer erschienen war, kamen Anteilnahme und Unterstützung von Führungsabteilungen und vielen Lesern, und mit Zustimmung des Publikationsamtes (Chubanju) der Stadt Shanghai wird [diese Nummer] offen verbreitet."

[142] Letztere ist auch in den beiden ersten Ausgaben als Herausgeber angegeben.

appropriate foreign exchange for placement of Chinese advertising abroad.[143]

Zhongguo guanggao nianjian führt für den August des Jahres 1981 außerdem noch die Gründung des "Chinesischen Vereines der Werbephotographie des Außenhandels" (Zhongguo Duiwai Maoyi Guanggao Sheying Xuehui 中国对外贸易广告摄影学会) auf, der eine erste Ausstellung ausländischer Werbephotographie organisierte, welche in den Großstädten des ganzen Landes gezeigt wurde.[144]

*Quantitative Entwicklung*[145]

Zum Stand des Werbewesens am Ende des Jahres 1981 liefert *Zhongguo guanggao nianjian* folgende Zahlen: Landesweit gab es mittlerweile über sechzig Werbefirmen, über tausend Zeitungen und Zeitschriften[146] und über hundert Rundfunk- und Fernsehsender; die Zahl der in der Werbung Beschäftigten belief sich auf mehr als sechzehntausend und der Umsatz der Werbeeinheiten (*guanggao jingying danwei* 广告经营单位, wörtlich: Werbung betreibende Einheiten)[147] betrug 110

---

143 Scott D. Seligman: "China's Fledgling Advertising Industry", pp.12-13. Zu einer ähnlichen Einschätzung kommt Hans Breithaupt: "Werbung in der VR China", p.1: "Die Arbeits- und Aufgabenteilung zwischen den beiden nationalen Dachorganisationen scheint nicht genau definiert zu sein." Zu den Aufgaben des Verbandes siehe Zhang Nanzhou: *Guanggaoxue zai Zhongguo*, pp.105-106, und auch 2.3.2. dieser Arbeit.

144 [O.Verf.:] "Da shi jiyao", p.151.

145 Das verfügbare Zahlenmaterial zur Entwicklung der Werbung von 1981 bis 1989 ist nochmals in Tabellen zusammengefaßt im Anhang dieser Arbeit.

146 Diese Zahl bezieht sich vermutlich auf die Zeitungen und Zeitschriften, welche tatsächlich Werbeaufträge durchführten, denn für 1981 werden die Zeitschriften und Zeitungen insgesamt mit etwa dreitausend beziffert. Siehe dazu die Tabellen in Guojia Tongji Ju (Hg.): *Zhongguo tongji nianjian 1988*, pp.950-951; und in Jürgen Maurer: *Das Informations- und Kommunikationswesen in der Volksrepublik China. Institutioneller Rahmen und Ausgestaltung*, Hamburg 1990 (= Mitteilungen des Instituts für Asienkunde Hamburg, No.182), pp.140-141.

147 Der Begriff *guanggao jingying danwei* umfaßt alle Einheiten, die Werbeaufgaben übernehmen und durchführen, dazu gehören nicht nur Werbeagenturen (normalerweise als *guanggao gongsi* 广告公司, *guanggao zhuanye gongsi* 广告专业公司 oder *zhuanye guanggao gongsi* 专业广告公司 bezeichnet), sondern z.B. auch die Werbeabteilungen (*guanggaobu* 广告

Mio. Yuan, davon 11 Mio. Yuan in Devisen.[148] Hiervon teilweise abweichende Zahlen präsentiert z.b. die *Beijing Rundschau* in einer Schautafel aus dem Jahr 1987: darin wird die Zahl der Werbeagenturen [sic!] auf 2100,[149] der Werbeumsatz auf 150 Mio. Yuan beziffert.[150] Die Zahl der Beschäftigten stimmt dagegen mit den Angaben des Jahrbuches überein.[151]

*Rückblick auf die Jahre 1979 bis 1981*

Als Fazit der ersten Entwicklungsetappe der chinesischen Werbung von ihrer "Wiedergeburt" zu Beginn des Jahres 1979 bis zum Jahresende 1981 läßt sich festhalten, daß sich, nach noch vorsichtigem Beginn in der ersten Jahreshälfte 1979, kommerzielle Werbung - auch von ausländischen Unternehmen - rasch in allen chinesischen Massenmedien ausbreitete und zu einem ökonomischen und gesellschaftlichen Faktor wurde, der eine stärkere administrative Kontrolle und Einflußnahme notwendig erscheinen ließ. Während in den Leserbriefen, welche die *RMRB* im Jahr 1980 publizierte, v.a. über Werbung für nicht existierende Waren geklagt wird, sprechen Artikel und Kommentare auch andere negative Erscheinungen wie "ungesunde" Darstellungsmittel, Werbung zur besten Sendezeit und insgesamt zu wenig am ökonomischen Kurs des Staates ausgerichtete Werbung an. Erste Schritte zur besseren Organisation der Werbebranche bestanden in der Festlegung der administrativen Zuständigkeit, der Gründung verschiedener übergeordneter Verbände, in denen lokale Werbeeinheiten zusammengefaßt wurden, und nicht zuletzt in den Vorbereitungen für gesetzliche Regelungen auf nationaler Ebene. Mit der

---

部), welche von den Medien eingerichtet werden. Da dieser Begriff nicht die Industrie- und Handelsunternehmen bezeichnet, die für ihre Erzeugnisse oder Waren werben, sondern die Einheiten, die Werbung als ihr Geschäft betreiben, wird in der vorliegenden Arbeit für *guanggao jingying danwei* durchgehend der Ausdruck "Werbeeinheiten" benutzt, um Mißverständnisse zu vermeiden.

148  Siehe [o.Verf.:] "Jianguo yilai guanggaoye fazhan gaikuang", p.13. Eine Quelle für dieses Zahlenmaterial gibt das Jahrbuch nicht an.

149  Diese Zahl muß sich auf die Werbeeinheiten (*guanggao jingying danwei*) beziehen, der Begriff "Werbeagentur" ist in diesem Zusammenhang irreführend.

150  Liu Jianjun: "Werbung in China", p.20.

151  Ebenda. Auch in Zhongguo Guanggao Hanshou Xueyuan jiaowu weiyuanhui (Hg.:) *Guanggao jianshi (shiyong)*, p.20, wird die Zahl der Beschäftigten mit 16.000 angegeben, abweichend aber die Werbeagenturen mit über hundert und die Zeitungen und Zeitschriften mit mehr als zweitausend.

Zeitschrift *Zhongguo Guanggao* wurde zudem ein Organ geschaffen, das nicht nur die Möglichkeit zum Meinungsaustausch für Vertreter von Werbefirmen, Medien und Hochschulen bot, sondern auch zur Verbreitung einer "Werbeideologie" dienen konnte. Die von staatlicher Seite ergriffenen organisatorischen Maßnahmen zeigen aber auch, daß sich die Werbung im Zuge der wirtschaftlichen Reformmaßnahmen fest etabliert hatte. Mit dem Ende des Jahres 1981 war der Aufbau eines institutionellen Rahmens für die Werbung weitgehend abgeschlossen, und durch die Bekanntgabe der Werbebestimmungen zu Beginn des Jahres 1982, mit der gleichzeitig eine erste Ausrichtungsbewegung in der Werbung stattfand, sollte die Phase des "freien Experimentierens" in der Werbung beendet werden.

### 1.2.2. 1982: Das Jahr der "Vorläufigen Bestimmungen" und der ersten Ausrichtung der Werbung

Am 6. Februar 1982 verkündete der Staatsrat die "Vorläufigen Bestimmungen zur Regelung der Werbung" (Guanggao guanli zanxing tiaoli 广告管理暂行条例; im folgenden kurz: "VB") mit insgesamt 19 Paragraphen. Die Paragraphen 1 bis 5 beziehen sich auf den Zweck der "VB", ihren Geltungsbereich, die Klärung der administrativen Zuständigkeit, die Registrierung von Werbeeinheiten (unter Ausschluß von Einzelpersonen) und die Bedingungen, welche die Auftraggeber von Werbung (*guanggao kanhu* 广告刊户) zu erfüllen haben. Der Inhalt der Werbung, so heißt es in Paragraph 6, müsse "klar und verständlich" (*qingxi mingbai* 清晰明白) sein und auf Tatsachen beruhen (*shishi qiushi* 实事求是). Notwendige Genehmigungen und Nachweise bei der Werbung für bestimmte Warengruppen (Nahrungsmittel, Medikamente, Meßgeräte etc.) sind in Paragraph 7 aufgeführt. Paragraph 8 verbietet Werbung, die gegen die staatliche Politik und Gesetze verstößt oder die Würde einer der Nationalitäten Chinas verletzt. Werbung, deren Inhalt reaktionär, obszön, abstoßend oder abergläubisch ist, die diffamierenden Charakter hat oder gegen die Geheimhaltungsbestimmungen des Staates verstößt, wird ebenfalls untersagt. Die Paragraphen 9 und 10 enthalten Vorschriften über Zeit, Ort und Umfang von Werbung allgemein und Außenwerbung im besonderen. Die Erhebung von Werbegebühren und Vertragspflicht zwischen Werbeeinheiten und Werbeauftraggeber sind in Paragraph 11 und Paragraph 12 geregelt. Paragraph 13 legt die jeweilige gesetzliche Verantwortung bei Verstößen gegen die Paragraphen 5 bis 8 fest, wobei die Werbeeinheit für falsche Werbeinhalte (§ 6) mitverantwortlich ist, wenn ihr der Sachverhalt falscher Angaben bekannt ist; für Verletzungen von Paragraph 7 und Paragraph 8 liegt die Verantwortung gemeinsam bei Werbeauftraggeber und Werbeeinheit. Paragraph 14 behandelt mögliche Strafen bei Verstößen. Paragraph 15 betrifft die Abführung von Steuern und Gewinnen aus Werbeaufträgen an den Staat. In Paragraph 16 ist ein "Kontrollrecht der Massen" gegenüber Werbeeinheiten und Werbenden festgeschrieben. Paragraph 17 schließt ausländische Werbung ausdrücklich in den Geltungsbereich der "VB" ein, und Paragraph 18 sieht die Festlegung von detaillierten Ausführungsanordnungen durch das Oberste Industrie- und Handelsverwaltungsamt vor. Paragraph 19 schließlich legt fest, daß die "VB" am 1. Mai 1982 in Kraft treten.[152]

Den "VB" war ein Zirkular des Staatsrates an die Volksregierungen aller Provinzen, Städte und autonomen Regionen, an die Ministerien und Kommissionen des Staatsrates und deren direkt unterstellte Institutionen beigefügt. Dieses Zirkular faßt Situation und Probleme in der chinesischen Werbung folgendermaßen zusammen:

> In den letzten Jahren hat die Werbung in den Bereichen der Förderung der Produktion, der Erweiterung der Zirkulation, der Anleitung des Konsums, der Belebung der Wirtschaft, der Erleichterung des Lebens des Volkes und der Entwicklung der internationalen Wirtschaftsbeziehungen und des Handels eine aktive Rolle entfaltet. Aber da es für die Werbearbeit keine verbindlichen Regeln gab und die Einheiten, die Werbung [als Geschäft] betreiben, nach eigenem Gutdünken handelten, gibt es in den Bereichen des Werbeinhaltes, des Werbedesigns und der Werbegeschäftsführung einige chaotische Erscheinungen. Manche Werbeinhalte sind falsch und betrügen die Massen; manche [Werbe-] Geschäftseinheiten sind zeitweise nur auf Profit aus und achten, wenn sie bestimmte Waren, insbesondere ausländische Luxuskonsumgüter, propagieren, nicht auf die Politik des Staates und die nationale Lage Chinas, und das hat negative Auswirkungen zur Folge. Um die chaotischen Erscheinungen in der Werbearbeit zu überwinden und am sozialistischen Geschäftskurs festzuhalten, so daß die Werbung den breiten Massen der Konsumenten und Benutzer noch besser dient und dem Aufbau der materiellen und geistigen Zivilisation des Sozialismus dient, werden alle Regionen und Abteilungen aufgefordert, das zuständige Personal gewissenhaft zu organisieren, diese Bestimmungen zu studieren und zu verwirklichen und außerdem in der nächsten Zeit eine Ausrichtung in der Werbeverwaltungsarbeit durchzuführen. Was die Rege-

---

[152] Der Wortlaut der "VB" ist publiziert in *ZGGGNJ*, pp.48-49; und in *ZGGG*, 1982, No.1, pp.4 und 13. Paragraph 19 lautet in *ZGGG* fälschlich, die Bestimmungen träten am 1. Mai 1928 (!) in Kraft. Eine englische Übersetzung ist abgedruckt in [o.Verf.:] *Advertising and Marketing in China: Past, Present and Future*, pp.179-181. Unter 2.1. dieser Arbeit findet sich eine deutsche Übersetzung der "VB".

lung ausländischer Werbung anbelangt, so sollen auf der Basis der Zusammenfassung der Erfahrungen vom Obersten Industrie- und Handelsverwaltungsamt gemäß dem Geist der vorliegenden Bestimmungen gemeinsam mit den zuständigen Stellen konkrete Regelungsverfahren festgelegt werden.[153]

Die positive Rolle der Werbung wird hier zunächst bestätigt, dann aber werden eine Reihe von Problemen wie falsche Werbung, Profitstandpunkt der Werbeeinheiten und mangelnde Abstimmung auf die staatliche Politik genannt, als deren Hauptursache das Fehlen verbindlicher Vorschriften erscheint. Obwohl Werbung ausländischer Unternehmen in Paragraph 17 ausdrücklich in den Geltungsbereich der "VB" eingeschlossen ist, weist das Zirkular die ausländische Werbung als ein gesondert zu behandelndes Problem aus.

Die *RMRB* würdigte den Erlaß der "VB" am 18.2.1982 mit einem Bericht, der ebenso ausführlich auf den Inhalt der Bestimmungen selbst wie auch auf das Staatsrats-Zirkular eingeht.[154] In einem längeren Kommentar der *RMRB* zu diesem Bericht heißt es, die "VB" seien eine wichtige Maßnahme, um im Bereich der Wirtschaftspropaganda einen gesetzlichen Rahmen aufzubauen, die Qualität des Werbeservice zu erhöhen und die gesunde Entwicklung des sozialistischen Werbewesens zu fördern.[155] Auch in diesem Kommentar wird hervorgehoben, daß die Werbung eine positive Rolle in der Wirtschaft spiele, daß aber aufgrund des Fehlens einheitlicher Führung und Regelung zahlreiche Probleme aufgetaucht seien, wobei über die im Zirkular des Staatsrates aufgeführten Praktiken hinaus folgende Punkte angesprochen werden:

> [...] manche Unternehmen publizieren Werbung, noch bevor das Produkt technisch begutachtet ist, sie plagiieren sogar die technischen Leistungen anderer, um für sich selbst Werbung zu machen. Manche Werbeeinheiten streben nur nach Profit (*chun zhuiqiu yingli* 纯追求盈利), machen einander die Geschäfte streitig (*hu zheng*

---

[153] "Guowuyuan guanyu fabu «guanggao guanli zanxing tiaoli» de tongzhi" 国务院关于发布《广告管理暂行条例》的通知 (Zirkular des Staatsrates zum Erlaß der "Vorläufigen Bestimmungen zur Regelung der Werbung"), *ZGGGNJ*, p.48. *ZGGG*, 1982, No.1 enthält den Text des Zirkulars nicht.

[154] Siehe [o.Verf.:] "Guowuyuan fabu Guanggao guanli zanxing tiaoli" 国务院发布广告管理暂行条例 (Staatsrat erläßt Vorläufige Bestimmungen zur Regelung der Werbung), *RMRB*, 18.2.1982, p.2.

[155] [Benbao pinglunyuan 本报评论员:] "Banhao shehuizhuyi guanggao shiye" 办好社会主义广告事业 (Das sozialistische Werbewesen gut zur Ausführung bringen), *RMRB*, 18.2.1982, p.2.

*shengyi* 互争生意) und graben sich gegenseitig das Wasser ab (*hu wa qiangjiao* 互挖墙脚); manche nehmen eigenmächtig die Geschäfte auf und setzen beliebig Preise fest; es wird auch manche ausländische Werbung publiziert, die nicht der nationalen Lage unseres Landes entspricht; der Außenwerbung mancher Städte mangelt es an einheitlicher Planung und sie stört das Aussehen des Stadtbildes - das alles muß gebührende Beachtung finden.[156]

Der Kommentar schließt ab mit der Forderung, alle lokalen Parteikomitees und Regierungen müßten die Führung in bezug auf die Werbung verstärken und Maßnahmen für eine wirksame Ausrichtung ergreifen. Auch alle Unternehmen müßten die notwendigen Untersuchungen und Korrekturen entsprechend der "VB" durchführen.[157]

Die Ausgabe der *Zhongguo Guanggao*, die im Mai 1982 erschien, publizierte neben dem Wortlaut der "VB" selbst einen Artikel mit dem Titel "Gewissenhaft studieren, entschlossen verwirklichen", in dem es heißt, angesichts der aufgetauchten Probleme sei es höchste Zeit für den Erlaß der "VB" gewesen. Man müsse eine klare Grenze zwischen kapitalistischer und sozialistischer Werbung ziehen, um eine Geschäftsideologie aufzubauen, die der Produktion und Zirkulation diene und den Konsumenten gegenüber verantwortungsbewußt sei.[158]

In der Folgezeit wurden auf der Basis der "VB" eine Reihe spezieller Vorschriften für bestimmte Kategorien von Produkten erlassen. Den Anfang dazu machte das Staatliche Amt für Metrologie, das im Juli 1982 die "Vorläufigen Bestimmungen zur Ausstellung der Werbebescheinigung für Meßgerätewaren"[159] herausgab.

*Der Chinesische wissenschaftliche Verein der Werbung*

Kurz nach Bekanntgabe der "VB", nämlich am 18. Februar 1982, wurde auch der lange geplante "Nationale Werbeverband Chinas" (Zhonghua Quanguo Guanggao

---

[156] Ebenda.
[157] Ebenda.
[158] [Benkan bianjibu 本刊编辑部:] "Renzhen xuexi, jianjue guanche" 认真学习, 坚决贯彻 (Gewissenhaft studieren, entschlossen verwirklichen), *ZGGG*, 1982, No.1, p.4.
[159] "Guojia Jiliang Ju guanyu chuju jiliang qiju shangpin guanggao zhengming de zanxing guiding" 国家计量局关于出具计量器具商品广告证明的暂行规定, *ZGGGNJ*, pp.55-56.

Xiehui 中华全国广告协会) gegründet,[160] nur um bereits Anfang März wieder umbenannt zu werden. Er hieß von nun an "Chinesischer wissenschaftlicher Verein der Werbung" (Zhongguo Guanggao Xuehui 中国广告学会) und unterstand der Leitung des Obersten Industrie- und Handelsverwaltungsamtes.[161] In den meisten Publikationen ist einfach nur von der Einrichtung des Chinesischen wissenschaftlichen Vereins der Werbung die Rede,[162] und Gründe für die Namensänderung werden auch in der *RMRB* nicht angegeben. Seine erste Delegiertenversammlung, auf der die "VB" diskutiert, ein Vereinsstatut angenommen und ein Vorstand gewählt wurden, hielt der Verein vom 21. bis 25. Februar mit 134 Teilnehmern in Beijing ab. Zum Präsidenten wurde Zhang Ding 张仃, Leiter des Zentralinstituts für Kunsthandwerk (Zhongyang Gongyi Meishu Xueyuan 中央工艺美术学院), gewählt.[163] Zentrale Aufgaben des Vereins sollten darin bestehen, den wissenschaftlichen Austausch auf dem Gebiet der Werbung zu fördern, Wesen und Funktion sozialistischer Werbung zu untersuchen, Publikationen zur Werbung herauszugeben und internationale Kontakte herzustellen.[164]

---

[160] Siehe [o.Verf.:] "Zhonghua Quanguo Guanggao Xiehui zai Jing chengli" 中华全国广告协会在京成立 (Nationaler Werbeverband Chinas in [Bei]jing gegründet), *RMRB*, 24.2.1982, p.2.

[161] Siehe Jia Ming 贾铭: "Zhongguo Guanggao Xiehui gaiming Zhongguo Guanggao Xuehui" 中国广告协会改名中国广告学会 (Chinesischer Werbeverband umbenannt in Chinesischer wissenschaftlicher Verein der Werbung), *RMRB*, 6.3.1982, p.3.

[162] Siehe z.B. [o.Verf.:] "Da shi jiyao", p.151. Dort wird angegeben, der Chinesische wissenschaftliche Verein der Werbung sei mit Zustimmung der Propagandaabteilung des ZK und der Arbeitsgruppe für Finanzen und Handel des Staatsrates am 23.2.1982 formell gegründet worden. Siehe auch [o.Verf.:] "Zhongguo Guanggao Xuehui chengli" 中国广告学会成立 (Chinesischer wissenschaftlicher Verein der Werbung gegründet), *ZGGG*, 1982, No.1, p.36; und Xu Baiyi (Hg.): *Shiyong guanggao shouce*, p.64. Yi Changtai: *Shiyong guanggao zhinan*, p.42 erwähnt die Gründung des Chinesischen wissenschaftlichen Vereins der Werbung *und* des Chinesischen Verbandes der Werbekunst.

[163] Siehe [o.Verf.:] "Zhongguo Guanggao Xuehui chengli", p.36. Personell deckt sich der Vereinsvorstand weitgehend mit dem 1981 gewählten Vorstand und Vorbereitungskomitee des geplanten Verbandes.

[164] Ebenda. Siehe auch [o.Verf.:] "Zhongguo Quanguo Guanggao Xiehui zai Jing chengli", p.2.

Anläßlich der Gründung des Vereins fand vom 21. bis 28. Februar im Kunstmuseum von Beijing die "Erste nationale Ausstellung für Werbe- und Dekorationsdesign" (Diyi jie quanguo guanggao zhuanghuang sheji zhanlan 第一届全国广告装潢设计展览) statt,[165] deren über zweitausend Exponate bis Ende Januar des darauffolgenden Jahres als Wanderausstellung in Shenyang, Wuhan, Shanghai, Guangzhou, Chongqing und Xi'an gezeigt wurden.[166] Organisiert wurde diese Ausstellung gemeinsam vom Chinesischen wissenschaftlichen Verein der Werbung, der China United Advertising Corporation und dem Chinesischen Verband für Industriekunst (Zhongguo Gongye Meishu Xiehui 中国工业美术协会). Zhang Ding, der Vereinspräsident, mißt der Gründung des Werbevereins und der Ausstellung große Bedeutung bei:

> Den Chinesischen wissenschaftlichen Verein der Werbung zu gründen und [damit] die Genossen des ganzen Landes aus Forschung, Lehre, Nachrichten, Kunst und Geschäftswelt, die sich mit Werbung befassen, um die Partei zu scharen, [bedeutet,] sich gemeinsam für die Entwicklung des sozialistischen Werbewesens unseres Landes und das Gedeihen der sozialistischen Wirtschaft anzustrengen. Dies ist ein großes Ereignis der Werbewelt, und es wird ein neues Kapitel für das sozialistische Werbewesen unseres Landes schreiben.
> [...] gleichzeitig findet die erste nationale Ausstellung für Werbe- und Dekorationsdesign [...] statt. Diese Ausstellung war seit vielen Jahren der gemeinsame Wunsch derer, die in der Werbe- und Dekorationskunst tätig sind, und heute wird dieser Wunsch endlich wahr. Sie [die Ausstellung, G.W.] manifestiert die Aufmerksamkeit der Partei für das Werbe- und Dekorationswesen und die Überlegenheit des sozialistischen Systems. Diese Ausstellung wird für die Entwicklung des sozialistischen Werbewesens und Dekorationsdesigns

---

[165] Siehe dazu die Anzeige in der *RMRB* vom 15.2.1982, p.8.

[166] Siehe Yi Changtai: *Shiyong guanggao zhinan*, p.39. Abbildungen ausgewählter Exponate dieser Ausstellung wurden in *ZGGG* 1982, No.2, pp.26-29; 1982, No.3, pp.32-33; 1983, No.1, pp.30-31; und 1983, No.2, pp.24-25 abgedruckt. Schließlich wurden eine Reihe der ausgestellten Stücke ausgezeichnet und die Liste der Preisträger in *ZGGG*, 1983, No.3, pp.14-15 veröffentlicht. In dieser Ausgabe von *ZGGG* sind auch mehrere längere Artikel über die Ausstellung und ihre Bedeutung publiziert.

unseres Landes bestimmt von weitreichendem Einfluß und großer historischer Bedeutung sein.[167]

*Ausrichtungsbewegung in der Werbung*

Trotz dieser beiden wichtigen Ereignisse stand die Zeit nach der Bekanntgabe der "VB" zunächst primär im Zeichen der Vorbereitungen für die im Zirkular des Staatsrates angekündigte Ausrichtung in der Werbearbeit und die Ausführungsanordnungen zu den "VB". Allein im März 1982 hielt das Oberste Industrie- und Handelsverwaltungsamt vier Besprechungen ab: Am 6. März fand eine Diskussion über die zeitliche und räumliche Plazierung chinesischer und ausländischer Werbung in Fernsehen, Rundfunk und Zeitungen statt; ebenfalls am 6. März wurden Vorgespräche über den Entwurf der "Ausführungsanordnungen" geführt, Aufgaben und Pflichten der für Werbung zuständigen Behörden diskutiert und ein Zirkular verschickt, das zum Studium der "VB" aufrief; am 13. März befaßte man sich mit Fragen der Geschäftsführung in der Werbung und am 15. März mit der Regelung ausländischer Werbung in China.[168] Schließlich fand vom 15. bis 23. März eine nationale Konferenz der Werbearbeit in Beijing statt. Hauptergebnis dieser Konferenz war ein Schriftstück mit dem Titel "Ansichten zur Ausrichtung der Werbearbeit", das am 5. Juni mit einem Zirkular des Obersten Industrie- und Handelsverwaltungsamtes und den "Ausführungsanordnungen zu den 'VB'" an die Industrie- und Handelsverwaltungsämter auf Kreisebene verschickt wurde.[169]

---

[167] Zhang Ding 张仃: "Yuan shangye meishu zhi hua xuanli-duocai" 愿商业美术之花绚丽多采 (Ich hoffe, daß die Blüte der kommerziellen Kunst farbenprächtig wird), *ZGGG*, 1982, No.2, p.2.

[168] Siehe [o.Verf.:] "Da shi jiyao", p.151. Angaben über die Teilnehmer an diesen Besprechungen liegen nicht vor.

[169] Siehe dazu "Guanyu zhengdun guanggao gongzuo de yijian" 关于整顿广告工作的意见 (Ansichten zur Ausrichtung der Werbearbeit), *ZGGGNJ*, pp.53-55; "Gong-Shang Xingzheng Guanli Zongju yinfa «Guanyu zhengdun guanggao gongzuo de yijian» de tongzhi" 工商行政管理总局印发 «关于整顿广告工作的意见» 的通知 (Zirkular zu den vom Obersten Industrie- und Handelsverwaltungsamt verteilten "Ansichten zur Ausrichtung der Werbearbeit"), *ZGGGNJ*, p.53; "«Guanggao guanli zanxing tiaoli» shishi xize (neibu shixing)" «广告管理暂行条例» 实施细则 (内部试行) (Ausführungsanordnungen zu den "Vorläufigen Bestimmungen zur Regelung der Werbung" [intern zur probeweisen Durchführung]), *ZGGGNJ*, pp.50-53. Siehe auch [o.Verf.:] "Da shi jiyao", p.151.

Die "Ansichten zur Ausrichtung der Werbearbeit", die eher "Anweisungen" als "Ansichten" sind, umfassen drei Teile: Im ersten Teil - "Lage und Probleme" - werden der ökonomische Kurs der VR China seit dem 3. Plenum des XI. ZK und die damit einhergehende Entwicklung des chinesischen Werbewesens umrissen. Auch hier wird die positive Rolle der Werbung bestätigt. Die aufgeführten Probleme und ihre Ursachen stimmen im großen und ganzen mit der Darstellung des *RMRB*-Kommentars vom 18.2. des Jahres überein. Der zweite Teil - "In der Werbearbeit muß eine Ausrichtung stattfinden" - umfaßt zwei Unterpunkte, nämlich die Hauptziele der Ausrichtung und die dabei anzuwendenden Methoden und Schritte. Auf der Basis der "VB" und ihrer Ausführungsanordnungen solle, so heißt es, die jeweilige Lage vor Ort zusammengefaßt und die Ausrichtung bis Ende September abgeschlossen werden. Als wesentliche Aspekte der Ausrichtung werden genannt:

1. Korrektur der Geschäftsideologie, d.h. Beseitigung von bestimmten Praktiken der Werbeeinheiten wie die wahllose Publikation von Werbung aus reinem Profitinteresse oder die Bezahlung von Vermittlungsgebühren für Werbeaufträge an Einzelpersonen.

2. Anhebung des ideologischen und künstlerischen Niveaus, Ausmerzen von vulgärem und abstoßendem Werbedesign.

3. Einheitliche Planung der Außenwerbung, so daß Stadtbild und Verkehr nicht beeinträchtigt werden.

4. Unterbindung des beliebigen Festsetzens von Preisen für Werbestellflächen.

5. Verstärkte Führung und Einheitlichkeit nach außen. Zu diesem Zweck sollten alle Vereinbarungen zwischen chinesischen Werbeeinheiten und ausländischen Geschäftsleuten in jedem Punkt auf ihre Übereinstimmung mit den Bestimmungen überprüft werden.

Als Methoden und Schritte zur Durchsetzung der Ausrichtung ist an erster Stelle genannt, daß die örtlichen Industrie- und Handelsverwaltungsämter alle Werbeeinheiten und die für die Verwaltung der Werbung Verantwortlichen dabei anleiten, die "VB" und die Ausführungsanordnungen gründlich zu studieren. Auf dieser Basis solle dann die frühere Arbeit der Werbeeinheiten überprüft und zusammengefaßt, Verbesserungsvorschläge erarbeitet und Vorschriften vervollständigt werden. Die Werbeeinheiten sollten ein Registrierformular ausfüllen, das vom örtlichen Industrie- und Handelsverwaltungsamt zu prüfen und an die übergeordneten Ebenen zur Genehmigung weiterzuleiten sei, dann könne wiederum vom örtlichen Industrie- und Handelsverwaltungsamt eine Werbegeschäftslizenz oder -erlaubnis ausgestellt werden.[170] Bei Nichterfüllung der erforderlichen Bedingungen könne die Lizenz bzw. Genehmigung nicht erteilt oder widerrufen werden. Die Zusammenfassung der Ergebnisse dieser Arbeiten sollten bis Ende September mit den Registrierformularen an das Oberste Industrie- und Handelsverwaltungsamt geschickt werden.

Im dritten Teil - "Die gesunde Entwicklung des Werbewesens vorantreiben" - wird ausdrücklich darauf hingewiesen, daß die Ausrichtung nur der Korrektur negativer Erscheinungen diene und nicht den Zweck verfolge, die Entwicklung des Werbewesens einzuschränken oder zu hemmen. Durch den weiteren Aufschwung der Warenproduktion und den verstärkten Handel mit dem Ausland würden höhere Anforderungen an die noch rückständige Werbebranche Chinas gestellt. Zum Abschluß wird die Empfehlung gegeben, da Werbearbeit stark politischen Charakter habe und einen weiten Bereich betreffe, sollten die Industrie- und Handelsverwaltungsämter jeder Ebene regelmäßig den örtlichen Propagandaabteilungen der Parteikomitees und Volksregierungen Bericht erstatten und von diesen unterstützt werden.[171]

Das Thema Werbung beschäftigte aber nicht nur die Verwaltungsbehörden für Industrie- und Handel, sondern auch die *RMRB* publizierte in ihrer Ausgabe vom 6. März, als die konkreten Vorbereitungen für die Ausrichtung in der Werbung gerade begannen, mehrere Artikel über Werbung. Verfasser eines dieser Artikel ist Cang Shi, Generalmanager der China United Advertising Corporation und einer der Vizepräsidenten der Zhongguo Guanggao Xuehui, der erneut die Wichtigkeit der "VB" unterstreicht und die Notwendigkeit hervorhebt, die existierenden Probleme in der Werbung zu beseitigen, mehr Marktforschung zu betreiben, um Werbepropaganda gezielt und geplant einsetzen zu können, und im Zuge der Entwicklung der ländlichen Wirtschaft mehr Werbung zu machen, die den 800 Mio. Bauern Chinas diene.[172] Ein zweiter Beitrag befaßt sich mit vorbildlicher Werbung

---

[170] Paragraph 7 der "Ausführungsanordnungen" sieht vor, daß an Einheiten, die ausschließlich Werbeaufgaben übernehmen, eine Gewerbelizenz (*yingye zhizhao* 营业执照) ausgestellt wird; Einheiten, deren Geschäfte dagegen nicht nur aus Werbung bestehen (z.B. Medien), erhalten eine Geschäftserlaubnis (*yingye xukezheng* 营业许可证). Siehe "«Guanggao guanli zanxing tiaoli» shishi xize (neibu shixing)", p.50.

[171] Siehe "Guanyu zhengdun guanggao gongzuo de yijian", pp.53-55.

[172] Cang Shi 苍石: "Banhao renmin guanggao shiye" 办好人民广告事业 (Das Werbewesen des Volkes gut regeln), *RMRB*, 6.3.1982, p.3.

und Dienst am Kunden dreier Fernsehgerätehersteller in Shanghai.[173] Der dritte Artikel schließlich kritisiert einen Werbeslogan für Rado-Uhren - "Mit Rado in die Welt hinaus" (dai Leida, chuang tianxia 戴雷达, 闯天下) - als "unnatürlich" und "realitätsfern".[174] Auch in der Folgezeit enthielt die *RMRB* kleinere Beiträge, die zur Plazierung westlicher Werbung oder zum Gebrauch englischer Ausdrücke in chinesischer Werbung Stellung nahmen.[175]

*Verbandsaktivitäten*

Vom 3. bis 13. August 1982 hielt der Chinesische wissenschaftliche Verein der Werbung in Taiyuan (Provinz Shanxi) das erste nationale Symposium zur Werbung ab, an dem neben Fachleuten aus verschiedenen Bereichen wie Werbelehre, Ökonomie, Psychologie usw. auch der damalige stellvertretende Leiter des Staatlichen Industrie- und Handelsverwaltungsamtes (Guojia Gong-Shang Xingzheng Guanli Ju 国家工商行政管理局)[176] Li Yanshou 李衍授 sowie der damalige Leiter des Abteilung für Werbung des Amtes Wang Zhongming 王忠名 teilnahmen. Unter den Anwesenden, so berichtet *Zhongguo Guanggao*, habe Einigkeit

---

[173] Cai Yuhao 蔡毓浩: "Shanghai dianshiji hangye weihu guanggao xinyu" 上海电视机行业维护广告信誉 (Die Shanghaier Fernsehgerätebranche bewahrt das Ansehen der Werbung), *RMRB*, 6.3.1982, p.3. In dem Bericht geht es um die drei Markengeräte "Feiyue" 飞跃, "Jinxing" 金星 und "Kaige" 凯歌.

[174] Yu Jiangyun 于江云: "Guanggao yongci yao qiehe shiji" 广告用词要切合实际 (Die Wörter, die die Werbung benützt, müssen den Tatsachen entsprechen), *RMRB*, 6.3.1982, p.3.

[175] Am 17.4.1982 wurde der Brief "eines Lesers" publiziert, der sich darüber beschwert, daß der Spruch auf der elektrischen Uhr am Beijinger Bahnhof, mit dem die Reisenden in Chinas Hauptstadt willkommen geheißen werden, Werbung eines ausländischen Unternehmens sei. Siehe [o.Verf.:] "Cong Beijing zhan de guanggao dianzhong xiangqi" 从北京站的广告电钟想起 (Einige Gedanken angeregt durch die elektrische Werbeuhr am Beijinger Bahnhof), *RMRB*, 17.4.1982, p.3. Zur Kritik am Gebrauch von englischen Bezeichnungen in der Werbung siehe Bing Chuan 冰川: "Du «Yangwen guanggao» yougan" 读《洋文广告》有感 (Reflexionen beim Lesen 'westlichsprachiger Werbung'), *RMRB*, 3.1.1982, p.4.

[176] Das Oberste Industrie- und Handelsverwaltungsamt war mit Zustimmung des Staatsrates am 28. Juli 1982 in Zhonghua Renmin Gongheguo Guojia Gong-Shang Xingzheng Guanli Ju umbenannt worden, diesem war auch eine Werbeabteilung (Guanggao si 广告司) unterstellt. Siehe [o.Verf.:] "Da shi jiyao", p.151.

darüber bestanden, daß angesichts der raschen Entwicklung des Werbewesens dringend Aufbauarbeit auf theoretischem Gebiet geleistet werden müsse, und es seien viele Vorschläge für die Ausbildung von Fachkräften und die zukünftige Arbeit des Vereins gemacht worden.[177]

Als Aktivitäten des Chinesischen Werbeverbandes für Außenhandel sind für das Jahr 1982 verschiedene Auslandsreisen verzeichnet: Bereits im März begaben sich Vertreter einiger Außenhandelswerbefirmen nach Hongkong, im Juni nach Japan und im September schließlich in die USA, um Einblicke in die dortige Organisation des Werbewesens zu erhalten.[178] Der Verein der Werbephotographie für Außenhandel organisierte im August eine Ausstellung ausländischer Jahres- und Monatskalender in Beijing.[179]

Offenbar wurde bereits am 9. September 1982 von der Werbeabteilung des Staatlichen Industrie- und Handelsverwaltungsamtes eine Sitzung mit den für die Werbung zuständigen Abteilungsleitern der Industrie- und Handelsverwaltungsämter der Provinzen, regierungsunmittelbaren Städte und autonomen Regionen in Tianjin abgehalten, auf der man sich über die Situation der Verwaltung, Ausrichtung und Registrierung in der Werbung austauschte.[180] Inwieweit die "chaotischen Erscheinungen" in der chinesischen Werbung durch die Verkündung der "VB" tatsächlich unterbunden werden konnten, und welche Konsequenzen die Ausrichtung für die Werbearbeit hatte - denkbar wäre z.B. ein zumindest kurzfristiger zahlenmäßiger Rückgang der Werbeeinheiten durch die erfolgte Überprüfung und Neuregistrierung -, läßt sich schwer abschätzen, denn in der chinesischen Literatur zur Wer-

---

[177] Siehe dazu Ding Hua 丁桦: "Zhongguo Guanggao Xuehui zai Shanxi juxing guanggao xueshu zuotanhui" 中国广告学会在山西举行广告学术座谈会 (Chinesischer wissenschaftlicher Verein der Werbung hält in Shanxi ein wissenschaftliches Symposium zur Werbung ab), ZGGG, 1982, No.2, p.24; und [o.Verf.:] "Quanguo guanggao xueshu taolunhui jianjie" 全国广告学术讨论会简介 (Kurzvorstellung der nationalen wissenschaftlichen Symposien zur Werbung), ZGGGNJ, pp.177-178, hier: p.177. ZGGGNJ enthält - mit Ausnahme dieser ersten Konferenz - auch eine Auswahl von Beiträgen zu den einzelnen Symposien.

[178] Siehe dazu [o.Verf.:] "Da shi jiyao", pp.151-152. Bei den Reisen scheinen Werbefirmen aus jeweils verschiedenen Provinzen berücksichtigt worden zu sein.

[179] Siehe [o.Verf.:] "Da shi jiyao", p.151.

[180] So jedenfalls [o.Verf.:] "Da shi jiyao", pp.151-152. Der hier angegebene Termin der Sitzung liegt also fast einen Monat vor dem geplanten Abschluß der Ausrichtung.

bung wird dazu pauschal erklärt, durch die ergriffenen Maßnahmen sei "die gesunde Entwicklung des Werbewesens gewährleistet" worden, ohne auf konkrete Ergebnisse einzugehen. *Guanggao jianshi (shiyong)* kommt zu dem positiven Urteil:

> Durch die Ausrichtung wurde die ungesetzliche Geschäftsführung ausgemerzt, die legale Geschäftsführung geschützt, und der Geschäftsstil wurde korrigiert - bis Ende 1982 war die Ausrichtungsarbeit in der Werbung im wesentlichen abgeschlossen und die anarchische Situation in den Werbegeschäften war überwunden, man baute eine Wirtschaftsordnung des Werbegeschäftes auf.[181]

*Wachstum*

Die Zahlen, die einzelne Publikationen liefern, machen deutlich, daß insgesamt keine Verringerung der Werbeeinheiten stattfand: Bis zum Ende des Jahres 1982 waren Geschäftslizenzen an 1623 Werbeeinheiten erteilt worden, diese umfaßten 115 Werbefirmen, 46 Fernsehsender, 115 Rundfunksender, 231 Zeitungen, 436 Zeitschriften und 680 Kinos, Kulturhäuser und Kabelrundfunksender.[182] Der Gesamtumsatz in der Werbung wird für das Jahr 1982 auf 150 Mio. Yuan bezif-

---

[181] Siehe Zhongguo Guanggao Hanshou Xueyuan jiaowu weiyuanhui (Hg.): *Guanggao jianshi (shiyong)*, Vol.1, p.21. Siehe auch [o.Verf.:] "Jianguo yilai guanggaoye fazhan gaikuang", p.13. Dort heißt es: "Durch die Verwirklichung der 'Vorläufigen Bestimmungen' und der 'Ausführungsanordnungen' und durch die Ausrichtung der Werbung des ganzen Landes wurden gewisse chaotische Erscheinungen in der Regelung und Geschäftsführung der Werbung ansatzweise überwunden, die Ideologie, daß die Werbung der Belebung der Wirtschaft und der Förderung der ökonomischen Effizienz dienen sollte, begann sich zu etablieren, und die gesunde Entwicklung des Werbewesens wurde gewährleistet." Ähnlich beschreibt Xu Baiyi (Hg.): *Shiyong guanggao shouce*, p.65 die Wirkung der "VB". Siehe auch Li Zhiyi u.a. (Hg.): *Shangbiao guanggao falü zhishi*, p.128.

[182] Siehe [o.Verf.:] "Guanggao shiye xingwang fada" 广告事业兴旺发达 (Werbewesen erlebt Aufschwung), *ZGGG*, 1983, No.3, p.13. Dort ist vermerkt, daß die Zahlen auf der Statistik des Staatlichen Industrie- und Handelsverwaltungsamtes basieren. Dieselben Zahlenangaben macht Yi Changtai: *Shiyong guanggao zhinan*, pp.41-42. Zhang Nanzhou: *Guanggaoxue zai Zhongguo*, p.98, führt weder Fernseh- noch Rundfunksender auf, stimmt aber in den restlichen Angaben überein.

fert.[183] Daß hier erstmals exakte Zahlen in der Literatur vorgelegt werden - im Gegensatz zu den Schätzungen für das Jahr 1981 - ist als ein wichtiges Resultat der Ausrichtung und Registrierung der Werbeeinheiten zu sehen.[184] Die erste Ausgabe der Zeitschrift *Zhongguo Guangggao* im Jahr 1983 läßt die wichtigsten Ereignisse des Jahres 1982 noch einmal Revue passieren, um seine Bedeutung für die Entwicklung der chinesischen Werbung zu unterstreichen:

> Das Jahr 1982 hat in der sozialistischen Werbegeschichte unseres Landes eine denkwürdige Seite hinterlassen. [...] der Staatsrat erließ im Jahr 1982 das erste Gesetz zur Regelung der Werbung seit der Staatsgründung: die "Vorläufigen Bestimmungen zur Regelung der Werbung" und ihre "Ausführungsanordnungen". Kurz darauf wurde von bekannten Persönlichkeiten der betreffenden Kreise der erste "Chinesische wissenschaftliche Verein der Werbung" in unserem Land organisiert und gegründet. Im Februar wurde die "Erste nationale Ausstellung für Werbe- und Dekorationsdesign" in Beijing feierlich eröffnet und danach in den wichtigen Großstädten des ganzen Landes als Wanderausstellung gezeigt. In der Zeit der Ausstellung wurden auch noch Symposien zur Werbung in allen großen Regionen durchgeführt, und dadurch kamen Beachtung und Unterstützung von allen Seiten. Dies demonstriert voll und ganz, daß unsere sozialistische Werbung in der Entwicklung der Volkswirtschaft, der Überbrückung der Zirkulationskanäle, der Anleitung des Konsums des Volkes, der Verschönerung des Lebens des Volkes sowie der Förderung des Außenhandels und kultureller Kontakte unbegrenzte Lebenskraft besitzt, und es beweist auch, daß die sozialistische Werbung unseres Landes große Entwicklungsaussichten hat.[185]

---

[183] Diese Zahl wird ebenfalls genannt in [o.Verf.:] "Guanggao shiye xingwang fada", p.13; Yi Changtai: *Shiyong guanggao zhinan*, p.42; und Zhang Nanzhou: *Guanggaoxue zai Zhongguo*, p.98. Siehe auch Scott D. Seligman: "Corporate and Product Promotion", p.9.

[184] Etwas überraschend ist daher, daß ZGGGNJ diese Zahlen nicht angibt. Die Schautafeln zur Entwicklung des Werbewesens (pp.16-17, 21-23, 27-29 und 31) setzen alle erst mit dem Jahr 1983 ein.

[185] [Benkan bianjibu 本刊编辑部:] "Yingjie shehuizhuyi guanggao xin shiqi de daolai" 迎接社会主义广告新时期的到来 (Die Ankunft einer neuen Periode der sozialistischen Werbung begrüßen), ZGGG, 1983, No.1, pp.4-5, hier: p.4.

### 1.2.3. 1983: Die Gründung des Chinesischen Werbeverbandes

Nachdem mit den "VB" eine - wenn auch noch nicht endgültige - gesetzliche Grundlage geschaffen war und die erste Ausrichtungsbewegung in der Werbebranche als abgeschlossen galt, fanden im ersten Halbjahr 1983 keine organisatorischen Großereignisse statt. Die erste nationale Ausstellung für Werbe- und Dekorationsdesign wurde am 31. Januar in Xi'an beendet.[186] Außerdem organisierten zu Beginn des Jahres Rundfunk- und Fernsehsender gemeinsam die landesweite Ausstrahlung von Werbeprogrammen für hervorragende Markenartikel und energiesparende Produkte.[187] Unter dem Oberthema "Schaffung einer neuen Lage in der Werbung" (*kaichuang guanggao xin jumian* 开创广告新局面) befaßten sich verschiedene Artikel in den ersten beiden Ausgaben der Zeitschrift *Zhongguo Guanggao*[188] mit den langfristigen Zukunftsperspektiven und dem möglichen Beitrag des chinesischen Werbewesens im Hinblick auf das vom XII. Parteitag im September 1982 gesetzte Ziel für die Wirtschaftsentwicklung, den Bruttoproduktionswert von Industrie und Landwirtschaft bis zum Ende des Jahrhunderts zu vervierfachen,[189] und mit den aktuellen Aufgaben der Werbung im 6. Fünfjahresplan, der auf der 5. Tagung des V. Nationalen Volkskongresses ver-

---

[186] In *ZGGG*, 1983, No.3, p.7 findet sich eine Art "Steckbrief" dieser Ausstellung: Insgesamt wurde die Ausstellung 88 Tage lang gezeigt und von 425.000 Menschen besucht. Von den über zweitausend Exponaten wurden 78 mit Preisen ausgezeichnet.

[187] Siehe Zhongguo Guanggao Hanshou Xueyuan jiaowu weiyuanhui (Hg.): *Guanggao jianshi (shiyong)*, Vol.1, p.21; und [o.Verf.:] "Da shi jiyao", p.152. Unter den Meldungen in *ZGGG*, 1983, No.4, p.48 wird von einer ähnlichen Aktion auf regionaler Ebene berichtet: in zehn Städten der Provinz Liaoning sei ein gemeinsames Werbeprogramm für Produkte ausgestrahlt worden, die für technisch-wissenschaftliche Leistungen ausgezeichnet worden waren.

[188] Siehe z.B. [Benkan bianjibu:] "Yingjie shehuizhuyi guanggao xin shiqi de daolai", pp.4-5; Hu Zi'ang 胡子昂: "Guanggao hangye fazhan de tujing" 广告行业发展的途径 (Der Entwicklungsweg der Werbebranche), *ZGGG*, 1983, No.2, p.2.

[189] Zu den Beschlüssen im Bereich Wirtschaft, die auf dem XII. Parteitag gefaßt wurden, siehe [Rüdiger Machetzki:] "Wirtschaft auf dem XII. Parteitag", *Ca*, Oktober 1982, pp.576-578 (Ü 31); sowie Wolfgang Bartke und Peter Schier: "Der XII. Parteitag der KP Chinas und die neue Parteiführung", Teil 1, *Ca*, Dezember 1982, pp.720-751, insbesondere p.729.

abschiedet worden war.[190] In diesem Kontext wurde gefordert, daß die Steigerung der ökonomischen Effizienz - in dem doppelten Sinn, die Werbung sowohl selbst wirkungsvoller einzusetzen, als auch mit ihrer Hilfe zur höheren wirtschaftlichen Effizienz der Betriebe beizutragen - von nun an bei der Werbearbeit mehr im Vordergrund stehen solle.[191]

*Verbandsaktivitäten*

Vom 5. bis 10. August fand im Kreis Beizhen (Provinz Liaoning) das zweite nationale Symposium zur Werbung mit über vierzig Teilnehmern statt.[192] Veranstalter war der Chinesische wissenschaftliche Verein der Werbung, Vorträge hielten u.a. der Präsident des Vereins, Zhang Ding, und der Leiter der Werbeabteilung des Staatlichen Industrie- und Handelsverwaltungsamtes, Wang Zhongming.[193] Hauptthemen der Konferenz waren Stellung und Funktion der Werbung in der Periode der sozialistischen Modernisierung, der Entwicklungskurs des Werbewesens, die Ausbildung von Werbefachkräften sowie eine Einführung in die amerikanische und japanische Werbung.

Der Chinesische Werbeverband für Außenhandel organisierte ebenfalls noch im August eine Ausstellung ausgezeichneter Werke der chinesischen Exportwaren-

---

[190] Diese Tagung fand vom 26. November bis 10. Dezember 1982 statt. Siehe [Peter Schier:] "5. Tagung des V. NVK", *Ca*, Dezember 1982, pp.709-710 (Ü 5).

[191] Siehe dazu z.B. [Benkan bianjibu:] "Yingjie shehuizhuyi guanggao xin shiqi de daolai", pp.4-5; Hu Zi'ang: "Guanggao hangye fazhan de tujing", p.2; sowie Chen Suzhi 陈素芝: "1983 nian guanggao gongzuo 'si yao'" 1983 年广告工作 '四要' (Die 'vier Muß' der Werbearbeit des Jahres 1983), *ZGGG*, 1983, No.3, pp.45-46; und Zhongguo Guanggao Hanshou Xueyuan jiaowu weiyuanhui (Hg.): *Guanggao jianshi (shiyong)*, Vol.1, p.21.

[192] Siehe [o.Verf.:] "Da shi jiyao", p.152; [o.Verf.:] "Quanguo guanggao xueshu taolunhui jianjie", p.177; und die Kurzmeldung in *ZGGG*, 1983, No.5, p.48.

[193] Siehe [o.Verf.:] "Quanguo guanggao xueshu taolunhui jianjie", p.177; und Kurzmeldung in *ZGGG*, 1983, No.5, p.48. Vier der weiteren Vorträge sind abgedruckt in *ZGGGNJ*, pp.179-195, z.T. wurden diese in gekürzter Form auch in verschiedenen Nummern von *ZGGG* publiziert.

photographie, die nach Beijing auch in anderen Großstädten Chinas gezeigt wurde.[194]

*Kampf gegen "geistige Verschmutzung"*

Die Werbeabteilung des Staatlichen Industrie- und Handelsverwaltungsamtes führte vom 20. Oktober bis 10. November erstmals eine landesweite Schulung für die Kader der Werbeverwaltung in Luoyang (Provinz Henan) durch.[195] Die *RMRB* berichtet darüber:

> Gegen bürgerliche Liberalisierungstendenzen der Werbepropaganda kämpfen, die geistige Verschmutzung beseitigen, sich um die Entwicklung eines sozialistischen Werbewesens chinesischer Prägung bemühen - dies ist die Forderung der nationalen Versammlung der Werbeverwaltungskader, die in Luoyang stattfindet.
> [...] seit einigen Jahren existieren in den Bereichen der Werbegeschäftsführung sowie des Werbeinhaltes und -designs doch einige Probleme, und es sind Erscheinungen geistiger Verschmutzung aufgetreten.[196]

Die in diesem Bericht angesprochenen Probleme sind z.T. dieselben wie zu Beginn der "Ausrichtung" in der Werbung, firmieren nun aber insgesamt unter dem neuen Label der "geistigen Verschmutzung". Als Schlagworte für die falsche Einstellung der Werbeeinheiten werden "einzig aufs Geld schauen" (*yiqie xiang qian kan* 一切向钱看) und "nur auf Profit aus sein" (*wei li shi tu* 唯利是图) verwendet, als zusätzliche Problempunkte stehen jetzt vulgäre und geschmacklose Werbeinhalte, die "die Moral verletzen" (*shang feng bai su* 伤风败俗), im Zentrum der Kritik. Die Maßnahmen, welche die Werbeverwaltungskader laut *RMRB* forderten, und die sich kaum von denen des Vorjahres unterscheiden, erscheinen im aktuellen

---

194 Siehe dazu [o.Verf.:] "Quanguo chukou chanpin guanggao sheying zhanlan zai Jing kaimu" 全国出口产品广告摄影展览在京开幕 (Nationale Ausstellung der Werbephotographie für Exportprodukte in [Bei]jing eröffnet), *RMRB*, 31.8.1983, p.3; Zhang Nanzhou: *Guanggaoxue zai Zhongguo*, p.102; und [o.Verf.:] "Da shi jiyao", p.152.

195 Siehe [o.Verf.:] "Da shi jiyao", p.152; und Xu Baiyi (Hg.): *Shiyong guanggao shouce*, p.64.

196 Gao Yongyi 高永毅 und Guo Junzheng 郭君正: "Jiaqiang guanli duanzheng guanggao jingying sixiang" 加强管理端正广告经营思想 (Das Werbegeschäftsdenken verstärkt kontrollieren und korrigieren), *RMRB*, 3.11.1983, p.2.

Gewand der "entschlossenen Beseitigung der geistigen Verschmutzung".[197] Trotz des von allen Seiten bestätigten Erfolges der "Ausrichtung" des Jahres 1982 galt es also auch weiterhin, "negative Erscheinungen" in der Werbung zu bekämpfen.[198]

In einem Rückblick auf dreißig Jahre Firmengeschichte beschreibt die Shanghai Werbe- und Dekorationsfirma, wie auch sie im Zuge der Kampagne gegen geistige Verschmutzung angegriffen wurde:

> [...] um die Zeit, als das ZK vorbrachte, man müsse die geistige Verschmutzung beseitigen, richtete die Propagandaabteilung eines bestimmten Bezirks eine Eingabe direkt an die Führung der Stadt und kritisierte, daß die Frauendarstellung auf unseren Werbebildern die soziale Moral verschmutze und die Jugend verderbe. Eine Zeitlang war der Druck sehr groß, aber wir gingen im Sinne des ZK vor und ließen uns nicht davon beeinflussen.[199]

Mit zusätzlichen Bestimmungen, die im Oktober 1983 erlassen wurden, ging man von administrativer Seite her gegen ein weiteres Problem vor, nämlich die Zweckentfremdung von Werbegeldern der Unternehmen für private Geschenke und finanzielle Zuwendungen: In "Einige Bestimmungen des Finanzministeriums und des Staatlichen Industrie- und Handelsverwaltungsamtes zur Frage der betrieb-

---

[197] Siehe ebenda. Zur Entstehung der Kampagne gegen die "geistige Verschmutzung" siehe [Peter Schier:] "Kampf gegen 'geistige Verschmutzung'", Ca, November 1983, pp.660-661 (Ü 5). In ihrer letzten Ausgabe des Jahres 1983 publizierte auch ZGGG einen Artikel zur "geistigen Verschmutzung": [Benkan bianjibu 本刊编辑部:] "Qingchu jingshen wuran, banhao shehuizhuyi guanggao" 清除精神污染, 办好社会主义广告 (Die geistige Verschmutzung beseitigen, die sozialistische Werbung gut regeln), ZGGG, 1983, No.5, p.2.

[198] Bereits im Juni war in der RMRB wieder ein langer Leserbrief erschienen, dessen Autor sich gegen die "Werbeinflation" in der Changjiang Ribao wendet. Siehe Zhang Ran 章然: "Kandeng guanggao yao zhuyi shehui yingxiang" 刊登广告要注意社会影响 (Beim Publizieren von Werbung muß man auf die gesellschaftliche Wirkung achten), RMRB, 1.6.1983, p.8.

[199] Shanghai-shi Guanggao Zhuanghuang Gongsi 上海市广告装璜公司: "«Er li» zhi nian hua cangsang" «而立»之年话沧桑 ([Werbe- und Dekorationsfirma Shanghai:] Im Jahr des 'Sicher-Stehens' über große Veränderungen sprechen [Im Jahr des dreißigjährigen Jubiläums über die Firmengeschichte berichten]), ZGGG, 1986, No.3, pp.45-46, 19; hier: p.46.

lichen Ausgaben für Werbegebühren"[200] wird festgelegt, daß die Unternehmen für Werbegelder ein Jahresbudget aufstellen und die Werbeausgaben in der Jahresbilanz aufgeführt werden müssen. Die Zahlung von Werbegebühren an Einzelpersonen wird untersagt. Die für Werbung aufgewendeten Mittel können nach diesen Vorschriften zu den betrieblichen Absatzkosten gerechnet werden, bei größeren Ausgaben ist die Verteilung auf mehrere Jahre möglich.

*Der Chinesische Werbeverband*

Erst am Ende des Jahres 1983 fand das bedeutendste Ereignis für den Bereich der Werbung statt: Am 31. Dezember wurde der Chinesische Werbeverband (Zhongguo Guanggao Xiehui 中国广告协会) gegründet.[201] Am 17. November 1983 war ein Vorbereitungsausschuß gebildet und gleichzeitig eine Sitzung dieses Ausschusses abgehalten worden, auf welcher der Entwurf eines Verbandsstatuts und die Zusammensetzung des Vorstandes diskutiert und angenommen wurden. Es wurde beschlossen, die erste Delegiertenversammlung im Dezember in Beijing abzuhalten.[202] Auf die Frage, welche Gründe für die Entscheidung ausschlaggebend waren, einen neuen Verband zu gründen, wird in den chinesischen Darstellungen nicht eingegangen. Laut *Guanggao jianshi (shiyong)* wurde seine Einrichtung gemeinsam von der Staatlichen Wirtschaftskommission, dem Staatlichen Industrie- und Handelsverwaltungsamt, dem Handelsministerium, dem Ministerium für Rundfunk und Fernsehen, der Xinhua-Agentur und der *RMRB* initiiert,[203] d.h. vor allem der Bereich der Medien war an der Konstituierung des Verbandes stark beteiligt. Möglicherweise war der Chinesische wissenschaftliche Verein der Werbung (Zhongguo Guanggao Xuehui) zu stark auf den theoretischen Bereich ausgerichtet, um als Organisation für die gesamte chinesische Werbebranche geeignet zu sein; denkbar ist auch, daß der Verein in

---

[200] "Caizhengbu, Guojia Gong-Shang Xingzheng Guanli Ju guanyu qiye guanggao feiyong kaizhi wenti de ruogan guiding" 财政部, 国家工商行政管理局关于企业广告费用开支问题的若干规定, *ZGGGNJ*, p.56.

[201] Aus [o.Verf.:] "Da shi jiyao", p.152 geht hervor, daß die Staatliche Wirtschaftskommission der Gründung dieses Verbandes bereits am 25.12.1982 zugestimmt hatte. Zur Gründung selbst siehe [o.Verf.:] "Zhongguo Guanggao Xiehui chengli" 中国广告协会成立 (Chinesischer Werbeverband gegründet), *RMRB*, 2.1.1984, p.2.

[202] So die Darstellung in [o.Verf.:] "Da shi jiyao", p.152. Über die Zusammensetzung des Vorbereitungsausschusses werden keine Angaben gemacht.

[203] Siehe Zhongguo Guanggao Hanshou Xueyuan jiaowu weiyuanhui (Hg.): *Guanggao jianshi (shiyong)*, p.22.

den neuen Verband integriert wurde - jedenfalls sind in der Literatur nach der Gründung des Chinesischen Werbeverbandes keine Aktivitäten des Chinesischen wissenschaftlichen Vereins der Werbung mehr erwähnt.[204] Der neue Werbeverband, der seine erste Delegiertenversammlung vom 27. bis 31. Dezember in Beijing abhielt, ist als das eigentliche Pendant zum Chinesischen Werbeverband für Außenhandel zu sehen. Die 269 Teilnehmer der Versammlung beschlossen ein Verbandsstatut, wählten einen Vorstand und verabschiedeten eine Resolution, in der auf die Entwicklung und Bedeutung der chinesischen Werbung eingegangen wird.[205] Der Verband bezeichnet sich selbst als "von den Werbeeinheiten des ganzen Landes gemeinsam gebildete Branchenorganisation", die "unter Führung der zuständigen Behörden des Staatsrates die Werbeeinheiten des ganzen Landes anleiten, koordinieren, beraten und [ihnen] Dienste leisten" werde.[206] Zum ersten Präsidenten des Verbandes wählte der Vorstand Fei Kailong 费开龙, den stellvertretenden Leiter des Staatlichen Industrie- und Handelsverwaltungsamtes.[207]

*Wachstum*

Quantitativ nahm die Werbebranche im Jahr 1983 weiter zu: Zum Jahresende waren insgesamt 2340 Werbeeinheiten registriert, darunter 181 Werbefirmen, 305

---

[204] [O.Verf.:] "Quanguo guanggao xueshu taolunhui jianjie" p.178 weist darauf hin, die ersten beiden Symposien zur Werbung seien vom "früheren" Chinesischen wissenschaftlichen Verein der Werbung durchgeführt worden, ab 1985 - im Jahr 1984 fand keine Konferenz statt - habe der Chinesische Werbeverband als Organisator fungiert.

[205] Siehe [o.Verf.:] "Zhongguo Guanggao Xiehui diyi ci daibiao dahui jueyi" 中国广告协会第一次代表大会决议 (Resolution der ersten Delegiertenversammlung des Chinesischen Werbeverbandes), ZGGGNJ, pp.156-157. Wie und von wem die Teilnehmer an dieser Versammlung bestimmt wurden, geht aus der Literatur nicht hervor.

[206] Siehe [o.Verf.:] "Zhongguo Guanggao Xiehui zhangcheng (1983 nian 12 yue)" 中国广告协会章程 (1983 年 12 月) (Statut des Chinesischen Werbeverbandes [Dez. 1983]), ZGGGNJ, pp.158-159, hier: p.158. Zum Chinesischen Werbeverband siehe auch 2.3.1. dieser Arbeit.

[207] Siehe [o.Verf.:] "Zhongguo Guanggao Xiehui lingdao jigou" 中国广告协会领导机构 (Führungsgremium des Chinesischen Werbeverbandes [1983]), ZGGGNJ, p.159. Unter den elf Vizepräsidenten sind neben Vertretern verschiedener Staatlicher Behörden auch Repräsentanten der Medien, z.B. die stellvertretenden Sendeleiter des Zentralen Volksrundfunks und des Zentralen Fernsehens.

Zeitungen, 115 Rundfunksender, 57 Fernsehsender und 633 Zeitschriften. Der Jahresgesamtumsatz der Werbung betrug 234 Mio. Yuan und die Zahl der in der Werbung Beschäftigten 34.900.[208]

### 1.2.4. 1984 bis 1986: Organisatorischer Ausbau und erneute Ausrichtung

*1984*

Zu Beginn des Jahres 1984 gab das Staatliche Industrie- und Handelsverwaltungsamt weitere Rundschreiben heraus, die spezielle, in den "VB" nicht geklärte Fragen der Werbung behandeln: Das erste Zirkular vom 2. März 1984 verbietet Werbung für Zigaretten und für Getränke mit vierzig und mehr Prozent Alkohol in Rundfunk, Fernsehen, Zeitungen, Büchern und Zeitschriften, auf Werbetafeln und Plakaten, ebenso in Form von Leucht- und Neonreklame. Außerdem wird darin festgelegt, daß für die stellvertretende Annahme und Weitervermittlung von Werbeaufträgen einer Werbeeinheit durch eine andere maximal 10% der Werbegebühren als Bearbeitungsgebühren erhoben werden dürfen.[209] Das zweite Rundschreiben (vom April 1984) betrifft die Genehmigungen, welche Theatergruppen, Nachhilfeschulen und privat praktizierende Ärzte, die für ihre Tätigkeit werben wollen, und Einzelpersonen, die Heiratsannoncen, Verlustanzeigen o.ä. aufgeben wollen,[210] von den zuständigen Behörden einholen müssen. Mit der vorherigen Überprüfung der geplanten Werbung durch die zuständigen Stellen solle verhindert werden, so heißt es in dem Schreiben, daß

---

[208] Siehe dazu [o.Verf.:] "Jianguo yilai guanggaoye fazhan gaikuang", p.16; [o.Verf.:] "Guanggao jingying jiegou" 广告经营结构 (Die Struktur des Werbegeschäftes), pp.21-31, insbesondere die Tabellen pp.21-22, und 28-29; sowie Zhongguo Guanggao Hanshou Xueyuan jiaowu weiyuanhui (Hg.): *Guanggao jianshi (shiyong)*, Vol.1, p.20.

[209] Siehe "Guojia Gong-Shang Xingzheng Guanli Ju guanyu yan jiu guanggao he daili guonei guanggao yewu shouqu shouxufei wenti de tongzhi" 国家工商行政管理局关于烟酒广告和代理国内广告业务收取手续费问题的通知 (Zirkular des Staatlichen Industrie- und Handelsverwaltungsamtes zur Tabak- und Alkoholwerbung sowie zur Frage der Erhebung von Bearbeitungsgebühren für die Vertretung inländischer Werbeaufträge), *ZGGGNJ*, p.57. Siehe auch [o.Verf.:] "Da shi jiyao", p.152.

[210] Annoncen, die für private Zwecke wie Partnersuche etc. publiziert werden, bezeichnet der Text des Zirkulars als "Gesellschaftswerbung" (*shehui guanggao* 社会广告).

"schlechte" Theaterstücke propagiert oder Kranke betrogen werden.[211] Das Staatliche Industrie- und Handelsverwaltungsamt führte im Mai auch erneut eine Schulung für die Werbeverwaltungskader des Landes durch, dieses Mal in Chongqing.[212]

Für die chinesischen Werbeeinheiten ordnete das Staatliche Industrie- und Handelsverwaltungsamt erneut eine Ausrichtungsbewegung an. Nach der Darstellung in ZGGGNJ wurden bereits in der ersten Hälfte des Jahres 1984 zwei Rundschreiben verschickt, deren zentrales Thema die Überprüfung falscher Werbung war,[213] im September folgte ein drittes Zirkular ähnlichen Inhaltes.[214] Über die Maßnahmen und den Umfang dieser Überprüfungsaktion ist jedoch nichts Näheres in der Literatur zu finden, was darauf schließen läßt, daß sie eine "Vorstufe" zu der im darauffolgenden Jahr einsetzenden massiven Säuberungsaktion in der Werbung darstellt.

Die Zeitschrift *Zhongguo Guanggao* kündigte in ihrer ersten Ausgabe des Jahres 1984 das Vorhaben an, zukünftig einen neuen thematischen Schwerpunkt mit Beiträgen zur Werbung auf dem Land zu setzen, da sich im Zusammenhang mit dem wirtschaftlichen Aufschwung auf dem Land, v.a. durch spezialisierte Haushalte und Schwerpunkthaushalte, die Frage stelle, wie durch Werbung die ländliche Warenproduktion gefördert und der bäuerliche Konsum angeleitet werden

---

[211] "Guojia Gong-Shang Xingzheng Guanli Ju, Wenhuabu, Jiaoyubu, Weishengbu guanyu wenhua, jiaoyu, weisheng, shehui guanggao guanli de tongzhi" 国家工商行政管理局, 文化部, 教育部, 卫生部关于文化, 教育, 卫生, 社会广告管理的通知 (Zirkular des Staatlichen Industrie- und Handelsverwaltungsamtes, des Kulturministeriums, des Erziehungsministeriums und des Gesundheitsministeriums zur Regelung von Kultur-, Erziehungs-, Gesundheits- und Gesellschaftswerbung), ZGGGNJ, pp.57-58. Außerdem wurde im September 1984 ein Gesetz über Medikamente verabschiedet, von dem sich ein Teil auf Warenzeichen und Werbung bezieht. Siehe "Zhonghua Renmin Gongheguo yaopin guanli fa" 中华人民共和国药品管理法 (Arzneimittelgesetz der Volksrepublik China), ZGGGNJ, pp.58-61, insbesondere p.60.

[212] Siehe [o.Verf.:] "Da shi jiyao", p.152.

[213] Siehe [o.Verf.:] "Jianguo yilai guanggaoye fazhan", p.15. Der Wortlaut dieser beiden Zirkulare ist allerdings in ZGGGNJ nicht abgedruckt.

[214] Dieses "Zirkular zur Durchführung einer allgemeinen Überprüfung falscher Werbung" ("Guanyu dui xujia guanggao jinxing yici pubian jiancha de tongzhi" 关于对虚假广告进行一次普遍检查的通知) vom 3. September 1984 ist erwähnt in [o.Verf.:] "Da shi jiyao", p.153.

könne.²¹⁵ Noch bevor der erste Artikel zu diesem Thema in *Zhongguo Guanggao* erschien,²¹⁶ wurde in der *RMRB* ebenfalls die Notwendigkeit unterstrichen, verstärkt solche Werbung zu machen, die sich gezielt an die große bäuerliche Bevölkerung Chinas richte.²¹⁷ In einzelnen Gebieten begann man zum Jahresanfang 1984 tatsächlich mit der Ausstrahlung spezieller Werbeprogramme für Bauernhaushalte, z.B. gab es eine Werbesendung des Volksrundfunks in Jiangsu mit dem Titel "Ländliche Unternehmen auf dem Weg vorwärts".²¹⁸

*Verbandsaktivitäten*

Innerhalb des Chinesischen Werbeverbandes wurden verschiedene Fachausschüsse gebildet, welche die allgemeinen Verbandsaufgaben in ihrem jeweiligen Bereich wahrnehmen sollten.²¹⁹ Im Jahr 1984 wurden zunächst drei solcher Ausschüsse gegründet: Ein Fernsehausschuß am 5. Mai in Nanjing, ein Rundfunkausschuß am 18. Juni in Beijing und schließlich am 1. November in Chongqing ein Ausschuß der Werbefirmen. Als weitere Komitees kamen im November 1985 der Zeitungsausschuß und im Juni 1987 der Wissenschaftsausschuß hinzu. An der Spitze jedes dieser Ausschüsse steht ein Vorsitzender, mehrere Vize-Vorsitzende und ein Generalsekretär.²²⁰ Die einzelnen Komitees führten in den folgenden Jahren eine Reihe eigener Konferenzen, Schulungen und Preisverleihungen für Werbewerke aus ihrem jeweiligen Fachgebiet durch.

---

215 Siehe dazu die Notiz in *ZGGG*, 1984, No.1, p.7.

216 Dieser erste Beitrag war Zhong Yuesheng 钟岳生: "Peihe nongcun shangpin shengchan zuohao guanggao xiaxiang gongzuo" 配合农村商品生产做好广告下乡工作 (Abgestimmt auf die ländliche Warenproduktion die Werbearbeit auf dem Land gut machen), *ZGGG*, 1984, No.3, p.2.

217 Siehe Yi Changtai 易昌泰: "Fazhan nongcun guanggao" 发展农村广告 (Die ländliche Werbung entwickeln), *RMRB*, 13.4.1984, p.5.

218 Siehe Kurzmeldung in *ZGGG*, 1984, No.4, p.47.

219 Die Bildung solcher Fachkomitees war im Verbandsstatut des Chinesischen Werbeverbandes vom Dezember 1983 ausdrücklich vorgesehen. Siehe [o.Verf.:] "Zhongguo Guanggao Xiehui zhangcheng (1983 nian 12 yue)", p.159 (§ 12).

220 Siehe dazu [o.Verf.:] "Zhongguo Guanggao Xiehui zhuanye weiyuanhui" 中国广告协会专业委员会 (Fachausschüsse des Chinesischen Werbeverbandes), *ZGGNJ*, pp.164-165; [o.Verf.:] "Da shi jiyao", pp.152-153; Xu Baiyi (Hg.): *Shiyong guanggao shouce*, p.65; und die Meldung in *ZGGG*, 1984, No.4, p.43.

Im Statut des Chinesischen Werbeverbandes vom Dezember 1983 war außerdem festgelegt, daß "entsprechend den realen Erfordernissen" Werbeverbände von Provinzen, Städten usw. aufgebaut werden können, die vom Chinesischen Werbeverband in ihrer Arbeit angeleitet werden.[221] Einige solcher regionalen Werbeverbände waren schon vor dem Chinesischen Werbeverband selbst gegründet worden - z.B. im Jahr 1980 von der Stadt Dalian, 1981 von der Provinz Liaoning, weitere in Shenyang und Harbin - und wurden nun dem Chinesischen Werbeverband angegliedert. Allein im Jahr 1984 wurden acht Regionalverbände neu gegründet, nämlich von Hebei, Shanxi, Jilin, Henan, Hunan, Guangdong, Gansu und Chongqing.[222] Diesen regionalen Vereinigungen steht jeweils ein Ehrenpräsident und ein Gremium aus einem Präsidenten, mehreren Vizepräsidenten, einem Generalsekretär und z.T. einer Gruppe von Beratern vor.

Schließlich betätigte sich der Chinesische Werbeverband auch auf dem publizistischen Sektor und gab ab Oktober 1984 gemeinsam mit einer der Xinhua-Nachrichtenagentur unterstehenden Firma und der *Gongren Ribao* die zweimal wöchentlich erscheinende *Zhongguo Guanggao Bao* 中国广告报 heraus.[223] Diese Zeitung, deren inhaltlichen Schwerpunkt Berichte über Produktion und Marktlage bilden, wurde im Juli 1987 zum Organ des Staatlichen Industrie- und Handelsverwaltungsamtes umfunktioniert und in *Zhongguo Gong-Shang Bao* 中国工商报 umbenannt.[224]

Auf dem Ausbildungssektor wurden Anstrengungen unternommen, dem Mangel an Fachkräften in der Werbung abzuhelfen. Neben einigen Kurzschulungen im Bereich Marktlehre und Werbung für bereits in der Werbung Tätige[225] bot sich ab September 1984 erstmals die Möglichkeit, an einer chinesischen Hochschule Wer-

---

[221] Siehe [o.Verf.:] "Zhongguo Guanggao Xiehui zhangcheng (1983 nian 12 yue)", p.159 (§ 13).

[222] Siehe dazu die Zusammenstellung in [o.Verf.:] "Zhongguo Guanggao Xiehui difang guanggao xiehui" 中国广告协会地方广告协会 (Lokale Werbeverbände des Chinesischen Werbeverbandes), ZGGGNJ, pp.166-173.

[223] Siehe [o.Verf.:] "Da shi jiyao", p.153. ZGGG, 1985, No.1, p.47 enthält eine Notiz zum Erscheinen der neuen Zeitung.

[224] Siehe [o.Verf.:] "Da shi jiyao", p.156.

[225] Xu Baiyi: *Shiyong guanggao shouce*, p.64 zählt für das Jahr 1984 drei Kurse auf, die in Changsha, Zhengzhou und Tianjin stattfanden. Die Schulung in Zhengzhou, die vom 24. Juni bis 12. Juli 1984 vom Chinesischen Werbeverband durchgeführt wurde, ist auch erwähnt in [o.Verf.:] "Guanggao zhuanye jiaoyu" 广告专业教育 (Werbefachausbildung), ZGGGNJ, pp.38-42, hier: p.41.

bung als eigenes Fach zu studieren: Die Universität Xiamen richtete das Fach "Werbelehre" innerhalb des Instituts für Information und Kommunikation ein, dessen Absolventen in vier Jahren zu "moralisch, geistig und körperlich allseitig entwickelten Spezialisten" in allen Gebieten sozialistischer Werbung ausgebildet werden sollten.[226] Im ersten Jahr wurden fünfzehn Studenten für dieses Fach aufgenommen.[227]

*Internationale Kontakte*

Erstmals nahm im Jahr 1984 eine chinesische Delegation unter Leitung des Vizepräsidenten und Generalsekretärs des Chinesischen Werbeverbandes Du Shaojie 杜少杰 am 29. Weltkongreß der Werbung teil, den der Internationale Werbeverband vom 2. bis 5. Oktober in Tokyo abhielt.[228] Die Teilnahme Chinas als einziger Vertretung eines sozialistischen Landes sei, so hebt der kurze Bericht in ZGGG zu diesem Ereignis hervor, die "Topmeldung" des Kongresses gewesen, und von den Teilnehmern aus Asien und den Ländern der Dritten Welt als Unterstützung und Verstärkung ihrer Position empfunden worden. China sei zum 30. Weltkongreß der Werbung 1986 in Chicago eingeladen worden, und der Vorsitzende des Asiatischen Werbeverbandes habe die Hoffnung geäußert, daß China dem Asiatischen

---

226 So die ehrgeizige Formulierung des Ausbildungszieles in [o.Verf.:] "Guanggao zhuanye jiaoyu", p.38.

227 Siehe Yang Jinde 杨金德: "Xiamen Daxue xinwen chuanbo xi jinnian zhengshi zhaosheng" 厦门大学新闻传播系今年正式招生 (Das Institut für Information und Kommunikation der Universität Xiamen nimmt dieses Jahr offiziell Studenten auf), ZGGG, 1984, No.2, p.7. Die Probleme, mit denen der neue Studiengang konfrontiert war, z.B. wegen des Mangels an qualifiziertem Lehrpersonal, beschreibt Xin Guang 新广: "Xia Da guanggao zhuanye yucai xin cuoshi" 厦大广告专业育才新措施 (Neue Maßnahmen in der Werbe-Fachausbildung der Universität Xiamen), ZGGG, 1985, No.3, p.48.

228 Siehe [o.Verf.:] "Da shi jiyao", p.153; Xu Baiyi (Hg.): *Shiyong guanggao shouce*, p.65; Jia Yubin 贾玉斌: "Zhongguo guanggao daibiaotuan shouci canjia shijie guanggao huiyi yinqi zhumu" 中国广告代表团首次参加世界广告会议引起注目 (Die erstmalige Teilnahme einer chinesischen Werbedelegation am Weltkongreß der Werbung erregt Aufsehen), ZGGG, 1984, No.4, p.31; und [o.Verf.:] "Zhongguo guanggao daibiaotuan canjia di 29 jie shijie guanggao huiyi" 中国广告代表团参加第29届世界广告会议 (Chinesische Werbedelegation nimmt am 29. Weltkongreß der Werbung teil), ZGGGNJ, pp.91-93.

Werbeverband beitreten werde.[229] Im Anschluß an den Kongreß besuchte die chinesische Delegation verschiedene japanische Werbeverbände, Werbeagenturen und Medien in Tokyo und Osaka.[230]

Für ausländische (hauptsächlich amerikanische) Unternehmen, die im chinesischen Fernsehen werben wollten, ergab sich im Jahr 1984 eine zusätzliche Möglichkeit durch ein Abkommen zwischen dem chinesischen Zentralfernsehen und der amerikanischen Fernsehgesellschaft CBS, in dem sich CBS verpflichtete, 64 Stunden Fernsehprogramm als Gegenleistung für 320 Minuten Werbezeit im chinesischen Fernsehen zur Verfügung zu stellen.[231]

*Wachstum*

Den "Beschluß des Zentralkomitees der Kommunistischen Partei Chinas über die Reform des Wirtschaftssystems", der auf dem 3. Plenum des XII. ZK am 20. Oktober 1984 gefaßt wurde,[232] interpretierte ein Artikel in der Zeitschrift *Zhongguo Guanggao* als Bestätigung für den Aufbau und das rasche Wachstum des Werbewesens seit 1979. Da das 3. Plenum des XII. ZK nun das Signal zur umfassenden Wirtschaftsreform mit der städtischen Wirtschaftsreform als Schwerpunkt gegeben habe, müsse auch die chinesische Werbebranche entsprechend der starken Entwicklung der geplanten Warenwirtschaft und des tertiären Sektors, d.h. des Dienstleistungssektors, ausgebaut werden.[233]

Im Jahr 1984 fielen die Zuwachsraten in der Werbung besonders hoch aus: Die Zahl der registrierten Werbeeinheiten hatte sich mit 4.077 im Vergleich zum Vorjahr fast verdoppelt. Es gab jetzt 424 Werbefirmen - im Vergleich zu 1983 also sogar mehr als eine Verdoppelung -, außerdem hatten 509 Zeitungen, 951 Zeit-

---

[229] Jia Yubin: "Zhongguo guanggao daibiaotuan shouci canjia shijie guanggao huiyi yinqi zhumu", p.31.

[230] Siehe dazu [o.Verf.:] "Zhongguo guanggao daibiaotuan kaocha Riben guanggaoye" 中国广告代表团考察日本广告业 (Chinesische Werbedelegation erkundet vor Ort japanische Werbeindustrie), *ZGGGNJ*, pp.93-94.

[231] Siehe dazu Scott D. Seligman: "Corporate and Product Promotion", p.10.

[232] Der Wortlaut dieses Beschlusses wurde am 21.10. 1984 in der *RMRB* publiziert. Siehe [o.Verf.:] "Zhong Gong Zhongyang guanyu jingji tizhi gaige de jueding" 中共中央关于经济体制改革的决定 (Beschluß des ZK der KP Chinas zur Reform des Wirtschaftssystems), *RMRB*, 21.10.1984, pp.1-3.

[233] Siehe Yue Junyan 岳俊彦: "Guanche gaige jingshen, kaichuang guanggao hangye xin jumian" 贯彻改革精神，开创广告行业新局面 (Den Geist der

schriften, 153 Rundfunk- und 98 Fernsehsender die offizielle Genehmigung, Werbeaufträge zu übernehmen. Der Gesamtumsatz der Branche stieg auf 365 Mio. Yuan und die Zahl der Beschäftigten auf 47.300.[234]

## 1985

*Verbandsaktivitäten*

Der Chinesische Werbeverband und seine Fachausschüsse führten eine ganze Reihe von Konferenzen und anderer Aktivitäten durch, und es wurden auch weitere regionale Zweigverbände[235] gegründet. Im März hielt der Fernsehausschuß des Verbandes in Chengdu eine Sitzung ab, die auch eine Preisverleihung für gute Fernsehwerbung vornahm. Von den 164 Werbespots, die an dem Wettbewerb teilnahmen, wurden 45 ausgezeichnet, davon fünf mit einem ersten, fünfzehn mit einem zweiten Preis.[236] Einen Eindruck von der ästhetischen Qualität der damaligen Werbung vermittelt die Beschreibung eines Werbefilmes für eingedostes Schaffleisch aus der Inneren Mongolei, der in realistischen Bildern kopfunter aufgehängte Schafe mit aufgeschlitzter Kehle zeigte, und dafür immerhin mit einem zweiten Preis bedacht wurde.[237] Eine Veranstaltung, bei der hervorragende Wer-

---

Reform verwirklichen, eine neue Lage der Werbebranche schaffen), *ZGGG*, 1984, No.4, pp.2-3.

[234] Angaben nach [o.Verf.:] "Guanggao jingying jiegou", pp.21-22 und pp.28-29. Siehe auch Zhongguo Guanggao Hanshou Xueyuan jiaowu weiyuanhui (Hg.): *Guanggao jianshi (shiyong)*, Vol.1, p.20. Daß letztere Quelle die Beschäftigtenzahl mit 40.307 angibt, ist vermutlich ein Druckfehler.

[235] Im Jahr 1985 waren dies die Verbände von Shaanxi, Hubei, Anhui, Ningxia, Qinghai, Shandong, Tianjin, Wuhan und Xi'an. Siehe dazu [o.Verf.:] "1985 nian guanggao dashiji" 1985 年广告大事记 (Chronik wichtiger Ereignisse in der Werbung im Jahr 1985), Teil 1: *ZGGG*, 1986, No.1, pp.45-46 und Teil 2: *ZGGG*, 1986, No.2, pp.48 und 36; und [o.Verf.:] "Zhongguo Guanggao Xiehui difang guanggao xiehui", pp.166-173. (Seit 1986 publiziert die *ZGGG* jährlich in zwei Folgen eine Zusammenfassung der wesentlichen Geschehnisse in der Werbung des Vorjahres.)

[236] Siehe dazu [o.Verf.:] "1985 nian guanggao dashiji", Teil 1, p.45.

[237] Diese Beschreibung findet sich bei Wang Ningjun: "TV ads have a long way to go", *China Daily*, 14.10.1988, der darin ein Zeichen für den schlechten Geschmack und die Unreife der chinesichen Fernsehwerbung sieht.

bung ausgewählt wurde, hielt auch der Rundfunkausschuß des Verbandes im Mai in Changzhou ab.[238]

Der Werbeverband selbst führte in Chengdu, wie schon im Vorjahr in Zhengzhou, für Werbeleute und -kader eine Schulung durch und berief eine Konferenz der Generalsekretäre der Regionalverbände ein, auf der vor allem das Problem ungesetzlicher Werbeaktivitäten zur Sprache kam.[239] Auf einem Treffen der Verbandspräsidenten im Juli stand die Frage eines Beitritts der VR China zum Internationalen Werbeverband zur Diskussion.[240] Außerdem fand vom 6. bis 9. August in Anyang wieder ein nationales wissenschaftliches Symposium der Werbung mit 43 Teilnehmern statt.[241]

Auch der Chinesische Werbeverband für Außenhandel entfaltete Aktivitäten in verschiedenen Bereichen: Von Mitte April bis Mitte Mai führte er mit der fachlichen und personellen Unterstützung der Europäischen Gemeinschaft in Guilin einen Kurs in Werbephotographie durch.[242] Außerdem wurde nun auch innerhalb dieses Verbandes eine erste Zweigstelle auf regionaler Ebene gegründet, nämlich in der Provinz Hunan.[243] Und im Herbst 1985 publizierte der Verband die erste

---

[238] Siehe [o.Verf.:] "1985 nian guanggao dashiji", Teil 1, p.45; und [o.Verf.:] "Da shi jiyao", p.153.

[239] Die Schulung dauerte vom 28.4. bis 28.5.; die Konferenz fand vom 27.5. bis 1.6. in Zhengzhou statt. Siehe [o.Verf.:] "1985 nian guanggao dashiji", Teil 1, p.45.

[240] Siehe [o.Verf.:] "1985 nian guanggao dashiji", Teil 2, p.48.

[241] Siehe dazu Huang Yuxiang 黄宇翔 und Zhang Suiwang 张遂旺: "Quanguo guanggao lilun xueshu taolunhui zai Anyang-shi zhaokai" 全国广告理论学术讨论会在安阳市召开 (Nationales wissenschaftliches Symposium der Werbetheorie in Anyang abgehalten), *RMRB*, 10.8.1985, p.3; und [o.Verf.:] "Quanguo guanggao xueshu taolunhui jianjie", pp.177-178.

[242] Siehe [o.Verf.:] "Da shi jiyao", p.153; und [o.Verf.:] "Waimao Guang Xie yu Ouzhou Gongtongti lianhe juban guanggao sheying peixunban" 外贸广协与欧洲共同体联合举办广告摄影培训班 (Chinesischer Werbeverband für Außenhandel führt mit der Europäischen Gemeinschaft einen Weiterbildungskurs für Werbephotographie durch), *ZGGGNJ*, p.94.

[243] Siehe [o.Verf.:] "Da shi jiyao", p.153. Im Januar 1986 folgte die Gründung eines Zweigverbandes der Provinz Hubei. Siehe dazu [o.Verf.:] "Zhongguo Duiwai Jingji Maoyi Guanggao Xiehui" 中国对外经济贸易广告协会 (Der Chinesische Werbeverband für außenwirtschaftliche Beziehungen und Handel), *ZGGGNJ*, pp.173-176, hier: p.176.

Ausgabe einer eigenen Zeitschrift, *Guoji Guanggao*, die fortan vierteljährlich in Shanghai erschien.

*Neue Verordnungen und erneute Ausrichtung*

Besonders auffällig ist die Anzahl der Bestimmungen und Zirkulare, die im Jahr 1985 vom Staatlichen Industrie- und Handelsverwaltungsamt und anderen Regierungsinstitutionen herausgegeben wurden und die sich ohne Ausnahme gegen die verschiedensten Formen des Mißbrauchs von Werbung und unlautere Geschäftspraktiken der Werbebranche richten. Das erste dieser Rundschreiben vom 15. April 1985 bezieht sich auf Werbung mit Verlosungen. Bei Unternehmen und Institutionen, so heißt es in dem Zirkular, habe es sich eingebürgert, alle Arten von Loszetteln und Lotterieschemen auszugeben, und dies schade den Interessen der Massen, verderbe das Denken der Menschen, sei schädlich für den Aufbau der geistigen Zivilisation und störe die Reform des Wirtschaftssystems. Die weitere Publikation und Ausstrahlung der Werbung von Unternehmen für Verkaufsaktionen mit Verlosung[244] oder von Einheiten und Einzelpersonen für Geldspendeaktionen mit Verlosung wird daher in diesem Rundschreiben verboten; für Spendenaktionen mit Verlosung, die der Finanzierung von Kultur- und Sportveranstaltungen oder Wohlfahrtseinrichtungen dienen, darf nur noch mit Zustimmung der zuständigen Behörden Werbung gemacht werden.[245]

Ein weiteres Rundschreiben, das zwei Tage später folgte, betrifft die Werbung der Massenmedien. Im Mittelpunkt dieses Dokumentes steht das Problem der "Nachrichtenwerbung" (*xinwen guanggao* 新闻广告), wobei unter diesem Begriff entweder das Publizieren von verdeckter Werbung in Form von Nachrichten gegen Bezahlung oder auch die Vorgehensweise von Journalisten verstanden wird, unter dem Vorwand des Recherchierens in Unternehmen Werbeaufträge

---

[244] Schon der Leserbrief von Zhang Ran: "Kandeng guanggao yao zhuyi shehui yingxiang", *RMRB*, 1.6.1983, p.8 hatte u.a. die Inflation solcher Anzeigen in der *Changjiang Ribao* angeprangert.

[245] Siehe "Guojia Gong-Shang Xingzheng Guanli Ju, Wenhuabu, Shangyebu, Zhongguo Renmin Yinhang, Guojia Tiyu Yundong Weiyuanhui guanyu jiaqiang dui gezhong jiangquan guanggao guanli de tongzhi" 国家工商行政管理局,文化部,商业部,中国人民银行,国家体育运动委员会关于加强对各种奖券广告管理的通知 (Zirkular des Staatlichen Industrie- und Handelsverwaltungsamtes, des Kulturministeriums, des Handelsministeriums, der Chinesischen Volksbank und der Staatlichen Sportkommission zur Verstärkung der Kontrolle jeder Art von Lotterieloswerbung), *ZGGGNJ*, pp.61-62, hier: p.61. Siehe dazu auch [o.Verf.:] "Jianguo yilai guanggaoye fazhan gaikuang", p.14.

einzuholen. Um diese Praktiken zu unterbinden, legt das Zirkular fest, daß Medien bei der Beantragung einer Geschäftszulassung für Werbung Personen benennen müssen, die ausschließlich für Werbeaufgaben zuständig sind. Weiter heißt es in dem Dokument, daß eine Erhöhung der Werbefläche oder der Werbezeit in den Medien nur mit Genehmigung möglich ist, daß Werbung und Nachrichten klar zu trennen sind und laufende Programme nicht durch Werbung unterbrochen werden dürfen, daß Werbung für nicht offiziell genehmigte Publikationen verboten ist, ebenso die öffentliche Werbung für interne oder auf China beschränkte Publikationen.[246]

Bis September wurden noch drei weitere Dokumente an nachgeordnete Behörden weitergegeben: Das Leichtindustrieministerium schickte am 6. Juni an die ihm unterstehenden Ämter ein Schreiben,[247] das sich zum einen gegen den Gebrauch von übertriebenen Slogans wie "auf der ganzen Welt bekannt" (*yuman quanqiu* 誉满全球) oder "Nummer Eins im ganzen Land" (*quanguo diyi* 全国第一) in der Werbung für leichtindustrielle Güter, zum anderen gegen die Ideologie der "blinden Verehrung des Westens" (*chong Yang mei wai* 崇洋媚外) richtet.[248]

---

[246] Siehe "Guojia Gong-Shang Xingzheng Guanli Ju, Guangbo-Dianshibu, Wenhuabu guanyu baozhi, shukan, diantai, dianshitai jingying, kanbo guanggao youguan wenti de tongzhi" 国家工商行政管理局、广播电视部、文化部关于报纸、书刊、电台、电视台经营、刊播广告有关问题的通知 (Zirkular des Staatlichen Industrie- und Handelsverwaltungsamtes, des Rundfunk- und Fernsehministeriums und des Kulturministeriums über das Betreiben, Publizieren und Ausstrahlen von Werbung in Zeitungen, Büchern und Zeitschriften, Rundfunk und Fernsehen), ZGGGNJ, p.62. Siehe dazu auch [o.Verf.:] "Jianguo yilai guanggaoye fazhan gaikuang", p.14. Zum Problem der "Nachrichtenwerbung" siehe auch 4.2. dieser Arbeit.

[247] "Qinggongyebu guanyu jiaqiang dui qinggong chanpin guanggao xuanchuan guanli de tongzhi" 轻工业部关于加强对轻工产品广告宣传管理的通知 (Zirkular des Leichtindustrieministeriums zur Verstärkung der Kontrolle der Werbepropaganda für leichtindustrielle Produkte), ZGGGNJ, pp.62-63. Dazu publizierte auch die *RMRB* einen Bericht, siehe [o.Verf.:] "Qinggongyebu yaoqiu gedi jiaqiang chanpin guanggao guanli" 轻工业部要求各地加强产品广告管理 (Das Leichtindustrieministerium fordert, daß überall die Kontrolle der Produktwerbung verstärkt wird), *RMRB*, 13.7.1985, p.2.

[248] Diese manifestiere sich beispielsweise darin, so heißt es in dem Zirkular, daß Unternehmen von ihren Produkten verbreiten, sie seien mit "einer aus dem Land X importierten Produktionsstraße" hergestellt oder "aus importierten Einzelteilen zusammengesetzt".

Am 20. August wurden "Maßnahmen zur Regelung der Arzneimittelwerbung"[249] und am 19. September Bestimmungen zur Unterstützungs- oder Sponsorenwerbung (*zanzhu guanggao* 赞助广告) erlassen. In diesen Bestimmungen heißt es, in der letzten Zeit sei es häufig vorgekommen, daß die verschiedensten Einheiten unter dem Vorwand von Sponsoraktionen oder Sponsorenwerbung den Industrie- und Handelsunternehmen finanzielle Zuwendungen abverlangten, mit denen dann beispielsweise Einladungen und Geschenke finanziert oder private Kassen zur beliebigen Verwendung angelegt würden. Solchen Praktiken soll nun durch Genehmigungspflicht, strengere Überprüfung der Abrechnungen usw. begegnet werden.[250]

Fast alle der in den oben genannten Dokumenten angesprochenen Probleme sind noch einmal aufgeführt in einem Zirkular, welches das Amt des Staatsrates am 15. November 1985 an die Volksregierungen aller Provinzen, regierungsunmittelbaren Städte und Autonomen Regionen, an die dem Staatsrat unterstehenden Ministerien und Kommissionen sowie die direkt unterstellten Einrichtungen schickte und in dem zu einer erneuten strengen Überprüfung und Ausrichtung der Werbung in China aufgerufen wird.[251] Gleich an erster Stelle der Problempunkte wird in diesem Schreiben genannt, daß manche Werbung ausländische Dinge rühme und einheimische Produkte abwerte. "Nachrichtenwerbung", den Unternehmen aufgezwungene Unterstützungszahlungen, Übertreibungen in der Werbung vor allem für Medikamente usw. - all dies habe sich bereits negativ auf das wirtschaftliche und das gesellschaftliche Leben ausgewirkt. Grundsätzlich sei festzuhalten, daß Werbung nicht nur ein Mittel zur Verbreitung von Wirtschaftsin-

---

[249] "Yaopin guanggao guanli banfa" 药品广告管理办法, ZGGGNJ, pp.63-65. Siehe auch [o.Verf.:] "Jianguo yilai guanggaoye fazhan gaikuang", p.14.

[250] Siehe "Guojia Gong-Shang Xingzheng Guanli Ju, Caizhengbu guanyu dui zanzhu guanggao jiaqiang guanli de ji xiang guiding" 国家工商行政管理局, 财政部关于对赞助广告加强管理的几项规定 (Einige Bestimmungen des Staatlichen Industrie- und Handelsverwaltungsamtes und des Finanzministeriums zur verstärkten Kontrolle der Unterstützungswerbung), ZGGGNJ, p.66. Siehe auch [o.Verf.:] "Jianguo yilai guanggaoye fazhan gaikuang", p.14.

[251] Siehe "Guowuyuan Bangongting guanyu jiaqiang guanggao xuanchuan guanli de tongzhi" 国务院办公厅关于加强广告宣传管理的通知 (Zirkular des Amtes des Staatsrates zur Verstärkung der Kontrolle der Werbepropaganda), ZGGGNJ, p.67. Einleitend wird in diesem Rundschreiben - wie auch in einigen der früher im Jahr 1985 versandten - die grundsätzlich positive Funktion der Werbung angesprochen. Zu diesem Zirkular siehe auch [o.Verf.:] "1985 nian guanggao dashiji", Teil 2, p.48.

formationen sei, sondern auch eine Form sozialistischer Propagandaarbeit.[252] Die chinesische Werbepropaganda müsse an den Vier grundlegenden Prinzipien festhalten und inhaltlich wahr und wissenschaftlich sein.[253] Der Wortlaut dieses Zirkulars wurde auch in der *RMRB* publiziert, allerdings ist die Passage des Rundschreibens, in der die negativen Erscheinungen in der Werbung konkret benannt werden, dabei ausgelassen.[254]

Das ganze Jahr 1985 über hatten sich ungewöhnlich viele Artikel in der *RMRB* mit betrügerischen Machenschaften bei der Herstellung und dem Verkauf von Waren befaßt. In der Mehrzahl dieser Berichte geht es um Waren mit gefälschten Markenzeichen[255] und um besonders gravierende Fälle von gefälschten Medikamenten.[256]

---

[252] Dieser Punkt wird auch in den Publikationen zur Theorie der "sozialistischen" Werbung immer wieder betont. Siehe dazu 3.4.1. und 3.5.7. dieser Arbeit.

[253] Siehe "Guowuyuan Bangongting guanyu jiaqiang guanggao xuanchuan guanli de tongzhi", p.67.

[254] Siehe [o.Verf.:] "Guanggao yao wei jianshe shehuizhuyi liang ge wenming fuwu" 广告要为建设社会主义两个文明服务 (Werbung muß dem Aufbau der beiden Zivilisationen des Sozialismus dienen), *RMRB*, 24.11.1985, p.2. Zu diesem Zirkular siehe auch Zhongguo Guanggao Hanshou Xueyuan jiaowu weiyuanhui (Hg.): *Guanggao jianshi (shiyong)*, Vol.1, p.22.

[255] Hier seien nur einige Beispiele herausgegriffen: Zhuang Jianmin 庄建民: "Beijing-shi chachu yi pi maopai jiu" 北京查处一批冒牌酒 (Beijing untersucht und bestraft [Fälle von] Alkoholika mit gefälschten Markenzeichen), *RMRB*, 11.4.1985, p.4; [o.Verf.:] "Maopai shangpin weihe yue lai yue duo?" 冒牌商品为何越来越多? (Warum nehmen Waren mit gefälschten Markenzeichen immer mehr zu?), *RMRB*, 18.6.1985, p.2; Ding Xueping 丁雪萍: "Wenzhou-shi xiaohui yi pi maopai shoubiao" 温州市销毁一批冒牌手表 (Die Stadt Wenzhou vernichtet Armbanduhren mit gefälschten Warenzeichen), *RMRB*, 30.7.1985, p.2; Liu Guosheng 刘国胜 und Pan Gang 潘岗: "Jinzhi zhizao xiaoshou maopai weilie shangpin" 禁止制造销售冒牌伪劣商品 (Schlechte nachgemachte Waren mit gefälschtem Markenzeichen herzustellen und zu verkaufen, ist verboten), *RMRB*, 24.6.1985, p.2.

[256] Ein Beispiel dafür ist der groß aufgemachte *RMRB*-Bericht über einen Fall von gefälschten Medikamenten, an deren Herstellung praktisch ein ganzes Dorf sowie einige kleine Druckereien beteiligt waren, welche die nötigen Etiketten mit falschen Markenzeichen gedruckt hatten. Die "Medikamente" bestanden hauptsächlich aus Zucker und Pflanzenfasern und waren in ganz China verkauft worden. Siehe dazu Lin Qunying 林群英 und Zheng Zu'an

Es wurden aber auch einige Berichte publiziert, die Betrugsdelikte in der Werbung anprangern. So erschien etwa am 16. Juli ein Artikel über ein "physiologisches Wachstumsgerät", für das mit der Behauptung geworben worden war, es handele sich um die neueste Erfindung eines ausländischen Wissenschaftlers und mache junge Männer bei richtiger Anwendung innerhalb eines halben Jahres deutlich größer. Zum Preis von 150 Yuan, heißt es in dem Artikel in der *RMRB*, habe der Käufer dann zwei Nylonstricke, zwei Fußbretter, zwei Rollen und einen Griff bekommen (Herstellungskosten pro Gerät zwanzig bis dreißig Yuan), deren Gebrauch überhaupt keine Wirkung auf die Körpergröße haben könne. Die beiden Hersteller dieses Gerätes seien dingfest gemacht und zur Rückerstattung des vollen Kaufpreises sowie hohen Geldstrafen verurteilt worden.[257]

Aus dem Bereich der Werbung für das ländliche China, deren Verstärkung im Jahr zuvor propagiert worden war, gab es ebenfalls einen Fall von Betrug zu berichten: Eine kleine Eßwarenfabrik in Zhengzhou hatte unter falschem Namen über den Rundfunksender Henan Werbung für einen zehntägigen Nahrungsmittelkurs gegen dreißig Yuan Teilnahmegebühr ausstrahlen lassen. In diesem Kurs sollten Herstellungstechniken für Eßwaren vermittelt werden, mit denen sich angeblich monatlich über tausend Yuan Gewinn erwirtschaften ließen. Über vierhundert Bauern aus mehreren Provinzen reisten zu der Schulung an. Da an der ausgestrahlten Werbung so gut wie alles falsch war, einschließlich der Ankündigung, für Unterbringung werde gesorgt, mußte ein Großteil der Kursteilnehmer buchstäblich auf der Straße übernachten.[258]

---

郑祖庵: "Pujiang jiayao an chuxi" 普江假药案初析 (Erste Analyse des Falles gefälschter Medikamente [von] Pujiang), *RMRB*, 13.7.1985, p.1; und [Benbao pinglunyuan 本报评论员:] "Cha ta ge shuiluo-shichu" 查它个水落石出 (Untersuchen, bis die Wahrheit ans Licht kommt), *RMRB*, 13.7.1985, p.1.

257 Siehe Tang Wei 唐炜: "«Zenggaoqi» bu neng zenggao - pianrenzhe shoudao chuli" «增高器» 不能增高 - 骗人者受到处理 ('Wachstumsgerät' taugt nicht zum größer werden - Betrüger werden bestraft), *RMRB*, 16.7.1985, p.2. Offenbar war mit den "Wachstumsgeräten" ein gutes Geschäft zu machen, denn sie beschäftigten die Medien auch noch einige Jahre später. Siehe dazu Ding Shihe 丁世和: "Youji shangpin guanggao jidai jiaqiang guanli" 邮寄商品广告急待加强管理 (Postalische Warenwerbung braucht dringend verstärkte Regelung), *Xiaofeizhe* 消费者, 1988, No.3, pp.46-47, hier: p.46.

258 Siehe Xie Guoji 解国记: "Yong guanggao pianren - jibai nongmin shangdang liuluo jietou" 用广告骗人 - 几百农民上当流落街头 (Durch Werbung betrogen - Hunderte von Bauern sind hereingefallen und treiben sich nun auf der Straße herum), *RMRB*, 3.8.1985, p.2. Dieser Fall wurde

Mit der neuerlichen Ausrichtung in der Werbung, die mit dem Zirkular des Staatsratsamtes eingeleitet war und angesichts der Häufung von Problemen dringend geboten schien, befaßten sich auch mehrere Beiträge in der Zeitschrift *Zhongguo Guanggao*. Der Hauptartikel zum Thema Ausrichtung der Werbung warnt entschieden davor, nur Symptome zu behandeln, ohne deren Ursache zu beseitigen. An vielen Orten, so heißt es darin, seien im Zuge der angestrebten Entwicklung des tertiären Sektors Werbeeinheiten in großer Zahl zugelassen worden, ohne daß diese die notwendigen Voraussetzungen für eine Geschäftslizenz erfüllt hätten. Der Entwicklungsgrad des tertiären Sektors sei aber abhängig vom Stand des primären und des sekundären Produktionssektors. Zudem werde die Entwicklung des Werbewesens durch personelle, finanzielle und materielle Faktoren begrenzt. All dies sei von manchen Stellen bei der Erteilung von Werbegenehmigungen zu wenig berücksichtigt worden, und deshalb sei man nun mit einer Vielzahl von Negativerscheinungen konfrontiert, die nur durch eine ausgewogene Entwicklung des Werbewesens und der Werbebranche langfristig zu lösen seien.[259]

Ein zweiter Beitrag kritisiert - ganz im Sinne der oben genannten Zirkulare -, daß die Verwendung des Wortes "importiert" in der Werbung mit der unhaltbaren Behauptung einhergehe, alle aus dem Ausland eingeführten Güter seien vollkommen und makellos. Eine Überprüfung von Importwaren in Guangdong beispielsweise habe gezeigt, daß ein erheblicher Prozentsatz der eingeführten Waren Schäden aufwiesen oder nicht der Norm entsprachen.[260] Als positives Beispiel, wie die für Werbung zuständigen Ämter vorgehen können, berichtet ein Mitarbeiter der Abteilung für Warenzeichen und Werbung im Industrie- und Handelsverwaltungsamt der Stadt Changzhou über die Methoden seiner Behörde, die Regelung der Werbung mit Beratungsdiensten für Unternehmen und Werbeeinheiten zu verbinden und so falsche Werbung zu unterbinden und ineffiziente Werbung zu reduzieren.[261]

---

nochmals aufgegriffen von Zhou Wen 周文: "Weifa jingying guanggao san li" 违法经营广告三例 (Drei Beispiele ungesetzlicher Durchführung von Werbung), *RMRB*, 17.3.1986, p.4.

[259] Wan Zhicheng 万志诚: "Zhengdun zhi yu - xiang lingdao bumen jin yi yan" 整顿之余 - 向领导部门进一言 (Über die Ausrichtung hinaus - ein Rat an die Führungsorgane), *ZGGG*, 1985, No.4, pp.2-3.

[260] Chen Guangshan 陈光山: "Yi ge zhide zhuyi de wenti" 一个值得注意的问题 (Ein Problem, das der Beachtung bedarf), *ZGGG*, 1985, No.4, p.8.

[261] Chen Xueli 陈学礼: "Yu guanli yu fuwu zhi zhong" 寓管理于服务之中 (Kontrolle in den Dienst mit einbeziehen), *ZGGG*, 1985, No.4, p.7.

## Wachstum

Trotz der von behördlicher Seite ergriffenen Maßnahme einer neuerlichen Überprüfung der Werbeeinheiten setzte sich das Wachstum der Werbebranche auch im Jahr 1985 noch fast ungebremst fort. Die Zahl der registrierten Werbeeinheiten war zum Jahresende auf insgesamt 6.034, der Jahresgesamtumsatz auf 605 Mio. Yuan gestiegen, und die Beschäftigtenzahl in der Werbung betrug jetzt 63.800.[262]

## 1986

Die in dem Zirkular des Staatsratsamtes geforderte Ausrichtungsbewegung in der Werbung nahm erst mit dem Beginn des Jahres 1986 konkretere Gestalt an. Das Staatliche Industrie- und Handelsverwaltungsamt gab im Januar Anweisungen heraus, sich bei der Überprüfung auf falsche Werbung zu konzentrieren, aber auch alle Werbeeinheiten nochmals einer umfassenden Kontrolle zu unterziehen.[263] Die Darstellung des Ablaufes bleibt auch für die Ausrichtungsbewegung 1985/86 insgesamt ziemlich vage,[264] doch gibt es Berichte über Maßnahmen und Ergebnisse in einigen Provinzen und Städten. Aus Sichuan beispielsweise wird gemeldet, bei der Überprüfung habe sich herausgestellt, daß 133 Einheiten und Einzelpersonen ohne Genehmigung Werbeaufträge ausführten, und unter den seit 1985 publizierten über 145.000 Annoncen usw. seien 145 irreführende oder ungesetzliche entdeckt worden. Außerdem habe man in Chengdu eine schriftliche Prüfung über die Werbegesetze mit den Werbefachleuten abgehalten.[265] Vom

---

[262] Siehe dazu die Schautafel in [o.Verf.:] "Guanggao jingying jiegou", p.21; und die Tabellen im Anhang dieser Arbeit.

[263] [o.Verf.:] "Jianguo yilai guanggaoye fazhan gaikuang", p.15 gibt den Namen des entsprechenden Dokumentes an mit "Einige Ansichten zur Überprüfung der Werbepropaganda und zur Ausrichtung der Werbegeschäfte" ("Guanyu qingli guanggao xuanchuan, zhengdun guanggao jingying de jidian yijian" 关于清理广告宣传，整顿广告经营的几点意见). Siehe auch [o.Verf.:] "Da shi jiyao", p.153.

[264] In [o.Verf.:] "Jianguo yilai guanggaoye fazhan gaikuang", p.15 wird besonders betont, daß bei dieser Ausrichtung an vielen Orten die verantwortlichen Genossen aus den Parteikomitees und Regierungen sowie von den Abteilungen des Rundfunk- und Fernsehministeriums und der Xinhua-Agentur *persönlich* die Überprüfung in die Hand genommen hätten.

[265] Diese Beispiele finden sich in Liu Limin 刘立民: "Quanguo zhengdun guanggao jingying gongzuo xiaoguo hao" 全国整顿广告经营工作效果好

Industrie- und Handelsverwaltungsamt der Stadt Harbin wird berichtet, man habe dort unter anderem ein System der Registrierung und Prüfung von Werbeinhalten und der Archivierung jeder publizierten Werbung eingeführt.[266] Das Industrie- und Handelsverwaltungsamt und der Werbeverband von Tianjin legten fest, daß in jeder Werbung der Warenpreis angegeben werden müsse.[267] Um Kenntnisse über die Werbegesetzgebung Chinas und über das Vorgehen bei Verstößen einer größeren Öffentlichkeit nahezubringen, befaßte sich die *RMRB* vom 17. März 1986 in der Rubrik "Aus dem Rechtssystem" ausschließlich mit dem Thema Werbung.[268]

Neben einem Artikel, in dem die Leiterin der Werbeabteilung des Staatlichen Industrie- und Handelsverwaltungsamtes auf Inhalte und Maßnahmen der Ausrichtungsbewegung in der Werbung mit vorwiegend allgemein gehaltenen Formulierungen und Appellen eingeht,[269] erschienen in der Zeitschrift *Zhongguo Guanggao* auch Beiträge konkreteren Inhalts, beispielsweise über die verschiedenen Möglichkeiten illegaler Einkünfte im Bereich der Werbung.[270] Ein Artikel stellt die betrügerischen Machenschaften einer Werbefirma in Ningbo und eines

---

(Das Ergebnis der landesweiten Arbeit mit der Ausrichtung des Werbegeschäftes ist gut), *ZGGGB*, 12.12.1986, p.3.

[266] Ebenda.

[267] Siehe Meng Zijun 孟子君: "Tianjin mingwen guiding guanggao xu biaojia, pianren yao shoufa" 天津明文规定广告须标价，骗人要受罚 (Tianjin legt schriftlich fest, Werbung muß den [Waren]preis angeben, Betrug wird bestraft), *RMRB*, 13.8.1986, p.1.

[268] Siehe *RMRB*, 17.3.1986, p.4. Hier wurde der schon oben erwähnte Artikel von Zhou Wen: "Weifa jingying guanggao san li" publiziert, weitere Beiträge sind Wu Feng 吴锋: "Jie guanggao xing pian fawang nantao 借广告行骗法网难逃 (Betrug durch Werbung kann nicht durch die Maschen des Gesetzes schlüpfen); Cong Ning 丛宁: "Ruci «guanggao zhuanjia»" 如此 «广告专家» (Solch ein 'Werbefachmann'); Ning Wen 宁雯: "Guanggao zhong de falü wenti" 广告中的法律问题 (Juristische Fragen in der Werbung).

[269] Siehe Jin Guiqi 金瑰琪: "Renzhen zuohao guanggao xuanchuan de qingli, zhengdun gongzuo" 认真做好广告宣传的清理，整顿工作 (Die Säuberungs- und Ausrichtungsarbeit der Werbepropaganda gewissenhaft erledigen), *ZGGG*, 1986, No.1, pp.2-3.

[270] Ping Bao 平葆: "Guanggaofei li huayang duo" 广告费里花样多 (Die Tricks bei Werbegebühren sind vielfältig), *ZGGG*, 1986, No.1, p.17.

ihrer Mitarbeiter dar,[271] ein weiterer geht auf die Ursachen dieses Falles und die daraus zu ziehenden Konsequenzen ein.[272] Thematisiert wurden in *Zhongguo Guanggao* auch die existierenden Bestimmungen im Bereich Werbung und die rechtliche Verantwortung bei Verstößen.[273]

Die vorhandenen Werbebestimmungen wurden gegen Ende des Jahres weiter ergänzt, und zwar durch ein "Zirkular des Staatlichen Industrie- und Handelsverwaltungsamtes über die Zuständigkeit für die Genehmigung zur Einrichtung ständiger Niederlassungen ausländischer Werbeunternehmen"[274] vom 7. Oktober, "Einige Ansichten des Staatlichen Industrie- und Handelsverwaltungsamtes zur Werbepropaganda in den Wirtschaftssonderzonen"[275] vom 18. November und

---

[271] Die Werbefirma hatte z.B. Miete für Werbetafeln, die nie aufgestellt wurden, kassiert u.ä. Siehe Fu Bocan 符柏灿: "Cong chachu anjian zhong faxian de" 从查处案件中发现的 (Bei der Untersuchung und Regelung eines Rechtsfalles entdeckt), *ZGGG*, 1986, No.1, pp.17-18; und Bai Shan 白山: "Jingti, guanggaojie de bufa fenzi" 警惕, 广告界的不法分子 (Achtung, gesetzwidriges Element in Werbekreisen), *ZGGG*, 1986, No.1, pp.18-19. In der darauffolgenden Ausgabe der *ZGGG* wurde über die verstärkte Kontrolle der Werbung in Ningbo berichtet, siehe Li Zhonghui 厉忠辉: "Ningbo-shi jiaqiangle guanggao guanli gongzuo" 宁波市加强了广告管理工作 (Die Stadt Ningbo verstärkte die Arbeit der Werbekontrolle), *ZGGG*, 1986, No.2, p.8.

[272] [Benkan pinglunyuan 本刊评论员:] "Fa ren shen xing" 发人深省 (Nachdenklich stimmend), *ZGGG*, 1986, No.1, pp.16-17.

[273] Siehe Liu Linqing 刘林清: "Weifa guanggao xingwei ji ying fu de falü zeren" 违法广告行为及应负的法律责任 (Ungesetzliches Werbeverhalten und die [dafür] zu tragende gesetzliche Verantwortung), *ZGGG*, 1986, No.3, pp.13-14; und Dou Jiayu 窦家喻: "Lüe lun wo guo guanggao de xingzheng guanli" 略论我国广告的行政管理 (Kurze Darstellung der chinesischen Werbeadministration), Teil 1: *ZGGG*, 1986, No.3, pp.6-8, und Teil 2: *ZGGG*, No.4, pp.3-5.

[274] "Guojia Gong-Shang Xingzheng Guanli Ju guanyu waiguo guanggao qiye sheli changzhu daibiao jigou pizhun quanxian de tongzhi" 国家工商行政管理局关于外国广告企业设立常驻代表机构批准权限的通知, *ZGGGNJ*, p.68.

[275] "Guojia Gong-Shang Xingzheng Guanli Ju guanyu jingji tequ guanggao xuanchuan de jidian yijian" 国家工商行政管理局关于经济特区广告宣传的几点意见, *ZGGGNJ*, pp.68-69.

Regelungen für die Werbung bei Sportveranstaltungen.[276] Die Werbeabteilung des Staatlichen Industrie- und Handelsverwaltungsamtes berief in Anhui eine Besprechung ein, auf der Vertreter aus den Provinzen und Großstädten von den Erfahrungen und Ergebnissen der Überprüfung und Ausrichtung in der Werbung berichteten.[277]

Erstmals verurteilte ein chinesisches Gericht auf der Basis der "Vorläufigen Bestimmungen zur Regelung der Werbung" eine Fabrik für Isoliermaterial in Wuxi zur Zahlung von Schadenersatz. Im Dezember 1983 hatte in der Petrochemischen Fabrik Shanghai das von der Fabrik in Wuxi gelieferte Isoliermaterial Feuer gefangen, obwohl es als "nicht entflammbar" angepriesen worden war. Gegen die Entscheidung des Intermediären Volksgerichtshofes von Shanghai, 35.000 Yuan Schadenersatz zu zahlen, hatte der Hersteller des Isoliermaterials Berufung eingelegt, das Urteil wurde jedoch in zweiter Instanz bestätigt.[278] Der Bericht über diese Gerichtsentscheidung in der *RMRB* kann als Signal für Hersteller und Werbeeinheiten verstanden werden, die gesetzlichen Bestimmungen über irreführende Werbung auch ernstzunehmen.

*Internationale Kontakte*

Chinesische Delegationen nahmen auch im Jahr 1986 wieder an mehreren großen internationalen Werbekonferenzen teil und bauten die im Vorjahr geknüpften

---

[276] "Guojia Gong-Shang Xingzheng Guanli Ju, Guojia Tiyu Yundong Weiyuanhui guanyu jiaqiang tiyu guanggao guanli de zanxing guiding" 国家工商行政管理局,国家体育运动委员会关于加强体育广告管理的暂行规定 (Vorläufige Bestimmungen des Staatlichen Industrie- und Handelsverwaltungsamtes und der Staatlichen Sportkommission zur Verstärkung der Kontrolle der Sportwerbung), *ZGGGNJ*, pp.69.

[277] Nach [o.Verf.:] "1986 nian guanggao dashiji" 1986 年广告大事记 (Chronik wichtiger Ereignisse in der Werbung im Jahr 1986), Teil 1: *ZGGG*, 1987, No.3, pp.46-47, und Teil 2: *ZGGG*, 1987, No.4, pp.46-47, hier: Teil 2, p.47 fand diese Besprechung Ende November statt. [O.Verf.:] "Da shi jiyao", p.154 gibt als Datum dagegen den 28. Oktober bis 3. November an.

[278] Siehe dazu Wu Fumin 吴复民: "Guanggao shishi zhishi taren shouhai, Wuxi yi chang peichang bufen sunshi" 广告失实致使他人受害,无锡一厂赔偿部分损失 (Werbung widerspricht den Tatsachen und führt zum Schaden Dritter, Fabrik in Wuxi kommt für einen Teil der Verluste auf), *RMRB*, 17.10.1986, p.4; und [Erhard Louven:] "Erster erfolgreicher Prozeß gegen

Kontakte weiter aus. Eine Abordnung unter der Leitung des neuen Präsidenten des Chinesischen Werbeverbandes Fei Kailong und des Präsidenten des Chinesischen Werbeverbandes für Außenhandel Xu Xin 徐信 reiste im Mai in die USA, um verschiedene Werbeagenturen in New York und Chicago zu besuchen[279] und am 30. Weltkongreß der Werbung teilzunehmen, der vom 27. bis 30. Mai in Chicago stattfand. Bei dieser Konferenz verhandelte Fei Kailong mit dem Internationalen Werbeverband über den Beitritt Chinas, und in New York wurde am 3. Juni eine Vereinbarung mit dem Internationalen Werbeverband unterzeichnet, die festlegte, daß China im Internationalen Werbeverband nur von der Volksrepublik China repräsentiert werde und Taiwan in der Mitgliederliste als "China, Taiwan" zu führen sei.[280]

Außerdem nahm eine chinesische Gruppe, welcher der Vizepräsident des Chinesischen Werbeverbandes Zhao Guihong vorstand, im Juni am 5. Weltkongreß der Außenwerbung in Paris teil und hielt sich im Anschluß an die Konferenz noch einige Tage in Paris auf, um verschiedene Werbeagenturen und Medien zu besichtigen.[281] China folgte im Juli auch der Einladung zur 15. Versammlung der asiatischen Werbung in Bangkok und brachte die Absicht zum Ausdruck, auch der Union der asiatischen Werbeverbände beizutreten.[282]

---

falsche Werbung und fehlerhafte Produkte", *Ca*, Oktober 1986, p.646 (Ü 41).

[279] Siehe [o.Verf.:] "Zhongguo guanggao daibiaotuan kaocha Meiguo guanggaoye" 中国广告代表团考察美国广告业 (Chinesische Werbedelegation erkundet vor Ort die US-Werbeindustrie), *ZGGGNJ*, pp.99-101.

[280] Siehe dazu [o.Verf.:] "1986 nian guanggao dashiji", Teil 1, p.47; und [o.Verf.:] "Zhongguo guanggao daibiaotuan canjia di 30 jie shijie guanggao huiyi" 中国广告代表团参加第30届世界广告会议 (Chinesische Werbedelegation nimmt am 30. Weltkongreß der Werbung teil), *ZGGGNJ*, p.98.

[281] Siehe [o.Verf.:] "Zhongguo guanggao daibiaotuan canjia diwu jie shijie huwai guanggao huiyi" 中国广告代表团参加第五届世界户外广告会议 (Chinesische Werbedelegation nimmt am 5. Weltkongreß für Außenwerbung teil), *ZGGGNJ*, pp.101-103.

[282] Siehe [o.Verf.:] "Zhongguo guanggao daibiaotuan canjia di 15 jie Yazhou guanggao huiyi" 中国广告代表团参加第15届亚洲广告大会 (Chinesische Werbedelegation nimmt an der 15. Versammlung der asiatischen Werbung teil), *ZGGGNJ*, p.103. [O.Verf.:] "Da shi jiyao", p.153 führt diese Konferenz irrtümlich unter dem Jahr 1985 (Juni) auf.

*Verbandsaktivitäten*

Eine neue Ausbildungsmöglichkeit wurde mit dem Institut für Fernstudien der Chinesischen Werbung (Zhongguo Guanggao Hanshou Xueyuan 中国广告函授学院) geschaffen, das vom Chinesischen Werbeverband mitgetragen wird und im Februar 1986 den Unterricht aufnahm. Fast 5.000 Teilnehmer hatten sich für das Studium eingeschrieben.[283] Die Ausbildung ist auf drei Jahre festgesetzt und umfaßt neben Geschichte der Werbung, Prinzipien der Marktlehre, Werbepsychologie und anderen direkt fachbezogenen Bereichen auch politische Ökonomie, marxistische Philosophie u.a.m. Nach jedem Semester findet eine Prüfung statt.[284]

Die Arbeit des Chinesischen Werbeverbandes stand natürlich zum Teil ebenfalls im Zeichen der Säuberung der Werbung. Bei einer Vorstandssitzung der Vereinigung im Februar 1986 bildete das Zirkular des Staatsratsamtes einen der wichtigsten Tagesordnungspunkte.[285] Daneben hielten die Fachausschüsse des Verbandes aber auch ihre nun schon zur Routine gewordenen Konferenzen und Preisverleihungen ab. Im August fand in Xianyang (Provinz Shaanxi) wieder ein nationales wissenschaftliches Symposium der Werbung statt, bei dem das Thema der Werbeplanung und des umfassenden Service von Werbefirmen für ihre Kunden im Vordergrund stand.[286] An einer ersten nationalen Diskussionsveranstaltung zur Theorie der Zeitungswerbung, die vom Ausschuß für Zeitungswerbung des Chinesischen Werbeverbandes in Anhui veranstaltet wurde, beteiligten sich Vertreter der Nachrichtenagentur Xinhua und der größten chinesischen Tageszeitungen.[287]

---

[283] Siehe [o.Verf.:] "Da shi jiyao", p.153; [o.Verf.:] "1986 nian guanggao dashiji", Teil 1, p.46. Mit der Einschreibung von Teilnehmern war bereits im September 1985 begonnen worden, siehe [o.Verf.:] "1985 nian guanggao dashiji", Teil 2, p.48. In der *GMRB* war am 21.12.1985 eine Annonce erschienen, die für die Kurse warb, die Teilnahmegebühr für zwei Semester ist darin mit sechzig Yuan angegeben.

[284] Siehe [o.Verf.:] "Guanggao zhuanye jiaoyu", p.40.

[285] Diese Konferenz fand in Beijing statt. Siehe dazu [o.Verf.:] "Da shi jiyao", p.153; [o.Verf.:] "1986 nian guanggao dashiji", Teil 1, p.46; und [o.Verf.:] "Tigao guanggao xuanchuan jingji xiaoyi he shehui xiaoyi" 提高广告宣传经济效益和社会效益 (Die ökonomische und die gesellschaftliche Effizienz der Werbepropaganda erhöhen), *RMRB*, 23.2.1986, p.2.

[286] Siehe [o.Verf.:] "Quanguo guanggao xueshu taolunhui jianjie", p.178.

[287] Laut *GMRB* fand dieses Symposium vom 22. bis 25. Oktober statt, siehe Xu Naikuan 许乃宽 und Xuan Fenghua 宣奉华: "Jianchi baozhi guanggao

Zum Jahresende hielt der Chinesische Werbeverband seine zweite Mitgliedsvollversammlung in Beijing ab, auf der Jin Guiqi als Vizepräsidentin und Generalsekretärin einen Bericht über die bisherige und zukünftige Arbeit des Verbandes gab.[288] Die Versammlung verabschiedete ein neues Verbandsstatut und bildete einen neuen Vorstand. Zum neuen Verbandspräsidenten wurde Tian Shuqian 田树千, der stellvertretende Leiter des Staatlichen Industrie- und Handelsverwaltungsamtes, gewählt.[289] Diese Veranstaltung machte Schlagzeilen, aber nicht, weil sie besonders wegweisende Beschlüsse über die Zukunft der Werbung in China gefaßt hätte, sondern weil der Verband selbst zur Finanzierung des Ereignisses auf die Methode der "Unterstützungswerbung" zurückgegriffen und es geschafft hatte, in den fünf Tagen der Konferenz 400.000 Yuan auszugeben. Das Ausmaß der dabei getriebenen Verschwendung - aufwendige Mahlzeiten während der Versammlung, Festbankette und Geschenke an alle Teilnehmer und alle Mitarbeiter der Werbeabteilung - wurde, allerdings erst Monate später, in der *RMRB* ausführlich beschrieben.[290] Über die Herkunft der Gelder heißt es dort:

---

de zhenshixing fuwuxing" 坚持报纸广告的真实性服务性 (Am Wahrheits- und Dienstcharakter der Zeitungswerbung festhalten), *GMRB*, 27.10.1986, p.1. Einige Tage später erschien in der *GMRB* ein zweiter Artikel über die Veranstaltung: Lin Guodong 林国栋 und Zhou Lianqi 周连启: "Jianli juyou Zhongguo tese de guanggao lilun tixi" 建立具有中国特色的广告理论体系 (Ein System der Werbetheorie chinesischer Prägung aufbauen), *GMRB*, 3.11.1986, p.2. [O.Verf.:] "1986 nian guanggao dashiji", Teil 2, p.47 gibt als Datum der Konferenz Mitte November an.

288   Der Teil des Berichtes, der sich mit der geleisteten Verbandsarbeit beschäftigt, ist abgedruckt in [Jin Guiqi 金瑰琪:] "Zhongguo Guanggao Xiehui gongzuo baogao (zhaiyao)" 中国广告协会工作报告 (摘要) (Arbeitsbericht des Chinesischen Werbeverbandes [Auszug]), *ZGGGB*, 9.1.1987, p.3.

289   Siehe [o.Verf.:] "1986 nian guanggao dashiji", Teil 2, p.47; und [o.Verf.:] "Da shi jiyao", p.154. Siehe dazu auch [o.Verf.:] "Zhongguo Guanggao Xiehui zhangcheng (1986 nian 12 yue)" 中国广告协会章程 (1986 年 12 月) (Statut des Chinesischen Werbeverbandes [Dezember 1986]), *ZGGGNJ*, pp.161-163; und [o.Verf.:] "Zhongguo Guanggao Xiehui lingdao jigou" 中国广告协会领导机构 (Führungsgremium des Chinesischen Werbeverbandes [1986]), *ZGGGNJ*, pp.163-164.

290   Siehe [o.Verf.:] "Zhongguo Guanggao Xiehui kaihui 5 tian huihuo 40 wan" 中国广告协会开会5天挥霍40万 (Chinesischer Werbeverband verschwendet bei einer fünftägigen Versammlung 400.000 [Yuan]), *RMRB*, 15.8.1987, p.1.

Die Kosten für diese Konferenz wurden in toto von über 190 Unternehmenseinheiten getragen. Insgesamt wurde sie mit einigen hunderttausend Yuan unterstützt. Die Einheiten, die man zur Unterstützung aufforderte, taten dies zwar keineswegs bereitwillig, aber sie überlegten, daß der Werbeverband und besonders das hinter ihm stehende Staatliche Industrie- und Handelsverwaltungsamt eine mächtige Einheit ist, bei der man keinen Anstoß erregen darf, und deshalb blieb nichts anderes übrig als den Geldbeutel zu öffnen. Ein Teil der Sponsoreinheiten wurde als "Sonderdelegierte" eingeladen, an der Konferenz teilzunehmen. Der Zweck der Versammlung war keineswegs, wie es ursprünglich geheißen hatte, hauptsächlich die Effizienz der Werbung zu erhöhen, sondern die Führungsschicht des Chinesischen Werbeverbandes neu zu wählen. [...] Die Sonderdelegierten waren über den Aufwand und die Verschwendung bei der Konferenz äußerst verärgert.[291]

Der Artikel schließt ab mit der Bemerkung, der Chinesische Werbeverband sei schon nach der Gründungsversammlung Ende 1983 von den zuständigen Stellen aus ähnlichen Gründen kritisiert worden. In einem zusätzlichen Kommentar der *RMRB* zu diesem Bericht wird vor allem die Rolle kritisiert, die führende Kader des Staatlichen Industrie- und Handelsverwaltungsamtes bei dieser Affäre gespielt hatten.[292] In derselben Ausgabe der *RMRB* beschäftigt sich noch ein weiterer Artikel mit dem Fall des Chinesischen Werbeverbandes. Darin wird auch auf die Umstände der Versammlung Ende 1983 detailliert eingegangen und am Ende erklärt, die zuständigen Stellen des Staatsrates hätten die *RMRB* aufgefordert, diese Affäre an die Öffentlichkeit zu bringen, um anderen Einheiten und Einrichtungen als Lehre zu dienen.[293]

*Wachstum*

Trotz der Überprüfung und Ausrichtung lag sowohl die Zahl der registrierten Werbeeinheiten mit insgesamt 6944 als auch der Jahresumsatz in der Werbung mit 844 Mio. Yuan im Jahr 1986 wieder deutlich höher als im Jahr zuvor, und die

---

[291] Ebenda.

[292] Siehe [Benbao pinglunyuan 本报评论员:] "Yi ge huai dianxing" 一个坏典型 (Ein schlechtes Vorbild), *RMRB*, 15.8.1987, p.1

[293] Siehe Liu Guosheng 刘国胜 und Wang Yongming 王永明: "Guanmian tanghuang de «zanzhu» beihou" 冠冕堂皇的《赞助》背后 (Hinter der wohlklingenden 'Unterstützung'), *RMRB*, 15.8.1987, p.5.

Beschäftigtenzahl stieg auf 81.100 an.[294] Die Zahl der Zeitungen und Zeitschriften, die eine Werbegenehmigung erhielten, wuchs allerdings nicht mehr in dem Maße wie im Vorjahr.[295] Eine Ausnahme vom fortgesetzten Wachstumstrend der Werbebranche bilden die Werbefirmen, die zum Jahresende 1986 erstmalig seit 1979 einen leichten Rückgang von 680 auf 634 zu verzeichnen hatten.[296]

## Rückblick auf die Jahre 1983 bis 1986

Die Jahre, die auf die Verkündung der "VB" und die erste Ausrichtung folgten, sind vor allem durch hohe jährliche Zuwachsraten in der Werbung und durch einen regen organisatorischen Auf- und Ausbau der Werbebranche gekennzeichnet. Es wurden mehr und neue Ausbildungsmöglichkeiten für Werbefachleute geschaffen und Kontakte auf internationaler Ebene angeknüpft. Die Zirkulare und Bestimmungen zur Werbung für einzelne Produktgruppen und zu bestimmten Geschäftsmethoden in der Werbebranche, welche vom Staatlichen Industrie- und Handelsverwaltungsamt und von den jeweils zuständigen Ministerien und Kommissionen erlassen wurden, sind aber auch ein Beweis dafür, daß der starke Aufschwung der Werbebranche und die Zunahme des Werbeaufkommens nicht nur Positives mit sich brachten. Offenbar sahen viele Einheiten und Einzelpersonen in der Werbung einen bequemen Weg zum schnellen Reichtum, den sie ohne Rücksicht auf die betrogenen Konsumenten einschlugen. So müssen die Säuberungs- und Ausrichtungsaktionen, mit denen man versuchte, illegale Geschäftspraktiken einzudämmen, mindestens ebenso zum "Alltag" in der Werbung gerechnet werden wie die Konferenzen, Ausstellungen und Preisverleihungen, die im Laufe der Jahre veranstaltet wurden.

Daß man versuchte, die Werbebranche und die Werbetätigkeit in die jeweiligen wirtschaftlichen und politischen Konzeptionen und Zielsetzungen, die von Partei und Regierung vorgegeben wurden, einzubinden, zeigt sich in den zahlreichen Publikationen, die aktuelle Schlagworte oder Kernsätze aus offiziellen Dokumenten aufgreifen und deren Konsequenzen für die Entwicklung der chinesischen Werbung darlegen. Mit der Gründung eines Verbandes, der die gesamte Werbebranche einschloß, war auch die Möglichkeit einer direkteren und umfassenderen Einflußnahme auf die Werbeeinheiten von seiten der Administration geschaffen worden.

---

[294] Siehe [o.Verf.:] "Guanggao jingying jiegou", p.21.

[295] Siehe [o.Verf.:] "Guanggao jingying jiegou", pp.28-29.

[296] Siehe [o.Verf.:] "Guanggao jingying jiegou", p.22.

## 1.2.5. 1987: Der Werbekongreß der Dritten Welt und die "Bestimmungen zur Regelung der Werbung"

*Internationale und innerchinesische Ereignisse*

Im ersten Halbjahr 1987 waren es vor allem Aktivitäten auf internationaler Ebene, welche die Werbeverbände Chinas beschäftigten. Die Präsidenten beider Verbände, Tian Shuqian und Xu Xin, leiteten eine Delegation, die auf besondere Einladung im Februar an der arabischen Werbekonferenz in Kairo teilnahm.[297] Am 12. Mai wurde eine chinesische Zweigstelle des Internationalen Werbeverbandes in Beijing gegründet, dessen erster Präsident Tian Shuqian wurde.[298] Die offizielle Aufnahme Chinas in den Internationalen Werbeverband erfolgte am 15. Juni.[299] Am selben Tag trat China auch der Asiatischen Werbevereinigung bei; Vorsitzender des chinesischen Komitees, das zu diesem Zweck gebildet wurde, wurde Xu Xin.[300]

Das eigentliche Großereignis für die chinesische Werbewelt im Jahre 1987, das auch bei den verschiedenen Zusammenkünften des Chinesischen Werbeverbandes zu Beginn des Jahres im Vordergrund stand,[301] war der Werbekongreß der Dritten Welt, der vom 16. bis 20. Juni in der Halle des Volkes in Beijing stattfand. Das

---

[297] Siehe [o.Verf.:] "Da shi jiyao", p.154; [o.Verf.:] "1987 nian guanggao dashiji" 1987 年广告大事记 (Chronik der wichtigen Ereignisse in der Werbung im Jahr 1987), Teil 1: *ZGGG*, 1988, No.3, pp.45-46, hier: p.45; und [o.Verf.:] "Zhongguo guanggao daibiaotuan canjia Alabo guanggao dahui" 中国广告代表团参加阿拉伯广告大会 (Chinesische Werbedelegation nimmt an der arabischen Werbeversammlung teil), *ZGGGNJ*, p.104.

[298] Siehe [o.Verf.:] "1987 nian guanggao dashiji", Teil 1, p.46; und Yao Jianguo: "Chinas Beitritt zum Internationalen Werbeverband", *BRu*, No.30 (28. Juli 1987), p.30. Vizepräsident wurde einer der Vizepräsidenten des Chinesischen Außenhandelswerbeverbandes, auch in diesem Fall sind also wieder beide chinesischen Verbände vertreten.

[299] Siehe [o.Verf.:] "Guoji Guanggao Xiehui jiena wo wei huiyuanguo" 国际广告协会接纳我为会员国 (Internationaler Werbeverband nimmt uns als Mitgliedsland auf), *RMRB*, 16.6.1987, p.2.

[300] Siehe [o.Verf.:] "1987 nian guanggao dashiji", Teil 1, p.46; und [o.Verf.:] "Da shi jiyao", p.155.

[301] Am 23.1.1987 fand eine Versammlung der Verbandspräsidenten, am 5. März der Generalsekretäre des Verbandes statt. Siehe [o.Verf.:] "1987 nian guanggao dashiji", Teil 1, p.45.

Vorhaben, zum ersten Mal eine internationale Werbekonferenz in der VR China abzuhalten, war bereits im Oktober 1985 angebahnt worden, als eine Delegation des Chinesischen Werbeverbandes für Außenhandel nach England und Frankreich gereist war und bei dieser Gelegenheit mit der englischen Zeitschrift *South* über die gemeinsame Durchführung des Kongresses verhandelt hatte.[302] Einen Monat später war dann in Beijing eine Vereinbarung zwischen *South* und dem Außenhandelswerbeverband unterzeichnet worden.[303] Bei der Unterzeichnung war der stellvertretende Ministerpräsident Li Peng anwesend, Ministerpräsident Zhao Ziyang übersandte einige Grußworte.[304] Anfang April 1987 hielt der Präsident des Chinesischen Außenhandelswerbeverbandes eine Pressekonferenz ab, auf der er bekanntgab, welche Einheiten mit den Vorbereitungen für den Kongreß betraut seien und daß durch Anmeldungen bereits jetzt die ursprünglich festgesetzte Zahl chinesischer Teilnehmer überschritten sei.[305] Die Zeitschrift *Zhongguo Guanggao*

---

[302] Siehe [o.Verf.:] "Da shi jiyao", p.153.

[303] Siehe ebenda; und [o.Verf.:] "Guanyu juban «Disan shijie guanggao dahui» de xieyi zai Beijing qianding" 关于举办 «第三世界广告大会» 的协议在北京签订 (Abkommen zur Durchführung des 'Werbekongresses der Dritten Welt' in Beijing unterzeichnet"), ZGGGNJ, p.97.

[304] Diese Tatsache wird in den chinesischen Darstellungen besonders hervorgehoben, um die Unterstützung und Beachtung, welche der Kongreß von seiten der chinesischen Regierung erfuhr, zu demonstrieren. Siehe z.B. [o.Verf.:] "Guanggao guanli" 广告管理 (Über Werbung), *Zhongguo shangye nianjian 1988* 中国商业年鉴 1988 (Jahrbuch des chinesischen Handels 1988), hg. von «Zhongguo shangye nianjian» bianji weiyuanhui «中国商业年鉴» 编辑委员会 [Redaktionskomitee des "Jahrbuchs des chinesischen Handels"], Beijing: Zhongguo shangye chubanshe, 1988, pp.148-151, hier, p.149; und [Benkan jizhe 本刊记者:] "Disan shijie guanggao dahui jiang zai wo guo zhaokai" 第三世界广告大会将在我国召开 ([Reporter dieser Zeitschrift:] Der Werbekongreß der Dritten Welt wird in China stattfinden), ZGGG, 1987, No.2, p.3.

[305] [O.Verf.:] "Disan shijie guanggao dahui jiang zai Beijing juxing" 第三世界广告大会将在北京举行 (Der Werbekongreß der Dritten Welt wird in Beijing stattfinden), ZGGGB, 14.4.1987, p.1. In diesem Artikel wird auch der Herausgeber der Zeitschrift *South*, H.A. Gauhar, zitiert, der die internationale Reaktion auf den Kongreß als sehr zufriedenstellend bezeichnete, da Regierungsdelegationen aus einigen Ländern der Dritten Welt und alle großen Werbeagenturen der Welt ihre Teilnahme zugesichert hätten. Auch die *RMRB* berichtete Anfang April über den Kongreß, siehe [o.Verf.:] "Disan shijie guanggao hui liuyue zai Beijing juxing" 第三世界广告会六月

veröffentlichte ein Interview mit der Vizepräsidentin und Generalsekretärin des Chinesischen Werbeverbandes, in dem diese die Themen des Kongresses umreißt. Man werde diskutieren, so kündigte Jin Guiqi an, wie die fortschrittlichen Werbe-, Absatz- und Informationstechniken der USA, Japans und Europas am effektivsten eingesetzt werden können, um die Bedürfnisse der Entwicklungsländer zu erfüllen, wie China mit ausländischen Werbe-, Absatz-, Medien- und Kommunikationseinrichtungen Kontakte aufbauen könne und schließlich, wie die chinesische Werbeindustrie zur Förderung des Außenhandels beitrage.[306]

Bei der Eröffnungsfeier des Kongresses hielt der stellvertretende Ministerpräsident Wan Li eine Rede, in der er vor allem die Bedeutung des Kongresses im Hinblick auf den Nord-Süd-Dialog und die Süd-Süd-Kooperation unterstrich.[307] Unter der übergreifenden Themenstellung der Konferenz - "Die Rolle der Werbung bei der Förderung der Wirtschaftsentwicklung entfalten" - fand auch ein spezieller "chinesischer Tag" statt,[308] auf dem Vertreter von Regierungsbehörden, der beiden chinesischen Werbeverbände, Medien, Werbefirmen usw. Vorträge über die chinesische Wirtschaftsentwicklung allgemein sowie über Organisation und Entwicklung des chinesischen Werbewesens hielten.[309] Die *RMRB* berichtete aus

---

在北京举行 (Der Werbekongreß der Dritten Welt findet im Juni in Beijing statt), *RMRB*, 9.4.1987, p.3.

[306] Siehe [Benkan jizhe:] "Disan shijie guanggao dahui jiang zai wo guo zhaokai", p.3.

[307] Siehe [Wan Li 万里:] "Wan Li dai zongli zai disan shijie guanggao dahui kaimushi shang de jianghua" 万里代总理在第三世界广告大会开幕式上的讲话 (Rede Wan Lis in Vertretung des Ministerpräsidenten auf der Eröffnungsfeier des Werbekongresses der Dritten Welt), *ZGGGNJ*, pp.110-111. Eine englische Fassung der Rede erschien in einer Sonderbeilage der *China Daily* zum Kongreß: [Wan Li:] "Advertising is essential - Wan", *China Daily* (The Third World Advertising Congress Supplement), 16.6.1987, p.1.

[308] An diesem Tag, so hebt ein Bericht in der *RMRB* hervor, habe Staatspräsident Li Xiannian durch sein persönliches Erscheinen einen Höhepunkt gesetzt. Siehe Liu Zhaoxiang 刘兆祥 und Zhu Mengkui 朱梦魁: "Guoji guanggaojie de shenghui" 国际广告界的盛会 (Bedeutendes Treffen der internationalen Werbewelt), *RMRB*, 22.6.1987, p.7.

[309] In diesen Vorträgen stehen natürlich positive Aspekte der ökonomischen Entwicklung, wie z.B. die Ausweitung des chinesischen Außenhandels oder auch das rasche Wachstum der Werbebranche seit 1979 im Vordergrund. Siehe z.B. Wang Pinqing 王品清: "Zhongguo duiwai maoyi de fazhan" 中

diesem Anlaß über den Stand des chinesischen Werbewesens[310] und gesondert über eine Diskussion, die der Zeitungsausschuß am 19. Juni im Rahmen des Kongresses abhielt.[311] Etwa fünfzehnhundert Personen, von denen siebenhundert ausländische Werbefirmen, Medien und Großunternehmen repräsentierten, nahmen an diesem Kongreß teil. Parallel fand in der Halle des Volkes eine "Ausstellung der Werbung und Medien 1987" statt, auf der die neuesten Werbetechniken gezeigt wurden. Der Bericht in der *RMRB* nach Abschluß der Großveranstaltung stellt das Interesse und die Anerkennung der ausländischen Teilnehmer für die chinesische Wirtschaftsreform und die erzielten Fortschritte in der Werbung in den Vordergrund. Der Herausgeber der Zeitschrift *South* wird mit der Bemerkung zitiert, die Durchführung des Kongresses in China sei von besonderer Bedeutung und zeige die Kontinuität, mit der China seine Öffnungspolitik durchführe, und die Entschlossenheit, mit der es durch die Verstärkung internationaler Wirtschaftskooperation die Modernisierung verwirkliche.[312]

Außer diesem großen Kongreß in Beijing, an dem sich natürlich auch Vertreter der Fachausschüsse des chinesischen Werbeverbandes mit Referaten beteiligten, fanden auch die Versammlungen und Preisverleihungen der einzelnen Komitees wie üblich statt.[313] Der Zeitungsausschuß des Chinesischen Werbeverbandes veranstaltete gemeinsam mit der Handelsakademie Beijing einen zweiwöchigen Kurs über

---

国对外贸易的发展 (Die Entwicklung des chinesischen Außenhandels), *ZGGGNJ*, pp.113-114; oder Jin Guiqi 金瑰琪: "Fazhan zhong de Zhongguo guanggao shiye" 发展中的中国广告事业 (Das chinesische Werbewesen in der Entwicklung), *ZGGGNJ*, pp.116-117. Von den insgesamt 131 auf dem Kongreß gehaltenen Vorträgen sind in *ZGGGNJ* 29 publiziert, darunter auch einige von ausländischen Teilnehmern.

310 Siehe Zhao Zhiwen 赵志文: "Wo guo guanggaoye huo kexi jinzhan" 我国广告业获可喜进展 (Die Werbeindustrie unseres Landes hat erfreuliche Fortschritte gemacht), *RMRB*, 17.6.1987, p.2.

311 Siehe [o.Verf.:] "Wo guo guanggao meijie zhong baozhi ju shouwei" 我国广告媒介中报纸居首位 (Unter den Werbemedien unseres Landes nehmen die Zeitungen den ersten Platz ein), *RMRB*, 20.6.1987, p.2. Die Überschrift des Artikels bezieht sich auf den Anteil der Zeitungen am Werbegesamtumsatz, der mit über 30% den der anderen Medien und auch der Werbefirmen übertrifft.

312 Siehe Liu Zhaoxiang und Zhu Mengkui: "Guoji guanggaojie de shenghui", p.7.

moderne Werbetheorie, und auch der Rundfunkausschuß und der Fernsehausschuß organisierten Fortbildungskurse in ihren jeweiligen Bereichen.[314] Bereits zu Beginn des Jahres 1987 faßten das Staatliche Industrie- und Handelsverwaltungsamt, der Chinesische Werbeverband, die "China Globe Advertising Corporation" (Zhongguo Huanqiu Guanggao Gongsi 中国环球广告公司)[315] und der Xinhua-Verlag den Beschluß, gemeinsam das erste Jahrbuch der chinesischen Werbung herauszugeben, und bildeten zu diesem Zweck ein Redaktionskomitee.[316] Weitere regionale Werbeverbände konstituierten sich in Guangxi-Zhuang, Beijing, Yunnan, Sichuan und Jiangsu.[317]

Im August fand wieder ein wissenschaftliches Symposium der Werbung in Changsha statt, bei dem u.a. auch der Wissenschaftsausschuß des Chinesischen Werbeverbandes offiziell gegründet wurde.[318] Eines der wesentlichen Themen der Konferenz war diesmal die Frage, wie sich die Beziehungen zwischen Werbefirmen, Medien und Auftraggebern der Werbung besser gestalten ließen. Dieser Frage waren auch mehrere Artikel gewidmet, die die Zeitschrift ZGGG seit Beginn des Jahres publiziert hatte.[319] Zwischen Werbefirmen und Medien war ein

---

[313] Der Rundfunkausschuß tagte Anfang März in Hangzhou, der Zeitungsausschuß Ende März in Chongqing. Im September und Oktober fanden weitere Konferenzen statt.

[314] Siehe [o.Verf.:] "Guanggao zhuanye jiaoyu", pp.41-42.

[315] Diese 1985 gegründete Firma war die erste in der VR China, die sich auf Public Relations spezialisierte. Siehe Scott D. Seligman: "Corporate and Product Promotion", p.12.

[316] Siehe dazu [o.Verf.:] "Da shi jiyao", p.154; [o.Verf.:] "1987 nian guanggao dashiji", Teil 1, p.45; und [o.Verf.:] "Wo guo shoubu guanggao nianjian jijiang chuban" 我国首部广告年鉴即将出版 (Das erste Jahrbuch der Werbung unseres Landes wird bald erscheinen), ZGGGB, 23.6.1987, p.1.

[317] Siehe dazu [o.Verf.:] "1987 nian guanggao dashiji", Teil 1, p.45; und Teil 2, ZGGG, 1988, No.1, pp.46-47. Zur Errichtung des Beijinger Werbeverbandes siehe auch Xiao Liu 筱流: "Beijing-shi guanggao xiehui chengli" 北京市广告协会成立 (Werbeverband der Stadt Beijing gegründet), RMRB, 6.7.1987, p.2.

[318] Siehe [o.Verf.:] "Quanguo guanggao xueshu taolunhui jianjie", p.178.

[319] Siehe z.B. [Benkan bianjibu:] "Guanggao zhuanye gongsi mianlin guannian shang de biange yu gengxin", ZGGG, 1987, No.1, pp.3-6; Chen Zhihong 陈志宏: "Shilun dailizhi de youyuexing" 试论代理制的优越性 (Zur Überlegenheit des Vertretungssystems), ZGGG, 1987, No.1, pp.15-16; Tang

Konflikt entstanden, der darauf beruhte, daß die Medien einen Großteil ihrer Werbeaufträge direkt von den Kunden einholten und selbständig abwickelten, ohne daß Werbefirmen bei diesen Geschäften als Mittler eingeschaltet wurden. Durch diese Situation fühlten sich die Werbefirmen zunehmend benachteiligt.[320]

Bei der Vorstandsversammlung des Chinesischen Werbeverbandes für außenwirtschaftliche Beziehungen und Handel im Dezember wurde beschlossen, im Jahr 1988 eine Ausstellung über Werbemedien und Werbeeinsatz zu veranstalten und im Jahr 1989 Werbefilme auszuzeichnen.[321]

*Neue Verordnungen und Gesetze*

Zu Beginn des Jahres 1987 gaben die zuständigen Stellen zunächst wieder einige Rundschreiben heraus. Am 9. März verschickte das Amt des Staatsrates ein Zirkular, mit dem den chinesischen Einheiten untersagt wurde, mit öffentlichen Mitteln Wandkalender drucken zu lassen und zu verschenken, denn dies stelle nicht nur eine Verschwendung von Papier und Geldern dar, sondern fördere auch ungute Sitten in der Gesellschaft.[322] Zu diesem Zirkular folgte im April noch eine zusätzliche Erklärung des Finanzministeriums, der Behörde für Presse- und Publikationswesen[323] und des Staatlichen Industrie- und Handelsverwaltungsamtes, die explizit ausführte, daß sich das Verbot auf Wand- und Tischkalender,

---

Zhongpu 唐忠朴: "Shilun wo guo guanggaoye fazhan de heli quxiang" 试论我国广告业发展的合理趋向 (Über die vernünftige Entwicklungsrichtung der chinesischen Werbeindustrie), *ZGGG*, 1987, No.2, pp.4-7. Dieser zuletzt genannte Artikel findet sich auch unter den Beiträgen zum Symposium in Changsha.

320 Diese Frage schwelte auch in der Folgezeit weiter. Siehe dazu im einzelnen 4.1. dieser Arbeit.

321 Siehe [o.Verf.:] "1987 nian guanggao dashiji", Teil 2, p.47.

322 Siehe "Guowuyuan Bangongting guanyu jianjue zhizhi guonei huzeng guali de tongzhi" 国务院办公厅关于坚决制止国内互赠挂历的通知 (Zirkular des Staatsratsamtes über die entschiedene Unterbindung des gegenseitigen Schenkens von Wandkalendern innerhalb Chinas), *ZGGGNJ*, p.70.

323 Diese Behörde, das Xinwen Chuban Shu 新闻出版署, war im Januar 1987 auf Beschluß des Staatsrates neu eingerichtet worden und mit größeren Kompetenzen ausgestattet als das bis dahin bestehende Staatliche Amt für Publikationswesen (Guojia Chuban Ju 国家出版局). Zum Hintergrund und den Aufgaben des Xinwen Chuban Shu siehe Brunhild Staiger: "Die neue Behörde für das Presse- und Publikationswesen", *Ca*, Juni 1987, pp.477-480.

auch solche mit aufgedruckter Werbung, beziehe.³²⁴ Außerdem wurden die geltenden Bestimmungen für die Medikamentenwerbung nochmals ergänzt durch das "Zirkular des Gesundheitsministeriums, des Staatlichen Industrie- und Handelsverwaltungsamtes, des Rundfunk-, Film- und Fernsehministeriums und der Behörde für Presse- und Publikationswesen zur weiteren Verstärkung der Kontrolle von Werbepropaganda für Arzneimittel"³²⁵, und am 1. Mai traten probeweise Vorschriften für Nahrungsmittelwerbung in Kraft, die mit einem entsprechenden Rundschreiben und Antragsformularen an die nachgeordneten Behörden weitergeleitet wurden.³²⁶ Die Werbeabteilung des Staatlichen Industrie- und Handelsverwaltungsamtes verschickte Formulare, mit denen die Registrierung von Werbeeinheiten, Anträge für Sponsorenwerbung usw. standardisiert werden sollten, und untersagte im September ausdrücklich, eigenmächtig im Namen Dritter Werbung zu treiben und in laufende Fernsehprogramme Werbeuntertitel oder -abbildungen einzublenden. Spezifische Anordnungen, die im Dezember erlassen wurden, bezogen sich auf die Werbung für medizinische Behandlungsgeräte und für Pestizide.³²⁷

Am 26. Oktober 1987 gab der Staatsrat die "Bestimmungen zur Regelung der Werbung" (im folgenden kurz: "Bestimmungen") bekannt, die am 1. Dezember in

---

324 Siehe "Caizhengbu, Xinwen Chuban Shu, Guojia Gong-Shang Xingzheng Guanli Ju guanyu guanche «Guowuyuan Bangongting guanyu jianjue zhizhi guonei huzeng guali de tongzhi» de yijian" 财政部, 新闻出版署, 国家工商行政管理局关于贯彻《国务院办公厅关于坚决制止国内互赠挂历的通知》的意见 (Ansichten des Finanzministeriums, der Behörde für Presse- und Publikationswesen und des Staatlichen Industrie- und Handelsverwaltungsamtes über die Durchführung des "Zirkulars des Staatsratsamtes zur entschiedenen Unterbindung des gegenseitigen Schenkens von Wandkalendern innerhalb Chinas"), *ZGGGNJ*, p.72.

325 "Weishengbu, Guojia Gong-Shang Xingzheng Guanli Ju, Guangbo Dianying Dianshi Bu, Xinwen Chuban Shu guanyu jin yi bu jiaqiang yaopin guanggao xuanchuan guanli de tongzhi" 卫生部, 国家工商行政管理局, 广播电影电视部, 新闻出版署关于进一步加强药品广告宣传管理的通知, *ZGGGNJ*, pp.70-71.

326 "Shipin guanggao guanli banfa (shiyong)" 食品广告管理办法 (试行) (Maßnahmen zur Regelung der Nahrungsmittelwerbung [zur Probe]), *ZGGGNJ*, p.72-75.

327 Siehe [o.Verf.:] "Da shi jiyao", p.155. Der Wortlaut der beiden zuletzt genannten Rundschreiben ist abgedruckt in *ZGGGNJ*, pp.76-83.

Kraft traten und damit die "VB" ablösten.[328] Die "Bestimmungen" gehen in ihrem Geltungsbereich über die "VB" hinaus und umfassen insgesamt 22 Paragraphen, wobei auch einige der Punkte expliziert sind, welche sich während der Durchführung der "VB" als Problembereiche erwiesen hatten. So verbietet beispielsweise Paragraph 9 die Publikation oder Ausstrahlung von Werbung in Form von Nachrichten.[329] Im Abschnitt über Werbung des "Jahrbuches des chinesischen Handels" heißt es, die "Bestimmungen" faßten die Erfahrungen der fünf Jahre, in denen die "VB" gültig waren, zusammen und seien vollständiger und klarer formuliert.[330]

Einen Monat nach Bekanntgabe der "Bestimmungen" fand in Changzhou (Provinz Jiangsu) eine nationale Konferenz der Werbeverwaltung statt, auf welcher der stellvertretende Leiter des Staatlichen Industrie- und Handelsverwaltungsamtes Tian Shuqian die für Werbung zuständigen Kader aufforderte, den Inhalt der "Bestimmungen" zuerst selbst und dann mit dem Personal der Werbeeinheiten gründlich zu studieren und sie auch den Unternehmen und Verbrauchern nahezubringen. Wichtiger als die Existenz der "Bestimmungen" sei, daß sie auch wirklich durchgesetzt und angewendet würden.[331]

*"Zwei Steigerungen, zwei Einsparungen" und der XIII. Parteitag*

Ein Schlagwort, das in den Artikeln über Werbung, die im Jahr 1987 publiziert wurden, häufiger aufgegriffen wird, ist "zwei Steigerungen, zwei Einsparungen", das für Steigerung der Produktion und sparsames Wirtschaften, Erhöhung der Einnahmen und Einsparung von Ausgaben steht.[332] Während ein längerer Artikel in

---

328 "Guanggao guanli tiaoli" 广告管理条例, *ZGGGNJ*, pp.43-44. In der *RMRB* wurde der Wortlaut der "Bestimmungen" am 10.11.1987, p.2 publiziert; siehe [o.Verf.:] "Guowuyuan fabu xin de «Guanggao guanli tiaoli»" 国务院发布新的 «广告管理条例» (Der Staatsrat erläßt neue "Bestimmungen zur Regelung der Werbung"). Auch die Zeitschrift *ZGGG* (1988, No.1, pp.4-5) publizierte das neue Gesetz.

329 Zum Vergleich der "Bestimmungen" mit den "VB" siehe im einzelnen 2.1. dieser Arbeit.

330 Siehe [o.Verf.:] "Guanggao guanli", p.148.

331 Siehe Zhang Shuanglin 张双林: "Guanggao guanli yao guanche Shisan Da jingshen" 广告管理要贯彻十三大精神 (In der Werberegelung muß der Geist des XIII. Parteitages verwirklicht werden), *ZGGSB*, 11.12.1987, p.1.

332 Bereits ab Januar 1987 erschienen gehäuft Kommentare und Berichte in der *RMRB*, die zur Erhöhung der Produktion und sparsamem Wirtschaften aufriefen. Am 21.1.1987 hieß es in der *RMRB*, Li Peng habe betont, in der Wirtschaft müsse man Produktionssteigerung und Sparsamkeit, Erhöhung

der *RMRB* über die Rolle der Werbung für den chinesischen Warenmarkt davon ausgeht, Werbung unterstütze - beispielsweise durch die Verbreitung von Informationen, welche die Ersetzung von Importen durch einheimische Erzeugnisse ermöglichen[333] - ohnehin schon die Einsparung von Ausgaben,[334] warnen zwei andere Beiträge eindringlich davor, mit Sparmaßnahmen bei der Kürzung der Werbeausgaben anzufangen. In manchen Unternehmen, so stellen beide Autoren übereinstimmend fest, herrsche die falsche Auffassung, Ausgaben für Werbung seien Verschwendung, und man könne diese daher vermindern oder ganz einsparen. Tatsächlich lasse sich die Idee der "zwei Steigerungen, zwei Einsparungen" dadurch verwirklichen, daß Werbeausgaben gezielter und damit effizienter eingesetzt würden, um unnötige Kosten zu vermeiden.[335]

Vom 25. Oktober bis 1. November 1987 fand der XIII. Parteitag der KP Chinas statt, auf dem Zhao Ziyang den Entwicklungsstand Chinas als "Anfangsstadium des Sozialismus" bezeichnete, das durch rückständige Produktivkräfte und unterentwickelte Warenwirtschaft gekennzeichnet sei.[336] An diese Charakterisierung

---

der Einnahmen und Kostensenkung verwirklichen. Siehe dazu Li Anding 李安定: "Zhengzhi sixiang zhanxian fandui zichanjieji ziyouhua, jingji shang kaizhan zeng chan jie yue zeng shou jie zhi huodong" 政治思想战线反对资产阶级自由化,经济上开展增产节约增收节支活动 (An der politisch-ideologischen Front die bürgerliche Liberalisierung bekämpfen, in der Wirtschaft die Bewegung der Produktionssteigerung und Sparsamkeit, Einnahmenerhöhung und Kostensenkung entfalten), *RMRB*, 21.1.1987, p.1.

[333] Siehe dazu genauer 3.5.6. dieser Arbeit.

[334] Siehe Yang Cunsheng 杨存生: "Guanggao zai wo guo shangpin shichang zhong de zuoyong" 广告在我国商品市场中的作用 (Die Rolle der Werbung auf dem Warenmarkt unseres Landes), *RMRB*, 26.6.1987, p.5.

[335] Dies ist der Grundtenor in Shi Shan 石山: "Guanggao xuanchuan yu zeng shou jie zhi" 广告宣传与增收节支 (Werbepropaganda und die Steigerung von Einnahmen und Einsparung von Ausgaben), *ZGGGB*, 6.3.1987, p.1; und in Wan Zhicheng 万志诚: "«Shuang zeng shuang jie» yu guanggao" «双增双节» 与广告 ('Zwei Steigerungen, zwei Einsparungen' und Werbung), *ZGGG*, 1987, No.3, p.3.

[336] Siehe dazu [o.Verf.:] "Zai quan Dang jinxing shehuizhuyi chuji jieduan jiben luxian de jiaoyu" 在全党进行社会主义初级阶段基本路线的教育 (In der gesamten Partei die Erziehung der grundlegenden Linie im Anfangsstadium des Sozialismus durchführen), *RMRB*, 14.11.1987, p.1. Siehe auch Erhard Louven: "Das chinesische Wirtschaftssystem im 'Anfangsstadium des Sozialismus'", *Ca*, Oktober 1987, pp.806-808.

knüpfte Tian Shuqian auf der schon oben erwähnten Konferenz der Werbeverwaltung die Forderung:

> Die Regelungsarbeit der Werbung muß entschlossen die Linie, den Kurs und die Politik, die der XIII. Parteitag beschlossen hat, verwirklichen und der Entwicklung der sozialistischen Warenwirtschaft dienen. Während des gesamten Anfangsstadiums des Sozialismus muß [in der Frage], was die Arbeit der Werbeverwaltung regelt und wie sie es regelt, zur Leitideologie gemacht werden, ob es der Förderung der Entwicklung der Produktivkräfte nützt und ob es dem Aufbau der geistigen Zivilisation des Sozialismus nützt.[337]

Die in den Dokumenten des XIII. Parteitages gemachten Aussagen über die Notwendigkeit, die Entwicklung der Produktivkräfte und der Warenwirtschaft in China sowie den Aufbau der geistigen Zivilisation des Sozialismus voranzutreiben, werden auch in der Zeitschrift *Zhongguo Guanggao* aufgenommen und als Argument für die Veränderung der Werbebranche in Richtung auf eine stärkere Stellung der Werbefirmen gegenüber den Medien eingesetzt, wie sie ja schon in früheren Artikeln gefordert worden war.[338]

*Wachstum*

Zum Stand des Werbewesens zum Ende des Jahres 1987 liefert das "Jahrbuch der chinesischen Werbung" folgende Zahlen:[339] Der Gesamtjahresumsatz betrug 1,112 Mrd. Yuan. Die insgesamt 8225 Werbeeinheiten setzten sich zusammen aus 795 Werbefirmen (Umsatz: 281,9 Mio. Yuan), 1111 Zeitungen (Umsatz: 353,5 Mio. Yuan), 1921 Zeitschriften (Umsatz: 44,6 Mio. Yuan), 349 Rundfunksendern (Umsatz: 47,2 Mio. Yuan)[340] und 409 Fernsehsendern (Umsatz: 169,3 Mio. Yuan). Die Zahl der Beschäftigten in der Werbung war auf 92.300 gestiegen.

---

[337] Zitiert nach Zhang Shuanglin: "Guanggao guanli yao guanche Shisan Da jingshen", p.1.

[338] Siehe dazu Wan Zhicheng 万志诚: "Renzhen xuexi Shisan Da wenjian jingshen, tuidong wo guo guanggao shiye jiankang fazhan" 认真学习十三大文件精神,推动我国广告事业健康发展 (Den Geist der Dokumente des XIII. Parteitages gewissenhaft studieren, die gesunde Entwicklung des Werbewesens unseres Landes vorantreiben), *ZGGG*, 1988, No.1, p.3.

[339] Diese Angaben sind aus den Tabellen in [o.Verf.:] "Guanggao jingying jiegou", pp.21-31 entnommen.

[340] Vgl. dagegen [o.Verf.:] "Jianguo yilai guanggaoye fazhan gaikuang", p.18; dort wird angegeben, es habe Ende 1987 insgesamt 278 Rundfunksender

## 1.2.6. 1988 und 1989: "Konsolidierung"

*1988*

*Gesetzliche Bestimmungen*

Am 9. Januar 1988 gab das Staatliche Industrie- und Handelsverwaltungsamt detaillierte Ausführungsanordnungen zu den "Bestimmungen" bekannt, die mit demselben Tag in Kraft traten.[341] Die *Zhongguo Gong-Shang Bao* fordert in einem Kommentar, nicht nur alle Werbeleute mit den "Ausführungsanordnungen" vertraut zu machen, sondern auch die Verbraucher. Als Hauptprobleme in der chinesischen Werbung, welchen mit den "Ausführungsanordnungen" begegnet werden soll, spricht der Kommentar erneut "Nachrichtenwerbung", Profitstandpunkt der Werbeeinheiten usw. an.[342]

Ebenfalls noch im Januar verschickte das Staatliche Industrie- und Handelsverwaltungsamt gemeinsam mit dem Ministerium für Rundfunk, Film und Fernsehen ein Rundschreiben, das sich auf die Fernsehwerbung bezog. In diesem Zirkular wird erneut untersagt, Fernsehprogramme durch Werbung zu unterbrechen, und das Verbot von "Nachrichtenwerbung" und eigenmächtiger "Unterstützungswerbung" ist noch einmal speziell in bezug auf Fernsehsender formuliert.[343]

---

gegeben, von denen 250 die Genehmigung für Werbung besessen hätten. Die Höhe des Umsatzes wird allerdings auch hier auf 47,2 Mio. Yuan beziffert.

[341] Siehe "Guanggao guanli tiaoli shixing xize" 广告管理条例施行细则 (Ausführungsanordnungen zu den Bestimmungen zur Regelung der Werbung), *ZGGGNJ*, pp.45-48. Die "Ausführungsanordnungen" sind auch publiziert in *ZGGG*, 1988, No.3, pp.4-5 und 8; sowie in *ZGGSB*, 11.2.1988, p.2. Zum Inhalt siehe genauer 2.2.3. dieser Arbeit.

[342] Siehe [Benbao pinglunyuan 本报评论员:] "Guanggao guanli fagui de zhongyao zucheng bufen" 广告管理法规的重要组成部分 (Wichtige Bestandteile der gesetzlichen Bestimmungen zur Regelung der Werbung), *ZGGSB*, 11.2.1988, p.2.

[343] Dieses Rundschreiben "Guanyu jin yi bu jiaqiang dianshi guanggao xuanchuan guanli de tongzhi" 关于进一步加强电视广告宣传管理的通知 (Zirkular zur weiteren Verstärkung der Regelung der Fernsehwerbepropaganda) wird zitiert in [O.Verf.:] "88 nian Zhongguo guanggao dashiji" 88年中国广告大事记 (Chronik der wichtigen Ereignisse in der chinesischen Werbung im Jahr 88), *ZGGG*, 1989, No.3, p.48.

Bei der nationalen Versammlung der Leiter der Industrie- und Handelsämter, die im März in Beijing stattfand, hielt der neue Leiter des Staatlichen Industrie- und Handelsverwaltungsamtes Ren Zhonglin 任中林 als ein wichtiges Vorhaben für das Jahr 1988 die Überprüfung irreführender Werbung fest. Man müsse die gesetzlichen Regelungen der Werbung propagieren, alle Werbeeinheiten und Werbeauftraggeber dazu erziehen, die "Bestimmungen" einzuhalten, und die weitere Entwicklung des Werbewesens fördern.[344]

Auch in der ersten Hälfte des Jahres 1988 häuften sich offenbar wieder Beschwerdebriefe von Verbrauchern, die sich über irreführende Werbung, insbesondere Werbung im Bereich des Versandhandels beklagten.[345] Ein Mitarbeiter der Werbeabteilung des Staatlichen Industrie- und Handelsverwaltungsamtes unterstrich daher nochmals, wie wichtig es sei, daß sich die Werbeeinheiten nach den Gesetzen richteten, und regte in diesem Zusammenhang an, daß die Medien einige Beispiele irreführender Werbung publik machten, um dadurch die Fähigkeit der Verbraucher zu verbessern, solche zu erkennen.[346]

Die Behörde für Presse- und Publikationswesen gab am 5. Juli zwei Schriftstücke heraus, von denen auch der Bereich der Werbung betroffen war: zum einen die "Bestimmungen zur erneuten Bekräftigung des strengen Verbotes pornographischer Publikationen" und zum anderen die "Vorläufigen Bestimmungen zur Regelung der Titelblätter und Illustrationen von Publikationen und der Werbung für Publikationen".[347] Diese beiden Erlasse bildeten den Auftakt für die Kampagne gegen Pornographie.

---

[344] Siehe Sun Honggang 孙虹钢: "Quanguo gong-shang juzhang huiyi zai Jing juxing" 全国工商局长会议在京举行 (Nationale Konferenz der Leiter der Industrie- und Handelsämter in [Bei]jing durchgeführt), *ZGGSB*, 14.3.1988, p.1; und [o.Verf.:] "88 nian Zhongguo guanggao dashiji", p.48.

[345] Siehe z.B. Shen Guantang 沈冠堂, Lü Yunduan 吕允端 und Ding Shihe 丁世和: "Buxu liyong yougou guanggao qipian xiaofeizhe" 不许利用邮购广告欺骗消费者 (Man darf nicht mit Werbung für Postkäufe die Verbraucher betrügen), *ZGGSB*, 28.3.1988, p.1.

[346] Siehe Shi Liping 时立平: "Guanjian shi guanggao jingying danwei yao yange yi fa banshi" 关键是广告经营单位要严格依法办事 (Der Schlüsselpunkt ist, daß die Werbeeinheiten streng nach dem Gesetz handeln müssen), *ZGGSB*, 14.7.1988, p.1.

[347] "Xinwen Chuban Shu fachu «Guanyu chongshen yanjin yinhui chubanwu de guiding»" 新闻出版署发出«关于重申严禁淫秽出版物的规定», *Xinhua Yuebao* 新华月报, 1988, No.7, pp.125-126; und "Xinwen Chuban Shu

*Verbandsaktivitäten*

Ende Januar 1988 traf der zweite Vorstand des Chinesischen Werbeverbandes in Beijing zusammen und diskutierte die zurückliegende Arbeit. Tian Shuqian faßte auf der Sitzung die Probleme in der Werbung folgendermaßen zusammen:

> Außer den häufig genannten [Problemen], daß die Werbequalität niedrig ist, manche Werbeinhalte nicht wahr sind und häufig schädliche Praktiken auftauchen, werden, von der gesamten Branche her betrachtet, noch tiefer liegende Probleme wie die Geschäftsstruktur, die Geschäftsideologie, die Qualifikation der [Werbe]truppe usw. immer offenbarer und bedürfen noch mehr unserer Aufmerksamkeit.[348]

Als positiv merkte Tian Shuqian an, daß mehr als zehn Werbefirmen versuchsweise damit begonnen hätten, die Werbeplanung für ihre Kunden zu übernehmen.[349] Der Bereich der Werbeplanung bildete auch einen der thematischen Schwerpunkte der Zeitschrift *ZGGG* im Jahr 1988,[350] daneben beschäftigten sich eine Reihe von Artikeln weiter mit dem Problem der

---

fachu «Guanyu chubanwu fengmian, chatu he chubanwu guanggao guanli de zanxing guiding»" 新闻出版署发出《关于出版物封面, 插图和出版物广告管理的暂行规定》, *Xinhua Yuebao* 新华月报, 1988, No.7, p.125. Der Inhalt beider Erlasse ist wiedergegeben in [Ruth Cremerius:] "Verschärfter Kampf gegen pornographische Publikationen", *Ca*, Juli 1988, pp.508-509 (Ü 15). Schon 1985 gab es ein Verbot pornographischer Publikationen, siehe "Guowuyuan guanyu yanjin yinhui wupin de guiding" 国务院关于严禁淫秽物品的规定 (Bestimmungen des Staatsrates zum Verbot von Pornographie), *RMRB*, 20.4.1985, p.3.

[348] Zitiert nach Sun Honggang 孙虹钢: "Guanggaoye xuyao kexue diaoyan shouduan" 广告业需要科学调研手段 (Die Werbeindustrie braucht wissenschaftliche Untersuchungsmethoden), *ZGGSB*, 4.2.1988, p.1.

[349] Ebenda. Zu der Versammlung siehe auch [o.Verf.:] "88 nian Zhongguo guanggao dashiji", p.48.

[350] Beispielsweise wurden verschiedene Berichte aus der Praxis der Werbeplanung sowie eine vierteilige Artikelserie zur Theorie der Werbeplanung und -strategie publiziert. An dieser Stelle sei nur der erste Beitrag dieser Serie genannt: Huai Chu 怀楚 und Zhong Yi 钟毅: "Guanggao cehua de mudi, yaoqiu ji guanggao gongsi de jigou shezhi" 广告策划的目的, 要求及广告公司的机构设置 (Ziele und Anforderungen der Werbeplanung und der organisatorische Aufbau der Werbefirma), *ZGGG*, 1988, No.2, pp.30-31.

Geschäftsstruktur der Werbebranche, vor allem der mangelnden Spezialisierung und Arbeitsteilung zwischen Werbefirmen und Medien.[351]

Vom 2. bis 5. August fand in Lanzhou das nationale wissenschaftliche Symposium der Werbung statt, das - die Aussagen des XIII. Parteitages aufgreifend - unter der Leitfrage stand, wie das chinesische Werbewesen im Anfangsstadium des Sozialismus zu entfalten sei. Die Fachleute seien sich einig gewesen, so heißt es in einem Bericht, daß Chinas Werbewesen trotz der raschen Entwicklung der letzten Jahre noch ziemlich rückständig sei, und dies manifestiere sich hauptsächlich darin, daß Design und Herstellung der Werbung zum Großteil nicht auf Marktforschung und Planung basierten und dadurch die Werbewirkung stark gemindert werde.[352]

Nach den Beschlüssen des 3. Plenums des XIII. ZK, das vom 26. bis 30. September 1988 tagte, sollte die Wirtschaftspolitik der beiden folgenden Jahre im Zeichen der Verbesserung des ökonomischen Umfeldes und der Ausrichtung der ökonomischen Ordnung (*zhili jingji huanjing, zhengdun jingji zhixu* 治理经济环境, 整顿经济秩序) stehen. Dieser Kurs zielte vor allem auf die Bekämpfung des überhitzten Wirtschaftswachstums und der hohen Inflationsrate.[353] Bei einer Konferenz der Generalsekretäre der Fachausschüsse des Chinesischen Werbeverbandes im Oktober nahm der Verbandspräsident Tian Shuqian dieses Programm auf und erklärte es zur wichtigsten Aufgabe der Werbewelt. Dies bedeute vor allem, so

---

351 Die Kritik an den Werbemedien wurde dabei immer deutlicher ausgesprochen, dies manifestiert sich zum Teil schon im Titel der Beiträge. Siehe z.B. Zhou Zhuimu 周追木: "Xiaochu xinwen meijie de chao-quanli yishi - Guanggao jingying tizhi gaige de yi ge zhengjie suozai" 消除新闻媒介的超权力意识 - 广告经营体制改革的一个症结所在 (Das Über-Rechtsbewußtsein der Nachrichtenmedien beseitigen - Ein entscheidender Punkt bei der Reform des Werbegeschäftssystems), *ZGGG*, 1988, No.3, pp.15-16. Siehe dazu genauer 4.1. dieser Arbeit.

352 Siehe Jia Yubin 贾玉斌: "Wo guo guanggao shiye hai chuzai chuji fazhan jieduan" 我国广告事业还处在初级发展阶段 (Das Werbewesen unseres Landes befindet sich noch im Anfangsstadium der Entwicklung), *ZGGSB*, 1.9.1988, p.1. Zu dem Symposium siehe auch [o.Verf.:] "1988 nian guanggao dashiji" 1988 年广告大事记 (Chronik wichtiger Ereignisse in der Werbung im Jahr 1988), *ZGGG*, 1989, No.4, p.47.

353 Siehe dazu [Peter Schier:] "3. Plenartagung des XIII. ZK der KPCh", *Ca*, September 1988, pp.677-678 (Ü 7); und [Erhard Louven:] "Konsolidierungsprogramm für die Wirtschaft beschlossen", ebenda, pp.687-688 (Ü 32).

führte er dazu aus, die gesetzlichen Bestimmungen in der Werbung zu vervollständigen und durchzusetzen und die Selbstkontrolle und den Eigenaufbau der Branche zu verstärken.[354] Ein Kommentar der Zeitschrift *Zhongguo Guanggao* nimmt den Konsolidierungskurs der Verbesserung und Ausrichtung zum Anlaß, erneut auf die Problembereiche in der Werbung hinzuweisen, die es zu beseitigen gelte: übermäßige Zunahme der Werbeeinheiten, irrationale Branchenstruktur und ungenügende Kontrolle. Der Kampf zwischen den Werbeeinheiten um die Werbegelder der Unternehmen werde 1989 und 1990 durch den angespannten Geldmarkt und die daraus resultierende Verminderung der Ausgaben für Werbung sicher noch heftiger. Man müsse daher, so fordert der Artikel, die Errichtung neuer Werbeeinheiten streng begrenzen.[355]

Wie auch schon in den Jahren zuvor trafen die Fachausschüsse des Chinesischen Werbeverbandes zu Tagungen und Preisverleihungen zusammen. Auf einer Konferenz der Präsidenten des Chinesischen Werbeverbandes im Juni 1988 wurde der Beschluß gefaßt, für das folgende Jahr in der Werbebranche des ganzen Landes zu einer Bewegung unter dem Motto "Wert auf das Ansehen legen, hervorragenden Service schaffen" aufzurufen.[356] Ein entsprechendes Rundschreiben wurde dann im November vom Werbeverband an alle Regionalverbände, Fachausschüsse und Vorstände verschickt.[357] Art und Zweck dieser Aktion, die vom Dezember 1988 bis zum Dezember 1989 dauern sollte, erklärt die Zeitschrift *Zhongguo Guanggao* in ihrer ersten Ausgabe des Jahres 1989: Die Bewegung diene dazu, die Propagierung und Durchsetzung der "Bestimmungen" und der "Ausführungsanordnungen"

---

[354] Siehe Meng Mingming 孟明明: "Yao jianli lianghao de guanggao gongzuo xin zhixu" 要建立良好广告工作新秩序 (Man muß eine positive neue Ordnung der Werbearbeit aufbauen), *ZGGSB*, 24.11.1988, p.1.

[355] Siehe [Benkan pinglunyuan 本刊评论员:] "Zhengdun zhili cong he rushou chuyi" 整顿治理从何入手刍议 (Meine bescheidene Meinung, wie Ausrichtung und Verbesserung anzupacken sind), *ZGGG*, 1989, No.1, pp.3-4. Zur Ausrichtung und Verbesserung siehe auch Qiu Shi 秋实: "Zhengdun zhili huhuan guanggao guanli fagui de jin yi bu wanshan" 整顿治理呼唤广告管理法规的进一步完善 (Ausrichtung und Verbesserung erfordern die weitere Vervollkommnung der gesetzlichen Bestimmungen zur Regelung der Werbung), *ZGGG*, 1989, No.3, p.3.

[356] Siehe [o.Verf.:] "88 nian Zhongguo guanggao dashiji", p.48.

[357] Siehe ebenda; und Gao Xianmin 郜现敏: "Zhongguo Guanggao Xiehui kaizhan «zhong xinyu, chuang youzhi fuwu» huodong" 中国广告协会开展«重信誉, 创优质服务»活动 (Chinesischer Werbeverband eröffnet die

zu vertiefen, die Regierung bei der Kontrolle der Werbebranche zu unterstützen, das Auftreten falscher Werbung zu unterbinden, das Managementniveau der Werbeeinheiten und die Servicequalität der Werbung zu erhöhen, das Ansehen der sozialistischen Werbung zu bewahren und die Interessen der Verbraucher zu schützen. Die Werbeeinheiten, die die Gesetze streng einhielten, deren Arbeit hohe ökonomische Effizienz aufweise, die Werbung von guter Qualität machten usw., sollten dann Ende 1989 beurteilt und ausgezeichnet werden.[358]

*Ausbildung und internationale Aktivitäten*

In Zusammenarbeit mit dem Chinesischen Werbeverband für außenwirtschaftliche Beziehungen und Handel veranstaltete der Chinesische Werbeverband in Shenzhen einen Studienkurs mit 120 Teilnehmern über die Führung von Werbefirmen.[359] Im September begann die Handelsakademie Beijing in Kooperation mit dem Zeitungsausschuß des Chinesischen Werbeverbandes eine zweijährige Hochschulausbildung im Fach Werbung, die bereits in der Werbung Tätigen die Möglichkeit einer Zusatzqualifikation bot.[360]

Abordnungen der chinesischen Werbeverbände nahmen an einer Ausschußkonferenz der Liga der Asiatischen Werbeverbände und am 31. Weltkongreß der Werbung des Internationalen Werbeverbandes teil, die beide Anfang Mai in Sydney stattfanden.[361] Die Präsidenten der Zweigverbände Pazifischer Raum des Internationalen Werbeverbandes, darunter auch Tian Shuqian, trafen im Dezember in Tokyo zu einem Erfahrungsaustausch zusammen.

*Wachstum*

Die Zuwachsraten in der Werbung lagen im Jahr 1988 nicht wesentlich niedriger als in den Jahren zuvor: Zum Jahresende waren 10.677 Werbeeinheiten registriert

---

    Aktion 'Wert auf das Ansehen legen, hervorragenden Service schaffen'), *RMRB*, 20.12.1988, p.2.

[358] Siehe [o.Verf.:] "Zhong Guang Xie jueding zai quanguo guanggao hangye kaizhan «zhong xinyu, chuang youzhi fuwu» huodong" 中广协决定在全国广告行业开展《重信誉, 创优质服务》活动 (Der Chinesische Werbeverband beschließt, in der Werbebranche des ganzen Landes die Aktion 'Wert auf das Ansehen legen, hervorragenden Service schaffen' zu entfalten), *ZGGG*, 1989, No.2, p.3.

[359] Dieser Kurs dauerte vom 29. Februar bis 5. März. Siehe [o.Verf.:] "88 nian Zhongguo guanggao dashiji", p.48.

[360] Siehe [o.Verf.:] "1988 nian guanggao dashiji", p.47.

[361] Siehe [o.Verf.:] "88 nian Zhongguo guanggao dashiji", p.48.

(29,3% mehr als 1987) und die Zahl der Beschäftigten lag bei 112.139 (21,45% mehr als 1987). Der Gesamtumsatz in der Werbung stieg im Vergleich zum Vorjahr um 34,3% auf fast 1,5 Mrd. Yuan, wobei die Zeitungen mit einem Anteil von über dreißig Prozent auch weiterhin dominierten, während der Anteil der Werbefirmen mit nur noch rund zwanzig Prozent sinkende Tendenz aufwies.[362] Zu den zusammengestellten Zahlen für das Jahr 1988 wird einleitend vermerkt, die Realisierung des vom ZK beschlossenen Kurses der Verbesserung des ökonomischen Umfeldes und der Ausrichtung der ökonomischen Ordnung habe manche Fachleute aus Werbekreisen zu der Annahme gebracht, die Investition von Werbegeldern würde durch den angespannten Geldmarkt beeinträchtigt, aber die Statistik beweise, daß die hohe Wachstumsgeschwindigkeit der Werbung angehalten habe. Dafür nennt der Autor vier Gründe:

> 1. Die sozialistische Warenwirtschaft Chinas braucht Werbung, und dieser Bedarf wird im Zuge der Entwicklung der chinesischen Warenwirtschaft immer stärker. 2. Die Grundlage des chinesischen Werbewesens ist schwach, alle Ausgangsziffern sind niedrig, und daher muß in seiner Entwicklung eine relativ hohe Geschwindigkeit auftreten. 3. In der Reform haben objektive Faktoren wie die Erweiterung des Selbstbestimmungsrechtes der Industrie- und Handelsunternehmen, die Verstärkung der Tatkraft und dazu die Einführung des Konkurrenzmechanismus für die Entwicklung des Werbewesens ein geeignetes Klima geschaffen. 4. Die Bemühungen der Werbeeinheiten und der Masse der in der Werbung Tätigen unseres Landes ist die subjektive Bedingung für die rasche Entwicklung der Werbeindustrie [...].[363]

*1989*

Die 1989er Chronik der Ereignisse in der chinesischen Werbung, die im Herbst 1990 publiziert wurde,[364] verzeichnet die üblichen Zusammenkünfte und Konferenzen der verschiedenen Gremien des Chinesischen Werbeverbandes und

---

[362] Siehe Jia Yubin 贾玉斌: "1988 nian wo guo guanggaoye chixu fazhan" 1988年我国广告业持续发展 (Die Werbeindustrie unseres Landes entwickelt sich im Jahr 1988 weiter), *ZGGG*, 1989, No.4, pp.47-48.

[363] Jia Yubin: "1988 nian wo guo guanggaoye chixu fazhan", p.48.

[364] Zhongguo Guanggao Xiehui 中国广告协会: "1989 nian Zhongguo guanggao dashiji" 1989年中国广告大事记 (Chronik der wichtigen Ereignisse in der chinesischen Werbung im Jahr 1989), *ZGGG*, 1990, No.3, pp.17-18.

die Teilnahme von Vertretern der chinesischen Werbung an internationalen Kongressen und erweckt so den Eindruck, als sei die Routinearbeit in der Werbebranche weitgehend unbeeinflußt von den politischen Ereignissen des Jahres geblieben. Vor allem in der zweiten Jahreshälfte wurden neue Verbote im Bereich der Werbung erlassen bzw. bestehende Verbote ausgeweitet. Ein Zirkular, das im August zunächst vom Industrie- und Handelsverwaltungsamt der Stadt Beijing herausgegeben und danach durch das Staatliche Industrie- und Handelsverwaltungsamt weiterverbreitet wurde, untersagt vorläufig die Publikation von Werbung, die den Rezipienten Reichtum verspricht. Diese Art Werbung bietet die Vermittlung von Kenntnissen an, mit denen angeblich jeder wohlhabend werden kann, beispielsweise wie sich aus Mais weißer und brauner Zucker gewinnen läßt oder wie man selbst Waschmittel herstellt.[365] Im Oktober erging ein generelles Werbeverbot für "Produkte, die das Sexualleben betreffen"[366]. Darin heißt es, selbst wenn die Herstellung solcher Produkte gestattet sei, verstoße deren Propagierung gegen die gesellschaftlichen Sitten und die Moral. Schließlich rief im Dezember das Staatliche Industrie- und Handelsverwaltungsamt in einem Rundschreiben alle lokalen Industrie- und Handelsverwaltungsämter dazu auf, entschlossen den Kampf gegen falsche Werbung aufzunehmen.[367]

Nach der Niederschlagung der Demokratiebewegung mit dem Massaker vom 3./4. Juni dokumentierte auch der Chinesische Werbeverband seine Zustimmung zur Politik der Partei und seine Bereitschaft zu deren Durchsetzung. In einem Rundschreiben forderte der Verband am 4. Juli alle lokalen Werbeverbände und alle Mitglieder dazu auf, "den Geist des 4. Plenums des XIII. ZK zu studieren und zu verwirklichen".[368] Darin heißt es, die organisatorische Rolle des Verbandes

---

[365] Siehe Zhongguo Guanggao Xiehui: "1989 nian Zhongguo guanggao dashiji", p.17. Diese Art von Werbung wird in dem Zirkular mit dem Argument verboten, es gebe noch keine Einrichtungen für deren Überprüfung auf Richtigkeit und Wissenschaftlichkeit. Einige Beispiel solcher Annoncen werden auch genannt in Cheng Ying 承嬰: "Dalu guanggaoye: fayu bu liang de guaitai" 大陸廣告業: 發育不良的怪胎 (Die Werbeindustrie auf dem [chinesischen] Festland: Die Mißgeburt, die sich nicht gut entwikkeln kann), *Jiushi Niandai* 九十年代, 1990, No.12, pp.68-71; hier: p.69.

[366] Siehe Zhongguo Guanggao Xiehui: "1989 nian Zhongguo guanggao dashiji", p.18.

[367] Ebenda.

[368] Siehe dazu [o.Verf.:] "Zhong Guang Xie fachu guanyu renzhen xuexi guanche Dang de shisan jie si Zhong quanhui jingshen de tongzhi" 中广协发出关于认真学习贯彻党的十三届四中全会精神的通知 (Chinesischer

müsse voll dazu genutzt werden, "die Erfolge des großen Sieges in diesem politischen Kampf zu stabilisieren und zu entwickeln". Zunächst seien alle Werbeleute dazu anzuhalten, die Reden von Deng Xiaoping, Jiang Zemin, Li Peng und Yang Shangkun gründlich zu studieren, damit sie im Denken und im Handeln mit der Partei übereinstimmten. Der "Kampf zur Unterbindung des Aufruhrs und zur Niederschlagung des konterrevolutionären Putsches" sei bis zum Ende zu führen. Auf dieser Basis müsse in der Werbung nach den Anweisungen des Staatlichen Industrie- und Handelsverwaltungsamtes die Säuberung und Berichtigung in der Werbegeschäftsordnung durchgeführt werden. Neben der Aktion "Wert auf Ansehen legen, hervorragenden Service schaffen" sei auch die Erziehung zur "Redlichkeit" zu verstärken und der Kampf gegen "moralische Verderbtheit" aufzunehmen.[369]

Über Reaktionen der Werbebranche auf dieses Zirkular des Werbeverbandes ist bislang nichts bekannt. Jedoch bescheinigt ein Beitrag von Lu Bin über die Entwicklung des chinesischen Werbewesens im Jahr 1989 der Säuberungs- und Ausrichtungsbewegung gute Resultate, wobei auch nicht unerwähnt bleibt, daß viele Werbeeinheiten die "Bewegung zum Lernen von Lei Feng" aufgenommen und die "Leitideologie, dem Volk zu dienen" verstärkt hätten.[370]

Infolge des Programms zur Konsolidierung der Wirtschaft nimmt sich das Wachstum in der Werbebranche für das Jahr 1989 im Vergleich zu den vorangegangen Jahren erstmals relativ bescheiden aus. Nach der zu Beginn des Jahres 1990 publizierten Statistik des Staatlichen Industrie- und Handelsverwaltungsamtes nahmen sowohl die Werbeeinheiten (Anzahl Ende 1989: 11.000) als auch die Beschäftigten (Anzahl Ende 1989: 115.500) in der Werbung nur um jeweils knapp 3% zu. Der Jahresumsatz in der Werbung hatte immerhin noch einen Anstieg um 15,8% auf

---

Werbeverband gibt Zirkular zu gewissenhaftem Studium und Durchführung des Geistes des 4. Plenum des XIII. ZK heraus), *ZGGG*, 1989, No.4, p.7). Dieses Rundschreiben wird natürlich auch ausführlich gewürdigt in Zhongguo Guanggao Xiehui: "1989 nian Zhongguo guanggao dashiji", p.17. Zum 4. Plenum des XIII ZK, das am 23. und 24. Juni 1989 tagte, siehe Peter Schier: "Eine schwere Niederlage für die radikalen Reformkräfte - Die 4. Plenarsitzung des XIII. ZK der Kommunistischen Partei Chinas", *Ca*, Juni 1989, pp.432-436.

[369] Siehe [o.Verf.:] "Zhong Guang Xie fachu guanyu renzhen xuexi guanche Dang de shisan jie si Zhong quanhui jingshen de tongzhi", p.7.

[370] Siehe Lu Bin 鲁斌: "1989 nian Zhongguo guanggaoye de xin fazhan" 1989年中国广告业的新发展 (Die neue Entwicklung der chinesischen Werbeindustrie im Jahr 1989), *ZGGG*, 1990, No.3, p.3.

1,729 Mrd. Yuan zu verzeichnen.[371] Der oben erwähnte Artikel von Lu Bin operiert allerdings mit teilweise erheblich höheren Zahlen: Er beziffert die Werbeeinheiten Ende 1989 mit 11.429 (d.h. 3,78% mehr als 1988), die Beschäftigten mit 120.000 (d.h. einem Plus von 9,3%). Den Werbegesamtumsatz gibt er mit 1,999 Mrd. Yuan an, also einer Steigerung von 24,78% im Vergleich zu 1988.[372] Woher die Diskrepanzen in den Zahlenangaben rühren, bleibt unerklärt. Lu Bin interpretiert die seinem Beitrag zugrundeliegenden Zahlen als einen Erfolg für die Konsolidierungspolitik der Regierung: Die überhitzte Entwicklung der Werbeindustrie sei aufgehalten worden. In siebzehn Provinzen und Städten habe die Zahl der Werbeeinheiten abgenommen, wobei in Tianjin, Zhejiang, Jiangsu und Shandong trotz dieses Rückgangs der Werbeumsatz gestiegen sei. Außerdem vermeldet Lu Bin mit der überdurchschnittlichen Zunahme der Werbeeinheiten und des Werbeumsatzes in den Provinzen Qinghai und Xinjiang eine Verlagerung des Wachstums in Gebiete mit bislang schwach entwickelter Werbeindustrie.[373] Er kommt zu dem Schluß, daß das Jahr 1989 ein für das chinesische Werbewesen in jeder Beziehung erfreuliches Jahr war, das zu großen Hoffnungen für die Zukunft Anlaß gibt.

*Rückblick auf die Jahre 1987 bis 1989*

Die von der chinesischen Regierung unterstützte Durchführung des Werbekongresses der Dritten Welt Mitte 1987 in Beijing und der kurz zuvor erfolgte Beitritt Chinas zum Internationalen Werbeverband dokumentieren, daß der Einsatz von Werbung acht Jahre nach ihren Anfängen zu einem festen Bestandteil der ökonomischen Reformen und der Öffnungspolitik der Volksrepublik China geworden war und daß man auf dem Gebiet der Werbung verstärkten Anschluß an die Welt suchte. Die "Bestimmungen zur Regelung der Werbung", die im Dezember 1987 die "Vorläufigen Bestimmungen" ablösten, bedeuten in mehrfacher Hinsicht eine Lockerung früherer Vorschriften und eine Anpassung an mittlerweile sanktionierte Neuerungen im chinesischen Wirtschaftssystem.[374]

---

371 Siehe [o.Verf.:] "1989 nian wo guo gong-shang xingzheng guanli de chengjiu yu gaikuang" 1989 年我国工商行政管理的成就与概况 (Erfolge und Überblick über die Industrie- und Handelsverwaltung unseres Landes im Jahr 1989), ZGGSB, 26.2.1990, p.1.

372 Siehe Lu Bin: "1989 nian Zhongguo guanggaoye de xin fazhan", p.3. Aus den Zuwachsraten, die Lu Bin angibt, geht hervor, daß er auch für das Jahr 1988 teilweise von anderen Zahlen ausgeht als Jia Yubin: "1988 nian wo guo guanggaoye chixu fazhan", pp.47-48.

373 Siehe Lu Bin: "1989 nian Zhongguo guanggaoye de xin fazhan", p.3.

374 Siehe dazu genauer 2.1. dieser Arbeit.

Neben diesen Ereignissen, welche die Existenzgrundlage der Werbung in China weiter festigten, waren aber verschiedene Erscheinungen in der Werbung heftiger Kritik ausgesetzt: Die Werbebranche selbst sah wachsende Probleme in der zu schnellen und zu starken Zunahme der Werbeeinheiten, der "irrationalen" Branchenstruktur und dem daraus resultierendem Konkurrenzkampf insbesondere zwischen Werbeagenturen und Medien. Unlautere Geschäftspraktiken wie die Zahlung von "Vermittlungsgebühren" für Werbeaufträge und vor allem der Publikation versteckter Werbung in Form von Nachrichten wurden mehrfach offiziell verboten. Die Klagen von Verbrauchern über irreführende und falsche Werbung sind seit 1979 nicht mehr abgerissen und stellen ein Problem dar, das offensichtlich trotz aller "Ausrichtungen" in der Werbebranche nicht zu beseitigen war und ist.

Das Konsolidierungsprogramm für die chinesische Wirtschaft, das 1988 begann, wirkte sich auf das Werbewesen nur insofern aus, als die Zahl der Werbeeinheiten und der Beschäftigten in der Werbung 1989 erstmals nur geringfügig zunahm. Beim Werbeumsatz dagegen lag die Steigerungsrate kaum niedriger als in den Jahren davor. Die Niederschlagung der Demokratiebewegung und die Schwächung der reformorientierten Kräfte in Partei und Regierung hatte zwar kaum Einfluß auf die "Werberoutine" in der zweiten Jahreshälfte 1989, jedoch blieb die verordnete Besinnung auf "sozialistische" Tugenden und die Ideologie früherer Tage nicht völlig ohne Wirkung auf das Werbewesen: Der Chinesische Werbeverband erwies sich als brauchbares und williges Werkzeug, um die Werbebranche mit den Beschlüssen der Partei und der offiziellen Darstellung der Juni-Ereignisse "auf Linie" zu bringen. Und in der Werbebranche wirkt, schenkt man den Ausführungen über die Entwicklung der Werbung im Jahre 1989 Glauben, neuerdings auch der "Geist Lei Fengs".

Die Kampagne gegen Pornographie wurde intensiviert, und seit Ende 1989 erscheinen auch wieder vermehrt Artikel in der chinesischen Tagespresse, in denen falsche Werbung kritisiert wird. Bislang hat es trotz der jüngsten Entwicklungen aber nicht den Anschein, als sei Werbung in China quantitativ rückläufig oder in einem (von oben verordneten) Rückzug begriffen. Nach Meinung chinesischer Werbeleute hat die Werbung durch ihre finanzielle Unterstützung die Asienspiele, deren Veranstaltung in Beijing die chinesische Führung so große politische Bedeutung beimaß, "gerettet".[375] Offenbar plant China, demnächst ein "Werbegesetz" an die Stelle der "Bestimmungen zur Regelung der Werbung" von 1987 treten zu lassen, mit dessen Vorbereitungen bereits begonnen wurde.[376]

---

[375] Siehe Cheng Ying: "Dalu guanggaoye: fayu bu liang de guaitai", pp.68-89.
[376] Siehe Cheng Ying: "Dalu guanggaoye: fayu bu liang de guaitai", p.71.

## 2. Gesetzlicher und organisatorischer Rahmen der Werbung in der VR China

Im vorangehenden Kapitel wurde ein Überblick über die bisherige Entwicklung der Werbung in der VR China und die Herausbildung ihres organisatorischen Rahmens vermittelt. Dabei wurde auf eine ausführliche Darstellung der inhaltlichen Aspekte der gesetzlichen Regelungen zur Werbung sowie der Strukturen und Zusammenhänge, welche die Verwaltung und die Branchenorganisation der Werbung kennzeichnen, weitgehend verzichtet. Im folgenden Teil wird daher auf die beiden grundlegenden Verordnungen, die für die Verwaltung der Werbung zuständigen Behörden und die Werbeverbände Chinas nochmals gesondert eingegangen. Da sowohl zwischen den beiden vom Staatsrat erlassenen Vorschriften als auch zwischen den Satzungen und Resolutionen des Chinesischen Werbeverbandes jeweils mehrere Jahre liegen, läßt ihre Kontrastierung die Veränderungen und Akzentverschiebungen auf administrativer Seite und auf seiten der Branchenorganisation deutlich werden, welche mit der Entwicklung der chinesischen Wirtschaft allgemein und des Werbewesens im besonderen einhergingen.

### 2.1. Die "Vorläufigen Bestimmungen" und die "Bestimmungen" zur Werbung

Die "Vorläufigen Bestimmungen zur Regelung der Werbung" (im folgenden: "VB") aus dem Jahr 1982 waren insgesamt fünf Jahre in Kraft, bevor der Staatsrat die "Bestimmungen zur Regelung der Werbung" (im folgenden: "Bestimmungen") erließ. Um Übereinstimmungen und Unterschiede beider Rechtsverordnungen deutlicher hervortreten zu lassen, ist im folgenden der Wortlaut beider Texte so angeordnet, daß Paragraphen, die sich auf dieselben oder ähnliche Sachverhalte beziehen, einander gegenüberstehen, allerdings nur soweit dies möglich war, ohne dadurch die einzelnen Paragraphen auseinanderzureißen. Paragraphen, die keine Entsprechung im jeweils anderen Text haben, wurden ans Ende gesetzt und sind durch eckige Klammern gekennzeichnet. Auf die einander zugeordneten Textpassagen folgt, soweit dies notwendig erschien, ein erläuternder Kommentar der Verfasserin dieser Arbeit.

| Vorläufige Bestimmungen zur Regelung der Werbung (6.2.1982) | Bestimmungen zur Regelung der Werbung (26.10.1987) |
|---|---|
| § 1 Um die Kontrolle der Werbung zu verstärken, um die Vermittlerrolle der Werbung in den Bereichen Förderung der Produktion, Erweiterung der Zirkulation, Anleitung des Konsums, Belebung der Wirtschaft, Erleichterung des Lebens des Volkes und Entwicklung der internationalen Wirtschaftsbeziehungen und des Handels korrekt zu entfalten und um dem Aufbau der materiellen und geistigen Zivilisation des Sozialismus besser zu dienen, werden die vorliegenden Bestimmungen speziell festgelegt. | § 1 Um die Kontrolle der Werbung zu verstärken, die Entwicklung des Werbewesens voranzutreiben und die Werbemedien effektiv zu nutzen, um dem Aufbau des Sozialismus zu dienen, werden die vorliegenden Bestimmungen festgelegt. |

In den "Bestimmungen" werden die Aufgaben der Werbung im Sozialismus nicht mehr eigens aufgeführt. Werbung und Werbewesen erscheinen nach acht Jahren Werbepraxis als gegebene Tatsachen, die nicht mehr näher begründet werden müssen.

| § 2 Alle Betriebe und Einrichtungen (shiye danwei 事业单位), die für die Absatzförderung von Waren oder das Anbieten von Arbeitsdiensten und Dienstleistungen in Zeitungen, Rundfunk, Fernsehen, Film usw. gegen Bezahlung Werbung publizieren und senden, oder auf öffentlichen Plätzen Werbung aufstellen und anbringen, fallen ohne Ausnahme in den Geltungsbereich dieser Bestimmungen. | § 2 Jede Werbung, die durch Medien oder Formen wie Zeitung, Rundfunk, Fernsehen, Film, Werbetafeln, Schaufenster, Druckerzeugnisse, Neonbeleuchtung usw. innerhalb des Staatsgebietes der Volksrepublik China publiziert und gesendet, aufgestellt und angebracht wird, fällt ohne Ausnahme in den Geltungsbereich dieser Bestimmungen. |

Während der Geltungsbereich der "VB" mit Absatzförderung von Waren sowie Anbieten von Arbeits- und Dienstleistungen auf Wirtschaftswerbung eingeschränkt ist, beziehen die "Bestimmungen" jede Art der Werbung ein, also z.B. auch Anzeigen von Einzelpersonen wie Heiratsannoncen, von privat praktizierenden Ärzten usw. Damit wird die mittlerweile praktisch erfolgte und tolerierte Ausdehnung der Werbung in den gesellschaftlich-individuellen Bereich gesetzlich eingebunden.

§ 3 Die Verwaltungsorgane der Werbung sind das Oberste Industrie- und Handelsverwaltungsamt und die lokalen Industrie- und Handelsverwaltungsämter aller Ebenen.

§ 5 Die Verwaltungsbehörden der Werbung sind das Staatliche Industrie- und Handelsverwaltungsamt und die lokalen Industrie- und Handelsverwaltungsämter aller Ebenen.

An der Zuständigkeit für die Werbung hat sich zwischen 1982 und 1987 nichts verändert. Die unterschiedlichen Bezeichnungen "Oberstes" bzw. "Staatliches" Industrie- und Handelsverwaltungsamt sind auf die Umbenennung der Behörde zurückzuführen.

§ 4 Werbefirmen, die ausschließlich Werbung [geschäftsmäßig] betreiben, und Unternehmen und Einrichtungen, die nebenbei oder in Vertretung Werbeaufgaben übernehmen (im folgenden kurz "Werbeeinheiten" genannt), müssen nach den Festlegungen der Bestimmungen zur Regelung der Registrierung von Industrie- und Handelsunternehmen die Registrierung beantragen und eine Gewerbelizenz ausstellen lassen. Wenn noch keine Registrierung erfolgt ist oder wenn die Registrierung beantragt, aber noch keine Genehmigung erteilt ist, dürfen keine Werbeaufträge übernommen werden. Einheiten, die ausländische Werbung übernehmen, müssen durch die Kommissionen für die Import- und Exportkontrolle auf oder oberhalb der Ebene der Provinz, des Autonomen Gebietes und der provinzfreien Stadt überprüft und zugelassen werden. Privatpersonen dürfen keine Werbeaufgaben betreiben.

§ 6 Einheiten, die Werbeaufgaben [geschäftsmäßig] wahrnehmen, und private Industrie- und Handelsbetriebe [, die dies tun] (im folgenden kurz "Werbungbetreibende" genannt) müssen entsprechend den Festlegungen dieser Bestimmungen und der diesbezüglichen Anordnungen bei den Industrie- und Handelsverwaltungsorganen einen Antrag stellen und je nach Gegebenheiten die Formalitäten der Überprüfung und Genehmigung und der Registrierung erledigen:
(1) Unternehmen, die ausschließlich Werbung betreiben, wird die "Gewerbelizenz der juristischen Person eines Betriebes" ausgestellt;
(2) Einrichtungen (*shiye danwei*), die *auch* Werbeaufgaben betreiben, wird die "Zulassung zum Betreiben von Werbung" ausgestellt;
(3) privaten Industrie- und Handelsunternehmen, die die Kapazität zum Betreiben von Werbeaufgaben besitzen, wird die "Gewerbelizenz" erteilt;
(4) Unternehmen die *auch* Werbeaufgaben betreiben, müssen die Registrierung der Änderung des Geschäftsbereiches vornehmen.

Der wesentliche Unterschied zwischen den "VB" und den "Bestimmungen" in den Vorschriften für Einrichtungen, die Werbung als Geschäft betreiben wollen, ist die Möglichkeit der Zulassung von Privatunternehmen, welche in den "VB" noch explizit ausgeschlossen ist. Daraus erklärt sich auch die Ersetzung von *guanggao jingying danwei* 广告经营单位 ("Werbeeinheiten") durch *guanggao jingyingzhe* 广告经营者 (Werbungbetreibende) als Oberbegriff für alle Einrichtungen, die eine Genehmigung für Werbegeschäfte beantragen. Die "Bestimmungen" sind in bezug auf die Erteilung verschiedener Arten von Geschäftslizenzen klarer als die "VB".

§ 5 Einheiten, die die Publizierung, Ausstrahlung, das Aufstellen oder Anbringen von Werbung beantragen (im folgenden kurz "Werbende" *guanggao kanhu* 广告刊户 genannt), müssen Unternehmen mit einer Gewerbelizenz sein oder Einheiten, die mit Genehmigung der Regierung eingerichtet sind.

§ 7 Werbung, für die Werbende (*guanggao kehu* 广告客户) Publizierung, Ausstrahlung, Aufstellung [oder] Anbringung beantragen, muß inhaltlich innerhalb des Geschäftsbereiches der Werbenden oder innerhalb des vom Staat zugelassenen Bereichs liegen.

Neu ist hier in den "Bestimmungen" der Zusatz, daß die in Auftrag gegebene Werbung inhaltlich nicht außerhalb des Geschäftsbereiches des Werbeauftraggebers liegen darf.

§ 6 Der Werbeinhalt muß klar und verständlich sein und den Tatsachen entsprechen. Es dürfen in keiner Form falsche Vorspiegelungen gemacht, die Benutzer und Verbraucher getäuscht oder betrogen werden.
Herabgesetzte Waren, die einen Mangel aufweisen, probeweise hergestellte und probeweise verkaufte Waren, müssen [dies] in der Werbung klar angeben, es darf kein falscher Eindruck erweckt werden.

§ 3 Der Werbeinhalt muß wahr, gesund, klar und verständlich sein und darf den Benutzer und Konsumenten in keiner Form betrügen.

Die Anforderungen an den Werbeinhalt sind zwar durch die Aufnahme des Wortes "gesund" (*jiankang* 健康) in die "Bestimmungen" nicht klarer als in den "VB", erfahren aber durch die Vorziehung als Paragraph 3 eine stärkere Gewichtung. Der Passus über preisreduzierte sowie probeweise verkaufte Waren ist ersatzlos gestrichen.

**§ 7** Wenn Werbende die Publikation, Ausstrahlung, das Aufstellen oder Anbringen folgender [Arten von] Werbung beantragen, so müssen sie eine Bescheinigung besitzen:
(1) Für Werbung von Waren der Kategorien Medikamente und Nahrungsmittel ist eine Bescheinigung der Gesundheitsbehörden notwendig.
(2) Für Werbung von Waren der Kategorie Meß- und Wiegegeräte ist eine Bescheinigung der metrologischen Behörden notwendig.
(3) Für Warenwerbung, die eine Auszeichnung [oder] Ehrung angibt, ist die Bescheinigung der preisverleihenden Behörde notwendig.

(4) Für Warenwerbung, die Warenzeichen benutzt, ist die Bescheinigung der Eintragung des Warenzeichens notwendig.
(5) Für Warenwerbung, die angibt, daß die Qualität der Norm entspricht, ist eine begutachtende Bescheinigung der Qualitätskontroll- und Prüfungsorgane notwendig.

**§ 11** Wird die Publizierung, Ausstrahlung, Aufstellung und Anbringung folgender Werbung beantragt, so muß eine entsprechende Bescheinigung vorgelegt werden:

(2) Für Warenwerbung, welche die Auszeichnung mit einem Preis angibt, muß das Zertifikat der Preisverleihung dieser Periode, dieses Jahres oder mehrerer Perioden oder Jahre hintereinander vorgelegt werden, und zudem müssen der Rang des verliehenen Preises und die verleihende Behörde in der Werbung angegeben werden.
(5) Für Warenwerbung, die ein eingetragenes Warenzeichen angibt, muß das Zertifikat der Eintragung des Warenzeichens vorgelegt werden.
(1) Für Warenwerbung, die eine Qualitätsnorm angibt, muß die Bescheinigung der Verwaltungsbehörden für Normung auf oder über der [Ebene der] der Provinz direkt unterstellten Stadt oder die Bescheinigung der Einrichtungen für Qualitätskontrolle, welche durch Messung die Übereinstimmung mit der Norm beglaubigen, vorgelegt werden.
(3) Für Warenwerbung, die die Bezeichnung "Qualitätsprodukt" angibt, muß das von der Regierung verliehene Zertifikat für Qualitätsprodukte vorgelegt werden, und zudem müssen in der Werbung Zeitpunkt und Behörde der Verleihung der Bezeichnung Qualitätsprodukt angegeben werden.

(4) Für Warenwerbung, die ein Patent angibt, muß das Patentzertifikat vorgelegt werden.
(6) Bei Werbung für Produkte, für die eine Produktionsgenehmigung erforderlich ist, muß die Produktionsgenehmigung vorgelegt werden.
(7) Für Kultur-, Erziehungs-, und Gesundheitswerbung muß die Bescheinigung der übergeordneten Verwaltungsbehörde vorgelegt werden.
(8) Für alle anderen Arten Werbung muß, wenn eine Bescheinigung notwendig ist, die Bescheinigung der zuständigen Stellen der Regierung oder ihrer autorisierten Einheit vorgelegt werden.

Die vor der Publikation der Werbung vorzulegenden Bescheinigungen sind in den "Bestimmungen" ergänzt und klarer formuliert worden. Da für Medikamente, Meßgeräte und Nahrungsmittel zwischen 1982 und 1987 eigene Vorschriften erlassen wurden, fallen sie unter Paragraph 11 (8) der "Bestimmungen". Mit der Aufnahme von Kultur-, Erziehungs- und Gesundheitswerbung wird der Zulassung von Werbung durch Einzelpersonen (z.B. privat praktizierende Ärzte) bzw. private Einrichtungen (Abendschulen o.ä.) Rechnung getragen.

[§ 7, Schluß:] Die Werbeeinheiten müssen die obigen Bescheinigungen genau prüfen und außerdem in der Werbung angeben.

§ 12 Wenn Werbungbetreibende Werbeaufgaben übernehmen oder vertreten, so müssen sie die Bescheinigungen überprüfen und kontrollieren und den Inhalt der Werbung prüfen. Werbung, die gegen die vorliegenden Bestimmungen verstößt, darf nicht publiziert, gesendet, aufgestellt und angebracht werden.

Sowohl in den "VB" als auch in den "Bestimmungen" wird den Werbeeinheiten die Pflicht auferlegt, die notwendigen Bescheinigungen der Werbeauftraggeber und den Inhalt der Werbung zu prüfen. Damit kommt ihnen eine gewisse Mitverantwortung für die übernommenen Werbeaufträge zu. In den "Bestimmungen" ist diese Pflicht durch einen eigenen Paragraphen wesentlich stärker hervorgehoben.

§ 8 Trifft auf den Inhalt der Werbung einer der folgenden Umstände zu, so ist die Veröffentlichung, Ausstrahlung, Aufstellung und Anbringung verboten:
(1) solche, die gegen die staatliche Politik und Gesetze und Verordnungen (*faling* 法令) verstößt;
(2) solche, die die Würde irgendeiner (*ge* 各) Nationalität unseres Landes verletzt;

(3) solche mit reaktionärem, obszönem, abstoßendem und abergläubischem Inhalt;
(4) solche, die verleumderische Propaganda macht;

(5) solche, die gegen die Geheimhaltungsbestimmungen verstößt.

§ 8 Werbung mit einem der folgenden Inhalte darf nicht publiziert, ausgestrahlt, aufgestellt und angebracht werden:

(1) solche, die gegen die Gesetze und gesetzlichen Bestimmungen (*fagui* 法规) unseres Landes verstößt;
(2) solche, die die Würde der Nation unseres Landes verletzt;
(3) solche, die die Flagge, das Staatsemblem, Textteile der Nationalhymne und Klänge der Nationalhymne enthält;
(4) solche mit reaktionärem, obszönem, abergläubischem und absurdem Inhalt;
(6) solche, die gleichartige Produkte herabsetzt[;]
(5) solche, die irreführt und verfälscht[.]

Die Verwendung von Symbolen des Staates in der Werbung wurde zusätzlich in die "Bestimmungen" aufgenommen. Die Ersetzung von "abstoßend" (*chou'e* 丑恶) durch "absurd" (*huangdan* 荒诞) bei der Aufzählung verbotener Werbeinhalte trägt nicht zu größerer Klarheit bei. Das allgemeine und vage Verbot "verleumderischer Propaganda" wurde in den "Bestimmungen" durch das Verbot vergleichender Werbung ersetzt. Obwohl eigentlich schon durch Paragraph 3 der "Bestimmungen" abgedeckt, wird irreführende Werbung hier nochmals eigens untersagt.

§ 9 Die Werbeeinheiten müssen in bezug auf die Anordnung der Fläche, Position, Zeit, Ort und Form der Publizierung, Ausstrahlung, Aufstellung und Anbringung von Werbung die Richtlinien des Staates zur Propagandapolitik und Wirtschaftspolitik einhalten.
Monopole in der Werbung und unlauterer Wettbewerb sind verboten.

§ 4 In den Aktivitäten des Werbegeschäfts sind Monopole und unlauteres Wettbewerbsverhalten verboten.

Dem Verbot von Monopolen und unlauterem Wettbewerb ist in den "Bestimmungen" mit einem eigenen Paragraphen größere Bedeutung verliehen.

§ 10 Beim Aufstellen und Anbringen von Außenwerbung müssen die Verordnungen der Stadtverwaltungsbehörden und der Behörden zur Regelung der Werbung eingehalten werden. Verkehr, Stadtbild und die schöne Umgebung von Sehenswürdigkeiten dürfen nicht gestört werden. Für die Aufstellung großflächiger Werbetafeln muß um die Zustimmung der Stadtverwaltungsbehörden ersucht werden.
Auf Gebäuden von Regierungsbehörden und mit Gedenkbedeutung und bei Haupt-Denkmalschutzeinheiten ist das Aufstellen und Anbringen von Werbung untersagt.

§ 13 Aufstellung und Anbringung von Außenwerbung werden von den betreffenden Behörden der örtlichen Volksregierung für Industrie und Handel, Städtebau, Umweltschutz, öffentliche Sicherheit usw. festgelegt und geplant, für Kontrolle und Durchführung sind die Industrie- und Handelsverwaltungsorgane verantwortlich.

Auf Gelände, das zu Gebäuden in der Umgebung von Regierungsbehörden und Denkmalschutzeinheiten gehört, sowie Bezirken, in denen die örtliche Volksregierung das Aufstellen und Anbringen von Werbung verboten hat, darf keine Werbung aufgestellt oder angebracht werden.

Neben den generellen Vorschriften (Denkmalschutz und eine Art "Bannmeile" um Regierungsbehörden), die bei der Aufstellung oder Anbringung von Außenwerbung einzuhalten sind, bleiben nach den "Bestimmungen" die diesbezüglichen Regelungen den Behörden vor Ort überlassen. Die in Paragraph 9 der "VB" angesprochenen Richtlinien des Staates zur Propaganda- und Wirtschaftspolitik finden keine Erwähnung mehr. Die Zuständigkeit für die *Kontrolle* der Außenwerbung - in den "VB" ungeklärt - liegt nach den "Bestimmungen" bei den örtlichen Industrie- und Handelsverwaltungsämtern.

§ 11 Was den Maßstab für die Erhebung von Gebühren bei Werbung betrifft, so ist, sofern die Industrie- und Handelsverwaltungsbehörden am Ort bereits einen einheitlichen Standard festgelegt haben, nach diesem zu verfahren; ist noch kein einheitlicher Maßstab festgesetzt, so wird er vorläufig von den Werbeeinheiten selbst festgelegt und bei den Industrie- und

§ 14 Der Maßstab der Werbegebühren wird von den Werbungbetreibenden festgelegt und bei den örtlichen Industrie- und Handelsverwaltungsbehörden und den Behörden für die Regelung der Preise zur Eintragung in die Akten eingereicht.
§ 15 Der Gebührenmaßstab für die Vertretung von Werbeaufgaben wird von den staatlichen Industrie- und

Handelsverwaltungsbehörden am Ort zur Eintragung in die Akten eingereicht.

Handelsverwaltungsorganen in Zusammenarbeit mit den staatlichen Preisregelungsorganen festgelegt. Der Maßstab für Platzgebühren und Gebäudemiete für Außenwerbung wird von den örtlichen Industrie- und Handelsverwaltungsbehörden in Konsultation mit den Preis- und Städtebaubehörden festgelegt und der örtlichen Volksregierung zur Genehmigung eingereicht.

Mit Ausnahme der Gebühren für die Vertretung bzw. Vermittlung von Werbeaufträgen und der Mietgebühr bei Außenwerbung bestimmen die Werbeeinheiten nach den "Bestimmungen" selbst die Werbegebühren.

§ 12 Werbeeinheiten und Werbende müssen über Veröffentlichung, Ausstrahlung, Aufstellung und Anbringung von Werbung einen Vertrag schließen, der die Pflichten beider Seiten festlegt.

§ 13 Liegt ein Verstoß gegen die Festlegungen dieser Bestimmungen vor, so ist die Verantwortung nach folgenden Kriterien zuzuweisen:
Für Verstöße gegen § 5 trägt die Werbeeinheit die Verantwortung.
Für Verstöße gegen § 6 trägt der Werbende die Verantwortung. Ist der Werbeeinheit der Sachverhalt der Verfälschung bekannt, so trägt sie Mitverantwortung.
Für Verstöße gegen § 7 und § 8 tragen Werbender und Werbeeinheit gemeinsam die Verantwortung.

§ 14 Die Industrie- und Handelsverwaltungsbehörden müssen in bezug auf Werbende, die gegen die vorliegenden Bestimmungen verstoßen, je nach konkreter Sachlage eine Verwarnung erteilen oder eine Geldstrafe verhängen; in bezug auf die Werbeeinheit, die gegen die vor

§ 17 Wenn Werbungbetreibende Werbeaufgaben übernehmen oder vertreten, müssen sie mit dem Kunden oder dessen Vertreter einen schriftlichen Vertrag schließen, der die Pflichten beider Seiten festlegt.

§ 18 Verstoßen Werbekunden oder Werbungbetreibende gegen die vorliegenden Bestimmungen, so sind von den Industrie- und Handelsverwaltungsbehörden je nach Schwere des Falles folgende Strafen zu verhängen:
(1) Einstellung der Veröffentlichung der Werbung;

liegenden Bestimmungen verstößt, muß nach Maßgabe des Falles eine Verwarnung erteilt, eine Geldstrafe verhängt, vorübergehendes Geschäftsverbot erteilt oder die Werbegeschäftslizenz entzogen werden.
Verstößt der Werbende gegen die vorliegenden Bestimmungen und verursacht [damit] dem Benutzer und Verbraucher Schaden, so muß er die Verantwortung tragen und für den Verlust entschädigen.
Ist der Verstoß gegen die Festlegungen dieser Bestimmungen der Sache nach schwer und in seiner Auswirkung gravierend, so wird er vom Volksgericht nach dem Gesetz behandelt.

(2) Anordnung einer öffentlichen Richtigstellung;
(3) Zirkulieren einer Kritik;
(4) Beschlagnahmung illegaler Einnahmen;
(5) Geldstrafe;
(6) Schließung des Geschäftes und Reorganisation;
(7) Entzug der Gewerbelizenz oder der Genehmigung zum Betreiben von Werbung.
Ist der Verstoß gegen die vorliegenden Bestimmungen dem Fall nach schwerwiegend und erfüllt [den Tatbestand] eines Verbrechens, so wird von den Justizorganen nach dem Gesetz die strafrechtliche Verantwortung ermittelt.

§ 19 Akzeptieren Werbekunden oder Werbungbetreibende die Strafentscheidung der Industrie- und Handelsverwaltungsbehörde nicht, so können sie innerhalb von fünfzehn Tagen nach Erhalt des Strafbescheides bei der nächsthöheren Industrie- und Handelsverwaltungsbehörde beantragen, die Entscheidung nochmals zu prüfen. Wird die neuerliche Entscheidung auch nicht akzeptiert, so kann innerhalb von dreißig Tagen nach Erhalt der neuerlichen Entscheidung beim Volksgerichtshof dagegen Klage erhoben werden.

Die ersatzlose Streichung der in Paragraph 13 der "VB" vorgenommenen Verteilung der Verantwortung für Verstöße auf Werbende und Werbeeinheiten könnte darauf zurückzuführen sein, daß diese sich in der Praxis als zu unflexibel erwiesen haben. Insgesamt sind die "Bestimmungen" in der Frage der Behandlung von Verstößen klarer formuliert als die "VB", wobei nach wie vor leichtere Verstöße auf administrativer Ebene beigelegt werden können. Die Gerichte sind weiterhin nur bei schwereren Vergehen einzuschalten. Neu ist die Festlegung, welche Berufungsmöglichkeiten den betroffenen Werbekunden oder Werbeeinheiten gegen administrative Entscheidung offenstehen.

**§ 15** Alle Einheiten, die Werbeaufgaben übernehmen, müssen nach den betreffenden Bestimmungen des Staates termingerecht Steuern und Gewinne abführen.

**§ 16** In bezug auf Werbende und Werbeeinheiten, die gegen die vorliegenden Bestimmungen verstoßen, haben die Massen das Recht, Kontrolle auszuüben, und das Recht, Anzeige bei den Industrie- und Handelsverwaltungsbehörden zu erstatten und [den Fall] aufzudecken.

**§ 16** Werbungbetreibende müssen nach den staatlichen Vorschriften ein Rechnungsbuch der Werbebuchhaltung anlegen, nach dem Gesetz Steuern abführen und zudem die Kontrolle und Überprüfung durch die Finanz-, Rechnungsprüfungs- und Industrie- und Handelsverwaltungsbehörden akzeptieren.

**§ 20** Wenn Werbekunde und Werbungbetreibende die Festlegungen dieser Bestimmungen verletzen und dadurch Benutzer und Verbraucher Schaden erleiden, oder bei anderem rechtsverletzendem Verhalten muß die Verpflichtung zu Schadenersatz übernommen werden.
Den Schadenersatz kann der Geschädigte bei der Industrie- und Handelsverwaltungsbehörde auf oder über Kreisebene zur Regelung beantragen. Akzeptiert die betroffene Partei die Regelung der Industrie- und Handelsverwaltungsbehörde nicht, so kann sie beim Volksgerichtshof Klage einreichen. Geschädigte Personen können auch direkt beim Volksgerichtshof Klage einreichen.

Das nicht näher erläuterte "Kontrollrecht der Massen" gegenüber Werbung ist zugunsten einer Bestimmung weggefallen, die geschädigten Verbrauchern ein Recht auf Schadenersatz einräumt. In den "VB" war Schadenersatz in Paragraph 14 zwar mitgeregelt, durch einen eigenen Paragraphen in den "Bestimmungen" ist der Anspruch auf Schadenersatz jetzt jedoch stärker betont.

[**§ 17** Für ausländische Unternehmen, die beantragen, auf dem Staatsgebiet der Volksrepublik China Werbung zu publizieren, auszustrahlen, aufzustellen und anzubringen, gelten die vorliegenden Bestimmungen.]

[**§ 9** Wenn Nachrichteneinheiten Werbung publizieren und ausstrahlen, so muß dies klar gekennzeichnet sein. Nachrichteneinheiten dürfen keine Werbung in Form von Nachrichtenberichten publizieren und ausstrahlen

> und [dafür] Gebühren erheben; Journalisten dürfen nicht unter dem Vorwand des Recherchierens Werbeaufträge einholen.]
>
> [§ 10 Es ist verboten, Rundfunk, Fernsehen, Zeitungen und Zeitschriften für Zigarettenwerbung zu nutzen. Für bekannte Qualitätsalkoholika, die einen Preis auf staatlicher, ministerieller oder Provinzebene gewonnen haben, darf mit Genehmigung der Industrie- und Handelsverwaltungsbehörden Werbung getrieben werden.]

Ausländische Unternehmen werden nicht mehr explizit in den Geltungsbereich der "Bestimmungen" eingeschlossen. In dem Zirkular, das begleitend zu den "VB" herausgegeben wurde, war die Gültigkeit von Paragraph 17 der "VB" von vornherein wieder aufgehoben bzw. eingeschränkt worden, zu diesem Zeitpunkt waren offenbar spezielle Vorschriften für ausländische Werbung in China geplant.[1] Solche Vorschriften wurden aber nie formell erlassen. Es ist davon auszugehen, daß die "Bestimmungen", da sie *jede* Werbung innerhalb des Staatsgebietes der VR China betreffen, auch für ausländische Werbung Gültigkeit besitzen.

Daß nach den "Bestimmungen" der Frage der Unterscheidung von Werbung und Nachrichten ein eigener Paragraph gewidmet ist, zeigt die Wichtigkeit, die dem Problem der "Nachrichtenwerbung" beigemessen wird.[2] Werbung für Zigaretten und Alkohol ist nach den "Bestimmungen" nur noch in den Massenmedien verboten. Dies bedeutet eine Abschwächung gegenüber dem Rundschreiben vom März 1984, in dem Zigarettenwerbung auch für Werbetafeln, Plakate usw. untersagt worden war.

§ 18 Die Detailregelung der Durchführung der vorliegenden Bestimmungen obliegt dem Obersten Industrie- und Handelsverwaltungsamt.

§ 21 Die vorliegenden Bestimmungen sind vom Staatlichen Industrie- und Handelsverwaltungsamt auszulegen; Detailbestimmungen der Durchführung werden vom Staatlichen Industrie- und Handelsverwaltungsamt festgelegt.

---

[1] Siehe dazu 1.2.2. dieser Arbeit.
[2] Siehe dazu ausführlich 4.2. dieser Arbeit.

§ 19 Die vorliegenden Bestimmungen treten am 1. Mai 1982 in Kraft.

§ 22 Die vorliegenden Bestimmungen treten am 1. Dezember 1987 in Kraft. Gleichzeitig sind die am 6. Februar 1982 vom Staatsrat verkündeten "Vorläufigen Bestimmungen zur Regelung der Werbung" aufgehoben.

Verschiedene Artikel, darunter auch von westlichen Autoren, fassen die Vorschriften der "VB" bzw. der "Bestimmungen" inhaltlich zusammen und kommen dabei zu unterschiedlichen Bewertungen der gesetzlichen Vorschriften. Die Hauptpunkte und Argumente dieser Einschätzungen werden im folgenden referiert.

Scott R. Austin analysiert die "Vorläufigen Bestimmungen zur Regelung der Werbung" vordringlich unter dem Gesichtspunkt ihrer Implikationen für ausländische Werber in China und hebt ihre inhaltliche Vagheit und das Fehlen von Verfahrensrichtlinien als die beiden strukturellen Schwachpunkte hervor, die den Vorschriften zugrundeliegen.[3] Mögliche Gründe für die Vagheit vermutet Austin zum einen in der Schnelligkeit, mit der die "VB" zusammengestellt wurden, um Probleme, die in den drei Jahren nach 1978 ohne verbindliche Vorschriften aufgetreten waren, zu unterbinden, zum anderen in der Absicht, den Verwaltungsbeamten größeren Ermessensspielraum bei der Durchsetzung der Bestimmungen und der Zumessung von Strafen einzuräumen.[4] Das Fehlen von Verfahrensrichtlinien macht Austin beispielsweise an Paragraph 4 fest, der keine Aussagen darüber enthalte, in welchem zeitlichen Rahmen die geforderte Registrierung von Werbeeinheiten und Unternehmen, die für sich werben wollen, abzuwickeln sei, oder an Paragraph 14, der keinen Hinweis darauf gebe, wie die Verantwortlichen im Falle einer Verletzung der Bestimmungen unterrichtet werden und wie sie darauf reagieren können, um weitere Sanktionen zu vermeiden.[5] Insgesamt kommt Austin zu dem Schluß, daß Ausführungsanordnungen, wie sie in Paragraph 18 der "VB" angekündigt werden, dringend geboten seien, um einzuhaltende Vorgehensweisen und ver-

---

[3] Scott R. Austin: "Advertising Regulation in the People's Republic of China", *Law and Policy in International Business*, Vol.15 (1983), No.3, pp.905-986, hier: p.970.

[4] Siehe Scott R. Austin: "Advertising Regulation in the People's Republic of China", pp.970-971.

[5] Siehe Scott R. Austin: "Advertising Regulation in the People's Republic of China", p.971.

schwommene Begriffe wie "abergläubisch", "nationale Würde", "Wahrheit" usw. genauer zu erklären.⁶

Diese Hoffnung auf größere Klarheit durch die Detailregelungen zu den "VB", die Austin zum Ausdruck bringt, wurde in doppelter Hinsicht enttäuscht, denn die "Ausführungsanordnungen" zu den "VB" wurden zum einen nicht offen publiziert, sondern trugen den Vermerk "intern zur Probedurchführung",⁷ zum anderen liefern auch sie kaum Anhaltspunkte dafür, was unter "abergläubischen Werbeinhalten", "Wahrheit" etc. konkret zu verstehen ist. Die "Ausführungsanordnungen" zu den "VB" nehmen nur in Paragraph 18 Bezug auf inhaltliche Anforderungen an die Werbung, und darin heißt es:

> [...] das Design jeder Art Werbung muß wahr, einfach und klar, schön und geschmackvoll sein, sie muß die Besonderheiten der Ware wahrheitsgetreu widerspiegeln, sie darf keine übertriebene Sprache und [Sprache, die] Dritte verleumdet oder sonstwie unangemessen ist, verwenden. Die Darstellung der Schriftzeichen, das Design der Figuren und der Bilder sowie die Auswahl der Musik muß für den Aufbau der geistigen Zivilisation des Sozialismus nützlich sein und mit der nationalen Lage Chinas und den nationalen Bräuchen übereinstimmen.⁸

Was "geschmackvoll" ist, was als "übertriebene" Sprache zu betrachten ist oder was "nützlich für den Aufbau der geistigen Zivilisation des Sozialismus" ist, bedarf der Interpretation mindestens ebenso wie die Begriffe und Formulierungen, die in den "VB" selbst verwendet werden. Auch über andere von Austin monierte Punkte, z.B. welcher zeitliche Rahmen von der Antragstellung bis zur Registrierung von Unternehmen, die für ihre Produkte oder Dienstleistungen werben wol-

---

[6] Austins Fazit lautet: "If China is interested in learning advertising techniques or acquiring additional foreign exchange from advertising revenues, the promulgation of sweeping, uncertain regulations is not the way to do so." (Scott R. Austin: "Advertising Regulation in the People's Republic of China", p.985.) An diesem Zitat wird deutlich, daß der Leitgedanke Austins darin besteht, zu untersuchen, ob die "VB" ausländischen Werbern Rechtssicherheit bieten können.

[7] Die "Ausführungsanordnungen" tragen das Datum 5. Juni 1982, vermutlich waren sie also schon in Kraft, als Austin seinen Artikel schrieb. *ZGGGNJ* enthält den vollen Wortlaut der "Ausführungsanordnungen", aber als das "Jahrbuch" erschien, waren die Bestimmungen durch die neuen gesetzlichen Regelungen von 1987 bereits abgelöst.

[8] "«Guanggao guanli zanxing tiaoli» shishi xize (neibu shiyong)", p.51.

len, anzusetzen ist, geben die "Ausführungsanordnungen" zu den "VB" keinen Aufschluß.

In einem Artikel von Erhard Louven und Karen Zürn über "Werbung in der VR China" vom März 1988 werden die oben genannten Kritikpunkte Austins aufgegriffen und die "VB" mit den im Jahr 1987 neu erlassenen "Bestimmungen" verglichen.[9] Die Autoren kommen bei ihrem Vergleich zu dem Schluß, daß die neuen Regelungen als Fortschritt gegenüber den "VB" zu sehen seien, wenn auch nicht in bezug auf das von Austin beklagte Fehlen von Angaben über konkrete Verfahrensweisen.[10] Die Fortschritte werden an folgenden Neuerungen festgemacht: Der Passus in Paragraph 6 der "VB" über preisreduzierte Waren mit einem Mangel, versuchsweise hergestellte oder verkaufte Produkte fehle in den "Bestimmungen".[11] Mit der Streichung der "staatlichen Politik" aus Paragraph 8 der "VB" sei ein "unbestimmter Rechtsbegriff"[12] nicht in die "Bestimmungen" übernommen worden. In Paragraph 8 der "VB" und der "Bestimmungen" sehen die Autoren eine weitere Verbesserung darin, daß die "Würde aller chinesischen Nationalitäten" in den "Bestimmungen" durch die "chinesische nationale Würde" ersetzt worden sei.[13] Auch in diesem Punkt greifen Louven und Zürn ein Argument Austins in ihrem Kommentar auf:

> Es gibt über 50 anerkannte Nationalitäten in der Volksrepublik. Wie könnte eine Werbeagentur jemals sicherstellen, daß die Empfindlichkeiten aller dieser Nationalitäten nicht verletzt werden? Die 'nationale Würde' bedeutet da schon einen Fortschritt, obgleich diese natürlich auch interpretationsbedürftig bleibt.[14]

---

[9] Erhard Louven und Karen Zürn: "Werbung in der VR China", p.230-231. Das Kriterium der Rechtssicherheit für ausländische Werber, das für Austins Einschätzung so wichtig war, steht hier nicht mehr explizit im Vordergrund.

[10] Siehe Erhard Louven und Karen Zürn: "Werbung in der VR China", p.230.

[11] Diese Vorschrift der "VB" war einer der Kritikpunkte in Austins Artikel. Siehe Scott R. Austin: "Advertising Regulation in the People's Republic of China", p.978. Austins Argumentation wird von Louven und Zürn übernommen.

[12] Erhard Louven und Karen Zürn: "Werbung in der VR China", p.231.

[13] Siehe ebenda.

[14] Ebenda. Siehe dazu auch die entsprechende Passage bei Scott R. Austin: "Advertising Regulation in the People's Republic of China", p.982: "There are fifty-four recognized minorities in China.[...] Thus, the issue arises

Ob sich der Unterschied im chinesischen Originaltext der "VB" (*wo guo ge minzu zunyan* 我国各民族尊严) und der "Bestimmungen" (*wo guo minzu zunyan* 我国民族尊严) tatsächlich so präzise fassen läßt, wie dies die obige Übersetzung von Louven und Zürn nahelegt, ist fraglich. In einem "Wörterbuch der Industrie- und Handelsverwaltung", das 1988 erschien und dessen Abschnitte über Werbung bereits auf den neuen "Bestimmungen" basieren, wird jedenfalls weiter die Formulierung *wo guo ge minzu zunyan* gebraucht.[15]

Schließlich führen Louven und Zürn die in Paragraph 19 der "Bestimmungen" verankerten Berufungsmöglichkeiten gegen von den Industrie- und Handelsverwaltungsbehörden über Werbeeinheiten verhängte Strafen als Verbesserung gegenüber den "VB" an. Bei den weiteren Unterschieden zwischen "VB" und "Bestimmungen", welche die Autoren aufzeigen, bleibt offen, ob sich darin ihrer Meinung nach ein Fortschritt manifestiert. Beispielsweise trägt die von Louven und Zürn registrierte Aufnahme des Begriffes *jiankang* ("gesund") als Anspruch an den Werbeinhalt in Paragraph 3 der "Bestimmungen", der im entsprechenden Paragraphen der "VB" keine Verwendung findet,[16] sicher nicht zu größerer Klarheit bei.

Wie bereits im vorangehenden Kapitel angesprochen wurde,[17] werden von chinesischer Seite als Unterschiede zwischen den "VB" und den "Bestimmungen" vor allem ihre größere inhaltliche Vollständigkeit, klarere und konkretere Formulierungen und bessere Übereinstimmung mit der realen Situation hervorgehoben. Nach der Darstellung im "Jahrbuch des chinesischen Handels 1988" manifestiert sich in den "Bestimmungen" das Prinzip der Kontrolle auf makroskopischer und der Belebung auf mikroskopischer Ebene.[18] Für die makroskopische Ebene gibt der Bei-

---

whether an advertiser can trust that any single agency will be aware of all the possible ways in which one of these fifty-four minorities could be offended."

[15] Siehe Li Daonan 李道南 und Yang Keqiang 杨克强 (Hg.): *Gong-shang xingzheng guanli cidian* 工商行政管理辞典 (Wörterbuch der Industrie- und Handelsverwaltung), Chengdu: Sichuan kexue jishu chubanshe, 1988, p.277.

[16] Erhard Louven und Karen Zürn: "Werbung in der VR China", p.230.

[17] Siehe dazu oben unter 1.2.5. unter "Neue Verordnungen und Gesetze".

[18] [O.Verf.:] "Guanggao guanli", p.148. Ein Vergleich zwischen "VB" und "Bestimmungen", der in den einzelnen Punkten weitgehend mit "Guanggao guanli" übereinstimmt, ohne allerdings zwischen makroskopischer und mikroskopischer Ebene zu unterscheiden, findet sich in Zhang Yuyou 张玉

trag fünf Punkte an, in denen sich die "Bestimmungen" von den früheren Vorschriften unterscheiden:[19] 1. Der Geltungsbereich wurde von Wirtschaftswerbung (Paragraph 2 der "VB") auf *alle* Arten der Werbung (Paragraph 2 der "Bestimmungen") ausgedehnt. 2. Die Überwachung und Kontrolle irreführender Werbung und ungesetzlich betriebener Werbeaktionen wurde in den "Bestimmungen" an herausragende Position gesetzt.[20] 3. Verbotenes Verhalten und verbotene Werbeinhalte wurden z.B. durch den neu aufgenommenen Paragraphen 9 (Verbot von "Nachrichtenwerbung") ergänzt. 4. Die "Bestimmungen" enthalten klarere Vorschriften im Hinblick auf vorzulegende Bescheinigungen (Paragraph 11 der "Bestimmungen"). 5. Die gesetzliche Verantwortung bei Verstößen (Paragraphen 18 und 19 der "Bestimmungen") ist klarer und strenger geregelt als in den "VB". Auf der mikroskopischen Ebene werden folgende Bereiche genannt, in denen die Vorschriften im Sinne der "Reform, Öffnung und Belebung" gelockert wurden:[21] 1. Es gibt in den "Bestimmungen" keine konkreten Festlegungen mehr über Zeit und Fläche, die Werbung in den Medien einnehmen darf.[22] 2. Der Gebührenmaßstab für Werbeaufträge wird von den Werbeeinheiten selbst festgelegt (Paragraph 14 der "Bestimmungen"), die Behörden behalten ein Kontrollrecht. 3. Für hochprozentige Alkoholika, die eine Auszeichnung auf staatlicher, ministerieller oder Provinzebene erhalten haben, darf mit Genehmigung Werbung gemacht werden.[23] 4. Werbung für Zigaretten ist nur noch in Zeitungen, Zeitschriften, Rundfunk und Fernsehen verboten.[24] 5. Auch Privatbetriebe können, wenn sie die Voraussetzungen dafür erfüllen, mit Genehmigung Werbung als

---

友 und Yan Jinyu 颜瑾瑜: *Shangpin guanggaoxue* 商品广告学 (Lehre der Warenwerbung), o.O.: Xinhua chubanshe, 1990, pp.427-428.

19 Siehe [o.Verf.:] "Guanggao guanli", pp.148-149. Als Vergleichsbasis dienen hierbei allerdings nicht nur die "VB", sondern auch spätere amtliche Rundschreiben.

20 Damit ist wohl gemeint, daß die inhaltlichen Anforderungen an die Werbung gleich in Paragraph 3 (statt in Paragraph 6) genannt werden.

21 Siehe [o.Verf.:] "Guanggao guanli", p.149.

22 Einschränkungen in dieser Hinsicht sind zwar nicht in den "VB" selbst enthalten, aber in den "Ausführungsanordnungen" dazu. Siehe dazu unten 2.2.3.

23 Bezüglich der Werbung für harte alkoholische Getränke gibt es in den "VB" keine Vorschriften, sie war aber in einem Zirkular des Staatlichen Industrie- und Handelsverwaltungsamtes im März 1984 ganz verboten worden. Siehe dazu auch oben 1.2.4. dieser Arbeit.

Geschäft betreiben (Paragraph 6 der "Bestimmungen"), was nach Paragraph 4 der "VB" nicht möglich war.

Betrachtet man die Unterschiede zwischen den "VB" und den "Bestimmungen" in ihrer Relevanz für das chinesische Werbewesen insgesamt, so werden im "Jahrbuch des chinesischen Handels 1988" wesentlichere Aspekte angesprochen als in der Analyse von Louven und Zürn, die weitgehend auf den in Austins Artikel monierten Punkten basiert und seiner Argumentation verhaftet bleibt.[25] Die grundlegende Kritik Austins an der inhaltlichen Verschwommenheit und dem Fehlen von klaren Verfahrensregeln trifft zweifellos auf die "VB" zu, und auch die "Bestimmungen" sind unter diesen beiden Gesichtspunkten nicht frei von Mängeln. Auch spricht nichts gegen die Vermutung Austins, daß ein Grund hierfür in der Absicht zu sehen ist, den zuständigen Behörden einen größeren Ermessensspielraum bei der Anwendung der Bestimmungen einzuräumen. Wenn man den chinesischen Gesetzgebern diese Intention allerdings unterstellt, erhebt sich die Frage, weshalb von Ausführungsbestimmungen größere Klarheit zu erwarten sein sollte (wie Austin es tut). Die allgemeinen und vagen Begriffe und Formulierungen, die sowohl in den "VB" als auch in den "Bestimmungen" verwendet werden, tauchen ja nicht nur im Wortlaut dieser gesetzlichen Regelungen auf, sondern ziehen sich durch den gesamten Bereich offizieller politisch-ideologischer Verlautbarungen. Je nach aktuellem politischem und wirtschaftlichem Klima ermöglicht gerade die unscharfe Wortwahl und Interpretationsbedürftigkeit eine mehr oder weniger strenge Auslegung der Vorschriften im Einzelfall.

## 2.2. Die Verwaltung der Werbung

### 2.2.1. Das Staatliche Industrie- und Handelsverwaltungsamt

Das Staatliche Industrie- und Handelsverwaltungsamt, in dessen Zuständigkeitsbereich die Verwaltung der Werbung gehört, ist direkt dem Staatsrat unterstellt und hat als Wirtschaftskontrollbehörde ein breites Spektrum administrativer und exekutiver Aufgaben und Funktionen.

---

[24] Zigarettenwerbung war ebenfalls in dem Zirkular vom März 1984 in jeder Form untersagt worden.

[25] Louven und Zürn übernehmen die Argumentation Austins z.T. fast wörtlich, außer an den oben genannten Punkten ließen sich dafür noch weitere Beispiele nennen.

In einer Rede, die er auf dem Werbekongreß der Dritten Welt hielt, gibt der Leiter des Staatlichen Industrie- und Handelsverwaltungsamtes Ren Zhonglin einen Überblick über die Hauptaufgaben seiner Behörde.[26] Er beschreibt das Aufgabenfeld seiner Behörde zunächst allgemein: politische Richtlinien, Gesetze und Erlasse des Staates durchzuführen, Gesetze und Bestimmungen für den Bereich Industrie und Handel zu entwerfen, Wirtschaftsaufsicht und -kontrolle über Industrie- und Handelsunternehmen auszuüben, legale Geschäftsführung zu schützen und ungesetzliche zu unterbinden, die gesellschaftliche und wirtschaftliche Ordnung aufrechtzuerhalten, Reform, Öffnung und Belebung zu unterstützen und dem Modernisierungsaufbau des Sozialismus zu dienen.[27] Das Amt ist zuständig für die Verwaltung und Kontrolle des städtischen und ländlichen Markthandels und aller speziellen Märkte, beispielsweise für industrielle Konsumgüter, Produktionsmittel, Technik usw. Außerdem wickelt die Behörde die Registrierung von Warenzeichen sowie die Registrierung aller Industrie- und Handelsunternehmen ab - dies schließt auch private Industrie- und Handelsbetriebe,[28] Joint Ventures und Niederlassungen ausländischer Firmen in China ein -, und sie überprüft die Wirtschaftstätigkeit dieser Unternehmen. Schließlich hat sie eine Kontroll- und Schiedsfunktion über Wirtschaftsverträge und untersucht Fälle von Wirtschaftskriminalität.[29] Das Tätigkeitsfeld des Staatlichen Industrie- und Handelsverwaltungsamtes geht also über die Regelung und Kontrolle der Werbung weit hinaus.

### 2.2.2. Verwaltung der Werbung auf zentraler und regionaler Ebene

Im "Jahrbuch der chinesischen Werbung" findet sich folgendes Schaubild, das die Struktur des chinesischen Werbewesens darstellen soll:[30]

---

26 Ren Zhonglin 任中林: "Zhongguo Guojia Gong-Shang Xingzheng Guanli Ju de zhineng" 中国国家工商行政管理局的职能 (Die Aufgaben des chinesischen Staatlichen Industrie- und Handelsverwaltungsamtes), *ZGGGNJ*, pp.112-113, hier: p.112.

27 Ebenda.

28 Das Staatliche Industrie- und Handelsverwaltungsamt leitet auch die Arbeit des Verbandes der Selbständigen an. Siehe ebenda.

29 Ebenda. Zum Aufgabengebiet des Staatlichen Industrie- und Handelsverwaltungsamtes siehe auch Magdalena Harnischfeger-Ksoll und Wu Jikun (Hg.): *China Handbuch für die Wirtschaft* / 中国手册 - 供经济世界, München und Beijing 1986, p.27.

30 Siehe [o.Verf.:] "Guanggao guanli jiguan" 广告管理机关 (Verwaltungsorgane der Werbung), *ZGGGNJ*, p.20.

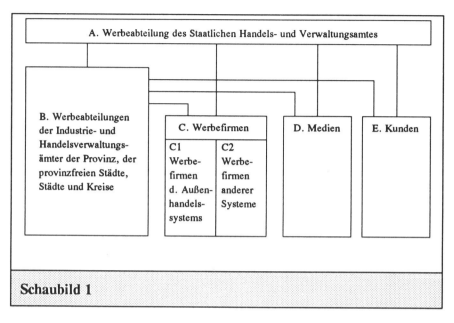

Schaubild 1

Danach unterstehen alle Werbefirmen, Medien und Werbeauftraggeber direkt der Werbeabteilung (*guanggao si* 广告司) des Staatlichen Industrie- und Handelsverwaltungsamtes und den entsprechenden Einrichtungen auf regionaler Ebene (*guanggao chu* 广告处 und *guanggao ke* 广告科), die von den örtlichen Industrie- und Handelsverwaltungsämtern nach dem Erlaß der "VB" eingerichtet wurden. Allerdings ist anzumerken, daß dieses Schema ein stark verkürztes und vereinfachtes Bild der tatsächlichen Verhältnisse wiedergibt, denn es sind noch eine ganze Reihe weiterer Behörden in die Verwaltung der Werbung involviert. Dies läßt sich schon daran erkennen, daß fast alle amtlichen Rundschreiben, die im vorangehenden Kapitel aufgeführt wurden und die sich auf spezielle Bereiche der Werbung - entweder auf bestimmte Kategorien von Waren oder auf bestimmte Medien - beziehen, nicht allein vom Staatlichen Industrie- und Handelsverwaltungsamt erlassen wurden, sondern die verschiedensten Ministerien, Kommissionen und Ämter an diesen Vorschriften zumindest mitbeteiligt sind. Auch auf lokaler Ebene werden Entscheidungen, wie z.B. über die Planung der Außenwerbung, nicht allein von den Industrie- und Handelsverwaltungsämtern getroffen.[31] Die verfügbare Literatur vermittelt jedoch keinen klaren Einblick in die Aufgaben-

---

31 In den "VB" war dies noch deutlicher als in den "Bestimmungen".

und Kompetenzverteilung der involvierten Behörden.[32] Es ist anzunehmen, daß in der Praxis Konflikte durch die mangelnde Abgrenzung von Kompetenzen auftreten, und in verschiedenen Publikationen wird kritisiert, wie sich unterschiedliche Interessenlagen von Abteilungen und Regionen auch im Bereich der Werbung negativ auswirken.[33]

Die von Ren Zhonglin beschriebenen allgemeinen Funktionen seiner Behörde bestimmen auch die Einzelaufgaben für die Verwaltung der Werbung: Durchführung der diesbezüglichen Gesetze und Erarbeitung von Verfahrensregeln für ihre Durchführung, Überprüfung und Genehmigung von Werbeaktionen, Untersuchung und Strafzumessung bei Verstößen gegen die Werbebestimmungen, bei ungesetzlichen Werbegeschäften usw. Alle Werbeeinheiten werden beim Staatlichen Industrie- und Handelsverwaltungsamt registriert, die Gewerbelizenzen werden zum Teil zwar auf regionaler Ebene beantragt und ausgestellt, in jedem Fall aber an die zentrale Ebene weitergemeldet.[34] Außerdem leitet das Staatliche Industrie- und Handelsverwaltungsamt den Chinesischen Werbeverband in seiner Arbeit an.[35] Als eine zusätzliche Aufgabe der Werbeverwaltungsbehörden aller Ebenen wird in anderen Darstellungen noch genannt, daß sie die Werbeeinheiten dabei anleiten und unterstützen, die Qualität ihrer Dienstleistungen zu verbessern, sowie Erfahrungen

---

[32] Ein Artikel, der Ende 1986 in ZGGG erschien, weist darauf hin, daß für die 6.000 Werbeeinheiten, die es in China zu diesem Zeitpunkt gab, sechzig verschiedene Behörden zuständig seien. Siehe [Benkan bianjibu 本刊编辑部:] "Yao gaibian guanggao jingying guanli de xiaoshengchan fangshi" 要改变广告经营管理的小生产方式 (Man muß die Form der Kleinproduktion des Werbemanagement verändern). ZGGG, 1986, No.4, pp.2-3, hier: p.3.

[33] Siehe z.B. [Benkan bianjibu:] "'Shuang zeng shuang jie' yu guanggao", p.3; Ouyang Zaisan 欧阳在三: "Gaige guanggao jingying tizhi, zujian xin de gufen gongsi" 改革广告经营体制组建新的股份公司 (Das Werbegeschäftssystem reformieren, neue Aktiengesellschaften aufbauen), ZGGG, 1988, No.1, pp.16-17; und [Benkan pinglunyuan:] "Zhengdun zhili cong he rushou chuyi", pp.3-4.

[34] Nur Werbeeinheiten, die landesweit tätig sind, und Niederlassungen ausländischer Werbeagenturen in China müssen ihre Geschäftszulassung von vornherein auf zentraler Ebene beantragen.

[35] Siehe Ren Zhonglin: "Zhongguo Guojia Gong-Shang Xingzheng Guanli Ju de zhineng", p.112. Zur Anleitung des Werbeverbandes durch das Staatliche Industrie- und Handelsverwaltungsamt siehe auch 2.3.1.

zusammenfassen und weitergeben.[36] Beispielsweise dient die periodische Durchführung von Konferenzen zum Austausch von Erfahrungsberichten dazu, die Verbindung zwischen Verwaltungsbehörden und Werbeeinheiten zu verbessern und die Zusammenarbeit zu verstärken.[37]

### 2.2.3. Ausführungsanordnungen zu den gesetzlichen Bestimmungen

Nach Paragraph 18 der "VB" und Paragraph 21 der "Bestimmungen" obliegt die Ausarbeitung von Ausführungsanordnungen zu den gesetzlichen Vorschriften für die Werbung und ihre Auslegung dem Staatlichen Industrie- und Handelsverwaltungsamt. Vergleicht man den Wortlaut der "Ausführungsanordnungen" zu den "VB" (im folgenden: "AAVB") und zu den "Bestimmungen" (im folgenden: "AAB"),[38] so erklären sich die Unterschiede beider Texte zu einem großen Teil aus den bereits oben dargestellten Neuerungen, welche die "Bestimmungen" gegenüber den "VB" auszeichnen. Beispielsweise schlägt sich die Ausdehnung des Geltungsbereiches auf *alle* Arten von Werbung in den "AAB" nieder: In Paragraph 2 sowohl der "AAVB" als auch der "AAB" wird erläutert, welche Werbemaßnahmen durch die "VB" bzw. die "Bestimmungen" geregelt werden. Da sich die "VB" nur auf Wirtschaftswerbung, d.h. Werbung für den Absatz von Waren und das Anbieten von Dienstleistungen und Arbeitsdiensten gegen Bezahlung, beziehen, muß in den "AAVB" ausgeführt werden, was in diesem Zusammenhang unter "Dienstleistungen" und "Arbeitsdiensten" zu verstehen ist.[39] Die "AAB" dagegen beschränken sich darauf, die möglichen Arten von Werbemedien und -maßnahmen ohne weitere Differenzierung aufzulisten, da sich hier eine Abgrenzung von Wirtschaftswerbung und Werbung im weiteren Sinn erübrigt.[40] In den "AAB" sind die Genehmigungen benannt, die z.B. von höheren Bildungseinrichtungen,

---

[36] Siehe z.B. Li Zhiyi u.a.: *Shangbiao guanggao falü zhishi*, p.139; und [o.Verf.:] "Guanggao guanli jiguan", p.20.

[37] So die Ausführungen in Li Zhiyi u.a.: *Shangbiao guanggao falü zhishi*, p.139.

[38] Die im folgenden angegebenen Seitenzahlen beziehen sich, wenn nicht anders vermerkt, auf den Text der "AAVB" und der "AAB" in *ZGGGNJ*.

[39] Nach § 2 "AAVB", p.50 umfassen "Arbeitsdienste" den Transport von Waren, die vertragliche Verpflichtung zu Bauarbeiten, technische Maßnahmen etc.; zum Dienstleistungsbereich gehören Gastronomie, Friseure, öffentliche Bäder, Wäschereien, Gasthäuser, Fremdenverkehr, aber auch Montage, Verarbeitung, Reparatur und schließlich Vermietung.

Abendschulen, Ärzten usw. vorgelegt werden müssen, um werben zu dürfen[41] - auch dies ergibt sich aus der Ausdehnung des Geltungsbereiches der "Bestimmungen".

Da die verschiedenen, im Zuge der Wirtschaftsreform zugelassenen Unternehmensformen in den "Bestimmungen" stärker berücksichtigt sind als in den "VB", enthalten die "AAB" zusätzliche Vorschriften für diesen Bereich. So bezieht sich Paragraph 5 der "AAB" auf chinesisch-ausländische Gemeinschaftsunternehmen, die eine Werbegeschäftslizenz beantragen,[42] und in Paragraph 6 der "AAB" sind die Bedingungen genannt, die Privatbetriebe für den Erhalt einer Werbegeschäftslizenz erfüllen müssen.[43] Nach den "VB" war es Privatpersonen explizit verboten, geschäftsmäßig Werbung zu betreiben. Die "AAVB" enthalten dazu keine Erläuterungen, jedoch findet sich in anderen Publikationen über die Regelung der Werbung der Hinweis, daß schon vor dem Erlaß der "Bestimmungen" dieses Verbot in der Praxis differenziert gehandhabt wurde: Es war Privatpersonen und -betrieben zwar nicht gestattet, eigene Werbefirmen zu eröffnen, Werbeaufgaben zu vertreten oder eigenständig Werbung zu veröffentlichen, jedoch konnten sie die Genehmigung erhalten, Werbung für Werbeeinheiten zu entwerfen oder herzustellen.[44]

Ein Komplex der "AAVB" ist in den "AAB" nicht mehr enthalten: Bestimmungen über den räumlichen und zeitlichen Anteil, den Werbung in den Medien einnehmen darf. Die "AAVB" hatten vorgeschrieben, daß die täglich ausgestrahlte Wirtschaftswerbung bei Rundfunksendern höchstens 6% der Gesamtsendezeit, bei Fernsehsendern höchstens 8% der Sendezeit pro Kanal betragen dürfe.[45] In Zeitungen durfte Werbung durchschnittlich nicht mehr als ein Achtel der Fläche einnehmen; in Spezialzeitschriften zur Verbreitung von Wirtschaftsinformationen

---

40 "AAB", p.45. Zur Unterscheidung von Wirtschaftswerbung und anderer Werbung siehe auch 3.1. dieser Arbeit.

41 Siehe § 13 der "AAB", p.46. Werbung von und für Schulen, privat praktizierende Ärzte und ähnliches war in den "VB" nicht berücksichtigt, da solche Werbung zum Zeitpunkt ihrer Erarbeitung noch nicht erlaubt war.

42 "AAB", p.45.

43 "AAB", p.45.

44 Siehe die Erläuterungen in Li Zhiyi u.a.: *Shangbiao guanggao falü zhishi*, pp.142-143; und in Su Xuedan 苏雪丹 und Zhai Daqing 翟达清: *Shangbiao guanggao guanli shiyong shouce* 商标广告管理实用手册 (Praktisches Handbuch der Warenzeichen- und Werberegelung). Harbin: Heilongjiang chubanshe, 1987, p.133.

konnte bis zu einem Drittel der Fläche für Werbung verwendet werden.[46] Die "AAB" bedeuten in dieser Hinsicht also eine Lockerung gegenüber den bisherigen Vorschriften.

Die Ausführungsanordnungen zu beiden Gesetzen zeichnen sich aber auch durch einige Gemeinsamkeiten aus: Sowohl in den "AAVB" als auch in den "AAB" beziehen sich eine ganze Reihe von Vorschriften zum einen auf die Bedingungen, welche unterschiedliche Typen von Werbeeinheiten erfüllen müssen, um eine Werbegeschäftslizenz zu bekommen,[47] zum anderen auf die Bescheinigungen und Nachweise, die vom Werbenden für verschiedene Arten der Werbung vorzulegen sind.[48] Die Anweisungen der "AAB" sind für diese beiden Bereiche klarer formuliert als die "AAVB".

In beiden Regelwerken ist den Verstößen gegen einzelne Paragraphen der "VB" bzw. der "Bestimmungen" breiter Raum gewidmet.[49] Die Strafzumessung für die jeweils Verantwortlichen (den Werbeauftraggeber, die Werbeeinheit oder beide) ist von den Industrie- und Handelsverwaltungsämtern vorzunehmen, wobei das Spektrum der Strafen - Kritik, Berichtigungswerbung, Konfiszierung der ungesetzlichen Einkünfte, Wiedergutmachungsleistungen, vorübergehender oder endgültiger Entzug der Geschäftslizenz - und die Höhe der möglichen Geldstrafen differenziert nach Art und Schwere des Falles aufgelistet sind.

## 2.3. Chinesische Werbeverbände

### 2.3.1. Der Chinesische Werbeverband

Der Chinesische Werbeverband, der im Dezember 1983 gegründet wurde und gleichzeitig seine erste Delegiertenversammlung abhielt, wird, so heißt es in der Rede von Ren Zhonglin, in seiner Arbeit vom Staatlichen Industrie- und Handels-

---

[45] § 20 "AAVB", p.51.

[46] § 21 "AAVB", p.51.

[47] Diesbezügliche Fragen sind in den Paragraphen 3 bis 8 der "AAVB" (p.50) und der "AAB" (pp.45-46) geregelt.

[48] Die Paragraphen 10 bis 17 der "AAVB" (pp.50-51) und die Paragraphen 9 bis 15 der "AAB" (pp.46-47).

[49] In den "AAVB" werden Verstöße in § 33, Absätze 1 bis 12 behandelt (pp.52-53), die "AAB" führen Verstöße einzeln in den Paragraphen 19 bis 30 auf (pp.47-48).

verwaltungsamt angeleitet.[50] Was konkret mit dem Begriff "Anleitung" gemeint ist, wird von Ren Zhonglin nicht näher ausgeführt. Die Verbindung zwischen dem Staatlichen Industrie- und Handelsverwaltungsamt und dem Chinesischen Werbeverband manifestiert sich auf jeden Fall in personellen Überschneidungen zwischen Behörde und Verband. Beide bisherigen Präsidenten des Verbandes und einer der je elf Vizepräsidenten waren bzw. sind hochrangige Mitarbeiter des Staatlichen Industrie- und Handelsverwaltungsamtes: Präsident während der ersten Vorstandsperiode (von Dezember 1983 bis Dezember 1986) war Fei Kailong, der damalige Vize-Leiter des Staatlichen Industrie- und Handelsverwaltungsamtes; seit Dezember 1986 ist Tian Shuqian, der Leiter des Staatlichen Industrie- und Handelsverwaltungsamtes, Präsident des Verbandes. Eine der Vizepräsident(inn)en in der ersten und zweiten Vorstandsperiode ist Jin Guiqi, die zunächst Vize-Leiterin und später Leiterin der Werbeabteilung des Staatlichen Industrie- und Handelsverwaltungsamtes war. Jin Guiqi hat außerdem in beiden Vorstandsperioden die Funktion der Generalsekretärin inne. Die im vorangehenden Kapitel beschriebene[51] Finanzierung der Mitgliederversammlung des Verbandes im Dezember 1986 mittels "Unterstützungsgeldern" von Unternehmen zeigt, daß das Staatliche Industrie- und Handelsverwaltungsamt nicht nur den Verband "anleitet", sondern für ihn auch als eine Art Schirmherr fungiert, so daß der Verband von der Autorität und den Machtbefugnissen der staatlichen Behörde *de facto* mitprofitiert.

Auf den beiden Delegiertenversammlungen, die der Chinesische Werbeverband vom 27. bis 31. Dezember 1983 (bei seiner Gründung) und vom 22. bis 26. Dezember 1986 abhielt, wurde jeweils ein Verbandsstatut beschlossen.[52] Der organisatorische Ausbau des Verbandes, aber auch die Entwicklungen innerhalb der chinesischen Werbebranche in den drei zwischen den Versammlungen liegenden Jahren brachten es mit sich, daß die Satzung von 1986 erheblich über die aus dem Jahre 1983 hinausgeht.

*Die Satzung des Chinesischen Werbeverbandes von 1983*

Die fünf Teile des Statuts vom Dezember 1983 mit insgesamt fünfzehn Paragraphen lassen sich wie folgt inhaltlich zusammenfassen:

---

50 Ren Zhonglin: "Zhongguo Guojia Gong-Shang Xingzheng Guanli Ju de zhineng", p.112.

51 Siehe dazu 1.2.4.

52 Der Wortlaut der beiden Satzungen ist abgedruckt in *ZGGGNJ*; siehe [o.Verf.:] "Zhongguo Guanggao Xiehui zhangzheng (1983 nian 12 yue)", pp.158-159, und [o.Verf.:] "Zhongguo Guanggao Xiehui zhangzheng (1986 nian 12 yue)", pp.161-163.

- Teil 1, "Allgemeine Bestimmungen", legt fest, daß der Chinesische Werbeverband die Branchenorganisation sei, die von den Werbeeinheiten des ganzen Landes gemeinsam gebildet wird. Unter der Anleitung der zuständigen Behörde(n) des Staatsrates führt der Verband für die Werbeeinheiten Chinas Anleitung, Koordination, Beratung und Dienstleistungen durch (§ 1). Der Verband hält an den Vier grundlegenden Prinzipien fest, führt die Politik der Öffnung nach außen und der Belebung der Wirtschaft nach innen durch, schließt die in der Werbung Tätigen des Landes zusammen, fördert die Entwicklung eines sozialistischen Werbewesens chinesischer Prägung und dient dem Aufbau einer hohen materiellen und geistigen Zivilisation des Sozialismus (§ 2).

- Teil 2 behandelt die Aufgaben des Verbandes. Diese bestehen nach Paragraph 3 erstens darin, den Kurs, die Politik, die Gesetze und Bestimmungen des Staates zur Werbung zu verbreiten und durchzusetzen, am sozialistischen Geschäftskurs festzuhalten, den Wahrheitscharakter der Werbung zu bewahren, ihren ideologischen und künstlerischen Charakter zu erhöhen, ihren nationalen Stil zu entfalten[53] und die gesunde Entwicklung der sozialistischen Werbung voranzutreiben. Zweitens soll der Verband die Entwicklungstrends der Werbung im In- und Ausland untersuchen und erforschen, Informationen verbreiten, Beratungsdienste leisten und die Modernisierung der Werbung fördern. Drittens gehört es zu seinen Funktionen, die Beziehungen und die Zusammenarbeit der Werbeeinheiten untereinander zu koordinieren und der Regierung Vorschläge zur Entwicklung der Werbung usw. zu unterbreiten. Viertens organisiert der Verband den Erfahrungsaustausch in der Werbearbeit, bietet berufliche Anleitung, legt Wert darauf, hervorragende Markenprodukte, neue Produkte sowie in- und ausländische fortschrittliche Technik bekanntzumachen, die Produktionsentwicklung zu fördern und die ökonomische Effizienz zu erhöhen. Fünftens bildet der Verband Fachpersonal aus, erhöht das ideologische und künstlerische Niveau und die fachliche Kompetenz der in der Werbung Beschäftigten, organisiert Ausstellungen hervorragender Werbewerke und fortschrittlichen Designs, fördert den wissenschaftlichen Austausch und schützt die legitimen Interessen seiner Mitglieder. Schließlich knüpft der Verband internationale Kontakte und verstärkt die Beziehungen zu Organisationen der Werbebranche im Ausland.

- In Teil 3 (§§ 4 bis 7) geht es um die Mitgliedschaft im Chinesischen Werbeverband. Alle zugelassenen Werbeeinheiten und Stellen, die mit Werbe-

---

[53] Zum Wahrheitscharakter, ideologischen und künstlerischen Charaker und nationalen Stil siehe ausführlich 3.4. dieser Arbeit.

verwaltung oder Wirtschaftsinformationen zu tun haben, können als Gruppe freiwillig die Aufnahme beantragen und mit Zustimmung des Verbandsvorstandes Mitglied werden (§ 4). Die Rechte der Mitglieder umfassen aktives und passives Wahlrecht, ein Kritik-, Vorschlags- und Kontrollrecht für die Verbandsarbeit, die aktive Teilnahme an allen Aktionen des Verbandes und die Freiheit, den Austritt aus dem Verband zu beantragen (§ 5). Pflichten der Mitglieder sind erstens die Einhaltung des Verbandsstatuts und die Durchführung der Verbandsbeschlüsse, zweitens die Übernahme aller ihnen vom Verband anvertrauten Aufgaben, drittens die aktive Teilnahme an den Aktivitäten des Verbandes, Austausch von Ergebnissen, Zusammenfassung und Verbreitung fortschrittlicher Techniken und Managementerfahrungen, Berichte über Ansichten und Forderungen und schließlich die Zahlung des Mitgliedsbeitrags (§ 6). Mitglieder, die das Statut verletzen, erhalten Kritikerziehung, können aber mit Zustimmung des Vorstandes auch aus dem Mitgliederverzeichnis gestrichen werden (§ 7).

- Teil 4 behandelt die Organisationsstruktur. Der Verband ist nach dem Prinzip des demokratischen Zentralismus organisiert, sein höchstes Machtorgan ist die Mitgliedsdelegiertenversammlung, die alle zwei Jahre einmal abgehalten wird. Diese legt den Kurs und die Aufgaben des Verbandes fest, prüft den Arbeitsbericht des Vorstandes, wählt den Vorstand und verbessert das Verbandsstatut (§ 8). Das höchste exekutive Organ zwischen des Sitzungsperioden ist der Vorstand, der einmal im Jahr zusammentritt, bei Bedarf aber auch kurzfristig einberufen werden kann. Zu den Pflichten des Vorstandes gehören u.a. die Durchführung der Beschlüsse und die Vorbereitungen für die Abhaltung der Mitgliedsdelegiertenversammlung (§ 9). Der Vorstand wählt den Präsidenten, die Vizepräsidenten, Generalsekretäre und den ständigen Vorstand, der zwischen den Sitzungsperioden des Vorstandes dessen Rechte ausübt. Der Vorstand ernennt einen Ehrenpräsidenten und benennt Berater (§ 10). Der ständige Vorstand richtet das Generalsekretariat ein, das unter Führung des Generalsekretärs die Routinearbeit erledigt (§ 11). Entsprechend den Erfordernissen können unter dem Vorstand Arbeitskomitees oder fachliche Zweigverbände eingerichtet werden (§ 12). Alle Provinzen, Autonomen Regionen, regierungsunmittelbaren Städte und große und mittlere Städte können nach den realen Erfordernissen örtliche Werbeverbände errichten, deren Arbeit vom Chinesischen Werbeverband angeleitet wird (§ 13). Der Chinesische Werbeverband vertritt die chinesische Werbebranche bei internationalen Werbeorganisationen und internationalen Austauschaktionen.

- Teil 5 ("Fonds") zählt die Geldquellen des Verbandes auf, nämlich erstens Geldzuwendungen von anderen Einheiten, zweitens Mitgliedsbeiträge und drittens Einnahmen des Verbandes aus Beratung und Dienstleistungen (§ 15).

*Die Satzung des Chinesischen Werbeverbandes von 1986*

Bereits im Teil der allgemeinen Bestimmungen weicht das Statut von 1986 insofern ab, als der Chinesische Werbeverband nun als "die Branchenorganisation der chinesischen Werbewelt" bezeichnet wird und er eine gesellschaftliche Vereinigung mit dem Status der juristischen Person ist (§ 1). Nach Paragraph 2 führt der Verband zusätzlich zur Öffnung und Belebung den Kurs der Reform durch. Vertretung und Schutz der legitimen Interessen der Mitglieder werden zu einem Hauptziel des Verbandes erklärt und damit an eine prominentere Stelle gesetzt. Teil 1 schließt ab mit einem neuen Paragraphen 3, der den Zusammenhang zwischen Verband und Staat bzw. Regierung stärker betont als die frühere Satzung: Der Verband wird vom Staatlichen Industrie- und Handelsverwaltungsamt angeleitet, und gemäß dem Kurs, der Politik und den Gesetzen des Staates führt er Anleitung, Koordinierung, Beratung und Dienste für die Werbepropaganda und das Werbegeschäft des ganzen Landes durch. Neu ist, daß der Verband außerdem die Regierung bei der Verwaltung der Branche unterstützt.

Teil 2 ist weitgehend unverändert, bezieht in den Passus über die Koordination aber auch die Beziehung zwischen Werbeeinheiten und Werbekunden ein sowie die Förderung horizontaler Verbindungen und Zusammenarbeit (§ 4).[54]

Nach dem neuen Statut können auch Einzelpersonen Mitglied werden. Dies gilt zum einen für Personen aus der Werbepraxis mit "gewissem" theoretischem und kreativem Niveau sowie Lehr- und Forschungspersonal, zum anderen für "bekannte Persönlichkeiten der Werbewelt und entsprechende Persönlichkeiten". Als Gruppenmitglieder sind - ebenfalls eine Neuerung - auch große und mittelgroße Industrie- und Handelsunternehmen vorgesehen, in denen es eine Einrichtung oder Abteilung für Werbung gibt (§ 5). Die Aufnahme in den Verband erfolgt jeweils über den ständigen Vorstand der Werbeverbände der Provinz, Autonomen Region oder provinzfreien Stadt (§ 6). Die Rechte der Verbandsmitglieder sind unverändert (§ 7). Auch bei den Pflichten gibt es keine entscheidenden Neuerungen, außer daß die Mitglieder nun auch eine Aufnahmegebühr zu zahlen haben (§ 8). Die Mitgliedschaft erlischt bei freiwilligem Antrag auf Austritt, bei Verlet-

---

[54] Die Schaffung horizontaler Verbindungen geht auf den Beschluß des ZK der KP auf dem 3. Plenum des XII. ZK vom 20. Oktober 1984 zurück und soll mangelnder Spezialisierung und Arbeitsteilung abhelfen. Siehe [o.Verf.:] "Zhong Gong Zhongyang guanyu jingji tizhi gaige de jueding", pp.1-3, insbesondere p.3.

zung des Statuts und Weigerung, sich zu bessern; sie kann aber auch annulliert werden, wenn die Werbegeschäftslizenz der Mitgliedseinheit durch die Behörden widerrufen wird oder ein Einzelmitglied seine Bürgerrechte verliert (§ 9).[55] Mit diesen beiden letzten Gründen für einen Ausschluß werden das Verhalten der Mitglieder außerhalb des Verbandes und damit der gesellschaftliche Kontext stärker einbezogen.

Die Paragraphen in Teil 4 über die Organisationsstruktur wurden in der neuen Satzung stärker untergliedert. Darin ist festgelegt, daß die Mitgliedsdelegiertenversammlung nur noch alle drei Jahre abgehalten wird (§ 10),[56] die Delegierten werden von den Werbeverbänden der Provinz, Autonomen Region oder provinzfreien Stadt gewählt (§ 11), die Aufgaben der Versammlung (§ 12) sind dieselben geblieben. Dem Vorstand, der auch weiterhin einmal jährlich zusammentritt (§ 13), schreibt die neue Satzung eine zusätzliche Aufgabe zu: die Überprüfung des Budgets und der Endabrechnung des Verbandes (§ 14). Die Wahl des Präsidenten und der Vizepräsidenten wird vom ständigen Vorstand vorgenommen (§ 15), der Generalsekretär und seine Vertreter werden vom Präsidenten nominiert und vom ständigen Vorstand bestätigt (§ 16). Der Verband vertritt die chinesischen Werbekreise auf internationaler Ebene (§ 17).

Da nach 1983 mehrere Fachausschüsse und örtliche Zweigverbände gegründet worden waren, werden diese beiden Bereiche in den Teilen 5 und 6 der neuen Satzung gesondert behandelt. Die Fachausschüsse werden vom Vorstand bzw. ständigen Vorstand des Verbandes angeleitet, die Mitglieder der Komitees müssen Verbandsmitglieder sein (§ 18). Jeder Fachausschuß bildet seinerseits einen ständigen Ausschuß mit Vorsitzendem, Vize-Vorsitzendem und mehreren Mitgliedern (§ 19). Die Fachkomitees haben die Pflicht, nach der Satzung des Verbandes Aktionen in ihrem Bereich durchzuführen, über Ansichten und Forderungen ihrer Mitglieder zu berichten, Materialien über die Lage des eigenen Bereiches zu liefern und Aufgaben, mit denen sie der Verband betraut, auszuführen (§ 20). Die Organisation der örtlichen Zweigverbände entspricht der des Chinesischen Werbeverbandes (§§ 21 bis 23), wobei die Organe für die Routinearbeit mit hauptamtlichem Personal zu besetzen sind (§ 24). Die örtlichen Verbände sind an das Statut des Verbandes gebunden, können jedoch nach Bedarf Zusatzklauseln festlegen (§ 25).

---

[55] Die Genehmigung zur Annullierung der Mitgliedschaft ist ebenfalls auf den jeweiligen ständigen Vorstand der Werbeverbände der Provinz, Autonomen Region oder provinzfreien Stadt übergegangen.

[56] Die zweite solche Versammlung fand trotz des im Statut von 1983 vorgesehenen zweijährigen Abstandes ohnehin erst nach drei Jahren statt.

Der letzte Teil des Statuts über die finanziellen Mittel des Verbandes ist bis auf die Aufnahmegebühr der Mitglieder und Spenden von Einheiten unverändert (§ 26).

Die Satzung des Chinesischen Werbeverbandes von 1986 trägt der wesentlich komplizierter gewordenen Verbandsstruktur Rechnung und stellt insgesamt die Beziehung zu den Behörden noch stärker in den Vordergrund, als dies das frühere Statut getan hatte. Abgesehen von einer gewissen "Aktualisierung" im Sinne einer Anpassung an neuere wirtschaftspolitische Beschlüsse, sind die Aufgaben und Ziele, die sich der Verband setzt, unverändert geblieben. Mit der Zulassung von Einzelpersonen als Verbandsmitglieder nimmt der Verband die gesetzliche Regelung vorweg, daß auch Privatunternehmen eine Werbegeschäftslizenz erteilt werden kann.[57] Verfahrensregeln und Organisation der Verbandsarbeit zeichnen sich gegenüber dem ersten Statut durch größere Klarheit aus, wobei einige Befugnisse an die Verbände auf Provinzebene übertragen wurden.

Personelle Überschneidungen zwischen Verband und Industrie- und Handelsverwaltungsämtern, wie sie weiter oben für die nationale Ebene des Verbandes festgestellt wurden, finden sich auch bei den regionalen Verbänden wieder: Unter den insgesamt 33 örtlichen Zweigverbänden des Chinesischen Werbeverbandes, die bis Ende 1987 gegründet wurden, gibt es nur einen einzigen - den von Liaoning -, in dem das Amt des Verbandspräsidenten *nicht* vom Leiter oder Vize-Leiter des örtlichen Industrie- und Handelsverwaltungsamtes eingenommen wird. Auch Vizepräsidenten und Generalsekretäre rekrutieren sich z.T. aus dieser Behörde.[58]

Daß die in beiden Satzungen verankerte Doppelfunktion des Verbandes als "verlängerter Arm" der Behörde einerseits und als Interessenvertreter seiner Mitglieder andererseits Konfliktpotential in sich birgt, wird - erstaunlicherweise - in

---

[57] Daß das in den "VB" verankerte Verbot für Einzelpersonen, Werbung als Geschäft zu betreiben, offenbar differenziert gehandhabt wurde, wurde unter 2.2.3. bereits ausgeführt. Die Zulassung von Einzelpersonen als Mitglieder des Chinesischen Werbeverbandes ist aber auch im Zusammenhang mit der geplanten Gründung des wissenschaftlichen Fachkomitees zu sehen, das sich zum Großteil aus Lehrpersonal verschiedener Hochschulen zusammensetzt.

[58] ZGGGNJ enthält die Auflistung der örtlichen Zweigverbände und ihrer Führungsgremien, siehe [o.Verf.:] "Zhongguo Guanggao xiehui difang guanggao xiehui", pp.166-173.

einem Artikel der Zeitschrift ZGGG vom Herbst 1989 offen ausgesprochen.[59] Der Verfasser des Beitrages verweist darauf, daß der Chinesische Werbeverband zwar nominell eine nichtstaatliche Branchenorganisation, tatsächlich aber ein administrativer Verband oder "beamtengeführter Verband" (*guanban xiehui* 官办协会) sei und daß dies eine Reihe von "Fehlern" nach sich ziehe. Erstens beeinträchtige es die Durchführung der Aufgaben der Industrie- und Handelsverwaltungsbehörden, da diese sich mit Verbandsangelegenheiten befassen müßten, die sie nicht zu kümmern brauchten, und dadurch Zeit und Energie für die eigentlichen Kontrollaufgaben der Behörde verloren gingen. Der Verband selbst sinke dadurch von der Position des Führenden in die des Geführten ab. Gleichzeitig im Auftrag des Industrie- und Handelsverwaltungsamtes illegale Werbeaktivitäten zu untersuchen *und* die Interessen der Verbandsmitglieder zu schützen, bringe den Verband in eine widersprüchliche Lage. Zweitens sei darin indirekt ein Eingriff in das Selbstbestimmungsrecht der Mitgliedseinheiten zu sehen. Wenn die Behörden Dinge bestimmten, welche die Mitglieder eigentlich selbst entscheiden müßten, dann verletze dies nicht nur die demokratische Beratung der Mitgliedseinheiten, sondern bedeute auch eine Einmischung in die normalen Geschäftsaktionen der Unternehmen. Schließlich werde der Verband in der Entfaltung seiner Funktionen eingeschränkt, deren wichtigste es sei, die ureigensten Interessen der Mitglieder zu schützen und sie beim Dialog mit den Industrie- und Handelsverwaltungsbehörden und anderen Ämtern zu vertreten. Wenn der Verband eine "zweite Regierung" sei, könnten sich die Mitglieder nicht wirklich an den wichtigen Entscheidungen und der Wahl der Führung des Verbandes beteiligen. Wenn der Verband vom Blickwinkel der Regierungsinteressen ausgehe statt von den Interessen seiner Mitglieder, dann sei er unattraktiv und werde von den Mitgliedern nicht als ihre eigene Organisation betrachtet. Unter Berufung auf den Geist des XIII. Parteitages fordert der Autor erstens, den Verband seine eigene Führung wählen und über Kurs und Politik des Verbandes selbst entscheiden zu lassen,[60] zweitens, die Aufgabenbereiche der Behörde und des Verbandes klar abzugrenzen, und drittens, das Verhältnis zwischen Behörde und Verband zu klären, denn die Verbandsarbeit werde zwar von der Industrie- und Handelsverwaltungsbehörde angeleitet, aber er sei kein ihr unterstelltes Organ, ihre rechtliche Stellung sei gleich. Daß Kritik an der behördlichen Einmischung so eindeutig ausgesprochen wird und so klare Forderungen aufgestellt werden wie in diesem Artikel, ist für die chinesische Literatur zur

---

[59] Siehe Ai Hong 艾虹: "You dai lishun guanxi de yi ge fangmian" 有待理顺关系的一个方面 (Ein Bereich, in dem die Verhältnisse geordnet werden sollten), ZGGG, 1989, No.3, p.16.

Werbung alles andere als typisch. Es ist anzunehmen, daß dieser Beitrag in der Aufbruchstimmung, die vor dem 4. Juni 1989 in China herrschte, entstand. Das Zirkular, das der Werbeverband nach dem 4. Plenum des XIII. ZK an seine Mitglieder verschickte,[61] zeigt, daß sich für Vorstellungen, wie sie der Autor des obigen Artikels vertritt, vorläufig kein Ansatzpunkt mehr bietet.

*Resolution des Chinesischen Werbeverbandes 1983*

Bei den Delegiertenversammlungen 1983 und 1986 wurde außer der Satzung des Verbandes auch jeweils eine Resolution verabschiedet.[62] Die Resolution von 1983 gliedert sich in eine Einleitung und drei Teile: In der Einleitung werden die Ergebnisse der Delegiertenversammlung - Verabschiedung der Resolution, Festlegung des Verbandsstatuts und Wahl des Vorstandes - kurz zusammengefaßt und die Bedeutung der Gründung des Verbandes hervorgehoben:

> Die Delegierten sind überzeugt, daß unter Führung der Kommunistischen Partei Chinas und unter Anleitung der zuständigen Behörden des Staatsrates durch die gemeinsame Anstrengung der Genossen aus der Werbebranche des ganzen Landes bestimmt in den Bereichen Förderung der Produktion, Erweiterung der Zirkulation, Anleitung des Konsums, Belebung der Wirtschaft, Erleichterung des Lebens des Volkes und Entwicklung der internationalen Wirtschaftsbeziehungen und des Handels ein aktiver Beitrag zum Aufbau der hohen materiellen und geistigen Zivilisation des Sozialismus geleistet werden kann.[63]

---

[60] In den beiden Satzungen ist dies ja eigentlich auch so festgelegt; daß Ai Hong dies als Forderung aufstellt, ist ein Hinweis darauf, daß die Praxis etwas anders aussieht.

[61] Siehe unter 1.2.6. dieser Arbeit.

[62] Siehe [o.Verf.:] "Zhongguo Guanggao Xiehui diyi ci daibiao dahui jueyi", pp.156-157; und [o.Verf.:] "Zhongguo Guanggao Xiehui di'er ci huiyuan daibiao dahui jueyi (1986 nian 12 yue)" 中国广告协会第二次会员代表大会决议 (1986 年 12 月) (Resolution der zweiten Mitgliedsdelegiertenversammlung des Chinesischen Werbeverbandes [Dezember 1986]), ZGGGNJ, pp.159-161.

[63] [O.Verf.:] "Zhongguo Guanggao Xiehui diyi ci daibiao dahui jueyi", p.156. Zu den hier aufgezählten Funktionen der Werbung (Förderung der Produktion usw.) siehe ausführlich 3.5. dieser Arbeit.

Der erste Teil geht kurz auf die Geschichte der Werbung in der VR China ein, wobei vor allem der Aufschwung betont wird, den das chinesische Werbewesen seit 1979 genommen hat. Teil 2 beschreibt die Aufgaben der Werbung allgemein und der Werbung im Sozialismus im besonderen: Werbung müsse der Produktionsentwicklung und den Verbrauchern dienen, sozialistische Werbung müsse der Erhöhung der wirtschaftlichen Effizienz dienen und dem Aufbau der hohen geistigen Zivilisation des Sozialismus. Es seien zwar in der Werbearbeit der letzten Jahre klare Erfolge errungen worden, aber es gebe auch Probleme wie z.B. ungesunde Werbeinhalte, die es gelte, durch das Festhalten am Wahrheitscharakter der Werbung, an der Einheit von ideologischem und künstlerischem Charakter der Werbung und durch die Entfaltung des nationalen Stils zu beseitigen.[64] Der letzte Teil der Resolution stellt die Aufgaben des Verbandes vor, wie sie in der Satzung verankert sind, und erklärt abschließend:

> Der Chinesische Werbeverband hält unter Führung der Partei und der Regierung am sozialistischen Weg fest und entfaltet im Aufbau eines sozialistischen Werbewesens chinesischer Prägung eine aktive Rolle.[65]

*Resolution des Chinesischen Werbeverbandes 1986*

Grundsätzliche Punkte wie die Funktionen sozialistischer Werbung und ihre Merkmale, die in der Resolution von 1983 genannt werden und die einen wesentlichen Bestandteil des theoretischen Überbaus der Werbung in China ausmachen, spielen in der Resolution der zweiten Delegiertenversammlung des Verbandes keine herausragende Rolle mehr. Auch in diesem Beschluß werden zunächst wieder die Ergebnisse der Versammlung - neue Resolution, neues Statut, neuer Vorstand - genannt.[66] Dann folgt eine "Analyse" der vorangegangenen drei Jahre und der jetzigen Lage: Das Werbewesen sei, wie die hohen Wachstumsraten zeigten, eine "aufblühende Branche voller Vitalität und Lebenskraft".[67] Die Bemühungen der Mitgliedseinheiten präsentieren sich als voller Erfolg im Hinblick auf die 1983 formulierten Aufgaben der Werbung: Durch die Werbepropaganda,

---

64 Siehe [o.Verf.:] "Zhongguo Guanggao Xiehui diyi ci daibiao dahui jueyi", pp.156f.

65 [O.Verf.:] "Zhongguo Guanggao Xiehui diyi ci daibiao dahui jueyi", p.157.

66 Siehe [o.Verf.:] "Zhongguo Guanggao Xiehui di'er ci huiyuan daibiao dahui jueyi (1986 nian 12 yue)", p.159.

67 [o.Verf.:] "Zhongguo Guanggao Xiehui di'er ci huiyuan daibiao dahui jueyi (1986 nian 12 yue)", p.160.

so heißt es in der Resolution, seien die Warenzirkulation beschleunigt, die Produktionsentwicklung gefördert und die internationalen Wirtschaftsbeziehungen und der Handel ausgedehnt worden, so daß das Land und die Unternehmen an ökonomischer Effizienz deutlich gewonnen hätten; gleichzeitig habe die Werbung einen Beitrag zum Aufbau der materiellen und geistigen Zivilisation des Sozialismus geleistet. Allerdings wird dann doch eingeräumt, daß "aufgrund der mangelhaften Basis des chinesischen Werbewesens"[68] auch noch einige Probleme im Entwicklungsprozeß existieren:

> Beispielsweise hat sich im Werbegeschäft noch keine vernünftige gesellschaftliche Arbeitsteilung gebildet, der Spezialisierungsgrad ist noch relativ niedrig, die Geschäftsmethoden sind rückständig, die Servicequalität ist noch zu niedrig, das Fachpersonal reicht noch nicht aus, manchmal taucht noch falsche Werbung auf, der ideologische und künstlerische Charakter ist noch nicht stark genug, es fehlt an Überzeugungskraft usw. - diese Probleme wirken sich auf die gesunde Entwicklung des Werbewesens aus, wir müssen sie ausreichend beachten und praktikable Methoden zu ihrer Lösung ergreifen.[69]

Der Schlußteil der Resolution ist den Bereichen gewidmet, auf die sich die Verbandsarbeit künftig konzentrieren soll, wobei die anstehenden Aufgaben in den Kontext des siebten Fünfjahresplans eingebettet werden, dessen Durchführung zwangsläufig ein Aufblühen des Werbewesens mit sich bringen werde. Als konkrete Schwerpunkte der Arbeit werden aufgeführt:[70]

- Aktive Entwicklung horizontaler Verbindungen und Zusammenarbeit, vor allem zwischen Werbefirmen, Medien und Herstellungseinheiten;
- verstärkter Eigenaufbau der Branche und Erhöhung der Servicequalität im Sinne einer allmählichen Ausweitung der Geschäftstätigkeit auf umfassenden Service mit Marktforschung, Werbeplanung und Informationsfeedback für den Werbekunden;
- Korrektur schädlicher Praktiken der Branche und verstärkter Aufbau eines Berufsethos, das den Wahrheitscharakter der Werbung zum ethischen Maßstab macht;

---

[68] Ebenda.
[69] Ebenda.
[70] [o.Verf.:] "Zhongguo Guanggao Xiehui di'er ci huiyuan daibiao dahui jueyi (1986 nian 12 yue)", pp.160-161.

- weitere Bemühung um theoretische Forschung und Personalausbildung;
- Verstärkung der Kontakte und Kooperation mit dem Ausland durch mehr Informationsaustausch und Bildung von Joint Ventures;
- besserer Service und Regelung der Branche durch Berichte über Wünsche und Forderungen der Werbeeinheiten und Unterstützung der Regierung bei der Werbeverwaltung.

Schließlich ruft die Versammlung alle in der Werbung Tätigen auf, Mut zur Reform und zu Versuchen zu haben, kreativ zu arbeiten und einen Beitrag zur Förderung der gesunden Entwicklung des chinesischen Werbewesens und dem Aufblühen der sozialistischen Warenwirtschaft zu leisten.

Eine grundsätzliche Erklärung und Rechtfertigung der Rolle der Werbung im chinesischen Sozialismus, wie sie in der Resolution des Jahres 1983 expliziert waren, muß von der drei Jahre später verabschiedeten zwar nicht mehr geleistet werden. Aber die Funktionen der Werbung werden doch erneut bestätigend aufgegriffen, indem von jeder einzelnen behauptet wird, sie sei in den vorangegangenen drei Jahren realisiert worden. Die Beschreibung der Betätigungsfelder des Verbandes ist immer noch ziemlich allgemein gehalten, fällt insgesamt jedoch ausführlicher aus als in der ersten Resolution, die sich auf die reine Wiederholung der im Statut genannten Aufgaben beschränkt.

### 2.3.2. Der Chinesische Werbeverband für außenwirtschaftliche Beziehungen und Handel

Bereits mehr als zwei Jahre vor dem Chinesischen Werbeverband wurde im August 1981 "auf Initiative der Außenhandelswerbefirmen überall und mit Unterstützung des Außenhandelsministeriums"[71] der Chinesische Außenhandelswerbeverband gegründet, der später umbenannt wurde in "Chinesischer Werbeverband für außenwirtschaftliche Beziehungen und Handel". Die neue Bezeichnung des Verbandes war die Folge der Zusammenlegung des Ministeriums für Außenhandel und des Ministeriums für außenwirtschaftliche Beziehungen zum "Ministerium für außenwirtschaftliche Beziehungen und Handel", brachte für den Verband aber keine grundsätzliche Neuorientierung oder Veränderung seiner Aufgaben mit sich.

---

71 Siehe [o.Verf.:] "Zhongguo Duiwai Jingji Maoyi Guanggao Xiehui de zuzhi he zongzhi" 中国对外经济贸易广告协会的组织和宗旨 (Organisation und Ziele des Chinesischen Werbeverbandes für außenwirtschaftliche Beziehungen und Handel), *ZGGGNJ*, p.173.

Im "Jahrbuch der chinesischen Werbung" ist nur die neueste Satzung dieses Verbandes vom November 1986 publiziert,[72] die in ihrem Grundaufbau mit der des Chinesischen Werbeverbandes übereinstimmt. In Teil 1, "Allgemeine Bestimmungen", definiert Paragraph 1 den Verband als "landesweite gesellschaftlich-wirtschaftliche Vereinigung, die vom Ministerium für außenwirtschaftliche Beziehungen und Handel geleitet wird". Der Verband hat den Status einer juristischen Person und vertritt die chinesischen Werbekreise im Bereich außenwirtschaftliche Beziehungen und Handel auf internationaler Ebene. Der Verband setzt sich zusammen aus den Werbefirmen des Außenhandelsbereichs sowie den Werbeabteilungen von Medien, spezialisierten Generalfirmen für Import und Export und Industrie- und Handelsfirmen für Import und Export im Außenhandelsbereich (§ 2). Er hält an den Vier grundlegenden Prinzipien der Partei fest, führt den staatlichen Kurs der Reform und Öffnung durch, entwickelt gemeinsam mit der Werbeindustrie des ganzen Landes das sozialistische Werbewesen und bemüht sich darum, die Warenwirtschaft erblühen zu lassen und die Modernisierung des Sozialismus zu fördern (§ 3). Er verwirklicht die staatliche Politik der außenwirtschaftlichen Beziehungen und des Handels und baut nach dem Prinzip der Gleichberechtigung und des gegenseitigen Nutzens freundschaftliche Beziehungen zu Werbe- und Handelskreisen aller Länder der Welt auf, um der Erweiterung des chinesischen Außenhandels und des wirtschaftlichen und technischen Austauschs zu dienen (§ 4).

Als Aufgaben des Verbandes (Teil 2) führt die Satzung in Paragraph 5 acht Punkte an:

- Er organisiert die Verbandsmitglieder, bei der Entfaltung der Aufgaben der Exportwerbung und ausländischer Werbung in China den Kurs und die Politik des Staates zu verwirklichen. Er dient der Realisierung der langfristigen Planung und der Jahrespläne, der Erweiterung des Exports und der Verstärkung der Möglichkeit zur Beschaffung von Devisen sowie der Nutzung von ausländischem Kapital für die Einführung von Technik.

- Er richtet sich nach dem Prinzip des gemeinsamen und einheitlichen Vorgehens nach außen, koordiniert die Beziehungen der Werbefirmen des Außenhandelsbereichs untereinander und die zwischen Werbefirmen, Medien und spezialisierten Außenhandelsfirmen, und er bringt die Initiative aller Bereiche voll zur Geltung, so daß durch arbeitsteilige Kooperation und gemein-

---

[72] [O.Verf.:] "Zhongguo Duiwai Jingji Maoyi Guanggao Xiehui zhangcheng" 中国对外经济贸易广告协会章程 (Statut des Chinesischen Werbeverbandes für außenwirtschaftliche Beziehungen und Handel), *ZGGGNJ*, pp.174-176.

same Entwicklung das Niveau und die Effizienz der gesamten Außenhandelswerbung erhöht wird.

- Bei den Verbandsmitgliedern sorgt er dafür, daß die gesetzlichen Bestimmungen und die Politik des Staates in bezug auf die Werbung eingehalten werden, und legt Wert auf das Berufsethos. Er führt propagandistisch-erzieherische Aktionen durch, um den sozialistischen Geschäftskurs zu gewährleisten, um Wahrheitscharakter und Ansehen der sozialistischen Werbung zu wahren und die Interessen der Verbraucher zu schützen.

- Er befaßt sich mit Untersuchungen und Forschung im Bereich Werbung, gibt Publikationen heraus und führt Ausstellungen und Wettbewerbe durch. Er dient den Mitgliedern, indem die Erhöhung des beruflichen Niveaus und das Managementniveau der Mitglieder gefördert werden.

- Die im Namen des Verbandes nach außen entfalteten Aktionen verstärken die Verbindungen mit ausländischen Werbekreisen. Der Verband organisiert Untersuchungen seiner Mitglieder im Ausland sowie die Teilnahme an internationalen Werbekonferenzen.

- Der Verband wird den Zusammenschluß und die Kooperation mit der chinesischen Werbeindustrie verstärken, um gemeinsam einen Beitrag zur Entwicklung des chinesischen sozialistischen Werbewesens zu leisten.

- Er beobachtet Entwicklungstrends der Werbung im In- und Ausland, verbreitet Informationen und verstärkt die Erforschung der Werbetheorie, um die Entwicklung des Werbewesens voranzutreiben.

- Er ergreift verschiedene Formen zur Ausbildung von Werbefachleuten, um das ideologische und künstlerische Niveau und die fachliche Kompetenz der Werbeleute im Bereich des Außenhandels zu erhöhen.

Mitglieder des Verbandes (Teil 3) können nach Paragraph 6 diejenigen Einrichtungen werden, die bereits in Paragraph 2 genannt waren, der Verband sieht aber auch die Aufnahme von "bekannten Persönlichkeiten und Spezialisten aus dem Bereich des Außenhandels und der Werbung" als Einzelmitglieder vor. Die Rechte der Mitglieder (§ 7) unterscheiden sich von denen der Mitglieder des Chinesischen Werbeverbandes nur darin, daß es mit Zustimmung des Verbandes erlaubt ist, im Namen des Verbandes nach außen aktiv zu werden, bei den Pflichten der Mitglieder (§ 8) gibt es keine Unterschiede. Die Organisationsstruktur des Verbandes (Teil 4) zeichnet sich gegenüber dem Chinesischen Werbeverband dadurch aus, daß zwischen Mitgliedsdelegiertenversammlung und Ständigem Vorstand kein Gremium zwischengeschaltet ist, der Ständige Vorstand, der sich aus dem Präsidenten des Verbandes, seinen Vizepräsidenten, dem Generalsekretär und einigen anderen Mitgliedern zusammensetzt, hält halbjährlich eine Sitzung ab. Auch der Chinesische Werbeverband für außenwirtschaftliche Beziehungen und Handel sieht die Einrichtung von Fachkomitees und von Zweigverbänden auf der Ebene der Provinz, der Autonomen Region, der provinzfreien Stadt und der im Plan aufgeführten Stadt vor. Bislang wurden örtliche Zweigverbände aber offenbar nur von Hunan (1985) und von Hubei (1986) gegründet.[73]

*Das Verhältnis der beiden Werbeverbände*

Die Tatsache, daß es *zwei* Werbeverbände in der VR China gibt, erklärt Wang Bo in einem Beitrag zum Werbekongreß der Dritten Welt mit der Entwicklungsgeschichte der chinesischen Werbung.[74] Die Entwicklung des chinesischen Außenhandels habe es erforderlich gemacht, chinesische Exportwaren auf dem internationalen Markt abzusetzen, und in China seien daher zuerst Werbefirmen im Bereich des Außenhandels entstanden, auf deren Basis dann 1981 der Chinesische Werbeverband für Außenhandel gegründet worden sei. Nach der Durchführung der Öffnungspolitik habe sich dann die inländische Warenwirtschaft in großem Umfang entwickelt, und dementsprechend seien auch Firmen für inländische Werbung entstanden, was zur Errichtung des Chinesischen Werbeverbandes im Jahr 1983 geführt habe.[75] Angesichts der ebenfalls bereits 1981 gegründeten anderen landesweiten Einrichtungen der Werbung vermag diese Argumentation allerdings kaum zu überzeugen.[76] Der Chinesische Werbeverband zeichnet sich nach Wang durch drei Punkte aus: die breite und vielfältige Mitgliederstruktur, die Konzentration auf inländische Werbeaufgaben und die Unterstützung der Werbeverwaltungsbehörden bei der Verbesserung der Werberegelung. Die Basis des Werbeverbandes für außenwirtschaftliche Beziehungen und Handel sei dagegen eingeschränkter und spezieller, da seine Hauptaufgabe darin bestehe, Aktivitäten zur Propagierung chi-

---

[73] Siehe dazu oben 1.2.4. Ob der im August 1981 errichtete Chinesische Verein für Außenhandelswerbephotographie als "Fachkomitee" des Verbandes zu betrachten ist, geht aus den Darstellungen nicht eindeutig hervor.

[74] Siehe Wang Bo 王波. "Zhongguo de liangge guanggao xiehui" 中国的两个广告协会 (Die beiden Werbeverbände Chinas), *ZGGGNJ*, pp.124-125, hier: p.124. Wang Bo hielt diese Rede in seiner Eigenschaft als Generalsekretär des Chinesischen Werbeverbandes für außenwirtschaftliche Beziehungen und Handel.

[75] Siehe Wang Bo: "Zhongguo de liangge guanggao xiehui", p.124.

[76] Siehe dazu 1.2.1. Aus westlicher Sicht wurde ja vermutet, daß das Ministerium für Außenhandel einen "eigenen" Werbeverband ins Leben rief, um nicht seines Einflusses auf die Außenhandelswerbung verlustig zu gehen.

nesischer Exportwaren auf dem internationalen Markt zu entfalten. Allerdings, so räumt Wang ein, gebe es auch unter den Mitgliedseinheiten des Chinesischen Werbeverbandes viele, die sich in der Exportwerbung betätigten, und umgekehrt. Wichtiger noch als die Unterschiede seien die Gemeinsamkeiten beider Verbände:

> [...] nämlich, daß unsere beiden Werbeverbände den Zweck verfolgen, die Entwicklung des chinesischen sozialistischen Werbewesens voranzutreiben und so den Aufbau der Vier Modernisierungen des chinesischen Sozialismus und die Wirtschaftsentwicklung zu fördern. Dies ist unsere größte Gemeinsamkeit und auch die Basis unserer gemeinsamen Zusammenarbeit.[77]

Die Beziehung zwischen beiden Verbänden bezeichnet Wang als überaus harmonisch,[78] und er führt als Beispiele für die gute Zusammenarbeit an, daß beide Verbände gemeinsam sowohl den chinesischen Zweigverband des Internationalen Werbeverbandes als auch das chinesische Komitee der Asiatischen Vereinigung der Werbeverbände bildeten.[79]

Wie das vorangehende Kapitel gezeigt hat, wird auch bei der personellen Zusammensetzung chinesischer Werbedelegationen ins Ausland sowie der chinesischen Mitgliedskomitees in internationalen Werbevereinigungen auf Proporz geachtet,[80] denn schließlich nehmen beide für sich in Anspruch, chinesische Werbekreise auf dem internationalen Parkett zu repräsentieren. Ob zwischen den Verbänden tatsächlich keinerlei Konflikte auftreten, bleibt fraglich, zumal die Verbandsarbeit zwei verschiedenen Behörden unterstellt ist: dem Staatlichen Industrie- und Handelsverwaltungsamt einerseits und dem Ministerium für außenwirtschaftliche Beziehungen und Handel andererseits. Daran zeigt sich erneut, daß die einfache und übersichtliche Struktur des chinesischen Werbewesens, die das Schaubild 1 suggeriert, nur einen sehr beschränkten Ausschnitt der Realität wiedergibt.

Die Behauptung einer weitgehenden Interessenübereinstimmung aller in die Werbung involvierten Beteiligten - Partei, Staat, Verbände, Werbeeinheiten, Unternehmen, Verbraucher - und die harmonisierende Darstellung ihres Zusam-

---

[77] Wang Bo: "Zhongguo de liangge guanggao xiehui", pp.124-125.

[78] Gleich zu Beginn seiner Rede führt Wang aus, China sei zwar nicht das einzige Land auf der Welt mit zwei Werbeverbänden, aber daß die beiden so gut miteinander auskämen, sei doch eine Seltenheit. Siehe Wang Bo: "Zhongguo de liangge guanggao xiehui", p.124.

[79] Siehe Wang Bo: "Zhongguo de liangge guanggao xiehui", p.125.

[80] Siehe z.B. 1.2.4. unter "Internationale Kontakte" im Jahr 1986 und 1.2.5. unter "Internationale und innerchinesische Ereignisse".

menwirkens zeichnet vor allem auch die Publikationen aus, welche den Versuch unternehmen, die Werbung im chinesischen Sozialismus mit einem theoretischen Überbau bzw. Fundament zu versehen. Die Funktionen und Eigenschaften einer spezifisch "sozialistischen" Werbung, wie sie insbesondere in der Resolution und im Statut des Chinesischen Werbeverbandes von 1983 präsentiert werden, machen einen wesentlichen Teil dieses theoretischen Überbaus aus, mit dessen Grundzügen sich das nächste Kapitel dieser Arbeit befassen wird.

## 3. Theoretische Ansätze zur Werbung in China

Im vorliegenden Kapitel werden die Konturen der theoretischen Darstellung von Werbung nachgezeichnet, die sich aus den chinesischen Fachpublikationen, welche nach 1979 (hauptsächlich seit 1981) erschienen, herausarbeiten lassen. Dazu wurden vor allem Artikel und einzelne Kapitel aus Monographien herangezogen, welche sich unter grundsätzlichen Fragestellungen mit Werbung auseinandersetzen. Diese bestehen für die chinesischen Autoren in folgenden Punkten: Was ist Werbung? Warum ist sie im Sozialismus notwendig? Welche Prinzipien zeichnen die Werbung im Sozialismus (im Unterschied zur Werbung im Kapitalismus) aus? Und schließlich: Welche Funktionen erfüllt Werbung im Sozialismus?

Auffällig bei der Lektüre gerade der "programmatischen" Äußerungen zur Werbung ist eine weitgehende Übereinstimmung der Verfasser in den Grundpositionen und in der Argumentation, wobei in den zehn Jahren seit 1979 kaum Veränderungen festzustellen sind. Diese Übereinstimmung reicht teilweise bis in die einzelnen Formulierungen hinein: Immer wieder ist man mit denselben "Versatzstücken" konfrontiert, beispielsweise in Form von Sprichwörtern oder auch Fallbeispielen, die die Richtigkeit einer Aussage belegen sollen.[1] Sicher können die theoretischen Betrachtungen der chinesischen Autoren nicht als in sich geschlossene und stimmige Theorie der Werbung gewertet werden, vielmehr sind sie als Versuch zu sehen, die im Zuge der Wirtschaftsreform wieder zugelassene Werbung zu legitimieren, sie in die theoretische Beschreibung der Abläufe des (reformierten) sozialistischen Wirtschaftssystems zu integrieren und ihr eine positive Rolle für die ökonomische *und* gesellschaftliche Entwicklung in China zuzuweisen.

### 3.1. Was ist Werbung? - Versuche einer Definition

In den achtziger Jahren erschienen in China eine ganze Reihe von neuen Wörterbüchern und Nachschlagewerken zur Wirtschaft allgemein oder zu bestimmten Teilbereichen wie Handel, Außenhandel, Public Relations etc., in welche auch mehr oder weniger lange Einträge unter dem Begriff *guanggao* 广告/"Werbung" aufgenommen wurden. Darüber hinaus findet sich in praktisch allen Monographien zum Thema Werbung eine - z.T. ausführliche - Diskussion darüber, was unter Werbung eigentlich zu verstehen ist und wie man sie definieren kann. Bei diesen

---

[1] Hierin besteht eine Parallele zu den Darstellungen zur historischen Entwicklung der Werbung in China zwischen 1949 und 1979, die unter 1.1. dieser Arbeit behandelt wurden.

Theoretische Ansätze 171

Definitionsversuchen sind verschiedene Ansätze bzw. Vorgehensweisen erkennbar, welche im folgenden dargestellt werden sollen. Es fällt auf, daß in den Erklärungen dessen, was Werbung sei, keine klaren Abgrenzungen von anderen Begriffen wie Nachrichten, Marketing usw. vorgenommen werden.[2]

### 3.1.1. Lexika, Nachschlagewerke, Handbücher

Als Ausgangspunkt für die Erklärung des Begriffes "Werbung" läßt sich die Eintragung in der Ausgabe des *Cihai* von 1979 betrachten:

> Eine Propagandaform, die der Öffentlichkeit (*gongzhong* 公众) Waren vorstellt und über den Inhalt von Dienstleistungen oder über Unterhaltungsprogramme usw. berichtet. Gewöhnlich wird sie mittels Formen wie Zeitungen, Zeitschriften, Rundfunk, Fernsehen, Plakate, Filme, Dias, Schaufensterauslagen [oder] Warenaufstellung durchgeführt.[3]

Die zentralen Elemente dieser Definition finden sich in Lexika und Handbüchern aus dem Bereich Wirtschaft wieder: Werbung ist ein Mittel oder eine Methode der Propaganda[4], sie stellt Waren oder Dienstleistungen vor[5] und wird über die

---

[2] Vor allem die Verwischung der Unterschiede zwischen Nachrichten und Werbung ist eine in der chinesischen Literatur zur Werbung in den letzten Jahren vieldiskutierte Erscheinung. Siehe dazu 4.2. dieser Arbeit.

[3] Cihai bianji weiyuanhui 辞海编辑委员会: *Cihai* 辞海, Shanghai: Shanghai cishu chubanshe, 1979, Vol.2, p.1931. Dieselbe Eintragung findet sich in Li Fang 李放, Yan Qingyi 阎青义 und Ma Li 马丽 (Hg.): *Jingji faxue cidian* 经济法学辞典 (Juristisches Wörterbuch der Wirtschaft), Shenyang: Liaoning renmin chubanshe, 1986, p.48.

[4] Wu Daying 吴大英 (Hg.): *Jingjifa cidian* 经济法词典 (Lexikon der Wirtschaftsgesetze), o.O.: Renmin chubanshe, 1986, p.32; «Duiwai maoyi shouce» bianxiezu «对外贸易手册» 编写组: *Duiwai maoyi shouce* 对外贸易手册 / *Handbook of Foreign Trade* (Herausgeber- und Verfasserteam des 'Handbuchs des Außenhandels'), Chengdu: Sichuan cishu chubanshe, 1987, p.261; Wang Kai 王恺 (Hg.): *Jianming shangye jingji cidian* 简明商业经济辞典 (Konzises Wörterbuch der Handelswirtschaft), Jilin: Renmin chubanshe, 1986, p.14; Xu Fengqi 许凤岐 (Hg.): *Shichangxue cidian* 市场学词典 (Lexikon der Marktlehre), Nanchang: Jiangxi kexue jishu chubanshe, 1988, p.15; Xu Dixin 许涤新 (Hg.): *Zhengzhi-jingjixue cidian* 政治经济学辞典 (Wörterbuch der politischen Ökonomie), Vol.3, Beijing: Renmin chubanshe, 1981, p.440.

Medien verbreitet[6]. Über diese Punkte hinaus enthalten die Einträge auch folgende Aspekte: Es wird angegeben, *wer* Werbung macht (Unternehmenseinheiten oder Institutionen)[7] und was ihr *Ziel* ist (Absatzförderung, Image des Unternehmens)[8]. Außerdem wird z.T. zwischen Werbung im weiteren Sinn und Werbung im engeren Sinn unterschieden, wobei erstere neben der "eigentlichen" Werbung, d.h. Wirtschafts- oder kommerzielle Werbung, auch öffentliche Proklamationen, Erklärungen und Bekanntmachungen in den Bereichen Erziehung, Kultur etc. von Regierungsinstitutionen, sowie Anzeigen (z.B. Heiratsanzeigen) von Einzelpersonen umfaßt.[9] Je nach Themengebiet, das ein Lexikon behandelt, wird der Zusammenhang zwischen dem Begriff "Werbung" und dem jeweiligen Thema hervorgehoben.[10] Obwohl die Einträge teilweise auch auf die historische Entwicklung

---

[5] Siehe z.B. Wang Kai (Hg.): *Jianming shangye jingji cidian*, p.14; Wu Daying (Hg.): *Jingjifa cidian*, p.32; Xu Dixin (Hg.): *Zhengzhi-jingjixue cidian*, Vol.3, p.440; Xu Fengqi (Hg.): *Shichangxue cidian*, p.15; «Xiandai shangye cidian» bianxiezu «现代商业辞典»编写组: *Xiandai shangye cidian* 现代商业辞典 ([Herausgeber- und Verfasserteam des 'Lexikons des modernen Handels':] Lexikon des modernen Handels), Taiyuan: Shanxi renmin chubanshe, 1987, p.20.

[6] Siehe z.B. Wu Daying (Hg.): *Jingjifa cidian*, p.32; Xu Dixin (Hg.): *Zhengzhi-jingjixue cidian*, Vol.3, p.440; *Duiwai maoyi shouce*, p.261; Guo Jinwu 郭今吾 (Hg.): *Jingji da cidian. Shangye jingji juan* 经济大辞典. 商业经济卷 (Großes Wörterbuch der Wirtschaft. Band Handelswirtschaft), Shanghai: Shanghai cishu chubanshe, p.425; Gonggong guanxi cidian bianweihui 公共关系辞典编委会 (Hg.): *Gonggong guanxi cidian* 公共关系辞典 (Wörterbuch der Public Relations, hg. vom Redaktionsausschuß des Public Relations-Wörterbuches), Beijing: Nongcun duwu chubanshe, 1988, p.35; *Xiandai shangye cidian*, p.20 spricht von "Medienkunst".

[7] Wu Daying (Hg.): *Jingjifa cidian*, p.32; *Gonggong guanxi cidian*, p.35; Xu Dixin (Hg.): *Zhengzhi-jingjixue cidian*, Vol.3, p.440.

[8] *Duiwai maoyi shouce*, p.261; *Xiandai shangye cidian*, p.20; Guo Jinwu (Hg.): *Jingji da cidian. Shangye jingji juan*, p.425; *Gonggong guanxi cidian*, p.35.

[9] Siehe z.B. Guo Jinwu (Hg.): *Jingji da cidian. Shangye jingji juan*, p.424; Xu Fengqi (Hg.): *Shichangxue cidian*, p.15.

[10] So erklärt z.B. *Gonggong guanxi cidian*, p.35, früher sei es das Ziel der Werbung gewesen, den Absatz von Produkten und Dienstleistungen zu fördern, heutzutage werde sie für Public Relations eingesetzt.

der Werbung in China[11] oder ihre Aufgaben innerhalb des sozialistischen Wirtschaftssystems[12] eingehen, wird die Unterscheidung zwischen kapitalistischer und sozialistischer Werbung bei der Begriffsbestimmung kaum thematisiert.[13]

### 3.1.2. Monographien und Aufsätze

In den Publikationen speziell zur Werbung oder zu Themen wie Konsumpsychologie usw., die einzelne Kapitel über Werbung enthalten, fällt die Antwort auf die Frage, was Werbung eigentlich ist, nicht so einfach und klar aus wie in den Wörterbucheinträgen. Die Autoren sind sich einig darüber, daß es bislang keine Definition der Werbung gibt, die Allgemeingültigkeit besitzt.[14] Der Begriff "Werbung"/*guanggao* wird daher von verschiedenen Seiten her beleuchtet, die dann zu einer jeweils eigenen Definition zusammengefaßt werden, welche dem betreffenden Autor als Basis für seine weiteren Ausführungen dient. Wie in den Lexika findet sich auch hier die Unterscheidung zwischen Werbung im weiteren Sinn und Werbung im engeren Sinn, wobei nur letztere zum Gegenstand genauerer Betrachtung gemacht wird.

*Alltagsverständnis*

Das Verständnis von Werbung, das sich aus den Erfahrungen des täglichen Lebens ergibt, stellt Yi Changtai an den Anfang seiner Antwort auf die Frage, was Werbung sei. Er schildert zunächst, wie jeder einzelne im Alltag mit farbenprächtiger Werbung konfrontiert ist, und fährt dann fort:

---

[11] Guo Jinwu (Hg.): *Jingji da cidian. Shangye jingji juan*, p.425.

[12] Wu Daying (Hg.): *Jingjifa cidian*, pp.32-33; Guo Jinwu (Hg.): *Jingji da cidian. Shangye jingji juan*, p.425. Zu den Funktionen der Werbung im Sozialismus siehe 3.5. der vorliegenden Arbeit.

[13] Ausnahmen unter den hier zitierten Lexika sind Xu Dixin (Hg.): *Zhengzhijingjixue cidian*, Vol.3, pp.440-441; und Wu Daying (Hg.): *Jingjifa cidian*, p.32. Zur Abgrenzung zwischen Werbung im Kapitalismus und Werbung im Sozialismus siehe 3.3. der vorliegenden Arbeit.

[14] Siehe dazu z.B. Zhongguo Guanggao Hanshou Xueyuan jiaowu weiyuanhui 中国广告函授学院教务委员会 (Hg.): *Guanggao gailun (shiyong)* 广告概论 (试用) (Einführung in die Werbung [Probeausgabe], hg. von Unterrichtskommission des Fernlehrinstituts für chinesische Werbung), o.O., o.J., p.3; Fu Hanzhang und Kuang Tiejun: *Guanggaoxue*, pp.16-17.

Was ist nun eigentlich Werbung? Für eine Hausfrau bedeutet Werbung vielleicht Nahrungsmittel oder Kleidungsstücke, die sie kaufen muß; für ihren Ehemann ist Werbung vielleicht die Vorstellung eines neuen Produktes; und für ihr Kind ist es möglicherweise die Zeichentrickwerbung für Spielzeug, die es im Fernsehen anschaut. Kurz, Tausende und Abertausende Verbraucher erkennen und verstehen Werbung nur von ihrem jeweils verschiedenen Blickwinkel her.[15]

Während hier das Verständnis von Werbung im täglichen Leben als stark von der subjektiven Interessenlage des einzelnen geprägt erscheint - wobei die Rollenverteilung zwischen Mann und Frau ins Auge fällt -, hebt Fang Hongjin v.a. den Aspekt hervor, daß zwar jeder, der in einer modernen Gesellschaft lebe, eine Reihe von Kommentaren und Meinungen zur Werbung parat habe, daß es aber ein äußerst schwieriges Unterfangen sei, Werbung exakt zu definieren.[16] Hu Yaowu und Liu Kangsheng stellen die aus der Alltagserfahrung resultierende Auffassung von Werbung durchaus positiv dar: Jeder Mensch könne ziemlich genau unterscheiden, was Werbung ist und was nicht, und sei in der Lage, das Wort *guanggao* richtig zu verwenden. Die auf dem Wortsinn basierende Erklärung, Werbung sei 'weitreichendes' und 'prägnantes Propagieren' oder 'Bekanntmachen', werde zwar von den Werbefachleuten als zu oberflächlich angesehen, beinhalte aber doch die wesentlichen Merkmale der Werbung.[17] Alle drei Publikationen leiten von diesem Ausgangspunkt der alltäglichen Erfahrung zur Diskussion der Definitionen über, die von Werbespezialisten bzw. -theoretikern erstellt wurden.

*Etymologie und Bedeutung von* guanggao

In seiner wörtlichen Bedeutung wird der Begriff *guanggao* als "etwas weit verkünden" (*guang er gao zhi* 广而告之) erklärt.[18] Fu Hanzhang und Kuang Tiejun

---

[15] Yi Changtai: *Shiyong guanggao zhinan*, p.11.

[16] Fang Hongjin 方宏进: *Guanggao guanlixue* 广告管理学 (Lehre des Werbemanagement), Changsha: Hunan wenyi chubanshe, 1988, p.1.

[17] Hu Yaowu 胡耀武 und Liu Kangsheng 刘康生: "Shenme shi guanggao? Shui, zuo shenme guanggao?" 什么是广告？谁，做什么广告？(Was ist Werbung? Wer macht welche Werbung?), ZGGG, 1986, No.3, pp.20, 29-31, hier: p.20.

[18] Siehe z.B. Lan Taifu 蓝太富 und Huang Shili 黄世礼: *Tongsu xiaofei xinlixue* 通俗消费心理学 (Populäre Konsumpsychologie), Beijing: Qinggongye chubanshe, 1988, p.147; Ding Yunpeng: *Xiandai guanggao sheji*, p.1; Zhongguo Guanggao Hanshou Xueyuan jiaowu weiyuanhui

führen zur Herkunft des chinesischen Wortes aus, es sei ein Fremdwort, das zu Beginn des 20. Jahrhunderts in China eingeführt worden sei. Deshalb finde sich vor diesem Zeitpunkt auch kein Eintrag unter *guanggao* in den chinesischen Wörterbüchern wie dem *Kangxi zidian* 康熙字典 oder *Ciyuan* 辞源.[19] Zur Herkunft des Wortes gebe es zwei Theorien, nämlich zum einen die Theorie, *guanggao* gehe auf den englischen Begriff *advertise* bzw. *advertising* zurück (und dieser wiederum habe seinen Ursprung in lateinisch *advertere*), zum anderen die Erklärung, das Wort *guanggao* sei aus der japanischen Sprache übernommen worden; dort sei der Begriff ab 1887 allgemein verwendet worden. Welche dieser beiden Auffassungen richtig sei, stehe noch nicht fest.[20] Die Bedeutung des Wortes *advertise* wird erklärt als "die Aufmerksamkeit anderer erregen, anderen etwas bekanntmachen".[21] Die Möglichkeit, daß beide Theorien über die Herkunft von *guanggao* zutreffend sein könnten, d.h. daß *advertise* zunächst als *kokoku* in die japanische

---

(Hg.): *Guanggao gailun (shiyong)*, p.3; Shen Yanghua, Yu Tijun und Liu Rujin: *Guanggao de xuewen*, p.1; Yi Changtai: *Shiyong guanggao zhinan*, p.13; Fu Hanzhang und Kuang Tiejun: *Guanggaoxue*, p.16.

[19] Fu Hanzhang und Kuang Tiejun: *Guanggaoxue*, p.16. Zhongguo Guanggao Hanshou Xueyuan jiaowu weiyuanhui (Hg.): *Guanggao gailun (shiyong)*, p.2 führt eine Reihe anderer Wörter auf, die für bestimmte Formen der Werbung traditionell in Gebrauch gewesen seien. Die offiziellen Bekanntmachungen seien *gaoshi* 告示, *bugao* 布告 oder *gaobai* 告白 genannt worden, bei der Personenfahndung habe man *guangji* 广缉 oder *guangbu* 广捕, für Plakate und Handzettel von Einzelpersonen *shoubang* 手榜 benutzt.

[20] Fu Hanzhang und Kuang Tiejun: *Guanggaoxue*, pp.16-17. In Zhongguo Guanggao Hanshou Xueyuan jiaowu weiyuanhui (Hg.): *Guanggao gailun (shiyong)* pp.2-3 heißt es dazu, es sei durchaus möglich, daß das Wort aus dem Japanischen ins Chinesische übernommen wurde; Herkunft und Evolution der Wörter *advertise* und *advertising* werden hier vorgestellt, ohne auf die Frage einer möglichen Übersetzung dieser Begriffe als *guanggao* in die chinesische Sprache einzugehen. Auch Yi Changtai: *Shiyong guanggao zhinan*, p.12 geht auf die englischen Äquivalente ein. Siehe auch Li Yanzu 李砚祖: "Guanggao wenhua yu guanggao yishu" 广告文化与广告艺术 (Werbekultur und Werbekunst), *Wenyi yanjiu* 文艺研究, 1988, No.5, pp.64-75, hier: p.64.

[21] Fu Hanzhang und Kuang Tiejun: *Guanggaoxue*, pp.16-17. Dieselbe Erklärung findet sich in Zhongguo Guanggao Hanshou Xueyuan jiaowu weiyuanhui (Hg.): *Guanggao gailun (shiyong)*, p.2. Siehe auch Yi Changtai: *Shiyong guanggao zhinan*, p.12; und Li Yanzu: "Guanggao wenhua yu guanggao yishu", p.64.

Sprache übersetzt und dann die Schriftzeichen aus der japanischen in die chinesische Sprache übernommen wurden, wie dies mit einer ganzen Reihe anderer westlicher Begriffe Ende des 19./Anfang des 20. Jahrhunderts der Fall war, findet in den chinesischen Darstellungen zur Werbung keine Berücksichtigung.[22]

*"Westliche" Definitionen*

Eine relativ häufig zitierte Definition für Werbung im weiteren Sinn, d.h. nichtökonomische Werbung *und* Wirtschaftswerbung, stammt aus der amerikanischen Fachzeitschrift *Advertising Age* und war das Ergebnis eines Wettbewerbs für die Definition von Werbung, welchen diese Zeitschrift im Jahr 1932 ausgeschrieben hatte:

> Individuen, Waren, Dienstleistungen und Aktionen, für die in gedruckter, schriftlicher, mündlicher oder bildlicher Darstellungsform und bezahlt vom Werbenden öffentlich Propaganda gemacht wird mit dem Ziel, Absatz, Verwendung, Stimmabgabe oder Unterstützung zu fördern.[23]

Für Wirtschafts- oder kommerzielle Werbung werden als Beispiele die Definition von John E. Kennedy, Werbung sei gedruckte Verkaufstechnik,[24] sowie die Definition des amerikanischen Verbandes der Werbetreibenden herangezogen:

> Werbung ist bezahlte Massenkommunikation, ihr letztendliches Ziel ist es, Informationen zu verbreiten, die Einstellung der Menschen

---

[22] Diese Erklärungsmöglichkeit wird aber bestätigt in Liu Zhengtan 刘正埮 u.a. (Hg.): *Hanyu wailaici cidian* 汉语外来词词典 / *A Dictionary of Loan Words and Hybrid Words in Chinese*, Shanghai: Shanghai cishu chubanshe, 1984, p.126.

[23] Zitiert in Fu Hanzhang und Kuang Tiejun: *Guanggaoxue*, p.17; Zhongguo Guanggao Hanshou Xueyuan jiaowu weiyuanhui (Hg.): *Guanggao gailun (shiyong)*, p.3; sowie in Shen Yanghua, Yu Tijun und Liu Rujin: *Guanggao de xuewen*, p.1. Ding Yunpeng: *Xiandai guanggao sheji*, p.2 bezieht sich ebenfalls auf *Advertising Age* von 1932, zitiert aber eine andere Definition.

[24] Siehe Ding Yunpeng: *Xiandai guanggao sheji*, p.1, der den Verfasser dieser Definition als James [Jiemusi] E. Kennedy angibt; Yi Changtai: *Shiyong guanggao zhinan*, p.12 zitiert nur die Definition, ohne anzugeben, auf wen sie zurückgeht.

Theoretische Ansätze

zur beworbenen Ware zu verändern, sie zum Handeln zu veranlassen und so dem Werbenden Nutzen zu bringen.[25]

Einige Autoren führen gleich ein ganzes Spektrum westlicher Erklärungen dessen, was Werbung sei, vor.[26] An diesen Beispielen wird festgemacht, daß je nach Blickwinkel und Herangehensweise der Begriff "Werbung" unterschiedlich aufgefaßt wird[27] oder daß die unterschiedlichen Darstellungen die Weiterentwicklung der Werbung selbst reflektieren.[28] Während Hu Yaowu und Liu Kangsheng sich vorbehaltlos einer der westlichen Definitionen anschließen[29], faßt *Guanggao gailun (shiyong)* zunächst nur als wichtigste Punkte der westlichen Erklärungen zusammen, Werbung sei eine Art Information, ihr Inhalt bestehe hauptsächlich im Propagieren von Waren und Dienstleistungen, ihr Ziel sei die Förderung des Ab-

---

[25] Zitiert in Fu Hanzhang und Kuang Tiejun: *Guanggaoxue*, p.18; und in Shen Yanghua, Yu Tijun und Liu Rujin: *Guanggao de xuewen*, p.1. Beide Publikationen ohne nähere Angaben zur Herkunft des Zitates.

[26] Dies gilt v.a. für Hu Yaowu und Liu Kangsheng: "Shenme shi guanggao? Shui, zuo shenme guanggao", p.29 und Li Yanzu: "Guanggao wenhua yu guanggao yishu", pp.64-65, eingeschränkt auch für Zhongguo Guanggao Hanshou Xueyuan jiaowu weiyuanhui (Hg.): *Guanggao gailun (shiyong)*, p.3 und Ding Yunpeng: *Xiandai guanggao sheji*, pp.1-2.

[27] Hu Yaowu und Liu Kangsheng: "Shenme shi guanggao? Shui, zuo shenme guanggao?", p.29; Zhongguo Guanggao Hanshou Xueyuan jiaowu weiyuanhui (Hg.): *Guanggao gailun (shiyong)*, p.3.

[28] Ding Yunpeng: *Xiandai guanggao sheji*, pp.2-3; Fu Hanzhang und Kuang Tiejun: *Guanggaoxue*, p.18. Auch Zhongguo Guanggao Hanshou Xueyuan jiaowu weiyuanhui (Hg.): *Guanggao gailun (shiyong)*, p.4 erwähnt diesen Aspekt.

[29] Diese Definition lautet: "Werbung bedeutet, hochgradig prägnante Informationen unter Anwendung künstlerischer Techniken durch alle Arten von Medien den Massen zu übermitteln, um Anschauungen der Menschen zu verstärken oder zu verändern und letztendlich ihr Handeln anzuleiten." Als Quelle wird H. Dumors: *Education Through Advertising* von 1984 angegeben. Siehe dazu Hu Yaowu und Liu Kangsheng: "Shenme shi guanggao? Shui, zuo shenme guanggao?", p.29. Die positive Beurteilung dieser Definition wird geteilt von Li Yanzu: "Guanggao wenhua yu guanggao yishu", p.65.

satzes und die Ausdehnung des Bereichs der Dienstleistung, sie werde bezahlt und durch Massenmedien verbreitet.[30]

Cihai-*Definition*

Der bereits oben zitierte Eintrag für *guanggao* aus dem *Cihai* findet sich auch bei der Diskussion der Definition von Werbung in der Fachliteratur wieder. Unverändert wird die Definition des *Cihai* aber von keinem der Autoren übernommen.[31] Eine Begründung dafür liefert nur *Guanggao gailun (shiyong)*: Die Definition des *Cihai* mache nicht klar, daß Werbung geplant sei, gebe das Ziel nicht an, das die Werbung verfolge, und die Aufzählung der Medien sei unvollständig.[32]

*Definitionen der chinesischen Autoren*

Auf der Basis der verschiedenen oben vorgestellten Erklärungsansätze gelangen die Autoren schließlich zu eigenen Definitionen der Werbung.

Yi Changtai definiert:

> Was man Werbung nennt, ist eine Form öffentlicher Propaganda, die mittels Sprache, Schrift und Abbildungen durchgeführt wird und gezielt Waren vorstellt und absetzt sowie jede Form von Dienstleistungen anbietet.[33]

Fu Hanzhang und Kuang Tiejun legen ihrem Buch folgende Definition zugrunde:

> Werbung ist Information [über] Waren und Dienstleistungen, die der Werbende geplant durch Medien verbreitet, ein Mittel der Massenkommunikation, um den Absatz zu fördern.[34]

---

[30] Siehe Zhongguo Guanggao Hanshou Xueyuan jiaowu weiyuanhui (Hg.): *Guanggao gailun (shiyong)*, p.3.

[31] Siehe Fu Hanzhang und Kuang Tiejun: *Guanggaoxue*, p.18; Zhongguo Guanggao Hanshou Xueyuan jiaowu weiyuanhui (Hg.): *Guanggao gailun (shiyong)*, pp.3-4; Shen Yanghua, Yu Tijun und Liu Rujin: *Guanggao de xuewen*, p.1.

[32] Zhongguo Guanggao Hanshou Xueyuan jiaowu weiyuanhui (Hg.): *Guanggao gailun (shiyong)*, p.4.

[33] Yi Changtai: *Shiyong guanggao zhinan*, p.13.

[34] Fu Hanzhang und Kuang Tiejun: *Guanggaoxue*, p.18. Diese Formulierung ist übernommen in Shen Yanghua, Yu Tijun und Liu Rujin: *Guanggao de xuewen*, pp.1-2.

*Guanggao gailun (shiyong)* gelangt zu einer ähnlichen Formulierung:

> Werbung ist Information [über] Waren und Dienstleistungen, die geplant durch alle Arten Medien bei den Anwendern und Verbrauchern verbreitet wird, ein Mittel, um den Absatz zu fördern und die Dienstleistungen auszudehnen.[35]

Wenn man diese und die unter 3.1.1. aufgeführten Begriffsbestimmungen liest, erhebt sich die Frage, weshalb sich die Autoren der Mühe einer eigenen Definition unterziehen, zumal auch der jeweils eigenen Definition keine Allgemeingültigkeit zugesprochen wird.[36] Die Aufnahme des Wortes "geplant" (*you jihua de* 有计划的) bei Fu Hanzhang und Kuang Tiejun sowie in der Definition von *Guanggao gailun (shiyong)* ist das einzige Element, das nicht bereits in den aufgeführten westlichen Definitionen enthalten ist. Zudem bleibt seine Aufnahme ohne nähere Begründung. Man kann jedoch davon ausgehen, daß mit der "Geplantheit" ein Faktor in die Definition der Werbung eingebracht wird, welcher der Einpassung der Werbung in das sozialistische Wirtschaftssystem dient bzw. einfach von diesem auf die Werbung übertragen wird.[37]

Mit dieser Ausnahme orientieren sich sowohl die Unterscheidung der Werbung im weiteren und im engeren Sinne als auch die wesentlichen Punkte der Definitionen in der chinesischen Literatur an den vorgefundenen westlichen Begriffserklärungen, so daß von einer spezifisch "chinesischen" Definition der Werbung eigentlich nicht gesprochen werden kann.

---

[35] Zhongguo Guanggao Hanshou Xueyuan jiaowu weiyuanhui (Hg.): *Guanggao gailun (shiyong)*, p.4.

[36] Zhongguo Guanggao Hanshou Xueyuan jiaowu weiyuanhui (Hg.): *Guanggao gailun (shiyong)*, p.4 merkt an: "Wenn hier diese Definition aufgestellt wird, so besteht das Ziel darin, die Untersuchung zu erleichtern und die Probleme zu erforschen, gleichzeitig dient sie vorläufig als Ziegelstein, der Jade anzieht [d.h. als eine Bemerkung, die eine fruchtbare Diskussion anregt, G.W.]."

[37] Zur Geplantheit bzw. dem "Planungscharakter" der Werbung siehe 3.3. und 3.4.4. dieser Arbeit.

## 3.2. Legitimation der Werbung im Sozialismus

Die Frage, ob Werbung im sozialistischen China notwendig ist oder nicht, steht und fällt für alle Autoren, die sich dieses Problems annehmen, mit der allgemeineren Frage, ob die Wirtschaft des sozialistischen China als Warenwirtschaft zu charakterisieren sei, denn Werbung - so lautet die Standardformulierung - sei ein Produkt der Warenwirtschaft.[38] Seit es Warenproduktion und Warenaustausch gebe, gebe es auch Werbung, durch die diese Waren vorgestellt würden,[39] und ihr Entwicklungsniveau in einer bestimmten historischen Phase werde bestimmt durch das Entwicklungsniveau der Warenwirtschaft und den Entwicklungsstand von Wissenschaft und Technik.[40] Alle Autoren sind sich einig über die Beantwortung dieser Grundfrage, da auf dem 3. Plenum des XI. ZK (Dezember 1978) festgestellt wurde, daß auch im Sozialismus noch Warenproduktion und Warenaustausch existieren;[41] und im "Beschluß des Zentralkomitees über die Reform des Wirtschaftssystems", der auf dem 3. Plenum des XII. ZK am 20. Oktober 1984 angenommen wurde, wird die sozialistische Wirtschaft Chinas als "geplante Warenwirtschaft auf

---

[38] Tian Tongsheng 田同生: "Guanggao zai shehuizhuyi jingji huodong zhong de zuoyong" 广告在社会主义经济活动中的作用 (Die Rolle der Werbung in der sozialistischen Wirtschaftstätigkeit), *Xuexi yu Yanjiu* 学习与研究, 1982, No.7, pp.63-64, hier: p.63; Zhongguo Guanggao Hanshou Xueyuan jiaowu weiyuanhui (Hg.): *Guanggao gailun (shiyong)*, p.1; Liu Xuezhi 刘学治: *Chanpin xiaoshou zhishi yu jiqiao* 产品销售知识与技巧 (Wissen und Fertigkeit des Produktabsatzes), Chengdu: Sichuan kexue jishu chubanshe, 1988, p.46; Fu Hanzhang 傅汉章 und Kuang Tiejun 邝铁军: "Qianlun shehuizhuyi guanggao de diwei he zuoyong" 浅论社会主义广告的地位和作用 (Zur Stellung und Funktion sozialistischer Werbung), *ZGGGNJ*, pp.179-183, hier: p.179; Tao Yongkuan 陶永宽: "Tantan shehuizhuyi guanggao" 谈谈社会主义广告 (Über sozialistische Werbung), *ZGGG*, 1982, No.2, pp.3-5, hier: p.3.

[39] Tao Yongkuan: "Tantan shehuizhuyi guanggao", p.3.

[40] Zhongguo Guanggao Hanshou Xueyuan jiaowu weiyuanhui (Hg.): *Guanggao gailun (shiyong)*, p.1.

[41] Siehe z.B. Tao Yongkuan: "Tantan shehuizhuyi guanggao", p.3 und Yao Nai 姚耐: "Jianli wo guo shehuizhuyi guanggaoxue" 建立我国社会主义广告学 (Eine chinesische sozialistische Werbelehre aufbauen), *ZGGG*, 1983, No.2, p.3.

der Basis des Gemeineigentums" beschrieben.[42] Die volle Entfaltung der Warenwirtschaft wird als Etappe in der Entwicklung der Sozio-Ökonomie gesehen, die nicht übersprungen werden kann,[43] weil ohne sie "die hochgradige Vergesellschaftung der Produktion und die Modernisierung der Wirtschaft nicht verwirklicht und das sozialistische System dann nicht von Grund auf gefestigt und vervollkommnet werden kann."[44] Qian Huide leitet die Notwendigkeit zur vollen Entfaltung der Warenwirtschaft im Sozialismus daraus ab, daß die sozialistischen Länder und insbesondere China - anders, als dies Marx und Engels angenommen hatten - in die sozialistische Wirtschaftsformation eingetreten seien, ohne vorher das Stadium der vollen Entwicklung von Kapitalismus und Warenwirtschaft durchlaufen zu haben.[45]

Zum Weiterbestehen der Warenproduktion im sozialistischen China werden in der Literatur zur Werbung verschiedene weitere Aspekte angesprochen: Fu Hanzhang und Kuang Tiejun führen dazu aus, das ökonomische Fundament der Warenproduktion bestehe erstens aus den verschiedenen Formen von Wirtschaftseigentum

---

[42] Siehe Zhongguo Guanggao Hanshou Xueyuan jiaowu weiyuanhui (Hg.): *Guanggao gailun (shiyong)*, p.7; Fu Hanzhang und Kuang Tiejun: *Guanggaoxue*, p.33. Zum Gesamtkomplex Sozialismus und Warenwirtschaft siehe auch Zhou Jianming 周建明: *Shehuizhuyi he shangpin jingji. Dui Makesi lilun de zai renshi* 社会主义和商品经济. 对马克思理论的再认识 (Sozialismus und Warenwirtschaft. Neue Erkenntnis zur marxistischen Theorie), [Beijing:] Renmin chubanshe, 1985. Der Autor bezieht sich in seinem Vorwort (p.1) ebenfalls auf diese Formulierung aus dem Beschluß zur Wirtschaftssystemreform. Dieser war am 21.10.1984 in der *RMRB* publiziert worden: [O.Verf.:] "Zhong Gong Zhongyang guanyu jingji tizhi gaige de jueding" (pp.1-3).

[43] Siehe Zhongguo Guanggao Hanshou Xueyuan jiaowu weiyuanhui (Hg.): *Guanggao gailun (shiyong)*, p.7; Zhou Jianming: *Shehuizhuyi he shangpin jingji*, Vorwort, p.1.

[44] Zhongguo Guanggao Hanshou Xueyuan jiaowu weiyuanhui (Hg.): *Guanggao gailun (shiyong)*, p.7.

[45] Siehe Qian Huide 钱慧德: "Shilun shehuizhuyi guanggao shiye fazhan de keguan yiju ji qi zuoyong" 试论社会主义广告事业发展的客观依据及其作用 (Über die objektive Basis der Entwicklung des sozialistischen Werbewesens und seine Rolle), *ZGGG*, 1981, No.1, pp.8-10 und 13, hier: p.8. Dieselbe Argumentation findet sich bei Zhou Jianming: *Shehuizhuyi he shangpin jingji*, pp.91f. Die Darstellung in Zhongguo Guanggao Hanshou

und wirtschaftlichen Zusammenschlüssen, die in China existierten, zweitens in der Durchführung des Kurses "Planwirtschaft als Kern, Marktregulierung als Ergänzung" und drittens in der Politik der "Öffnung nach außen und Belebung der Wirtschaft nach innen".[46]

Für Tao Yongkuan gründet sich die chinesische Warenwirtschaft auf die Existenz von Arbeitsteilung und Kooperation:

> Die sozialistische Produktion ist geplant, sie baut auf der Grundlage der gesellschaftlichen Großproduktion auf; zwischen Unternehmen, zwischen Abteilungen und zwischen Regionen existieren ausgedehnte Beziehungen spezialisierter Arbeitsteilung und Kooperation. Da noch Unterschiede zwischen Gemeineigentum [und Gemeineigentum] und innerhalb des Gemeineigentums existieren, sind diese Beziehungen der Arbeitsteilung und Kooperation zwangsläufig eine Art warenwirtschaftlicher Beziehungen.[47]

In ähnlicher Weise argumentiert *Guanggao gailun (shiyong)*, es existierten in China noch große quantitative und qualitative Unterschiede in der Arbeit des einzelnen, Arbeit sei immer noch hauptsächlich die Erwerbsquelle der Menschen, es existiere noch die alte gesellschaftliche Arbeitsteilung, entsprechend gebe es eigenständige ökonomische Interessen der einzelnen Unternehmen, Waren und Geld könnten daher nicht absterben und deshalb sei es auch noch nicht möglich, von der Warenwirtschaft zur Produktwirtschaft überzugehen.[48]

Mit der Bejahung der Warenwirtschaft ist auch die Notwendigkeit der Existenz und Entwicklung der Werbung im sozialistischen China vorgegeben:

> Die grundlegende Existenzbedingung der Werbung sind Produktion und Austausch von Waren. Auf der gegenwärtigen Stufe existieren in unserem Land nach wie vor Warenproduktion und Warenaustausch. Überdies wird in der Zukunft für eine ziemlich lange Phase die Warenproduktion kräftig entwickelt und der Marktaustausch erweitert

---

Xueyuan jiaowu weiyuanhui (Hg.): *Guanggao gailun (shiyong)* spricht diesen Punkt nicht so klar aus, stimmt im Grundtenor aber damit überein.

[46] Fu Hanzhang und Kuang Tiejun: "Qianlun shehuizhuyi guanggao de diwei he zuoyong", pp.179-180. Mit den beiden letzten der hier genannten Punkte wird die Warenproduktion an den Kurs der Wirtschaftsreform in China gekoppelt.

[47] Tao Yongkuan: "Tantan shehuizhuyi guanggao", p.3.

[48] Zhongguo Guanggao Hanshou Xueyuan jiaowu weiyuanhui (Hg.): *Guanggao gailun (shiyong)*, p.7.

werden. Daher ist es unabdingbar, daß Werbung in unserem Land weiter existiert und sich entwickelt.[49]

Die Begründungen für die Existenz der Warenwirtschaft im Sozialismus fallen deshalb so ausführlich aus, weil in der Vergangenheit, d.h. vor dem 3. Plenum des XI. ZK, insbesondere aber während des "zehnjährigen Chaos" der Kulturrevolution, sozialistische Planwirtschaft und Warenwirtschaft als einander ausschließende Begriffe und Warenproduktion, Warenaustausch, Wertgesetz und Marktregulierung als "kapitalistische Übel" betrachtet worden waren.[50] Aufgrund dieser Auffassungen, die dem Einfluß "linker" Ideologie[51] zugeschrieben werden, habe man auch die Werbung "in den 'Kuhstall' (*niupeng* 牛棚) gesperrt"[52]; sie sei als Produkt des Kapitalismus bezeichnet, als "verheerende Flut und blutdürstige Bestie" (*hongshui mengshou* 洪水猛兽) charakterisiert worden[53] und zwischen 1966 und 1976 praktisch völlig verschwunden.[54]

---

[49] Fu Hanzhang und Kuang Tiejun: "Qianlun shehuizhuyi guanggao de diwei he zuoyong", p.179.

[50] Siehe z.B. Tao Yongkuan: "Tantan shehuizhuyi guanggao", p.3. Im "Beschluß des ZK zur Wirtschaftssystemreform" heißt es ausdrücklich: "Bei der Reform des Plansystems muß zuerst die traditionelle Vorstellung durchbrochen werden, Planwirtschaft und Warenwirtschaft einander entgegenzustellen [...]." Siehe [o.Verf.:] "Zhong Gong Zhongyang guanyu jingji tizhi gaige de jueding", p.2.

[51] Yao Nai: "Jianli wo guo shehuizhuyi guanggaoxue", p.5; Fu Hanzhang und Kuang Tiejun: *Guanggaoxue*, p.33; Zhang Nanzhou: "Jianli juyou Zhongguo tese de shehuizhuyi guanggaoye", p.142.

[52] Tao Yongkuan: "Tantan shehuizhuyi guanggao", p.3. Der Begriff "Kuhstall" bezeichnet eigentlich den Ort, an dem während der Kulturrevolution die "Rinderteufel und Schlangengeister", d.h. Personen, die man als Vertreter der Bourgeoisie, als Reaktionäre usw. betrachtete, eingesperrt wurden. Siehe dazu Li Zhenjie 李振杰 u.a. (Hg.): *Zhongguo baokan xin ciyu* 中国报刊新词语 / *New Chinese Press Terms*, Beijing: Huayu jiaoxue chubanshe, 1987, p.155.

[53] Fu Hanzhang und Kuang Tiejun: *Guanggaoxue*, p.33.

[54] Zhongguo Guanggao Hanshou Xueyuan jiaowu weiyuanhui (Hg.): *Guanggao gailun (shiyong)*, p.7; Fu Hanzhang und Kuang Tiejun: *Guanggaoxue*, p.33. Die meisten Autoren differenzieren zwischen den fünfziger Jahren, als das Werbewesen in China noch vielversprechende Entwicklungsansätze gezeigt habe, und den sechziger und siebziger Jahren, die das Ende aller Werbung bedeutet hätten. Siehe dazu 1.1. dieser Arbeit.

Die Bewertung der Werbung als einer negativen Erscheinung im Kapitalismus, für die in einer sozialistischen Gesellschaft keine Notwendigkeit mehr bestehe, läßt sich aber nicht ausschließlich mit der während der Kulturrevolution vorherrschenden Ideologie identifizieren, sondern hat ihre Wurzeln in der Marx'schen Analyse der Zirkulationskosten im kapitalistischen Wirtschaftsablauf. Marx trifft dabei eine Unterscheidung zwischen solchen Kosten, die in den Wert der Ware eingehen (Lagerung, Verpackung, Transport), und "reinen" Zirkulationskosten, die nur nötig sind, um den Austausch der Ware zu vermitteln. Zu dieser Kategorie zählen auch die Aufwendungen für die Werbung (bei Marx: "Markten").[55] Da die reinen Zirkulationskosten weder zusätzlichen Wert noch Mehrwert schaffen, gelten sie in der klassischen marxistischen politischen Ökonomie als "gesellschaftliche Verschwendung". Mit dieser Anschauung setzt sich Qian Huide bei seinen Überlegungen zur Existenzgrundlage der Werbung im Sozialismus auseinander:

> Marx hatte angenommen, wenn die sozialistische Gesellschaft da sei, könne man das Gemeineigentum an Produktionsmitteln verwirklichen, und Ware und Geld würden absterben. Daher betrachtet die traditionelle politische Ökonomie die Werbung oft als reine Kosten der Warenzirkulation, die keinerlei Wert schafften, und zudem als eine Art Verschwendung, die unter dem kapitalistischen System unvermeidlich sei, als eine Manifestation kapitalistischer Fäulnis. Daraus wird weiter geschlossen, daß unter den Bedingungen der sozialistischen Planwirtschaft Werbeausgaben ganz eingespart werden können, und dies betrachtet man als Widerspiegelung der Überlegenheit des sozialistischen Systems. Tatsächlich aber existieren in den Ländern, [in denen] der Sozialismus bereits gesiegt hat, noch in ziemlichem Umfang Ware-Geld-Beziehungen verschiedenen Typs, und diese entwickeln sich auch noch weiter.[56]

Mit dieser Darstellung ist zwar noch nicht die Einstufung der Ausgaben für Werbung als unproduktive Vergeudung als solche widerlegt, dieses Problem verliert aber wesentlich an Bedeutung, wenn davon ausgegangen wird, daß eben die

---

Dagegen heißt es pauschal bei Tian Tongsheng: "Guanggao zai shehuizhuyi jingji huodong zhong de zuoyong", p.63: "Aber in den Wirtschaftsaktivitäten unseres Landes wurde kommerzielle Werbung nach der Staatsgründung durchgehend als etwas Kapitalistisches betrachtet und negiert."

[55] Siehe dazu die Ausführungen über den "kommerziellen Profit" in Karl Marx: *Das Kapital. Kritik der politischen Ökonomie*, Vol.3, Berlin (Ost), 1974, pp.292-313.

Grundvoraussetzungen, die den Verzicht auf Werbung erst ermöglichen würden, nicht gegeben sind.[57]

Ein anderer Autor macht für die Theorie, Werbung sei eine im Kapitalismus unvermeidliche Verschwendung und im Fehlen von Werbung komme die Überlegenheit des Sozialismus zum Ausdruck, die Sowjetunion verantwortlich, durch deren Lehrbücher der politischen Ökonomie diese Auffassung nach China importiert worden sei, wo man sich ihr einfach angeschlossen habe. Erst mit dem 3.Plenum des XI. ZK habe man "entdeckt", daß dieses Urteil über die Werbung "sehr unvollständig" sei.[58]

Fu Hanzhang und Kuang Tiejun fassen die falschen Ansichten über die Werbung zusammen und stellen dabei Ideologie und Praxis, wie sie der Phase vor Beginn der Wirtschaftsreform in China zugeschrieben werden, in den Vordergrund, ohne deren theoretische Begründung in der marxistischen Lehre anzusprechen:

> In der Frage, wie man Werbung betrachtet, spiegelt sich die falsche "linke" Ideologie hauptsächlich folgendermaßen wider: Erstens wird Werbung fälschlich als Produkt der kapitalistischen Wirtschaft und nicht als Produkt der Warenwirtschaft betrachtet. Jegliche Werbung wird ausnahmslos als absatzfördernder Trick angesehen, um die Öffentlichkeit zu betrügen und zu verführen, und als eine Art gesellschaftlicher Verschwendung. Zudem nimmt man an, unser Land habe bereits ein sozialistisches Wirtschaftssystem aufgebaut und außerdem einen einheitlichen sozialistischen Markt errichtet, daher existiere keine Notwendigkeit für Werbung. Zweitens wird die Theorie von Marx über das Verhältnis von Produktion und Zirkulation falsch ausgelegt, [indem] einseitig die Rolle der Produktion als bestimmend für die Zirkulation übertrieben wird. In bezug auf die Produkte wird fast ausschließlich die Politik des zentralisierten Aufkaufs und garantierten Verkaufs durchgeführt, es wird stufenweise verteilt und stufenweise zugewiesen, Politik und Unternehmen sind nicht getrennt, und es ist nicht notwendig, Wirtschaftsinformationen mittels Werbung weiterzugeben. Drittens wird die Rolle der Marktkonkurrenz und der Marktregulierung geleugnet, dazu kommt noch der anhaltende Mangel in der Güter- und Materialversorgung, so daß

---

[56] Qian Huide: "Shilun shehuizhuyi guanggao shiye fazhan de keguan yiju ji qi zuoyong", p.8.

[57] Die Frage der Werbeausgaben wird nochmals aufgegriffen bei den Funktionen der Werbung. Siehe dazu 3.5.3. dieser Arbeit.

[58] Siehe Yu Guangyuan: "Tantan guanggao", p.2.

die Aufgabe der Produktion und Versorgung auch ohne das absatzfördernde Mittel der Werbung vollendet werden kann. Kurz, man betrachtet die Werbung als Ausdruck der Fäulnis des Kapitalismus und will nicht, daß die Werbung gerade die Überlegenheit des sozialistischen Systems widerspiegelt.[59]

Der erste Punkt dieser nun als falsch erkannten Anschauungen wird widerlegt, indem hervorgehoben wird, daß Warenproduktion und -austausch und damit auch die Werbung historisch innerhalb des marxistischen Periodisierungsmodells am Übergang von der Urgesellschaft zur Sklavenhaltergesellschaft anzusiedeln seien.[60] Die Warenwirtschaft, so heißt es übereinstimmend in den Darstellungen von Zhang Nanzhou und von Fu Hanzhang und Kuang Tiejun, entwickelte sich als Ergebnis der dreimaligen gesellschaftlichen Arbeitsteilung[61], die durch die Steige-

---

[59] Fu Hanzhang und Kuang Tiejun: *Guanggaoxue*, p.33. Im Schlußsatz dieser Passage wird die bisher als gültig betrachtete marxistische Auffassung einfach umgekehrt: Galt früher das Fehlen der Werbung als Widerspiegelung der Überlegenheit des Sozialismus, spiegelt sich diese Überlegenheit jetzt gerade in der Werbung wider.

[60] Zhang Nanzhou: "Jianli juyou Zhongguo tese de shehuizhuyi guanggaoye", p.140; Zhongguo Guanggao Hanshou Xueyuan jiaowu weiyuanhui (Hg.): *Guanggao gailun (shiyong)*, p.1; Fu Hanzhang und Kuang Tiejun: *Guanggaoxue*, p.21; dies.: "Qianlun shehuizhuyi guanggao de diwei he zuoyong", p.179. Diese zeitliche Bestimmung der Entstehung von Warenproduktion und -austausch ist keine neue Erkenntnis und steht eigentlich nicht im Gegensatz zu chinesischen Darstellungen aus der Zeit vor 1979. Das Argument soll hier v.a. die Ansicht widerlegen, Werbung sei ausschließlich mit dem Kapitalismus verknüpft.
Die Darstellungen der Entwicklungsgeschichte der Werbung in China setzen konsequenterweise ebenfalls mit der Urgesellschaft ein, siehe z.B. Xu Baiyi: *Shiyong guanggao shouce*, pp.28-30.

[61] Gemeint sind damit die Trennung von Viehzucht und Ackerbau, die Trennung von Handwerk und Landwirtschaft und schließlich die Herausbildung des Handels, der speziell Kauf und Verkauf nachgeht. Siehe Fu Hanzhang und Kuang Tiejun: *Guanggaoxue*, p.21. Zum Begriff der Arbeitsteilung siehe auch den Eintrag in Ma Hong 马洪 und Sun Shangqing 孙尚清 (Hg.): *Jingji yu guanli da cidian* 经济与管理大辞典 (Großes Lexikon der Wirtschaft und des Management), [Beijing:] Zhongguo shehui kexue chubanshe, 1985, pp.88-89.

rung der Produktivkräfte am Ende der Urgesellschaft und in der Sklavenhaltergesellschaft stattfand.[62] Damit tritt auch die Werbung auf den Plan, denn:

> Nur eine primitive Gesellschaft, in der alle Dinge selbst verbraucht werden (*fan wu dou ziji* 凡物都自给), in der die Produkte extrem knapp sind und zudem noch extrem primitiv, braucht keine Werbung. Aber diese Zeit wird nicht mehr zurückkehren.[63]

Zur weiteren Geschichte der chinesischen Werbung nach der Sklavenhaltergesellschaft führt Zhang Nanzhou aus, in der mehr als zweitausend Jahre währenden Feudalgesellschaft Chinas habe zwar die autarke feudale Naturalwirtschaft dominiert, jedoch habe sich die Warenwirtschaft in gewissem Grad entwickelt, und dementsprechend seien neue Formen der Werbung aufgekommen, die zudem nationale Prägung (*minzu tese* 民族特色) besessen hätten.[64]

Mit der historischen Einbettung soll nicht nur dargelegt werden, daß Werbung schon lange vor dem Kapitalismus existiert hat und daher auch nicht als "kapitalistisches Übel" bezeichnet werden kann,[65] sondern es wird gleichzeitig ein spezifisch chinesischer Traditionsstrang der Werbung etabliert, der - wie die chinesische Kultur überhaupt - auf eine Geschichte von mehreren tausend Jahren zurückblicken kann. Auf diese Weise wird die Werbung gewissermaßen für China "vereinnahmt", sie erscheint nicht mehr als etwas Fremdes, das von außen an die chinesische Gesellschaft herantritt; und die eigene, in der chinesischen Vergangen-

---

[62] Fu Hanzhang und Kuang Tiejun: *Guanggaoxue*, p.21; und Zhang Nanzhou: "Jianli juyou Zhongguo tese de shehuizhuyi guanggaoye", p.140. Zhang identifiziert die Sklavenhaltergesellschaft in China mit der Xia-, Shang- und Zhou-Zeit.

[63] Liu Mingfu 刘明夫: "Guanggao shiyejia mingwei «ruzi niu»" 广告事业家名为 «孺子牛» (Werbemann zu sein heißt 'Büffel für das Kind' [Diener des Volkes] zu sein), *ZGGG*, 1982, No.1, p.5.

[64] Zhang Nanzhou: "Jianli juyou Zhongguo tese de shehuizhuyi guanggaoye", p.141. Zum "nationalen Stil" der chinesischen Werbung siehe 3.4.5. dieser Arbeit.

[65] In diesem Sinne schreibt Liu Mingfu: "Werbung ist keineswegs eine Sache, die allein die Bourgeoisie hat. [...] Wir dürfen nicht sagen, etwas sei an sich ein Übel, nur weil die Bourgeoisie danach die Hand ausstreckt und es besudelt." ("Guanggao shiyejia mingwei «ruzi niu»", p.5.)

heit verankerte Tradition der Werbung liefert zudem Ansatzpunkte, an welche die "moderne" Werbung Chinas anknüpfen kann.[66]

### 3.3. Sozialistische versus kapitalistische Werbung

Obwohl Werbung - wie im vorangehenden Teil gezeigt wurde - nach Meinung der chinesischen Theoretiker nicht als Produkt des Kapitalismus bezeichnet werden kann, sondern in jeder Gesellschaftsformation, welche Waren produziert und austauscht, ihren Platz hat und Gemeinsamkeiten aufweist,[67] existiert und entwickelt sie sich doch nicht unabhängig von den sozio-ökonomischen Rahmenbedingungen, in welche sie eingebettet ist:

> Die Werbung geht mit der Wirtschaft. Je nach Wirtschaftsformation und Produktionsverhältnissen gibt es Werbung, die dem Feudalismus dient, Werbung, die dem Kapitalismus dient, und Werbung, die dem Sozialismus dient - der Grund für ihre Verschiedenheit ist nicht die Werbung an sich, sondern wird durch das Ziel bestimmt, dem sie dient.[68]

Außerdem werde die Werbung eines Landes, so schreibt Zhang Nanzhou, von der nationalen, historischen, wissenschaftlichen und kulturellen Tradition beeinflußt.[69]

---

[66] Randall Stross gelangt zu einer ähnlichen Einschätzung, wenn er über die chinesischen Werbeleute schreibt: "Naturally, they were eager to de-emphasize both the newness of their profession and its connections with capitalism, so they spoke often of the ancient origins of advertising and its seemingly omnipresent character, stripped of a capitalist context and found at the beginning of recorded history." ("The Return of Advertising in China: A Survey of the Ideological Reversal", p.487.)

[67] Nach Jiang Guangyi decken sich die Funktionen der Werbung in ökonomischer Hinsicht auf der ganzen Welt, die Werbung im Sozialismus sei aber zudem mit gesellschaftlichen Aufgaben betraut, die sie gegenüber der kapitalistischen Werbung auszeichneten. Siehe Jiang Guangyi 蒋光宜: "Guanggao xuanchuan yishu" 广告宣传艺术 (Die Kunst der Werbepropaganda), *XWZX*, 1985, No.2, pp.12-15, hier: p.12.

[68] Zhang Daoyi 张道一: "Jianli wo guo de guanggao yishu xueke" 建立我国的广告艺术学科 (Das Fachgebiet der Werbekunst unseres Landes aufbauen), *ZGGG*, 1981, No.2, pp.6-8, hier: p.6.

[69] Zhang Nanzhou: "Jianli juyou Zhongguo tese de shehuizhuyi guanggaoye", p.143.

Bei der Herausarbeitung der Unterschiede zwischen den verschiedenen Gesellschaftssystemen und den daraus abgeleiteten Besonderheiten der Werbung konzentriert sich der Großteil der chinesischen Werbeliteratur vor allem auf die Kontrastierung von Werbung im Kapitalismus und Werbung im Sozialismus. Daß sich die Werbung des sozialistischen China auch von der Werbung des "alten China", d.h. des feudalistischen bzw. halbfeudal-halbkolonialen China abhebt, wird ebenfalls konstatiert, aber in den "Grundsatz"-Beiträgen nicht ausführlich diskutiert.[70]

Besondere Bedeutung wird der Unterscheidung zwischen "sozialistischer Werbung" und "kapitalistischer Werbung" in *Guanggao gailun (shiyong)* zugemessen:

> Will man Wesen und Funktion sozialistischer Werbung verstehen, so muß man zunächst die grundlegenden Unterschiede sozialistischer Werbung und kapitalistischer Werbung verstehen, um zwischen beiden eine klare Grenze zu ziehen.[71]

Kapitalistische und sozialistische Werbung heben sich nach dieser Darstellung in sieben Punkten voneinander ab:

1. Kapitalistische Werbung basiert auf dem Privateigentum an Produktionsmitteln; ihr Ziel besteht darin, für den Kapitalisten Waren in großer Menge zu verschleudern und maximalen Profit herauszuholen. Dagegen steht sozialistische Werbung auf der Grundlage des Gemeineigentums an Produktionsmitteln; ihr Ziel ist es, den Absatz zu fördern, die Zirkulation zu erweitern und der Befriedigung der ständig wachsenden materiellen und kulturellen Bedürfnisse der Volksmassen zu dienen.
2. Kapitalistische Werbung ist das Produkt der kapitalistischen Warenwirtschaft, die kapitalistische Warenwirtschaft ist ohne Planung, daher ist auch ihre Werbepropaganda planlos. Sozialistische Wer-

---

[70] Siehe ebenda; und Ding Yunpeng 丁允朋: "Wo guo shehuizhuyi guanggao tezheng chuyi" 我国社会主义广告特征刍议 (Meine bescheidene Meinung über die Merkmale der sozialistischen Werbung unseres Landes), *ZGGG*, 1985, No.1, pp.4-7, hier: p.4. Die Unterschiede zwischen moderner und "alter" Werbung werden in Publikationen, die sich kritisch mit dem aktuellen Zustand des chinesischen Werbewesens auseinandersetzen, wesentlich stärker hervorgehoben. Siehe dazu z.B. [Benkan bianjibu:] "Yao gaibian guanggao jingying guanli de xiaoshengchan fangshi", p.2 und Kap.4. dieser Arbeit.

[71] Zhongguo Guanggao Hanshou Xueyuan jiaowu weiyuanhui (Hg.): *Guanggao gailun (shiyong)*, p.9.

bung dagegen ist das Produkt der sozialistischen Warenwirtschaft, die sozialistische Warenwirtschaft ist geplant, und dies bestimmt, daß auch die sozialistische Werbung geplant, "bewußt" ist.
3. Die Beziehung zum Konsumenten: In der kapitalistischen Gesellschaft ist der Verbraucher das Zielobjekt des Verschleuderns von Waren. Kapitalistische Werbung versucht daher mit allen Mitteln, das Verschleudern zu fördern. Deshalb ist es eine der Funktionen kapitalistischer Werbung, [...] Bedarf zu schaffen, und für dieses "Schaffen" wird der Verbraucher erforscht [...]. Sozialistische Werbung dagegen muß zwar auch den Verbraucher erforschen, aber das Ziel der Untersuchung besteht darin, die Bedürfnisse des täglich steigenden Konsumniveaus der Verbraucher besser zu befriedigen, also dem Verbraucher besser zu dienen.
4. Die Beziehung zu den Werbemedien: Die Werbemedien der kapitalistischen Länder - gleichgültig, ob Zeitungen und Zeitschriften, Fernsehen oder Rundfunk - müssen sich als Haupteinnahmequelle auf Werbung stützen; wenn der Werbeumfang einer Zeitung weniger als 60% beträgt, so bedeutet dies finanzielle Verluste. Daher müssen Layout von Zeitungen und Zeitschriften und Programmanordnung von Fernsehen und Rundfunk die Anforderungen der Werbekunden erfüllen. Die Medien der Massenkommunikation der sozialistischen Werbung dagegen sind im allgemeinen staatlich betriebene Propagandaorgane. Sie müssen die Anforderungen der Propagandaarbeit und die Interessen der Leser berücksichtigen und werden nicht von den Werbekunden kontrolliert; wenn sie Werbung annehmen, müssen sie eine Haltung der Verantwortung gegenüber dem Volk einnehmen.[72]

---

[72] Vgl. dagegen Zhang Xuepei 张学培: "Guanggao xuanchuan shi baozhi de zhongyao shehui zhineng" 广告宣传是报纸的重要社会职能 (Werbepropaganda ist eine wichtige gesellschaftliche Aufgabe der Zeitungen), XWZX, 1984, No.4, pp.20-21; Yang Cunsheng 杨存生: "Guanggao xuanchuan shi xin shiqi Dang bao de zhongyao gongneng" 广告宣传是新时期党报的重要功能 (Werbepropaganda ist eine wichtige Funktion der Parteizeitungen [in] der neuen Periode), XWZX, 1988. No.4., pp.15-16; Cheng Shanping 程善平: "Guanggao fuwu ying you qiushi jingshen" 广告服务应有求实精神 (Werbeservice muß den Geist des Wahrheitsstrebens haben), Xiaofeizhe 消费者, 1988, No.4, p.33. Die Autoren dieser drei Artikel sehen in der Publikation von Werbung eine wichtige Einnahmequelle der Zeitungen, welche u.a. dazu beiträgt, die Preise der Abonnements stabil zu

5. Die Beziehung zum Markt: Daß kapitalistische Werbung auch Wert auf die Erforschung des Marktes legt, dient zum einen der Lösung des Problems, daß das Angebot die Nachfrage übersteigt, zum anderen dient es dazu, den maximalen Marktanteil zu erobern. Daß sozialistische Werbung Marktforschung betreibt, dient dagegen der Förderung der Produktionsentwicklung, dem Gleichgewicht von Produktion und Absatz und der Befriedigung des gesellschaftlichen Bedarfs.
6. Die Form der Konkurrenz: Der Kapitalist nutzt die Werbeoffensive für seine eigene Existenz und Entwicklung, [er] plant, die Konkurrenten vom Markt zu verdrängen oder die Konkurrenten zu Fall zu bringen, um sie zu schlucken und ein Monopol zu bekommen und auszubauen. Im sozialistischen System gibt es auch Konkurrenz, und diese ist geschützt, aber das Ziel der Konkurrenz besteht darin, die Qualität zu erhöhen und die Serviceformen zu verbessern, den Fortschritt anzuregen und [zur Überwindung von] Rückständigkeit anzuspornen, dies hat Vorteile für den Verbraucher.
7. Darstellungsform: Die Werbung kapitalistischer Länder muß zwangsläufig das ideologische Bewußtsein der Bourgeoisie widerspiegeln, nicht wenig Werbung benutzt haarsträubende Szenen und schöne Frauen als Appell. Die sozialistische Werbung dagegen muß dem Volk gegenüber verantwortungsbewußt sein und dem Aufbau der geistigen Zivilisation des Sozialismus dienen.[73]

Schon die Wahl der negativ und positiv belegten Ausdrücke in diesem Abschnitt nimmt dem Leser die Entscheidung darüber ab, welches System als das bessere anzusehen ist: Während im Kapitalismus die Waren "verschleudert" (*qingxiao* 倾销) werden, um "maximalen Profit" (*zuida lirun* 最大利润) zu ergattern, wird im Sozialismus der "Absatz gefördert" (*cujin xiaoshou* 促进销售), um "Bedürfnisse zu befriedigen" (*manzu xuyao* 满足需要). "Planlosigkeit" (*wu jihua* 无计划) und "Überangebot" (*gong guoyu qiu* 供过于求) auf der einen Seite stehen "Planung" (*you jihua* 有计划) und "Gleichgewicht" (*pingheng* 平衡) auf der anderen gegenüber; während der Kapitalist seine Konkurrenten "vom Markt verdrängen" (*jichu shichang* 挤出市场) oder "schlucken" (*bingtun* 并吞) will, wird durch den Wettbewerb im Sozialismus die "Qualität erhöht" (*tigao zhiliang* 提高质量) und der "Fortschritt angeregt" (*guli xianjin* 鼓励先进) usw.

---

halten. Die beiden letzteren Artikel verweisen in diesem Zusammenhang auf die stark gestiegenen Preise für Papier.

[73] Zhongguo Guanggao Hanshou Xueyuan jiaowu weiyuanhui (Hg.): *Guanggao gailun (shiyong)*, p.9.

Die unter Punkt 2 bis 7 ausgeführten Unterschiede kapitalistischer und sozialistischer Werbung können als notwendige Folgeerscheinungen der in Punkt 1 benannten Grundvoraussetzungen, unter denen Werbung in beiden Wirtschaftssystemen betrieben wird, betrachtet werden: Durch das Eigentum an Produktionsmitteln und die Zielsetzung der Produktion ist der Rahmen vorgegeben, dem die Werbung untergeordnet wird und der sie prägt. Im Gegensatz zur Werbung im Kapitalismus, die von Einzelpersonen - den Kapitalisten - für die jeweils eigenen Interessen eingesetzt wird, steht die sozialistische Werbung im Dienste der Gesellschaft als Ganzes. Diese Kontrastierung findet sich in allen Veröffentlichungen, die den Versuch unternehmen, kapitalistische und sozialistische Werbung voneinander abzugrenzen.

Als wesentliche Antriebskraft von Produktion und Absatz im Kapitalismus wird vor allem das Profitstreben des Kapitalisten hervorgehoben, das für die Werbung - aber nicht nur für sie - eine Reihe negativer Auswirkungen nach sich zieht. Die folgenden Textpassagen machen dies deutlich:

> In der kapitalistischen Gesellschaft wird Werbung als Werkzeug benutzt, um dem Kapitalisten hohen Profit zu verschaffen, daher ist es die Besonderheit der Werbepropaganda, daß sie Richtig und Falsch vermischt, Lügen aneinanderreiht, Schaumschlägerei betreibt und durch furchterregende Reden einschüchtern will. Sie [die Kapitalisten] rühmen zwar auch mit aller Macht ein "laßt Tatsachen sprechen" und "alles für den Verbraucher", aber in Wirklichkeit setzen sie in der Werbepropaganda jedes Mittel ein, sich Vorteile auf Kosten anderer zu verschaffen, sich gegenseitig zu betrügen, sich selbst herauszuheben und andere schlecht zu machen, um Konkurrenten auszuschalten.[74]

> Um Profit an sich zu reißen, nutzt der Kapitalist Werbung zur übertriebenen Propaganda für die Ware, so daß die Verbraucher betrogen werden und ihr auf den Leim gehen. Diese häßlichen Werbetricks sind der Schutt der westlichen kapitalistischen Gesellschaft, sie sind von unserer sozialistischen Werbung, die dem Volke dient, substanziell völlig verschieden.[75]

> [...] und wir dürfen nicht wie die kapitalistische Werbung, um das große Geld zu machen, über die Waren das Blaue vom Himmel

---

[74] Li Zhiyi u.a.: *Shangbiao guanggao falü zhishi*, p.122.
[75] Yao Nai: "Jianli wo guo shehuizhuyi guanggaoxue", p.3.

herunterreden, damit ihr die Leute auf den Leim gehen und betrogen werden.⁷⁶

Die kapitalistische Werbung ist häufig wahllos in [ihren] Mitteln, Kunden anzulocken und Konkurrenten auszuschalten. Die Werbung ist voll von falschen, vulgären und pornographischen Dingen und sie ist auch zum Werkzeug für Schiebergeschäfte von Unternehmen und für die Täuschung der Kunden geworden.⁷⁷

In der kapitalistischen Gesellschaft ist Werbung das Mittel, das die Kapitalisten benutzen, um Kunden anzulocken, mehr Waren abzusetzen und hohen Profit zu erzielen, viele Werbeinhalte sind sehr ungesund und von betrügerischem Charakter.⁷⁸

Aussagen mit diesem Tenor werden nicht nur für die Werbung getroffen, sondern für den Konsum in der kapitalistischen Gesellschaft überhaupt geltend gemacht. Dieser sei - so klärt z.B. Wang Meihan seinen Leser auf - im Grunde nur ein Mittel, um maximalen Profit herauszuholen, und eben nicht grundlegendes und eigentliches Ziel der gesellschaftlichen Produktion, wie dies im Sozialismus der Fall sei.⁷⁹ Aufgrund des heftigen Konkurrenzkampfes der kapitalistischen Unternehmen müßten zwar ein paar Firmen Wert auf Geschäftsmoral legen und, um ihr Ansehen zu wahren, auf die Interessen der Verbraucher achten, aber das Ziel dabei bestehe doch nur darin, den Konsumenten noch mehr Geld aus der Tasche zu ziehen. Auch die Bemühungen der Regierungen einiger kapitalistischer Länder um den Schutz der Verbraucher seien nur Mittel zum Zweck und dienten dazu, sich die Unterstützung der Wähler zu sichern.⁸⁰

---

76 Zhang Funian 张夫年: "Baokan guanggao san ti" 报刊广告三题 (Drei Themen zur Zeitungswerbung), *ZGGG*, 1982, No.2, pp.6-7, hier: p.6.

77 Tian Yu 田雨: "Yao zhengque renshi he fahui guanggao de zuoyong" 要正确认识和发挥广告的作用 (Die Rolle der Werbung korrekt erkennen und entfalten), *CMJJ*, 1982, No.1, pp.58-60, hier: p.59.

78 Ye Shusheng 叶树生: "Ying zhongshi qiye de guanggao gongzuo" 应重视企业的广告工作 (Man muß die Werbearbeit der Unternehmen beachten), *Zhongguo Jingji Wenti* 中国经济问题, 1986, No.1, pp.23-25, hier: p.25.

79 Wang Meihan 王美涵: *Xiaofei jingji gailun* 消费经济概论 (Einführung in die Konsumwirtschaft), Chongqing: Zhongguo caizheng jingji chubanshe, 1985, p.168. Auch in diesem Buch wird kapitalistische Werbung im Zusammenhang mit der Gewinnsucht der Kapitalisten gesehen, siehe ebenda, p.185.

80 Wang Meihan: *Xiaofei jingji gailun*, p.173.

Im kapitalistischen Wirtschaftssystem, das uns in diesen Darstellungen als ein System gegenübertritt, für das Planlosigkeit von Produktion und Zirkulation, chronisches Überangebot an Waren und rücksichtsloser Konkurrenzkampf kennzeichnend sind, wird alles zur Ware und entsprechend wird für alles und jedes Werbung gemacht.[81] Immer wieder wird auf die "Omnipräsenz" der Werbung im Kapitalismus hingewiesen.[82] "Viel", "groß" und "teuer" werden zu spezifischen Merkmalen kapitalistischer Werbung erklärt, die Werbeausgaben gehen weit über das für den "normalen" Warenaustausch notwendige Maß hinaus und werden letztendlich auf dem Rücken der Verbraucher ausgetragen.[83] Wenn es allerdings darum geht, die chinesischen Unternehmen davon zu überzeugen, daß Werbung wichtig ist und deshalb eben auch finanzielle Mittel aufzuwenden sind, werden häufig

---

[81] Tian Yu: "Yao zhengque renshi he fahui guanggao de zuoyong", p.59.

[82] Siehe z.B. Qiu Zhi 仇支: "Wu chu bu zai, wu kong bu ru - Xianggang guanggao jianjie" 无处不在, 无孔不入 - 香港广告简介 (Überall präsent und überall hin vordringend - Kurzdarstellung der Werbung Hongkongs), ZGGG, 1985, No.4, p.20; Yuan Luyang 袁路阳: "Guanggao - wusuo bu zai de yinbi quanyouzhe" 广告 - 无所不在的隐蔽劝诱者 (Werbung - der allgegenwärtige geheime Verführer), Xiandaihua 现代化, 1985, No.9, pp.42-43. Hier zeigen schon die Titel, wie massiv die Werbung im Kapitalismus auftritt. Siehe auch Chen Dezhang: "Mantan waiguo guanggao", p.6. In Wang Meihan: Xiaofei jingji gailun, p.185 wird von einem "seltsamen und bizarren unermeßlichen Meer der Werbung" gesprochen. In neuester Zeit wird das Eindringen der Werbung in jeden Winkel des Lebens auch schon für China selbst vermerkt, siehe dazu Wang Qingxian: "Zhinen de Zhongguo guanggaoye", p.5.

[83] Tian Yu: "Yao zhengque renshi he fahui guanggao de zuoyong", p.59. In diesem Zusammenhang spricht Tian Yu von "extremer Verschwendung gesellschaftlichen Reichtums" und weist - doch wieder im Rückgriff auf Marx' Theorie der Zirkulationskosten - darauf hin, daß im Sozialismus die unangemessene Zunahme reiner Zirkulationsausgaben vermieden werden müsse (ebenda). Was unter "normal" bzw. "unangemessen" zu verstehen ist, erklärt der Autor nicht. Tao Yongkuan argumentiert: "Unter kapitalistischen Bedingungen existieren aufgrund des heftigen Wettbewerbs und des anarchischen Zustandes der gesamten Gesellschaft unvermeidlich Blindheit und Verschwendung in der Werbepropaganda." (Tao Yongkuan: "Tantan shehuizhuyi guanggao", p.5.)

gerade die hohen Werbeausgaben der USA und Japans als Maßstab ins Feld geführt, hinter dem China insgesamt zu weit zurückbleibe.[84]

Die Eigenschaften, welche der sozialistischen Werbung aufgrund des anderen Wirtschaftssystems, in dem sie zu Hause ist, zugeschrieben werden, sind das Gegenbild der negativen Attribute kapitalistischer Werbung, oder anders ausgedrückt, da sozialistische Werbung im Dienst eines überlegenen, weil guten Systems steht, muß sie sich auch selbst positiv von der Werbung im Kapitalismus abheben. Allein durch die Verpflanzung in eine positive Umgebung scheint die Werbung alles von sich abzustreifen, was sie in der kapitalistischen Gesellschaft zu einem "öffentlichen Übel" (*gonghai* 公害)[85] macht.[86]

Daher spricht auch nichts dagegen, einige Dinge aus der kapitalistischen Werbung durch "kritische Übernahme" für das sozialistische China nutzbar zu machen: Moderne Design- und Herstellungstechniken, Organisation von Werbeinstitutionen und Erfahrungen in der Ausbildung von Fachpersonal[87] sowie Methoden des effektiven Einsatzes von Werbung[88] werden in diesem Zusammenhang aufgeführt.

---

[84] Siehe z.B. Wang Jiong 王炯 und Fan Weiming 范伟明: "Cong wenhua jiaodu kan Zhong-Xi guanggao sheji de fengge" 从文化角度看中西广告设计的风格 (Der Stil des chinesischen und westlichen Werbedesigns vom kulturellen Blickwinkel her betrachtet), *ZGGG*, 1987, No.3, pp.20 und 29, hier: p.29; Fang Zhenxing 方振兴: "Guanggaojie jixu jiejue de ruogan wenti zhi wo jian" 广告界亟需解决的若干问题之我见 (Meine Meinung zu einigen Problemen, die die Werbekreise dringend lösen müssen), *ZGGG*, 1987, No.3, pp.6-7, hier: p.6; Wang Jian 王坚: "Tan shuli xiandai guanggao guannian" 谈树立现代广告观念 (Zur Etablierung moderner Werbevorstellungen), *Fujian Luntan* 福建论坛, 1985, No.8, pp.48-49, hier: p.48.

[85] Li Yanzu: "Guanggao wenhua yu guanggao yishu", pp.67-68. Zhongguo Guanggao Hanshou Xueyuan jiaowu weiyuanhui (Hg.): *Guanggao gailun (shiyong)*, p.4 vergleicht die Werbung im Kapitalismus mit der Luftverschmutzung.

[86] Dies gilt allerdings nicht für die Werbung ausländischer Unternehmen in China, die aufgrund ihrer Herkunft die "kapitalistische Färbung" beibehält, so jedenfalls Zhang Funian: "Baokan guanggao santi", p.6. Zur ausländischen Werbung in China siehe auch 4.3. dieser Arbeit.

[87] Diese drei Punkte werden aufgeführt in Wang Meihan: *Xiaofei jingji gailun*, p.187. Siehe dazu auch die Darstellung von Han Zhiguo 韩志国: "Zibenzhuyi guojia de guanggao guanli" 资本主义国家的广告管理 (Werberegelung in kapitalistischen Ländern), *ZGGG*, 1983, No.5, pp.29-

Eine ganze Reihe von Publikationen[89] vollzieht die Abgrenzung zwischen kapitalistischer und sozialistischer Werbung im Rahmen eines Kataloges von festen "Eigenschaften" (xing 性), die der Werbung im sozialistischen China zugeschrieben werden. In diesem Katalog von Attributen, der im folgenden dargestellt werden soll, finden sich auch einige der oben bereits angesprochenen Punkte wieder.

### 3.4. *Prinzipien der sozialistischen Werbung*

Im Dezember 1957 fand in Prag die erste internationale Konferenz der Werbefachleute sozialistischer Länder statt,[90] an der auch ein Vertreter des Handelsministeriums aus der Volksrepublik China als Beobachter teilnahm.[91] In den Beschlüssen dieser Konferenz wurden die Hauptmerkmale sozialistischer Werbung unter den Begriffen "ideologischer Charakter, Wahrheitscharakter und Konkretheit" *(sixiangxing* 思想性*, zhenshixing* 真实性*, jutixing* 具体性*)*[92]

---

30. Dort werden Werbeinstitutionen, Werbegesetzgebung und die Ausbildung von Werbefachleuten in den kapitalistischen Ländern positiv beschrieben.

88 Siehe dazu Li Zhiyi u.a.: *Shangbiao guanggao falü zhishi*, p.124. Darin heißt es, man müsse bei der Betrachtung der kapitalistischen Werbung nach dem Prinzip "eins teilt sich in zwei" vorgehen und erkennen, daß z.B. die Auswahl des richtigen Mediums und des richtigen Zeitpunktes für die Werbung auf der Basis von Marktforschung und Marktprognosen erheblich zur Werbewirkung beitrage.

89 Z.B. Zhang Nanzhou: "Jianli juyou Zhongguo tese de shehuizhuyi guanggaoye", pp.143-144; Ding Yunpeng: "Wo guo shehuizhuyi guanggao tezheng chuyi", pp.4-5; Fu Hanzhang und Kuang Tiejun: *Guanggaoxue*, pp.35-38; Su Xuedan und Zhai Daqing: *Shangbiao guanggao guanli shiyong shouce*, pp.117-120.

90 Siehe z.B. Endre Antal: *Die Funktionen der Werbung im System der zentralen Wirtschaftslenkung*, p.147, und Zhongguo Guanggao Hanshou Xueyuan jiaowu weiyuanhui (Hg.): *Guanggao gailun (shiyong)*, p.8. An der Konferenz nahmen dreizehn sozialistische Staaten teil, darunter die Sowjetunion, Albanien und Jugoslawien, siehe Zhang Nanzhou: "Jianli juyou Zhongguo tese de shehuizhuyi guanggaoye", p.142.

91 Ebenda. Zur Teilnahme Chinas an der Prager Konferenz siehe auch 1.1. dieser Arbeit.

92 Siehe Zhang Nanzhou, "Jianli juyou Zhongguo tese de shehuizhuyi guanggaoye", p.142; ders.: *Guanggaoxue zai Zhongguo*, p.95; Ding

subsumiert. Diese Wesenszüge sozialistischer Werbung werden von chinesischer Seite folgendermaßen inhaltlich ausgeführt:
1. Der ideologische Charakter drückt sich in der erzieherischen Bedeutung aus. Sein grundlegendes Erfordernis ist es, die Vorzüge und die Überlegenheit der Ware knapp darzustellen und so die Anteilnahme des sozialistischen Staates für das arbeitende Volk zu manifestieren.
2. Der Wahrheitscharakter liegt in allen Materialien, welche Qualität, Leistung und Anwendung der Ware betreffen; sie alle müssen eine exakte Prüfung durchlaufen.
3. Die Konkretheit besteht darin, daß sie den Verbraucher mit klarer und überzeugender Sprache anleiten muß. Daher darf keine Art von Formalismus in der Werbekunst und im Bereich der Schrift zugelassen werden, denn er [der Formalismus, G.W.] kann die Klarheit der Werbung nicht gewährleisten und sie [die Werbung, G.W.] auch nicht allen verständlich machen.[93]

Im Gefolge dieser Konferenz fand Mitte 1958 in Beijing eine Zusammenkunft "zur Verbreitung des Geistes der internationalen Werbekonferenz"[94] statt. Als die wesentlichen Eigenschaften sozialistischer Werbung stellten die Teilnehmer an dieser Diskussion - in Abwandlung und Erweiterung der Prager Beschlüsse - den politischen Charakter (*zhengcexing* 政策性), den ideologischen Charakter (*sixiangxing*), den Wahrheitscharakter (*zhenshixing*), den künstlerischen Charakter (*yishuxing* 艺术性) und den nationalen Stil (*minzu fengge* 民族风格) heraus.[95]

---

Yunpeng: "Wo guo shehuizhuyi guanggao tezheng chuyi", p.4; und Zhongguo Guanggao Hanshou Xueyuan jiaowu weiyuanhui (Hg.): *Guanggao gailun (shiyong)*, p.8. Endre Antal: *Die Funktionen der Werbung im System der zentralen Wirtschaftslenkung*, p.147 gibt diese Merkmale als "Prinzip der Wahrheit, Prinzip der Anschaulichkeit und Prinzip der Wahrung sozialistischer Ethik und Moral" wieder.

[93] Zhongguo Guanggao Hanshou Xueyuan jiaowu weiyuanhui (Hg.): *Guanggao gailun (shiyong)*, p.8. Zum Wahrheitscharakter siehe auch die Ausführungen von Endre Antal: *Die Funktionen der Werbung im System der zentralen Wirtschaftslenkung*, p.147.

[94] Zhongguo Guanggao Hanshou Xueyuan jiaowu weiyuanhui (Hg.): *Guanggao gailun (shiyong)*, p.8.

[95] Ebenda. Zhang Nanzhou: *Guanggaoxue zai Zhongguo*, p.95, schreibt die Aufstellung dieser Prinzipien einer vom chinesischen Handelsministerium im August 1959 in Shanghai einberufenen Werbekonferenz von 21 geöffneten Städten zu. Siehe dazu auch [o.Verf.:] *Advertising and Marketing in*

Diese Forderungen an die sozialistische Werbung wurden später zu der Bezeichnung "vier Eigenschaften, ein Stil" (*si xing yi ge* 四性一格)[96] verkürzt und bilden die Grundlage für die weiteren theoretischen Ausführungen über das Wesen der Werbung im Sozialismus, wie sie nach 1979 wieder aufgenommen wurden. Allen späteren Darstellungen ist gemeinsam, daß sie den ideologischen Charakter, den Wahrheitscharakter und den künstlerischen Charakter in den "Katalog" der Eigenschaften aufnehmen. Über diesen Minimalbestand hinaus finden sich verschiedene Varianten.

### 3.4.1. Ideologischer Charakter (*sixiangxing* 思想性)

Daß sozialistische Werbung ideologischen Charakter - unter diesem Begriff wird von den meisten Autoren der ideologische und der politische Charakter der ursprünglichen *si xing* 四性 zusammengefaßt[97] - besitze, wird damit begründet, daß Werbung nicht nur Wirtschaftspropaganda sei, sondern gleichzeitig auch "ideologische Erziehung" (*sixiang jiaoyu* 思想教育)[98], "gesellschaftliche Propaganda mit Massencharakter" (*qunzhongxing de shehui xuanchuan* 群众性的社会宣传)[99] oder auch "politische Propagandatätigkeit der Massenkommunikation" (*dazhong chuanbo de zhengzhi xuanchuan huodong* 大众传播的政治宣传活动)[100]. Sie habe daher nicht nur dem Aufbau der materiellen Zivilisation des Sozialismus zu dienen, sondern auch dem der geistigen Zivilisation des Sozialis-

---

*China. Past, Present and Future*, p.155, wo die Ergebnisse dieser Konferenz folgendermaßen bewertet werden: "Unfortunately, the conference succumbed to the extreme leftism that was becoming more and more influential. [...] Advertising in China was never quite the same after that."

[96] Siehe Zhang Nanzhou: *Guanggaoxue zai Zhongguo*, p.95. Ob diese schlagwortartige Formulierung bereits in den fünfziger Jahren entstand, geht aus der Literatur nicht hervor.

[97] Siehe z.B. Zhongguo Guanggao Hanshou Xueyuan jiaowu weiyuanhui (Hg.): *Guanggao gailun (shiyong)*, p.10; Zhang Nanzhou: *Guanggaoxue zai Zhongguo*, p.95; und Xu Baiyi 徐百益: "Nuli tigao guanggao de sixiangxing" 努力提高广告的思想性 (Den ideologischen Charakter der Werbung energisch erhöhen), ZGGG, 1985, No.1, pp.6-7 und 29, hier: p.6.

[98] Fu Hanzhang und Kuang Tiejun: "Qianlun shehuizhuyi guanggao de diwei he zuoyong", p.180.

[99] So formuliert in Su Xuedan und Zhai Daqing: *Shangbiao guanggao guanli shiyong shouce*, p.32.

mus.[101] Der Hauptaspekt des ideologischen Charakters ist in der Forderung zu sehen, daß sozialistische Werbung an den "Vier grundlegenden Prinzipien" (*si xiang jiben yuanze* 四项基本原则)[102] bzw. am sozialistischen Kurs[103] festzuhalten habe. Da ein Großteil der Werbung über die Massenmedien verbreitet werde, müsse sie mit der Propagandapolitik der Partei und des Staates übereinstimmen[104] und die Gesetze und Bestimmungen des Staates einhalten.[105]

Nach Ding Yunpeng läßt sich der ideologische Charakter der Werbung an drei Punkten festmachen:

---

[100] Fu Hanzhang und Kuang Tiejun: *Guanggaoxue*, p.36.

[101] Ebenda; und Xu Baiyi: "Nuli tigao guanggao de sixiangxing", p.6. Der "Aufbau der materiellen und geistigen Zivilisation des Sozialismus" wird unter den Funktionen der Werbung gesondert behandelt, siehe 3.5.7. dieser Arbeit.

[102] Xu Baiyi: "Nuli tigao guanggao de sixiangxing", p.6; Su Xuedan und Zhai Daqing: *Shangbiao guanggao guanli shiyong shouce*, p.32; Zhang Nanzhou: *Guanggaoxue zai Zhongguo*, p.95. Die "Vier grundlegenden Prinzipien" sind der sozialistische Weg, die demokratische Diktatur des Volkes, die Führung der Partei sowie Marxismus-Leninismus und Mao Zedong-Ideen.

[103] Siehe z.B. Fu Hanzhang und Kuang Tiajun: *Guanggaoxue*, p.36; und Su Xuedan und Zhai Daqing: *Shangbiao guanggao guanli shiyong shouce*, p.32, dort werden neben den "Vier grundlegenden Prinzipien" das Festhalten am sozialistischen Kurs und die "Anleitung durch den Marxismus und die Mao Zedong-Ideen" noch einmal gesondert betont.

[104] Xu Baiyi: "Nuli tigao guanggao de sixiangxing", p.6. Yi Changtai: *Shiyong guanggao zhinan*, p.44 betont in diesem Zusammenhang, die Medien seien unter sozialistischen Bedingungen keine profitorientierten kommerziellen Einrichtungen, sondern Propagandaorgane des Proletariats.

[105] Zhang Nanzhou: *Guanggaoxue zai Zhongguo*, p.95; Zhang nimmt an dieser Stelle einzelne Punkte aus den 1982 vom Staatsrat erlassenen "Vorläufigen Bestimmungen der Werberegelung" auf. Siehe auch Wang Zhongming 王忠明: "Jianchi shehuizhuyi fangxiang. Zai Beifang chengshi guangbo diantai guanggao jiaoliuhui shang de jianghua (zhaiyao)" 坚持社会主义方向. 在北方城市广播电台广告交流会上的讲话 (摘要) (Am sozialistischen Kurs festhalten - Rede auf der Austauschkonferenz der Werbung von Rundfunksendern in nord[chinesischen] Städten [Auszug]), *ZGGG*, 1984, No.1, pp.2-3, hier: p.3.

1. Dem Aufbau der geistigen und materiellen Zivilisation des Sozialismus dienen und die Einheit von relativ großer ökonomischer Effizienz und positiver gesellschaftlicher Wirkung erreichen. Man muß z.b. darauf achten, gleichzeitig mit dem Übermitteln von Informationen die Erfolge des sozialistischen Aufbaus zu reflektieren und den Enthusiasmus der Menschen für den Sozialismus und [ihren] aufwärts gerichteten Geist zu erziehen, anzuregen und zu ermutigen. [Man muß] darauf achten, die geistige Zivilisation zu verbreiten - sozialistische Wertvorstellungen, Schönheitssinn, Glücksvorstellung, Lebensform, wissenschaftliche und technische Kenntnisse usw. -, um so die Herausbildung guter gesellschaftlicher Sitten und schöner, vernünftiger Lebensformen zu fördern. [Man muß] darauf achten, kapitalistische Ideologie und jede geistige Verschmutzung der Ausbeuterklasse zu boykottieren und gegen sie zu kämpfen.
2. Die Ideologie, der Produktion, der Zirkulation und dem Verbraucher zu dienen. Das bedeutet, der Förderung der Produktionsentwicklung, der Beschleunigung und Erweiterung der Zirkulation und der Erleichterung und Anleitung des Konsums (unter Einschluß der beiden Aspekte des Materiellen und des Geistigen) zu dienen.[106] Dieses Dienen muß die ökonomischen Beziehungen des Sozialismus zwischen Produktion, Absatz und Konsum sowie zwischen Staat, Kollektiv und Individuum, die Freud und Leid teilen und [deren] grundlegende Interessen übereinstimmen, verkörpern. [Dies] bildet einen Kontrast zur kapitalistischen Werbung, bei der eine kleine Zahl von Kapitalisten sich zum Ziel setzt, maximalen Profit an sich zu reißen.
3. Eine politische Ideologie aufbauen, welche die Politik propagiert und durchführt. Werbung muß sich nach den Erfordernissen des politischen Gesamtkurses des Staates richten und darüber hinaus diesen aktiv propagieren und ihm dienen (z.B. müssen die derzeitigen Werbeformen und -methoden flexibel und vielfältig sein und die "Öffnung" und "Belebung" erleichtern). Die Bestimmungen zur Regelung der Werbung müssen strikt durchgeführt, die Überprüfung der Werbung verstärkt und die Interessen der Verbraucher gesichert werden. Die Außenhandelswerbung muß nach innen und außen diffe-

---

[106] Damit sind, mit Ausnahme der Förderung des Außenhandels, die Funktionen sozialistischer Werbung abgedeckt, wie sie in den "Vorläufigen Bestimmungen zur Regelung der Werbung" von 1982 festgeschrieben sind. Zur Rolle der Werbung im Sozialismus siehe im einzelnen 3.5. dieser Arbeit.

renzieren und muß die Propagandapolitik des Staates nach außen und die Außenhandelspolitik strikt durchführen.

Bei der Behandlung des ideologischen Charakters muß man sowohl darauf achten, die Ersetzung von Werbepropaganda durch politische Propaganda zu vermeiden, als auch darauf, gegen bürgerliche Liberalisierungstendenzen anzugehen.[107]

Daß Werbung und politische Propaganda nicht identisch seien, wird auch von Yi Changtai sowie von Fu Hanzhang und Kuang Tiejun angesprochen. Während Yi daraus den Schluß zieht, die Frage, ob politische Inhalte und Slogans in einer einzelnen Werbung aufgenommen seien, könne nicht zum alleinigen Kriterium für die Beurteilung ihrer Qualität gemacht werden[108], fordern Fu und Zhang, der ideologische Charakter müsse die "Seele" (*linghun* 灵魂) der Werbung sein.[109]

Die allgemeinen Formulierungen (Festhalten an den Vier grundlegenden Prinzipien oder am sozialistischen Kurs) ermöglichen je nach aktueller wirtschaftlicher oder politischer Lage unterschiedliche inhaltliche Ausfüllungen und Auslegungen des "ideologischen Charakters". Häufig werden in der Fachliteratur zur Werbung Beschlüsse der Regierung und der Partei ausgeführt oder auch Schlagworte laufender Kampagnen aufgegriffen und dann die neuen Anforderungen dargestellt, welche sich daraus für die Werbung ergeben.[110]

### 3.4.2. Wahrheitscharakter (*zhenshixing* 真实性)

Häufig wird der Wahrheitscharakter als das "Leben" (*shengming* 生命) der Werbung bezeichnet.[111] In der Wahrheit der Werbung, so führt Yi Changtai aus, manifestiere sich die Linie des materialistischen Denkens, "die Wahrheit in den

---

107 Ding Yunpeng: "Wo guo shehuizhuyi guanggao tezheng chuyi", p.5.

108 Yi Changtai: *Shiyong guanggao zhinan*, p.44.

109 Fu Hanzhang und Kuang Tiejun: *Guanggaoxue*, p.36.

110 Beispiele solcher Publikationen sind Pan Dayue 潘大钧: "Fan liang fan yu guanggao" 翻两番与广告 (Vervierfachung und Werbung), ZGGGNJ, pp.183-187; [Benkan bianjibu:] "Qingchu jingshen wuran, banhao shehuizhuyi guanggao", ZGGG, 1983, No.5, p.2; oder Wan Zhicheng: "Renzhen xuexi Shisan Da wenjian jingshen, tuidong wo guo guanggao shiye jiankang fazhan", ZGGG, 1988, No.1, p.3.

111 Siehe z.B. [Benbao pinglunyuan:] "Guanggao de shengming zaiyu zhenshi", RMRB, 31.1.1981, p.2; Su Xuedan und Zhai Daqing: *Shangbiao guanggao*

Tatsachen zu suchen" (*shi shi qiu shi* 实事求是), und gleichzeitig sei sie Ausdruck der Verantwortung gegenüber dem Volk.[112] Yi Changtai fordert daher, die Präsentierung von Waren und Dienstleistungen in der Werbung habe sich auf Tatsachen zu stützen und das wirkliche Aussehen der Waren wiederzugeben, die Sprache der Werbung müsse "exakt, objektiv, schlicht und lebhaft" sein.[113]

Ding Yunpeng faßt auch den Wahrheitscharakter sozialistischer Werbung wieder unter drei Punkten zusammen, die er folgendermaßen darstellt:

1. Die Erklärungen haben Hand und Fuß. Die Information muß sich auf Tatsachen stützen; durch Formen wie reale Dinge, Abbildungen, positive Beweise, Belegmaterial und Beweisführung werden Informationen verbreitet, indem man die Wahrheit in den Tatsachen sucht, und es wird erreicht, [daß sie] wissenschaftlich, exakt, konkret und von Wert sind. [Werbung muß sich] Übertreibungen ohne reale Basis, maßlosen Beschönigungen und unklaren Implikationen widersetzen, die zu Mißverständnissen, falschem Gebrauch und irrtümlichen Verletzungen führen.
2. Das Gesagte wird eingehalten, das Ansehen steht an erster Stelle. Alle Versprechen in der Werbung müssen praktisch eingelöst werden. Darin sind Kaufgarantie, die Garantie der "drei Versicherungen"[114] usw. eingeschlossen, [es ist] der Kampf gegen Wortbrüchigkeit.
3. Eintreten für "eins teilt sich in zwei".[115] Gleichzeitig mit der Vorstellung der Stärken und Besonderheiten des Produktes [oder] der

---

*guanli shiyong shouce*, p.33; und Zhongguo Guanggao Hanshou Xueyuan jiaowu weiyuanhui (Hg.): *Guanggao gailun (shiyong)*, p.10.

[112] Yi Changtai: *Shiyong guanggao zhinan*, p.45. Zhang Nanzhou: *Guanggaoxue zai Zhongguo*, pp.96-97 spricht ebenfalls von Werbung, die "im Geist der hohen Verantwortung" gleichzeitig den Produzenten und den Verbrauchern diene. Auch Fu Hanzhang und Kuang Tiejun: *Guanggaoxue*, p.35 führen die hohe Verantwortung gegenüber dem Volk ins Feld.

[113] Yi Changtai: *Shiyong guanggao zhinan*, p.45.

[114] Der Ausdruck *san bao* 三包 (auch: "drei Garantien") bezieht sich auf Reparatur, Rückgabe und Umtausch - diese Formel kommt in Annoncen häufig vor.

[115] Zum Begriff *yi fen wei er* 一分为二 siehe Li Zhenjie u.a. (Hg.): *Zhongguo baokan xin ciyu*, p.269. Dort wird ausgeführt, "eins teilt sich in zwei" gehe auf Lenin zurück, und bedeute, daß jede Sache die Einheit zweier gegen-

Dienstleistung darf man sich auch nicht scheuen, Mängel und Unzulänglichkeiten anzusprechen; dem Zielkunden gibt man eine Empfehlung, gleichzeitig muß man auch dem offensichtlich nicht geeigneten Benutzer Warnung und wohlgemeinten Ratschlag zukommen lassen. Wenn man die besondere Wirkung des Produktes hervorhebt, muß man auch auf die potentiellen Nebenwirkungen hinweisen usw. Erst das heißt "der Benutzer über alles", der Geist der Verantwortung dem Volk gegenüber und aufrichtiger und ehrlicher Arbeitsstil, erst das ist die konkrete Manifestation sozialistischer Geschäftsethik und des neuen Typs gesellschaftlicher Beziehungen.[116]

Auch Fu Hanzhang und Kuang Tiejun heben hervor, daß zwar das Ziel der Werbung darin bestehe, Waren zu propagieren und abzusetzen, daß aber Prahlerei und Übertreibung in der Werbung fehl am Platze seien, denn ein solches Verhalten verletze nicht nur die Interessen der Verbraucher, sondern ruiniere langfristig auch das geschäftliche Ansehen des Unternehmens selbst; es wirke sich sogar negativ auf Partei und Regierung aus.[117] Der Einsatz falscher Werbung wird auch als "Gift trinken, um den Durst zu löschen" (*yin zhen zhi ke* 饮鸩止渴)[118] bezeichnet oder mit der ebenso anschaulichen Wendung "der Stein, den man gegen andere aufhebt, schlägt einem den eigenen Fuß wund" (*banqi shitou za ziji de jiao* 搬起石头砸自己的脚)[119] umschrieben. Im Grunde appellieren diese Formulierungen nicht an die hohe sozialistische Moral, sondern an den gesunden Menschenverstand. Selbst die Kapitalisten, bei denen moralische Skrupel kaum zu vermuten sind, verzichten, so schreibt Zhang Nanzhou, auf betrügerische Werbung, um nicht langfristig den eigenen Interessen zu schaden.[120]

Die Forderung nach Wahrheit in der sozialistischen Werbung ist nicht absolut zu sehen. In diesem Sinne merken Fu Hanzhang und Kuang Tiejun an, durch die Betonung der Wahrheit solle keineswegs der künstlerische Charakter der Werbung

---

sätzlicher Aspekte sei und daß man sie daher von ihrer positiven und negativen Seite her erfassen und analysieren müsse.

[116] Ding Yunpeng: "Wo guo shehuizhuyi guanggao tezheng chuyi", p.5.
[117] Fu Hanzhang und Kuang Tiejun: *Guanggaoxue*, p.35.
[118] Fu Hanzhang und Kuang Tiejun: *Guanggaoxue*, p.35. Diese Formulierung findet sich auch in Zhongguo Guanggao Hanshou Xueyuan jiaowu weiyuanhui (Hg.): *Guanggao gailun (shiyong)*, p.10.
[119] Yi Changtai: *Shiyong guanggao zhinan*, p.45.
[120] Siehe dazu Zhang Nanzhou, "Jianli juyou Zhongguo tese de shehuizhuyi guanggaoye", p.144, und ders.: *Guanggaoxue zai Zhongguo*, p.95.

negiert werden. Gewisse künstlerische Übertreibungen seien unverzichtbar, um die Anziehungskraft (*ganranli* 感染力) der Werbung zu verstärken.[121] Jedoch dürfe dabei nicht verfälscht und willkürlich geprahlt (*huluan chuixu* 胡乱吹嘘) oder inflationärer Gebrauch von überzogenen Ausdrücken wie "auf der ganzen Welt berühmt", "ewig haltbar" (*yong bu sunhuai* 永不损坏) usw. gemacht werden. Gute Werbung zeichne sich gerade durch die Einheit von Wahrheits- und künstlerischem Charakter aus und setze auf der Grundlage der Widerspiegelung der objektiven Tatsachen Mittel wie Ton, Licht usw. geschickt ein, um die ideale Werbewirkung zu erreichen.[122]

### 3.4.3. Künstlerischer Charakter (*yishuxing* 艺术性)

Der künstlerische Charakter sozialistischer Werbung, der bei einer Reihe von Autoren auch den "nationalen Stil" umfaßt[123], soll darin bestehen, daß sie durch den Einsatz künstlerischer Mittel das Interesse der Menschen weckt[124] und ihnen neben Informationen auch ästhetischen Genuß vermittelt.[125] Dieser ästhetische Genuß, so führt Ding Yunpeng aus, sei jedoch kein Selbstzweck, vielmehr diene die künstlerische Darstellung in der Werbung der besseren Verbreitung der Informationen und der Ideologie. Daher müsse die Werbung "Ideologie, Information,

---

[121] Fu Hanzhang und Kuang Tiejun: *Guanggaoxue*, p.35. Diesen Aspekt spricht ausdrücklich auch Zhang Nanzhou an. Siehe Zhang Nanzhou: *Guanggaoxue zai Zhongguo*, p.95, und ders.: "Jianli juyou Zhongguo tese de shehuizhuyi guanggaoye", p.144.

[122] Fu Hanzhang und Kuang Tiejun: *Guanggaoxue*, p.36.

[123] Z.B. finden sich keine gesonderten Abschnitte zum nationalen Stil bei Fu Hanzhang und Kuang Tiejun: *Guanggaoxue* (dagegen enthält dies.: "Qianlun shehuizhuyi guanggao de diwei he zuoyong", p.181 das "Prinzip des nationalen Charakters"), oder bei Yi Changtai: *Shiyong guanggao zhinan*, ebenso Zhongguo Guanggao Hanshou Xueyuan jiaowu weiyuanhui (Hg.): *Guanggao gailun (shiyong)* usw.

[124] Su Xuedan und Zhai Daqing: *Shangbiao guanggao guanli shiyong shouce*, p.33; Yi Changtai: *Shiyong guanggao zhinan*, p.46.

[125] Zhongguo Guanggao Hanshou Xueyuan jiaowu weiyuanhui (Hg.): *Guanggao gailun (shiyong)*, p.10; siehe auch Fu Hanzhang und Kuang Tiejun: "Qianlun shehuizhuyi guanggao de diwei he zuoyong", p.181; und dies.: *Guanggaoxue*, p.38.

Wissen und Vorlieben (Interessantheit und Unterhaltungscharakter) in einer an Schönheit reichen künstlerischen Form vereinen"[126].

Zhang Nanzhou hebt hervor, daß die Kunst an sich zwar keinen Klassencharakter und gesellschaftlichen Charakter besitze,[127] daß sie aber in verschiedenen Gesellschaftsformationen aufgrund ihrer unterschiedlichen gesellschaftlichen Aufgaben auch verschiedene Klassenmerkmale aufweise.[128] Im Sozialismus habe die Werbekunst "gesund, schön, geschmackvoll und nützlich" zu sein, sie dürfe weder "mechanisch vorgehen", um politischen Anforderungen zu entsprechen, noch könne sie Einschränkungen durch die Gesellschaft zurückweisen.[129]

Im Kontext des künstlerischen Charakters (oder auch des nationalen Stils) der Werbung wird immer wieder auf das Beispiel Majakowskis und Lu Xuns verwiesen. Beide Schriftsteller, so wird betont, hätten sich in der Werbung betätigt: Majakowski, indem er in der Phase der Neuen Ökonomischen Politik der zwanziger Jahre in der Sowjetunion über dreihundert Werbegedichte, und Lu Xun, indem er Werbetexte für fortschrittliche Bücher verfaßt habe.[130] Durch das Vorbild dieser Autoren soll dem Vorurteil entgegengearbeitet werden, es sei unter der Würde eines Künstlers, sich mit Werbung abzugeben, da diese "nicht salonfähig"

---

[126] Ding Yunpeng: "Wo guo shehuizhuyi guanggao tezheng chuyi", p.5. Ähnliche Formulierung in Zhang Nanzhou: "Jianli juyou Zhongguo tese de shehuizhuyi guanggaoye", p.144. Mit dem Thema Werbekunst als "Anwendungskunst" befaßt sich ausführlich Li Yanzu: "Guanggao wenhua yu guanggao yishu", insbesondere pp.68-70.

[127] Zhang Nanzhou: *Guanggaoxue zai Zhongguo*, p.96.

[128] Ebenda; und Zhang Nanzhou: "Jianli juyou Zhongguo tese de shehuizhuyi de guanggaoye", p.144.

[129] Zhang Nanzhou: *Guanggaoxue zai Zhongguo*, p.96.

[130] Siehe Wang Jiong 王炯: "Guanggao yishu san ti" 广告艺术三题 (Drei Themen der Werbekunst), *Wenyi Yanjiu* 文艺研究, 1988, No.5, pp.87-89, hier: p.87; Zhang Daoyi: "Jianli wo guo de guanggao yishu xueke", p.7; Ding Yunpeng: "Wo guo shehuizhuyi guanggao tezheng chuyi", *ZGGG*, 1985, No.1, pp.4-7, hier: p.6. Nur auf Lu Xuns Werbetexte bezieht sich Chen Shuyu 陈漱渝: "Guanggao, zhe ye shi wuqi!" 广告, 这也是武器! (Werbung, dies ist auch eine Waffe!), *RMRB*, 29.7.1980, p.8. Ein Werbetext von Lu Xun und die chinesische Übersetzung eines Werbegedichtes von Majakowski sind abgedruckt in Li Zhongfa 李中法 und Shao Dexin 邵德新 (Hg.): *Zhongguo shiyong wenti daquan* 中国实用文体大全 (Große Sammlung der Formen des schriftlichen Verkehrs in China), Shanghai: Shanghai wenhua chubanshe, 1984, pp.195-199.

und somit dem künstlerischen Ansehen abträglich sei.[131] Um den künstlerischen Charakter der Werbung noch zusätzlich zu stützen, werden sogar die berühmten tangzeitlichen Dichter Su Dongpo, Li Bo und Bai Juyi bemüht: einige ihrer Gedichte werden ohne viel Federlesens zu besonders gelungenen Werbetexten erklärt.[132]

### 3.4.4. Planungscharakter (jihuaxing 计划性)

Ein zusätzliches Merkmal, das sozialistischer Werbung zugeschrieben wird, ist ihr "Planungscharakter".[133] Dieses Prinzip leitet sich für Fu Hanzhang und Kuang Tiejun aus dem chinesischen Wirtschaftssystem selbst ab:

> Das Werbewesen unseres Landes ist ein integraler Bestandteil der Volkswirtschaft und ebenso ein Teil der Sphäre der Warenzirkulation. Die sozialistische Wirtschaft ist geplante Warenwirtschaft, sie ist keine Marktwirtschaft, die vollständig vom Markt reguliert wird. In der Produktions- und Zirkulationssphäre werden nach Wichtigkeit für die Finanzverwaltung des Staates und die Lebenshaltung des Volkes getrennt verbindliche Planung, indikative Planung und vollkommene Regulierung durch den Markt durchgeführt. Daher muß

---

[131] Mit der Anschauung, Werbung sei "nicht salonfähig" setzt sich bespielsweise auch Xiao Ding 晓丁: "Guannian zai gengxin" 观念在更新 (Die Sichtweise erneuert sich), ZGGG, 1987, No.2, p.35 auseinander.

[132] Li Yu 梨雨: "Bai Juyi yu guanggao" 白居易与广告 (Bai Juyi und Werbung), Shichang Yishu 市场艺术, 1986, No.8, p.42 interpretiert das Gedicht "Lizhi tushu" (荔枝图说) von Bai Juyi unter diesem Gesichtspunkt, erwähnt aber auch zwei Gedichte von Su Dongpo und Li Bo. Zhonghua Guoji Jishu Kaifa Zong Gongsi Jingxi Huagong Yanjiusuo 中华国际技术开发总公司精细化工研究所 (Hg.): Shangpin tuixiao jishu - Zhong wai qiye shangpin tuixiao shili xuan 商品推销技术 - 中外企业商品推销实例选 (Warenabsatztechnik - Auswahl von Beispielen des Warenabsatzes chinesischer und ausländischer Unternehmen), o.O.: Zhejiang kexue jishu chubanshe, pp.83-86 enthält Beispiele von Li Bo und Su Dongpo, außerdem von Majakowski.

[133] Dieses Prinzip wird angeführt von Fu Hanzhang und Kuang Tiejun: "Qianlun shehuizhuyi guanggao de diwei he zuoyong", p.180; dies.: Guanggaoxue, p.37; Yi Changtai: Shiyong guanggao zhinan, p.45; Li Zhiyi u.a.: Shangbiao guanggao falü zhishi, pp.120-121; und Su Xuedan und Zhai Daqing: Shangbiao guanggao guanli shiyong shouce, p.32.

die sozialistische Werbung, wie andere Wirtschaftsaktivitäten auch, eine geplante Wirtschaftstätigkeit sein.[134]

Unter Planungscharakter der Werbung wird zum einen verstanden, daß Werbung "unter der einheitlichen Führung des Staates organisiert"[135] wird. Sie müsse, so heißt es in *Shangbiao guanggao falü zhishi*, von der allgemeinen Lage des Landes ausgehen, die Interessen von Staat, Kollektiv und Individuum berücksichtigen, die Anleitung durch den Staatsplan und die Regelung durch die Verwaltungsorgane annehmen.[136] Freie und unkontrollierte Ausbreitung der Werbung, wie sie die kapitalistischen Länder auszeichne, könne in China nicht zugelassen werden.[137]

Zum anderen wird die Geplantheit der Werbung auf der betrieblichen Ebene angesiedelt, für diesen Bereich werden im einzelnen die Aufstellung eines Werbeplans, die Aufnahme der Werbeausgaben in die betriebliche Finanzplanung, die Durchführung von Marktforschung und Marktprognosen sowie die Untersuchung der ökonomischen Wirkung nach Publikation der Werbung genannt.[138] Dabei heben die Autoren die Steigerung der wirtschaftlichen Effizienz des Unternehmens und der Gesamtgesellschaft besonders hervor: die Werbung müsse mit möglichst geringen Ausgaben das größtmögliche Ergebnis erzielen.[139] Was auf der betrieblichen Ebene unter "Planungscharakter" der Werbung präsentiert wird, liegt

---

[134] Fu Hanzhang und Kuang Tiejun: *Guanggaoxue*, p.37. Li Zhiyi u.a.: *Shangbiao guanggao falü zhishi*, p.120 argumentiert ebenfalls, die Entwicklung der Warenwirtschaft in China führe das Prinzip durch "Planwirtschaft als Kern, Marktregulierung als Zentrum", und die Werbung als Teil der Zirkulation müsse sich nach diesem Prinzip richten.

[135] Fu Hanzhang und Kuang Tiejun: "Qianlun shehuizhuyi guanggao de diwei he zuoyong", p.180.

[136] Li Zhiyi u.a.: *Shangbiao guanggao falü zhishi*, p.120. Yi Changtai: *Shiyong guanggao zhinan*, p.45 führt hierzu als Beispiel aus, bei der Vorstellung von ausländischen Luxusartikeln sei die nationale Lage Chinas zu beachten, die Entwicklung der chinesischen Volkswirtschaft müsse geschützt werden, z.B. dadurch, daß inländischen Waren ein hoher Marktanteil gesichert werde.

[137] Fu Hanzhang und Kuang Tiejun: *Guanggaoxue*, p.37.

[138] Siehe dazu Yi Changtai: *Shiyong guanggao zhinan*, p.45; Fu Hanzhang und Kuang Tiejun: *Guanggaoxue*, p.37; Su Xuedan und Zhai Daqing: *Shangbiao guanggao guanli shiyong shouce*, p.32.

völlig auf einer Linie mit westlichen betriebswirtschaftlichen Vorstellungen. Vom grundlegenden Unterschied zwischen "sozialistischer" und "kapitalistischer" Werbung ist hier nichts erkennbar.

### 3.4.5. Nationaler Stil (*minzu fengge* 民族风格)

Mit dem Prinzip des "nationalen Stils" wird eine zusätzliche Forderung an den künstlerischen Charakter der Werbung herangetragen, nämlich die alte Kulturtradition Chinas mit der modernen Zeit zu verbinden:

> Design und Herstellung der Werbung unseres Landes [...] müssen hervorragende Werke schaffen, die sowohl von der nationalen Tradition Chinas geprägt als auch in der Lage sind, die Kennzeichen der neuen Zeit widerzuspiegeln. Wir müssen sowohl Wert darauf legen, herausragende Darstellungsformen der ausländischen Werbung zu übernehmen, als auch darauf achten, den Zauber der edlen und herrlichen traditionellen Kunst unseres Landes zur Entfaltung zu bringen und die Kreativität der Massen des chinesischen werktätigen Volkes zum Ausdruck zu bringen, damit die Werbung unseres Landes eine neue Art nationaler, revolutionärer, romantischer (*langman* 浪漫) und zeitgemäßer Kunst besitzt.[140]

Für Ding Yunpeng kann sich der nationale Stil weder in der blinden Übernahme überkommener Kunstwerke des Altertums oder der Volks- und Minderheitenkunst erschöpfen, noch kann er sich aus der Ablehnung alles Ausländischen heraus entfalten.[141] Und Zhang Nanzhou faßt zusammen:

> Das Studium [der] modernen Erfahrungen der heutigen Welt muß auf unserer eigenen nationalen Lage basieren und durch Aufnahme und Assimilation verändert und erneuert werden. Dies bedeutet "das Alte in den Dienst des Neuen stellen" (*gu wei jin yong* 古为今用), "das Ausländische für China nutzbar machen" (*Yang wei Zhong yong* 洋为中用), es nationalisieren (*minzu-hua* 民族化) und sinisieren (*Zhongguo-hua* 中国化). Nur so wird die Kunst der Werbung bei

---

[139] Yi Changtai: *Shiyong guanggao zhinan*, p.45; Li Zhiyi u.a.: *Shangbiao guanggao falü zhishi*, p.120. Siehe auch Su Xuedan und Zhai Daqing: *Shangbiao guanggao guanli shiyong shouce*, p.32.

[140] Fu Hanzhang und Kuang Tiejun: *Guanggaoxue*, p.38. (Dieser Abschnitt steht bei Fu und Kuang unter "künstlerischer Charakter".)

[141] Siehe Ding Yunpeng: "Wo guo shehuizhuyi guanggao tezheng chuyi", p.7.

den breiten Volksmassen beliebt werden und ihre Funktion voll entfalten.[142]

Von verschiedenen chinesischen Autoren wird Japan als Vorbild für die Herausbildung eines eigenen nationalen Stils in der Werbung angeführt,[143] da dort traditionelle östliche und moderne Formen des Designs in einer fruchtbaren Synthese vereint seien.

### 3.4.6. Andere Prinzipien

Ding Yunpeng führt in seiner Darstellung der Eigenschaften sozialistischer Werbung ihren "Informationscharakter" (*qingbaoxing* 情报性) und ihre "Wissenschaftlichkeit" (*kexuexing* 科学性) auf. "Information" dient ihm dabei als Sammelbegriff für Nachrichten über Unternehmen, Produkte und Dienstleistungen, welche die Werbung liefere. In der Wissenschaftlichkeit, d.h. dem Einsatz verschiedener Wissenschaften wie Psychologie, Soziologie, Marktlehre, Kommunikationswissenschaften, Ästhetik, sowie der Anwendung fortschrittlicher Forschungsmethoden und Herstellungstechniken, sieht er das Hauptmerkmal der Modernisierung der Werbung.[144] Diese "Wissenschaftlichkeit"

---

[142] Zhang Nanzhou: "Jianli juyou Zhongguo tese de shehuizhuyi guanggaoye", p.144. Die Schlagworte *gu wei jin yong* und *Yang wei Zhong yong* werden auch von Fu Hanzhang und Kuang Tiejun in *Guanggaoxue*, p.38; und in dies.: "Qianlun shehuizhuyi guanggao de diwei he zuoyong", p.181 benutzt, um den angestrebten nationalen Stil chinesischer Werbung, den sie ebenfalls als *xing* bezeichnen, zu beschreiben.

[143] Siehe z.B. Xu Baiyi 徐百益: "Dui kaichuang guanggao xin jumian de jidian jianyi" 对开创广告新局面的几点建议 (Einige Vorschläge zur Schaffung einer neuen Lage der Werbung), ZGGG, 1983, No.3, p.7; Ding Tongcheng 丁同成: "Guanggao de minzu jingshen he xiandaigan - Jiaoxue zhong de yi dian tihui" 广告的民族精神和现代感 - 教学中的一点体会 (Nationaler Geist und Modernitätsgefühl der Werbung - Eine Erfahrung aus dem Unterricht), ZGGG, 1983, No.3, pp.8 und 13, hier: p.13; Wang Jiong und Fan Weiming: "Cong wenhua jiaodu kan Zhong-Xi guanggao sheji de fengge", p.29. Der zuletzt genannte Artikel scheint von der umstrittenen chinesischen Fernsehserie *Heshang* (Fluß-Elegie) beeinflußt zu sein, indem grundsätzlich zwischen "festländischer" chinesischer Kultur und "maritimer" westeuropäischer Kultur unterschieden wird.

[144] Siehe Ding Yunpeng: "Wo guo shehuizhuyi guanggao tezheng chuyi", p.5. Dagegen führt Yi Changtai: *Shiyong guanggao zhinan*, p.45 die

ermöglicht seiner Meinung nach geplante, zielgerichtete, wirkungsvolle und nützliche Werbung.[145]

Die Muster *san xing yi ge* 三性一格 (Zhang Nanzhou), *si xing* 四性 (Fu Hanzhang und Kuang Tiejun; Zhongguo Guanggao Hanshou Xueyuan jiaowu weiyuanhui [Hg.]: *Guanggao gailun [shiyong]*; Li Zhiyi u.a.: *Shangbiao guanggao falü zhishi*), *wu xing yi ge* 五性一格 (Ding Yunpeng) usw. können am ehesten als "Prinzipien" der Werbung bezeichnet werden - sie als "Wesensmerkmale" oder "Eigenschaften" vorzustellen, ist insofern irreführend, als sie eigentlich eine Art Forderungskatalog darstellen, welcher der chinesischen Werbung insgesamt als Rahmen dienen soll; Interpretation und Anwendung dieses Rahmens auf die chinesische Werbepraxis können je nach aktueller politischer und wirtschaftlicher Lage unterschiedlich streng ausfallen.[146] Die Mehrzahl der für dieses Kapitel herangezogenen Arbeiten beschränkt sich auf das Abstecken des theoretischen Rahmens und geht auf Fragen der praktischen Umsetzung gar nicht oder nur am Rande ein.[147]

## 3.5. Die Rolle der Werbung im Sozialismus

Die Aufgaben, welche die Werbung im Sozialismus zu erfüllen hat, wurden nach 1979 offenbar - wie der Katalog von "Eigenschaften" sozialistischer Werbung - in

---

"Wissenschaftlichkeit" als einen Punkt innerhalb des Wahrheitscharakters der Werbung auf.

[145] Ding Yunpeng: "Wo guo shehuizhuyi guanggao tezheng chuyi", p.5.

[146] Wo beispielsweise die Grenze zwischen zulässiger "künstlerischer Übertreibung" und Verletzung des Wahrheitsprinzips zu ziehen ist, kann sehr verschieden gesehen werden. Einigen ausländischen Firmen, wie z.B. dem japanischen Autohersteller Toyota, wurden bestimmte Formulierungen in Werbeslogans zunächst erlaubt, später untersagt. Siehe dazu auch 4.3.1. dieser Arbeit.

[147] Ding Yunpeng: "Wo guo shehuizhuyi guanggao tezheng chuyi", p.7 schließt seine Ausführungen mit der Bemerkung ab, die "fünf Eigenschaften, ein Stil" seien auf die Gesamtheit der sozialistischen Werbung bezogen, könnten aber nicht unterschiedslos von jedem einzelnen Werbewerk gefordert werden. Siehe dazu auch Chen Yi 陈沂: "Guanggao ye yao wei shehuizhuyi jingshen wenming fuwu" 广告也要为建设社会主义精神文明

Anlehnung an bereits in den fünfziger Jahren existierende Formulierungen definiert. Die Werbekonferenz von 21 geöffneten Städten, die im August 1959 in Shanghai stattfand, stellte für die Werbung die vier "Richtlinien" auf, der Produktion, dem Konsum, der Warenzirkulation und der Verschönerung des Stadtbildes zu dienen.[148] *Zhongguo guanggao nianjian (1988 nian)* präsentiert die Ergebnisse dieser Zusammenkunft folgendermaßen:

> [...] diese Konferenz bestätigte die positive Rolle der Werbung in der sozialistischen Wirtschaft, indem sie aufzeigte, daß Handelswerbung im sozialistischen System eine der grundlegenden Methoden ist, den Volksmassen regelmäßig Waren wahrheitsgetreu vorzustellen und den Konsum des Volkes anzuleiten, daß sie eine Form der Schönen Kunst im Bereich der sozialistischen Kultur ist und daß der Einsatz von Werbung zur Erweiterung des Austauschs zwischen Stadt und Land, Inland und Ausland nützlich für die Warenproduktion, die Verbesserung der Betriebsführung und die Organisierung des ökonomischen und kulturellen Lebens des Volkes ist. Dem Wesen und den Aufgaben des sozialistischen Handels entsprechend hat Handelswerbung die Aufgabe, der Produktion und dem Konsum, der Erweiterung der Zirkulation, der Widerspiegelung des Entwicklungsniveaus der Warenproduktion des Landes, der Bereicherung des kulturellen Lebens des Volkes und der Verschönerung des Stadtbildes zu dienen.[149]

Da für diese Ausführungen keine Quelle angegeben wird und sich andere Darstellungen der 1959er Konferenz auf die bloße Nennung der oben genannten vier

---

服务 (Die Werbung muß auch dem Aufbau der geistigen Zivilisation des Sozialismus dienen), *ZGGG*, 1983, No.1, p.5.

[148] [O.Verf.:] "Jianguo yilai guanggaoye fazhan gaikuang", p.12, bezeichnet dies als den "Vier für"-Kurs (*si wei fangzhen* 四为方针). Siehe auch Zhang Nanzhou: "Jianli juyou Zhongguo tese de shehuizhuyi guanggaoye", p.142. Li Zhongfa und Shao Dexin (Hg.): *Zhongguo shiyong wenti daquan*, p.188, bezieht diese vier Punkte auf die Gesamtentwicklung der chinesischen Werbung in den fünfziger Jahren: "Nach der Befreiung bildete sich unter der Führung der Partei durch die Umgestaltung der alten Werbung allmählich das sozialistische Werbewesen unseres Landes. Es spielte eine bestimmte Rolle in der Hinsicht, der industriellen und landwirtschaftlichen Produktion, dem Konsum, der Warenzirkulation und der Stadtverschönerung zu dienen."

[149] [O.Verf.:] "Jianguo yilai guanggaoye fazhan gaikuang", p.12.

Richtlinien beschränken, ist auf der Basis des vorliegenden Materials nicht zu entscheiden, ob es sich bei dieser Passage um eine Wiedergabe der von der Konferenz eingenommenen Haltung oder vielleicht um eine Interpretation aus der Sicht der achtziger Jahre handelt, die eigene Positionen in die fünfziger Jahre hineinprojiziert. Jedenfalls sind in den vier Richtlinien Orientierungspunkte für die Aufgaben und Funktionen vorgegeben, die der Werbung nach Beginn der Wirtschaftsreform zugewiesen wurden.

An dieser Stelle sei nochmals die Passage aus Paragraph 1 der "Vorläufigen Bestimmungen zur Regelung der Werbung" zitiert, in der die Zielsetzung der gesetzlichen Vorschriften festgelegt wird:

> [...] die Regelung der Werbung zu verstärken, um die Vermittlerrolle der Werbung in den Bereichen Förderung der Produktion, Erweiterung der Zirkulation, Anleitung des Konsums, Belebung der Wirtschaft, Erleichterung des Lebens des Volkes und Entwicklung der internationalen Wirtschaftsbeziehungen und des Handels korrekt zu entfalten und um dem Aufbau der materiellen und der geistigen Zivilisation des Sozialismus besser zu dienen [...].[150]

An diese offizielle Formulierung der Funktionen von Werbung, welche auch in dem vom Staatsrat begleitend zu den "VB" verschickten Zirkular nochmals einzeln genannt sind, knüpfen fast alle neueren Publikationen zur Werbung an. Viele dieser Arbeiten listen die Aufgaben einfach so auf, wie es die "VB" und auch das Zirkular des Staatsrates tun, ohne sie näher zu erläutern.[151] Es finden sich aber in der Literatur auch ausführlichere Erklärungen zu den einzelnen Funktionen, die teilweise noch durch Beispiele aus der chinesischen Werbepraxis veranschaulicht und untermauert werden. Dies gilt allerdings nicht für die Funktion der "Belebung der Wirtschaft". Man kann vermuten, daß dieser Punkt deshalb nicht gesondert behandelt wird, weil er durch die "Förderung der Produktion" und die "Erweiterung der Zirkulation" bereits abgedeckt ist. Anderseits nehmen ver-

---

150 "Guanggao guanli zanxing tiaoli", p.48.
151 Siehe z.B. Xu Baiyi: "Dui kaichuang guanggao xin jumian de ji dian jianyi", p.8; Shanghai-shi guanggao zhuanghuang gongsi: "'Er li' zhi nian hua cangsang", p.45; Song Shunqing 宋顺清: "Guanggao yao shihe guonei shichang de tedian" 广告要适合国内市场的特点 (Die Werbung muß den Besonderheiten des Binnenmarktes entsprechen), *Shanxi Caijing Xueyuan Xuebao* 山西财经学院学报, 1983, No.4, pp.27-30, hier: p.27; [Benbao pinglunyuan:] "Guanggao de shengming zaiyu zhenshi", p.2; Gao Yongyi und Guo Junzheng: "Jiaqiang guanli duanzheng guanggao jingying sixiang", p.2.

schiedene Darstellungen eine Funktion der Werbung als Ausgangspunkt, welche in den "VB" nicht explizit enthalten ist, nämlich die Verbreitung von Informationen. Indirekt geht diese Funktion aber aus der "Vermittlerrolle" hervor, die der Werbung in Paragraph 1 zugesprochen wird.

### 3.5.1. Informationsfunktion

Die Verbreitung von Informationen oder genauer Wirtschaftsinformationen wird von einer Reihe von Autoren als die grundlegendste Aufgabe der Werbung betrachtet,[152] auf der alle weiteren Funktionen der Werbung basieren.[153]

Ein zweiteiliger Artikel von Zhang Shuping[154] ist dieser Grundfunktion der Werbung gewidmet, wobei als Ausgangspunkt die Frage dient, in welcher Beziehung Werbung als (Informations-)Brücke zwischen Produktion und Absatz zu anderen zwischen Produktion und Absatz angesiedelten Faktoren wie Zirkulation, Marktforschung usw. steht, inwiefern sie sich von diesen unterscheidet und wie sich diese Faktoren zu einem vollständigen "Verkehrssystem" zusammenfügen lassen, das den sozialistischen Wirtschaftsaufbau unterstützt. Auf Zhangs Ausführungen soll hier näher eingegangen werden, weil er den Versuch unternimmt, Werbung als wichtiges eigenständiges Element in die "traditionelle" Auffassung über die Struktur des Zirkulationsbereichs einzubringen, und weil sich der von ihm benutzte Begriff des "Informationsflusses" in verschiedenen anderen Publikationen zur Werbung wiederfindet.

Nach der marxistischen Theorie der gesellschaftlichen Reproduktion, so beginnt Zhang seine Ausführungen, erstrecke sich zwischen Produktion und Konsum die

---

[152] Siehe z.B. Zhang Nanzhou: *Guanggaoxue zai Zhongguo*, p.4; Li Zhiyi u.a.: *Shangbiao guanggao falü zhishi*, p.130; Yi Changtai: *Shiyong guanggao zhinan*, p.51.

[153] Yi Changtai: *Shiyong guanggao zhinan*, p.59; sowie Fu Hanzhang und Kuang Tiejun: *Guanggaoxue*, p.39. Auch Zhang Nanzhou leitet die weiteren Funktionen der Werbung von ihrer Rolle als Lieferant von Informationen ab. Siehe Zhang Nanzhou: *Guanggaoxue zai Zhongguo*, p.4.

[154] Zhang Shuping 张庶平: "Lun shehuizhuyi guanggao xinxi huodong de ji ge lilun wenti" 论社会主义广告信息活动的几个理论问题 (Über einige theoretische Fragen der sozialistischen Werbeinformationstätigkeit), Teil 1: *ZGGG*, 1984, No.1, pp.5-7; Teil 2: *ZGGG*, 1984, No.2, pp.2-4. Dieser Artikel ist auch abgedruckt in *ZGGGNJ*, pp.187-193 und war ein Beitrag auf dem zweiten wissenschaftlichen Syposium zur chinesischen Werbung, das vom 5. bis 10. Oktober 1983 in Liaoning stattfand.

Zirkulationssphäre. Außer in der autarken Naturalwirtschaft und im Zeitalter der 'Großen Harmonie' (*Datong* 大同) müsse ein Produkt auf dem Weg von der Herstellung zum Verbrauch immer die Phase des Austausches durchlaufen und die Summe der Austauschhandlungen bilde den Zirkulationsprozeß, den man auch Markt nennen könne. Die Schlüsselfrage für die Reform des sozialistischen Wirtschaftssystems sei, wie unter Leitung der Planwirtschaft die regulierende Rolle des Marktes, also der Zirkulation, entfaltet werden könne. Wichtigkeit und Position der Werbung in der Zirkulationssphäre ergeben sich für Zhang aus der Analyse der Zirkulationsstruktur, die sich unter den Bedingungen moderner Großproduktion aus den drei Ebenen des "Güterflusses" (*wuliu* 物流), des "Warenflusses" (*shangliu* 商流) und des "Informationsflusses" (*xinxiliu* 信息流) zusammensetze. Unter *wuliu* versteht Zhang den "Bewegungsprozeß des Gebrauchswertes der Ware, der die räumliche Verlagerung des Warenkörpers vollendet"[155] (die Aufgaben dieses Bereiches umfassen Transport, Lagerung und Verpackung); den Begriff *shangliu* erklärt er als die "Formveränderung des Warenwertes, von Ware zu Geld oder von Geld zu Ware, die den Übergang des Eigentums an der Ware in andere Hände vollendet"[156] (die Aufgaben dieses Bereiches werden von Großhandel, Einzelhandel und Börse ausgeführt). Diese beiden Ebenen reichen aber nicht aus, um alles zu erfassen, was zwischen Produktion und Absatz vermittelt, denn:

> Unter diesen Brücken gibt es welche, die weder die Verlagerung des Warenkörpers noch die Verwandlung der Warenform übernehmen und doch ganz eindeutig Produktion und Absatz überbrücken - und Werbung ist eine solche besondere Brücke. Daher bin ich der Meinung, daß es angemessen ist, auf der Grundlage der "Theorie der zwei Ebenen" eine weitere Ebene zu unterscheiden, die in Übereinstimmung mit der Praxis benötigt wird. Diese neue Ebene nennen wir "Dienste des Informationsflusses" (*xinxiliu fuwu* 信息流服务). Sie erscheint in Form von Dienstleistungen, dient dem "Güterfluß" und "Warenfluß" und besteht aus der Verbreitung von Wirtschaftsinformationen, die der Produktion und dem Konsum dienen.[157]

---

[155] Zhang Shuping: "Lun shehuizhuyi guanggao xinxi huodong de ji ge lilun wenti", Teil 1, p.5.

[156] Ebenda.

[157] Ebenda. Im weiteren führt Zhang aus, wie sich diese drei Ebenen des Zirkulationsbereichs historisch herausgebildet haben: der "Informationsfluß" gehe zunächst mit dem "Güterfluß" oder dem "Warenfluß" einher, ohne eine selbständige Ebene zu bilden. Die dieser

Den Arbeitsleistungen, welche auf den drei Ebenen der Zirkulationsstruktur verrichtet werden, ist nach Zhang zwar gemeinsam, daß sie keine materiellen Produkte erzeugen, sondern als Dienstleistungen den Umlauf der materiellen Güter von der Produktion zum Konsum vollenden, aber sie unterscheiden sich im Hinblick auf Arbeitsobjekt, -form und -material.[158]

Den Informationsfluß selbst unterteilt Zhang in den "auswärts gerichteten Informationsfluß" (*zhengxiang xinxiliu* 正向信息流), der in dieselbe Richtung geht wie Güter- und Warenfluß, und den "rückwärtsgerichteten Informationsfluß" (*fanxiang xinxiliu* 反向信息流). Dabei liefere ersterer Informationen aus dem Produktionsbereich an den Konsumbereich, und eben diese Aufgabe übernehme die Werbung, während letzterer - bei diesem handelt es sich um Marktforschung, Untersuchungen zur Marktlage usw. - Informationen aus der Konsumsphäre an den Produktionsbereich weitergebe. Für die Werbung als den ausgehenden Informationsfluß liefert Zhang folgende Definition:

> Werbung ist öffentliche Propaganda (*gongkai xuanchuan* 公开宣传), die in Form von Überredung (*shuofu* 说服) direkt oder indirekt zum Absatz von Waren oder Dienstleistungen beiträgt, und für die der Werbende bezahlt (*fuchou* 付酬).[159]

---

Phase entsprechenden Werbeformen seien Marktschreierei und Werbung mit realen Gegenständen, die sich direkt am Ort des Verkaufs der Ware abspiele. Zur Herausbildung der dreischichtigen Zirkulationsstruktur siehe Zhang Shuping: "Lun shehuizhuyi guanggao xinxi huodong de ji ge lilun wenti", Teil 1, pp.5-6. Ähnliche Ausführungen zur Entstehung des Informationsflusses als Teil der Zirkulationssphäre finden sich in [Benkan bianjibu:] "Guanggao zhuanye gongsi mianlin guannian shang de biange yu gengxin", p.3. Siehe außerdem die Darstellungen in Liu Xuezhi: *Chanpin xiaoshou zhishi yu jiqiao*, pp.46-47; und in Hui De 慧德, Xi Ping 希平 und Tian Wang 天望: "Shangpin liutong lingyu ye ying zhongshi guanggao gongzuo - Fang Shangyebu buzhang Liu Yi tongzhi" 商品流通领域也应重视广告工作 - 访商业部部长刘毅同志 (Die Sphäre der Warenzirkulation muß auch auf die Werbearbeit achten - Besuch beim Handelsminister, dem Genossen Liu Yi), *ZGGG*, 1985, No.1, pp.2-3, insbesondere p.3.

[158] Zhang Shuping: "Lun shehuizhuyi guanggao xinxi huodong de ji ge lilun wenti", Teil 1, p.6. Zu den unterschiedlichen Arbeitsleistungen siehe auch [Benkan bianjibu:] "Guanggao zhuanye gongsi mianlin guannian shang de biange yu gengxin", p.3.

[159] Zhang Shuping: "Lun shehuizhuyi guanggao xinxi huodong de ji ge lilun wenti", Teil 1, p.7.

Als Besonderheiten der Werbung hebt Zhang die Aspekte "Überredung", "Bezahlung" und "öffentliche Propaganda" hervor, welche die Werbeinformationen (im Gegensatz zu den rückläufigen Informationen) auszeichnen: Aus dem Wunsch des Werbenden, den Empfänger der Information zu überreden, resultiere, daß Werbung im Gegensatz zur Marktforschung für den Adressaten künstlerisch aufbereitet wird; die Tatsache, daß der Werbende für die Werbung bezahle, gebe ihm das Recht, über die räumliche und zeitliche Plazierung der Werbung zu bestimmen. Und da bei der Werbung als Form der öffentlichen Propaganda die Informationen vom Punkt zur Fläche, d.h. vom einzelnen an die Masse weitergegeben werden, könne sich ein kleiner Fehler in der Werbeinformation auf einen ganzen Bereich, sogar auf die ganze Gesellschaft auswirken, und deshalb trage der Informationsgeber die Verantwortung für den Inhalt der Information. Als öffentliche Propaganda sei die Werbung zudem Teil der Ideologie. Werbung habe daher in der sozialistischen Gesellschaft den Auftrag, die geistige Zivilisation des Sozialismus widerzuspiegeln und aufzubauen.[160]

Im zweiten Teil seines Artikels befaßt sich Zhang Shuping mit der Beziehung der Werbung als ausgehendem Informationsstrom zu den beiden anderen Ebenen der Zirkulationsstruktur einerseits und zum rückläufigen Informationsstrom andererseits. Im zeitlichen Zusammenwirken zwischen Informationsstrom und Güter- bzw. Warenstrom dürfen, so meint Zhang, keine "Brüche" auftreten. Wenn der Informationsfluß zu spät beim Verbraucher ankomme, könne es zu Fehlkäufen und falscher Verwendung von Waren kommen, weil es dem Käufer an den nötigen Kenntnissen über die Ware fehle. Andererseits sollten die Werbeinformationen nicht schon beim Verbraucher eintreffen, bevor die beworbene Ware auch wirklich erhältlich ist, denn dies führe zu Mißtrauen der Verbraucher gegenüber der Werbung, zu einem Schwund des Ansehens des Werbenden und, falls es sich um Mangelwaren handelt, zur Verschärfung des Widerspruchs zwischen Angebot und Nachfrage.[161] Für Mangelwaren schlägt Zhang vor, nur am Ort des Verkaufs in begrenztem Umfang Werbung zu machen und das Mittel der Vorbestellung einzusetzen, um so den Widerspruch von Angebot und Nachfrage zu mildern. Andererseits müsse das Problem, daß es "Werbung gibt, [aber] keine Ware" von den Verwaltungsbehörden für Industrie und Handel als eine Frage der Wahrheit der Werbung behandelt und Werbung für Waren, die den Bedarf nicht decken können,

---

[160] Ebenda. Damit integriert Zhang von den "Eigenschaften" sozialistischer Werbung, die im vorangehenden Teil dieser Arbeit behandelt wurden, ihren künstlerischen, ideologischen und Wahrheitscharakter als Forderungen in seine Theorie.

[161] Zhang Shuping: "Lun shehuizhuyi guanggao xinxi huodong de jige lilun wenti", Teil 2, p.2.

in den Massenmedien streng kontrolliert und eingeschränkt werden.[162] Andere Autoren vertreten demgegenüber die Auffassung, wenn nur Werbung gemacht werde, solange der Absatz einer Ware nicht reibungslos funktioniert bzw. solange das Angebot die Nachfrage übersteigt, dann entstehe bei den Leuten der Eindruck, Werbung werde nur für Ladenhüter gemacht.[163] Solche Diskussionen treffen einen wunden Punkt der Werbung in China: Eine der ökonomischen Hauptfunktionen der Werbung, nämlich die der Absatzförderung, setzt eigentlich voraus, daß das Warenangebot die Nachfrage zumindest decken kann. Wenn andererseits eine der gesellschaftlichen Aufgaben der Werbung darin gesehen wird, die Aufbauerfolge des Sozialismus zu propagieren, entsteht u.U. ein Konflikt, da häufig gerade für Markenprodukte, die sich zur Demonstration dieser Erfolge eignen, nach wie vor ein Verkäufermarkt besteht, d.h. das Angebot die Nachfrage nicht decken kann.[164]

Die Ausführungen Zhang Shupings machen deutlich, daß die Grundfunktion der Werbung aus chinesischer Sicht darin besteht, Informationen vom Produktionsbereich in den Konsumbereich zu tragen. Zur Betonung der Wichtigkeit dieser Aufgabe der Werbung begegnet man in der chinesischen Werbeliteratur immer wieder einer Redensart, die für die *falsche* Einstellung, Werbung sei überflüssig, steht: "Guter Wein fürchtet die tiefe Gasse nicht" (*hao jiu bu pa xiangzi shen* 好酒不怕巷子深).[165] Yi Changtai, der sein Kapitel über die Informationsfunktion

---

[162] Ebenda. In *RMRB* erschienen bereits Anfang 1980 Leserbriefe zum Thema "Werbung, aber keine Ware", in denen Verbraucher von ihrem Leidensweg auf der Suche nach annoncierten Waren berichten. Siehe z.B. Zhao Shulan: "Deng guanggao yao yan er you xin", p.3; Ma Changgao, Dong Ruyi und Wang Yunhua: "Bu neng zhi deng guanggao bu gong huo", p.3. Siehe dazu die Ausführungen unter 1.2. dieser Arbeit.

[163] Dieses Argument findet sich z.B. bei Tao Yongkuan: "Tantan shehuizhuyi guanggao", p.3.

[164] Zum Thema Käufermarkt und Verkäufermarkt allgemein siehe z.B. Jiang Rui 江瑞: "Dui «maifang shichang» he «maifang shichang» wenti de shangque" 对 «买方市场» 和 «卖方市场» 问题的商榷 (Überlegungen zu Fragen des 'Käufermarktes' und des 'Verkäufermarktes'), *CMJJ*, 1983, No.2, pp.25-27; und Wang Cainan 王才楠: "Guanyu maifang shichang he maifang shichang de tantao" 关于卖方市场和买方市场的探讨 (Erörterung zu Verkäufermarkt und Käufermarkt), *CMJJ*, 1983, No.5, pp.26-28.

[165] Am 6.6.1979 erschien in der *RMRB* (p.2) ein Artikel von Cong Linzhong 丛林中 unter dem Titel "Cong «Hao jiu bu pa xiangzi shen» tanqi - lüyou zatan" 从 «好酒不怕巷子深» 谈起 - 旅游杂谈 (Ausgehend von 'guter Wein fürchtet die tiefe Gasse nicht' - einige Gedanken über das Reisen). Der Au-

der Werbung überschreibt mit "Auch guter Wein fürchtet die tiefe Gasse" (*hao jiu ye pa xiangzi shen* 好酒也怕巷子深)[166], führt dazu aus:

> "Guter Wein fürchtet die tiefe Gasse nicht" - dies ergibt in einer Gesellschaft, in der Warenproduktion und -austausch nicht entwickelt sind, natürlich einen gewissen Sinn. Aber selbst in dieser Situation muß es doch jemanden geben, der weiß, daß dein Wein wirklich gut ist, jemanden, der propagiert, daß dein Wein gut ist. Nur dann werden die Kunden an die Tür kommen, anderenfalls wird der gute Wein wohl unvermeidlich sauer. Und im Zuge der Spezialisierung und Vergesellschaftung der Produktion, im Zuge der Erweiterung und Ausdehnung des Marktes fürchtet der "gute Wein" doch die "tiefe Gasse".[167]

Oft wird die Haltung, man könne auf den Einsatz von Werbung verzichten, auch mit dem Spruch "Die Tochter des Kaisers braucht sich nicht um ihre Verheiratung zu sorgen" (*huangdi nü'er bu chou jia* 皇帝女儿不愁嫁) beschrieben.[168] Diese

---

tor kritisiert darin, daß zu wenig Propagandaarbeit für Reiseziele in China gemacht wird. Zur Herkunft der Redensart selbst führt er aus: "Früher gab es in Chengdu ein kleines Weingeschäft mit dem Ladenschild 'tiefe Gasse', das kommt von dem alten Gedicht 'guter Wein fürchtet die tiefe Gasse nicht'. Nicht schlecht - wenn nur dein Wein gut ist, dann werden die Leute immer ins Geschäft kommen. Aber zuerst muß doch jemand wissen, daß dein Wein wirklich gut ist." Der Spruch vom "guten Wein" findet sich auch in Liu Xuezhi: *Chanpin xiaoshou zhishi yu jiqiao*, p.47; Li Yanzu: "Guanggao wenhua yu guanggao yishu", p.108; und [Benkan bianjibu:] "'Shuang zeng shuang jie' yu guanggao", p.3.

[166] Yi Changtai: *Shiyong guanggao zhinan*, p.51.

[167] Yi Changtai: *Shiyong guanggao zhinan*, p.52. Am Ende dieses Kapitels greift Yi die Redensart noch einmal auf: "Man kann sehen: Ist der Wein noch so gut, wenn man ihn verkaufen will, dann kommt man nicht ohne Verbreitung von Informationen aus!" (p.59).

[168] Diese Wendung benutzen z.B. Li Yanzu: "Guanggao wenhua yu guanggao yishu", p.75; Yi Changtai 易昌泰: "Cujin xiaoshou mianmian guan" 促进销售面面观 (Absatzförderung aus verschiedenen Blickwinkeln), *Jingji yu Guanli Yanjiu* 经济与管理研究, 1983, No.4, pp.32-35, hier: p.32; Xie Peiwang 谢培望: "Xianzhuang yu shexiang - xiang qiye lingdaoren jin yi yan" 现状与设想 - 向企业领导人进一言 (Derzeitige Lage und Perspektive - ein Rat an die Führungsleute der Unternehmen), *ZGGG*, 1986, No.3, p.14; Qiu Shensheng 邱燊生: "Yunyong shichang xinxi - fahui guanggao

Redensart steht nicht nur für die falsche Auffassung, für gute Produkte finde sich auch ohne Werbung ein Verkäufer, sondern sie steht auch für eine Vorstellung, die angesichts des seit Beginn der Wirtschaftsreform in China verbesserten Angebots an Produkten für nicht mehr zutreffend erklärt wird, nämlich daß jedes Erzeugnis in China noch immer so selten und deshalb auch so begehrt sei wie eine Kaisertochter.

Von verschiedenen Autoren wird Werbung auch als "Schmiermittel" (*runhuaji* 润滑剂) im gesellschaftlichen Reproduktionsprozeß bezeichnet,[169] denn sie "verbindet wie ein unsichtbares Band die unzähligen Verbraucher mit den in die Zehntausende gehenden Fabrikbetrieben"[170]. Wenn es keine Werbung gäbe, so heißt es bei Fu Hanzhang und Kuang Tiejun, dann würde die Kommunikation zwischen Produktion und Konsum blockiert oder gar ganz abgebrochen, und dies hätte zur Folge, daß die Produktion stagnieren und die Wege der Warenzirkulation versperrt würden, was auf die gesellschaftliche Produktion und den Konsum schwerwiegende Auswirkungen hätte.[171]

Die grundsätzliche Frage, ob nicht auch eine andere Form der Information die Aufgabe der Werbung übernehmen könnte, wird in der Literatur kaum gestellt, es finden sich aber einige Aussagen über die Vorzüge, welche nach Meinung der chinesischen Autoren für die Werbung als Mittel der Informationsverbreitung sprechen:

---

zuoyong" 运用市场信息 - 发挥广告作用 (Marktinformationen nutzen, die Funktion der Werbung entfalten), *ZGGG*, 1986, No.2, pp.16-17, hier: p.16.

[169] Siehe [Benkan bianjibu:] "Guanggao zhuanye gongsi mianlin guannian shang de biange yu gengxin", p.3; Qian Huide: "Shilun shehuizhuyi guanggao shiye fazhan de keguan yiju ji qi zuoyong", p.8. Siehe auch Liu Xuezhi: *Chanpin xiaoshou zhishi yu jiqiao*, p.48, wo es heißt, Werbung sei das "Schmiermittel des Absatzes". Wan Zhicheng 万志诚: "Cong Shanghai de waishang lai Hua guanggao tankaiqu" 从上海的外商来华广告谈开去 (Von der Werbung ausländischer Geschäftsleute in Shanghai aus das Gespräch eröffnen), *ZGGG*, 1986, No.3, p.2 spricht von der Werbung als dem "Schmieröl im riesigen Zahnrad der Volkswirtschaft".

[170] [Benkan bianjibu:] "Guanggao zhuanye gongsi mianlin guannian shang de biange yu gengxin", p.3.

[171] Fu Hanzhang und Kuang Tiejun: "Qianlun shehuizhuyi guanggao de diwei he zuoyong", p.181. Ähnliche Ausführungen derselben Autoren finden sich in *Guanggaoxue*, p.39.

Die Praxis beweist, daß Werbung zur Verbreitung von Wirtschaftsnachrichten eines der schnellsten, sparsamsten und effektivsten Mittel ist.[172]

Das ökonomischste und effektivste Mittel zur gegenseitigen Information von Unternehmen und zur Freilegung der Kanäle zwischen Produktion und Absatz ist die Werbung.[173]

Etwas genauer geht Ye Shusheng auf die Punkte ein, welche die Werbung seiner Meinung nach unersetzlich machen: Durch die Vielfältigkeit der Werbemedien sei die Menge der von der Werbung verbreiteten Information relativ groß, Werbung könne praktisch jede Schicht der Bevölkerung, jede Institution und jedes Unternehmen erreichen, und schließlich sei auch die Zeitspanne relativ kurz, die Werbung für die Verbreitung von Informationen benötige.[174]

### 3.5.2. Förderung der Produktion (*cujin shengchan* 促进生产)

Wie in den Ausführungen unter 3.5.1. dargelegt wurde, wird die Hauptaufgabe der Werbung von den chinesischen Autoren darin gesehen, Produktions- und Verbrauchssphäre miteinander zu verbinden. Die positive Bewertung dieser Mittlerrolle der Werbung ist gleichzeitig ein Plädoyer für den Versuch, Planwirtschaft mit marktwirtschaftlichen Elementen zu kombinieren, denn daraus ergibt sich eigentlich erst die Möglichkeit (und Notwendigkeit), diese Funktion der Werbung zum Tragen zu bringen. In diesem Sinne bemerkt Yi Changtai kritisch, durch den zentralen Ankauf und Verkauf von Produkten durch den Staat im Rahmen des Planungssystems vor der Wirtschaftsreform habe es zwischen Hersteller- und Anwendereinheiten keinen Kontakt gegeben.[175] Welche Unzulänglichkeiten mit diesem

---

172 Yi Changtai: *Shiyong guanggao zhinan*, p.55.
173 Wang Lixin 王立新: "Chenggong de guanggao ji guanggao chenggong de yinsu" 成功的广告及广告成功的因素 (Erfolgreiche Werbung und Faktoren des Werbeerfolges), *Xinxi Shijie* 信息世界, 1987, No.1, p.37. Daß hier die gegenseitige Information von Unternehmen an erster Stelle genannt wird, erklärt sich daraus, daß auch Produktionsbetriebe "Verbraucher" für Maschinen, Einzelteile etc. sind, und als solche auch Empfänger von Werbeinformationen.
174 Siehe Ye Shusheng: "Ying zhongshi qiye de guanggao gongzuo", p.24.
175 Yi Changtai: *Shiyong guanggao zhinan*, p.61. Siehe dazu auch Zeng Xinmin 曾新民: "Lun xinwen guanggao de shehui zuoyong" 论新闻广告的社会作用 (Über die gesellschaftliche Funktion der Nachrichtenwerbung), *ZGGG*, 1983, No.4, pp.4-6, hier: p.4, der für den ökonomischen Kurs

auf administrativen Maßnahmen beruhenden System der Verteilung verbunden waren, demonstriert Yi Changtai am Beispiel einer senkrecht schneidenden automatischen Drehbank: Den auf die Herstellung dieser Drehbänke spezialisierten Fabriken hätten im Jahr 1978 nur 510 Bestellungen vorgelegen, andererseits hätten verschiedene Anwendereinheiten, da sie im Verteilungsplan nicht berücksichtigt gewesen seien, selbst 450 Drehbänke produziert, wobei diese aufgrund der mangelnden Spezialisierung und der jeweils geringen Stückzahl teurer und qualitativ schlechter gewesen seien. Zudem hätten sich die Importe auf 500 Stück belaufen. Um dieses Problem zu beseitigen, habe die Werkzeugmaschinenfabrik Ningjiang (Provinz Sichuan) die offizielle Erlaubnis eingeholt, Direktbestellungen anzunehmen, und habe in der *Renmin Ribao* eine entsprechende Annonce publiziert.[176]

Unter der Überschrift "Werkzeugmaschinenfabrik Ningjiang verbindet Planregulierung und Marktregulierung - Produktion und Absatz treffen sich direkt, Liefer- und Bedarfsseite sind beide zufrieden" kommentierte die *RMRB* einige Monate später:

> Kaum war die Annonce erschienen, da veränderte sich die Lage radikal: Produkte, die die Lager füllten, wurden zu Produkten, die lebhaften Absatz fanden, das Auseinanderfallen von Produktion und Absatz wandelte sich zu Zufriedenheit auf beiden Seiten. Das beweist, daß die derzeitige, viele Jahre lang praktizierte Verteilungsmethode [für] Maschinen- und Elektroprodukte große Mängel aufweist, hauptsächlich [insofern als] Produktion und Absatz sich nicht treffen, die für die Herstellung Zuständigen möglicherweise hinter geschlossener Tür einen Wagen bauen [d.h. ohne Bezug zur Realität handeln, G.W.], und die für die Verteilung Zuständigen möglicherweise den Bedarf der Anwender nicht verstehen, oben und unten, rechts und links keine Verbindung halten, und sich folglich von der Realität lösen und die Produktion behindern.[177]

---

"Planwirtschaft als Kern, Marktregulierung als Ergänzung" eintritt und die Werbung als nützlich für diesen Kurs bezeichnet.

[176] Die Anzeige erschien am 25.6.1979 auf Seite 4 der *RMRB* mit der Schlagzeile "Annahme von Direktbestellungen in- und ausländischer Anwender".

[177] [O.Verf.:] "Ningjiang jichuangchang ba jihua tiaojie yu shichang tiaojie jieheqilai - chan xiao zhijie jianmian, gong xu shuangfang manyi" 宁江机床厂把计划调节与市场调节结合起来 - 产销直接见面, 供需双方满意, *RMRB*, 5.8.1979, p.1. Die zitierte Passage stammt aus der Anmerkung der Redaktion, die dem eigentlichen Bericht über die Situation der Werkzeug-

Nach Yi Changtais Interpretation zeigen dieser und eine Reihe ähnlicher Berichte[178], daß Werbung ein Schlüssel zum Öffnen der Markttür und ein "Ansporn für die sozialistische Produktion" sei und daß sie zur Lösung des Auseinanderklaffens von Produktion und Bedarf beitrage.[179] Die positive Wirkung der Werbung für die betriebliche Produktion zeigt sich demnach längerfristig nicht nur darin, daß Lagerbestände abgebaut werden, sondern auch darin, daß die Produktionskapazität eines Betriebes aufgrund der eingehenden Bestellungen voll ausgenutzt wird und die Produktion nicht mehr "blind", d.h. am Bedarf vorbei, erfolgt.

Verschiedene Autoren nennen als einen weiteren Aspekt, in dem sich die fördernde Rolle der Werbung für die Produktion und die Wirtschaftsentwicklung überhaupt manifestiert, den Wettbewerb gleichartiger Produkte auf dem Markt.[180] Dieser

---

maschinenfabrik Ningjiang vor und nach Erscheinen der Anzeige vorangestellt ist. Die Intention des Artikels besteht sicher nicht primär darin zu zeigen, wie wichtig Werbung ist, aber die Direktverbindung von Produktion und Absatz, um die es geht, wurde eben durch eine Zeitungsannonce hergestellt. In der Folgezeit erschienen in der *RMRB* weitere Artikel, die das Beispiel der Maschinenfabrik Ningjiang diskutierten. Siehe Zhou Guoxiang 周国祥: "Dui «chan xiao zhijie jianmian» de yixie kanfa" 对《产销直接见面》的一些看法 (Einige Ansichten zu 'Produktion und Absatz treffen sich direkt'), *RMRB*, 19.11.1979, p.2; und Shi Ruixia 石瑞夏: "Haishi chan xiao zhijie jianmian hao" 还是产销直接见面好 (Es ist doch gut, wenn sich Produktion und Absatz direkt treffen), *RMRB*, 24.11.1979, p.3.

[178] Z.B. erschien in der *RMRB* am 22.12.1979, p.3 eine Leserzuschrift unter der Überschrift "Eine Anzeige rettete eine Fabrik" ("Yi zhang guanggao jiule yige chang") mit einem kurzen Kommentar der Redaktion. Siehe dazu auch 1.2.1. dieser Arbeit.

[179] Yi Changtai: *Shiyong guanggao zhinan*, p.61. Siehe dazu auch Su Xuedan und Zhai Daqing (Hg.): *Shangbiao guanggao guanli shiyong shouce*, p.115.

[180] Siehe z.B. Zhang Nanzhou: *Guanggaoxue zai Zhongguo*, p.4; Zeng Xinmin: "Lun xinwen guanggao de shehui zuoyong", p.5; Fu Hanzhang und Kuang Tiejun: "Qianlun shehuizhuyi guanggao de diwei he zuoyong", p.182. In der letztgenannten Publikation findet sich ein eigener Abschnitt über die "Nutzung des Wettbewerbs" als Funktion der Werbung. Sowohl Fu Hanzhang und Kuang Tiejun als auch Zeng Xinmin grenzen sozialistische Konkurrenz und kapitalistische Konkurrenz voneinander ab. Zur Konkurrenz im Sozialismus siehe z.B. [Benbao pinglunyuan 本报评论员:] "Jingzheng shi hao shi" 竞争是好事 (Konkurrenz ist eine gute Sache),

fördere Verbesserungen und Neuerungen in der Produktqualität und im Produktsortiment und sorge dadurch auch für die Verbreitung fortschrittlicher und das Ausscheiden überholter Herstellungstechniken. Ein wichtiges Mittel aber, das den Wettbewerb von Preis, Qualität, Service usw. "anschaulicher" und "aktiver" mache, sei die Werbung.[181]

### 3.5.3. Erweiterung der Zirkulation (*kuoda liutong* 扩大流通), Beschleunigung der Zirkulation (*jiasu liutong* 加速流通)

Ausgangspunkt für die Diskussion der Erweiterung und Beschleunigung der Zirkulation durch die Werbung ist der gesellschaftliche Produktionsprozeß bzw. der Prozeß der gesellschaftlichen Reproduktion, der sich aus dem eigentlichen Produktionsprozeß und dem Zirkulationsprozeß zusammensetzt.[182] Die Umlaufzeit der Fonds, d.h. der Zeitraum, der für den Kreislauf der Umwandlung von Produktionsfonds (*shengchan zijin* 生产资金) in Warenfonds (*shangpin zijin* 商品资金), von Warenfonds in Geldfonds (*huobi zijin* 货币资金) und von Geldfonds wieder in Produktionsfonds benötigt wird, ergibt sich daher aus der Summe der Produktionszeit und der Zirkulationszeit;[183] und je länger der Zirkulationsprozeß dauert, um so langsamer erfolgt die Erneuerung des Produktionsprozesses und um so langsamer ist auch der Kreislauf der Fonds.[184]

Zeng Xinmin beschreibt die Mittlerrolle der Werbung in diesem Prozeß folgendermaßen:

---

     *RMRB*, 6.6.1980, p.1; und Sun Xiaoliang 孙效良: "Shehuizhuyi tiaojian xia de jingzheng" 社会主义条件下的竞争 (Konkurrenz unter sozialistischen Bedingungen), *RMRB*, 23.6.1980, p.5.

[181] Die Begriffe *zhiguan* 直观 (anschaulich) und *zhudong* 主动 (aktiv) verwenden sowohl Zeng Xinmin: "Lun xinwen guanggao de shehui zuoyong", p.5, als auch Yi Changtai: *Shiyong guanggao zhinan*, p.63.

[182] Siehe Yi Changtai: *Shiyong guanggao zhinan*, p.67; Su Xuedan und Zhai Daqing (Hg.): *Shangbiao guanggao guanli shiyong shouce*, p.116; Tao Yongkuan: "Tantan shehuizhuyi guanggao", p.4.

[183] Yi Changtai: *Shiyong guanggao zhinan*, p.67; Zeng Xinmin: "Lun xinwen guanggao de shehui zuoyong", p.4.

[184] Yi Changtai: *Shiyong guanggao zhinan*, p.67; Zeng Xinmin: "Lun xinwen guanggao de shehui zuoyong", pp.4-5. Auf den Kreislauf der Fonds und die Rolle der Werbung darin geht auch Tao Yongkuan: "Tantan shehuizhuyi guanggao", p.4 ein.

> Wenn die Warenwerbung fehlt, dann sind die Produktionseinheiten und die Anwendereinheiten mancher Produkte einander zum Greifen nah, aber sie wissen nichts voneinander, und dadurch wird die Distanz zwischen Produktion und Absatz künstlich vergrößert. Wenn es Werbeinformationen gibt, können Produktions- und Absatzeinheiten die kürzeste Entfernung zwischen Produktion und Absatz für Ankauf und Verkauf wählen, die An- und Verkaufszeit wird verkürzt und damit der Kreislauf der Fonds beschleunigt.[185]

Ein Punkt, den die Literatur in diesem Zusammenhang anspricht, ist die Frage, ob die finanziellen Aufwendungen für Werbung die Produktionskosten erhöhen bzw. sich im Preis der beworbenen Ware niederschlagen. Werbeausgaben, so lautet die Antwort, gehören ebenso zu den Verwaltungskosten der Warenproduktion wie Ausgaben für Transport, Lagerung und Verluste. Ein Anstieg der Werbeausgaben würde nur unter der Bedingung zum Anstieg der Gesamtsumme der Verwaltungskosten führen, daß die übrigen Verwaltungskosten konstant bleiben. Dies ist aber nicht der Fall, denn:

> Tatsächlich fördert Werbung die Steigerung des Warenumsatzes, und wenn man bestimmte Ausgaben für Werbung macht, werden dadurch gleichzeitig Transportkosten, Lagerkosten und Verluste der Waren eingespart und verringert. Daher werden vernünftige Werbeausgaben nicht zu einem Preisanstieg und zur Erhöhung der Belastung des Verbrauchers führen. Im Gegenteil: wenn die [Absatz]kanäle blockiert sind und die Waren zu lange auf Lager sind, dann sind die [dadurch] verursachten Verluste und die Verschwendung noch größer.[186]

### 3.5.4. Anleitung des Konsums (*zhidao xiaofei* 指导消费 oder *yindao xiaofei* 引导消费)

Für die Mehrzahl der Autoren besteht die Anleitung des Konsums durch Werbung lediglich darin, daß sie auf dem immer komplizierter werdenden Markt für die

---

[185] Zeng Xinmin: "Lun xinwen guanggao de shehui zuoyong", p.5.

[186] Yi Changtai: *Shiyong guanggao zhinan*, p.68. Genau dieselbe Argumentationskette bringt Zeng Xinmin: "Lun xinwen guanggao de shehui zuoyong", p.4 vor. In Su Xuedan und Zhai Daqing (Hg.): *Shangbiao guanggao guanli shiyong shouce*, p.116 wird ebenfalls erklärt, durch Werbung würden Zirkulationsausgaben eingespart.

Verbraucher eine Art "Wegweiser" (xiangdao 向导)[187] oder "Berater" (guwen 顾问)[188] sein soll, der ihnen dabei hilft, auf der Basis der von der Werbung gelieferten Informationen Vergleiche über Eigenschaften, Leistung, Standard, Verwendungsmöglichkeiten usw. anzustellen, um dann die Ware oder Dienstleistung auszuwählen, die ihre Bedürfnisse wirklich befriedigt.[189]

Um zu illustrieren, wie es der Werbung gelingt, den Konsum anzuleiten, greift Yi Changtai eine Geschichte auf, die zuvor schon an anderer Stelle publiziert worden war.[190] Yi nennt sein ganzes Kapitel über die Anleitung des Konsums "Gute Nachricht für stark behaarte Mädchen" und berichtet dann folgende Begebenheit:

> Nachdem die Shanghaier *Qingnian Bao* 青年报 eine Rubrik "Kolumne für Sie" eingerichtet hatte, erhielt sie nacheinander über zehn Zuschriften von Mädchen mit Oberlippenbart, Haarwuchs an den Gliedmaßen und sogar am ganzen Körper, die über ihr Leid klagten, sie könnten nicht normal leben, studieren und arbeiten. Z.B. stand im Brief einer Dorflehrerin, da sie diese Krankheit der Behaarung habe, werde sie von den Schülern "Lehrerin Bart" genannt, und überall auf dem Weg, den sie [zur Schule] gehen müsse, stehe "Haar, Haar...", so daß sie jeden Tag einen Umweg machen müsse. Eine weibliche Angestellte schrieb, da sie an den Gliedmaßen

---

[187] Siehe z.B. Li Zhiyi u.a.: *Shangbiao guanggao falü zhishi*, p.132; Zhang Nanzhou: *Guanggaoxue zai Zhongguo*, p.4.

[188] Tao Yongkuan: "Tantan shehuizhuyi guanggao", p.4; Chen Yi: "Guanggao ye yao wei jianshe shehuizhuyi jingshen wenming fuwu", p.5; Wang Meihan: *Xiaofei jingji gailun*, p.186.

[189] So etwa die Darstellungen in Li Zhiyi u.a.: *Shangbiao guanggao falü zhishi*, pp.132-33; Zhang Nanzhou: *Guanggaoxue zai Zhongguo*, pp.4-5; Tao Yongkuan: "Tantan shehuizhuyi guanggao", pp.3-4.

[190] Siehe Sun Jiake 孙家珂: "Wei qingnian duzhe fuwu - zhongshi guanggao de shehui xiaoguo" 为青年读者服务 - 重视广告的社会效果 (Den jugendlichen Lesern dienen - die gesellschaftliche Wirkung der Werbung beachten), *ZGGG*, 1983, No.4, pp.44-45. Sun Jiake, der offenbar der Redaktion der *Qingnian Bao* angehört, hebt in der Einleitung zu seinem Artikel hervor, es sei zwar allgemein anerkannt, daß die Werbung die Produktion fördere, die Warenzirkulation beschleunige, den Konsum anleite und das Leben des Volkes erleichtere, ihre gesellschaftliche Wirkung werde jedoch häufig nicht gebührend beachtet. Gerade letztere will er am Beispiel der "stark behaarten Mädchen" demonstrieren. Ebensogut könnte man das Beispiel unter "Erleichterung des Lebens des Volkes" einordnen.

behaart sei, habe ein auswärtiger Kunde, der gerade seine Einkäufe bezahlen wollte, sich vor Schreck umgedreht und sei gegangen, ohne etwas zu kaufen, als er sah, daß die Hand, die das Geld entgegennahm, dicht behaart war. Kurz, diese behaarten Mädchen können nicht wie normale Mädchen im Sommer Röcke tragen, am Schwimmen teilnehmen, sie können sich nicht wie normale Mädchen verlieben und einen Partner suchen. Manche murren sogar über ihre Eltern, beklagen ihr glückloses Leben und denken an Selbstmord. Nachdem die Redaktion diese Briefe erhalten hatte, brachte sie durch Recherchen in Erfahrung, daß derzeit ein ziemlich wirksames Haarentfernungsmittel die von der 9. Pharmazeutischen Fabrik Shanghai hergestellte "Hautcreme Zweiter Frühling" ist. Sie nahmen dann gleich Kontakt zu der Fabrik auf und publizierten in der eigenen Zeitung eine Annonce, die das Mittel vorstellte. Nach Erscheinen der Anzeige erhielt die Pharmafabrik Nr.9 innerhalb von etwas mehr als zwei Monaten über 20.000 Briefe aus dem ganzen Land, in denen das Medikament angefordert wurde; fünf Leute, die in der Fabrik ausschließlich zur Beantwortung der Briefe abgestellt waren, wurden nicht damit fertig, und erst, als das Postamt Kader und Arbeiter zum freiwilligen Arbeitseinsatz mobilisierte, konnte dieser Berg von brieflichen Bestellungen bewältigt werden. Die Apotheke Neue Welt, die mit der Pharmafabrik eine Sondervereinbarung über den Verkauf hatte, erhielt gleichfalls über 20.000 Bestellungen des Mittels, die sich auch nur durch freiwilligen Einsatz der kommunistischen Jugendgruppe des Geschäfts bearbeiten ließen. In Shenyang gab es eine Frau mit drei Töchtern, die alle wegen der Haarwuchskrankheit keinen Partner finden konnten. Sie reiste, um möglichst schnell an das Präparat zu kommen, extra nach Süden und kaufte in der Fabrik hundert Tuben. Mit gefülltem Korb fuhr sie glücklich nach Shenyang zurück, und beim Abschied sagte sie noch, wenn ihre Töchter einen Partner gefunden hätten, werde sie die Genossen in der Fabrik zu Hochzeitsbonbons einladen.
Die Genossen der Shanghaier *Qingnian Bao* leiteten die neuen Bedürfnisse der Verbraucher rechtzeitig an die Produktionsabteilungen weiter, die Produktionsabteilungen ihrerseits deckten und befriedigten die Konsumbedürfnisse besser, indem sie die Ware durch Werbung vorstellten - und im Wesentlichen bedeutet genau das, den Konsum der breiten Massen vernünftig anzuleiten. Durch die Bemühung der Redaktion und der Pharmafabrik bewirkte eine winzige Anzeige nicht nur, daß viele Kranke die Haare am Körper loswurden und befreite sie [damit] von ihrem physischen Leiden,

sondern auch ihre seelischen Wunden wurden geheilt, so daß sie von neuem die Schönheit und Lebenskraft der Jugend fühlten. Das Enthaarungsmittel "Zweiter Frühling" trägt seinen Namen wirklich zu Recht.[191]

Diese fast märchenhafte Geschichte, die sich selbst wie ein etwas zu lang geratener Werbetext für das Produkt "Zweiter Frühling" liest, ist nicht untypisch für die Darstellungsmittel, zu denen die chinesischen Autoren greifen, wenn es darum geht, die positive Rolle der Werbung unter Beweis zu stellen und anschaulich zu machen[192] - auch wenn nicht alle Beispiele die "menschliche Note" so stark in den Vordergrund stellen wie im hier vorliegenden Fall.

Yi Changtai versteht unter "Anleitung des Konsums" einen wesentlich weiteren Bereich, als dies in anderen Publikationen zum Ausdruck kommt. Seinem Verständnis nach fällt der Werbung nämlich die Aufgabe zu, für die Schaffung "wissenschaftlicher und vernünftiger", "gesunder und zivilisierter" Formen des Konsums bei den Menschen zu sorgen, "Konsumformen, die der nationalen Lage Chinas und den nationalen Besonderheiten entsprechen, und dies beinhaltet auch die Aufnahme gesunder und fortschrittlicher Konsumformen aus dem Ausland"[193]. In diesem Sinne habe die Werbung die Verbraucher durch die Vermittlung von Kenntnissen über Waren zu erziehen.[194] Dazu gehört nach Meinung Yi Changtais aber auch, "ungesunden" Tendenzen bei den Konsumenten entgegenzuwirken. In diesem Zusammenhang weist er darauf hin, daß einige Bauern hochwertiges Holz für Särge und feine Totengewänder bestellen und sogar Uhren, Radios etc. kaufen, um diese mitzubestatten, oder daß sie für den Gott des Reichtums und für die Ahnenverehrung Gegenstände feudalen Aberglaubens erwerben. Da es in Yis Augen verantwortungslos ist, solchen Negativerscheinungen freien Lauf zu lassen,

---

[191] Yi Changtai: *Shiyong guanggao zhinan*, pp.69-70.

[192] Der ursprüngliche Artikel von Sun Jiake: "Wei qingnian duzhe fuwu - zhongshi guanggao de shehui xiaoguo", p.45 enthält zusätzlich noch die Wiedergabe einer Zuschrift an die Redaktion, in der ein Elternpaar schildert, daß sie durch die psychischen Probleme der behaarten Tochter gezwungen seien, abwechslungsweise von der Arbeit fern zu bleiben. Suns Schlußsatz lautet: "[...die Annonce] ließ viele Mädchen die Schönheit und Lebenskraft der Jugend spüren und vergrößerte ihre Kraft zum Aufbau der Vier Modernisierungen" (p.45). An den Fall der behaarten Mädchen schließt Sun eine weitere Geschichte darüber an, wie Jugendlichen mit Achselgeruch durch Werbung geholfen wurde (ebenfalls p.45).

[193] Yi Changtai: *Shiyong guanggao zhinan*, p.71.

[194] Yi Changtai: *Shiyong guanggao zhinan*, p.72.

stellt er die Forderung, die Werbung auf dem Land müsse die Bauern dazu anleiten, "schlechten Geschmack und unaufgeklärte Rückständigkeit" allmählich aufzugeben. Die Frage, von wem und nach welchen Kriterien entschieden werden soll, was "ungesund", "abergläubisch"[195] oder "rückständig" ist und mit welchen Mitteln die Werbung die geforderte Aufklärung und Erziehung leisten soll, läßt Yi unbeantwortet. Auch das Problem einer Interessenkollision zwischen Herstellern bzw. Vertreibern von "schädlichen" Produkten und der Gesellschaft als Ganzes wird in diesem Zusammenhang nicht thematisiert.

### 3.5.5. Erleichterung des Lebens des Volkes (*fangbian renmin shenghuo* 方便人民生活)

In einigen Publikationen wird diese Funktion der Werbung mit der "Anleitung des Konsums" zusammen behandelt.[196] Im wesentlichen stimmen die Darstellungen darin überein, daß Werbung durch die rasche Verbreitung von Informationen den Verbrauchern ermöglicht, ohne großen Aufwand die Waren oder Dienstleistungen zu bekommen, die sie benötigen. Damit verlieren die Verbraucher weniger Zeit und Energie für Einkäufe.[197]

---

[195] Nach den Werbebestimmungen der VR China sind, wie unter 2.1. bereits ausgeführt, "abergläubische" Inhalte in der Werbung nicht zugelassen, aber es wird nicht näher erklärt, was darunter zu verstehen ist.

[196] Z.B. bei Su Xuedan und Zhai Daqing (Hg.): *Shangbiao guanggao guanli shiyong shouce*, p.116; und Zeng Xinmin: "Lun xinwen guanggao de shehui zuoyong", pp.5-6. Yi Changtai: *Shiyong guanggao zhinan* widmet dieser Funktion der Werbung kein eigenes Kapitel, enthält aber eines über die "Verschönerung des Lebens" durch Werbung.

[197] Siehe z.B. Su Xuedan und Zhai Daqing (Hg.): *Shangbiao guanggao guanli shiyong shouce*, p.116, wo es weiter heißt: "[...] damit haben die Menschen mehr Zeit, Arbeit, Studium und anderen Vergnügungen nachzugehen, und das bringt Erleichterung für die Bereicherung des materiellen und kulturellen Lebens der breiten Massen."

### 3.5.6. Entwicklung der internationalen Wirtschaftsbeziehungen und des Handels (*fazhan guoji jingji maoyi* 发展国际经济贸易)

Diese Funktion der Werbung findet sich in der Werbeliteratur auch unter den Bezeichnungen "Förderung des in- und ausländischen Austauschs"[198] oder - eingeschränkt auf die Rolle chinesischer Werbung im Ausland - "Entwicklung von Exportwaren"[199]. Da sich Chinas internationale Wirtschaftskontakte im Zuge der Öffnungspolitik nach außen verstärkt haben, soll eine wesentliche Aufgabe der Werbung in diesem Zusammenhang darin bestehen, zur Ausweitung der chinesischen Exporte beizutragen.[200] Durch den Gebrauch eines hauptsächlich aus dem militärischen Bereich stammenden Vokabulars bringen die Autoren zum Ausdruck, daß auf dem internationalen Markt härtere Wettbewerbsbedingungen herrschen als auf dem (sozialistischen) chinesischen Binnenmarkt: Für die Erschließung des internationalen Marktes, auf dem heftiger Konkurrenzkampf herrsche und sich die Marktlage permanent verändere, müsse man gut informiert sein und "den Gegner wie sich selbst kennen".[201] Zhang Nanzhou bezeichnet die Werbung als "mächtige Waffe", die beim Sieg im Wettbewerb mithelfe. Für China als sozialistisches Land sei dieser Punkt besonders wichtig, denn es sei spät in den internationalen Markt eingedrungen, habe nur wenige Absatzkanäle und kein ausgedehntes Vertriebsnetz.[202]

Als weiteren Aspekt führen Fu Hanzhang und Kuang Tiejun an, die Werbung trage dazu bei, unnötige Importe nach China zu verringern und so Devisen einzusparen:

---

[198] Fu Hanzhang und Kuang Tiejun: "Qianlun shehuizhuyi guanggao de diwei he zuoyong", p.182.

[199] Zhang Nanzhou: *Guanggaoxue zai Zhongguo*, p.5.

[200] Ebenda; Fu Hanzhang und Kuang Tiejun: "Qianlun shehuizhuyi guanggao de diwei he zuoyong", p.182; Qian Huide: "Shilun shehuizhuyi guanggao shiye fazhan de keguan yiju ji qi zuoyong", p.10.

[201] Su Xuedan und Zhai Daqing (Hg.): *Shangbiao guanggao guanli shiyong shouce*, p.116. Der gesamte Abschnitt über die Entwicklung der internationalen Wirtschaftsbeziehungen und des Handels in diesem Buch unterscheidet sich von Li Zhiyi u.a.: *Shangbiao guanggao falü zhishi*, pp.134-35 nur darin, daß letzteres zusätzlich ein Fallbeispiel und einige kritische Bemerkungen zur bisherigen Schwäche der chinesischen Werbetätigkeit im Ausland enthält.

[202] Zhang Nanzhou: *Guanggaoxue zai Zhongguo*, p.5.

Um die wissenschaftliche Forschung zu entfalten und die Produktion zu entwickeln, müssen einige ausländische Anlagen importiert werden. Aber man muß an dem Prinzip festhalten, sich hauptsächlich auf die eigene Kraft zu verlassen. Manche Anlagen werden bereits im Inland hergestellt, aber weil der Austausch an wissenschaftlich-technischen Informationen und an Handelsmarktpreisen ungenügend ist, existieren nach wie vor blinde Importe. Manche Unternehmen hatten eigentlich schon einen Plan für den Import von Anlagen aufgestellt, aber als sie durch Werbung erfahren hatten, daß diese auch im Inland produziert werden, annullierten sie von sich aus die Importanträge, nachdem durch Tests überprüft war, daß die Produkte den Anforderungen entsprachen. Damit wurden nicht nur Devisen eingespart, sondern der Kaufpreis war auch viel niedriger, was die Kosten senkte; zudem wurden [die Anlagen] sofort in der Produktion eingesetzt und [damit] gefördert, daß ein neues Produkt bald hergestellt wurde und auf den Markt kam.[203]

Schließlich erwähnt derselbe Artikel noch als positiven Punkt, daß die ausländische Werbung in China eine Horizonterweiterung mit sich bringe, die wiederum die inländische Produktion vorantreibe, denn aus dieser Werbung könne China den Trend neuer Produkte, neuer Techniken und neuer Maßnahmen im Ausland erkennen.[204]

---

[203] Fu Hanzhang und Kuang Tiejun: "Qianlun shehuizhuyi guanggao de diwei he zuoyong", p.182. Ein Fallbeispiel, das genau mit dem Muster, wie Fu und Kuang es hier darstellen, übereinstimmt, findet sich bei Zeng Xinmin: "Lun xinwen guanggao de shehui zuoyong", p.5: Eine Fabrik in Shanghai stellte verschiedene Arten Ultraschallgeräte her, die qualitativ dem internationalen Standard entsprachen. Aufgrund mangelnder Informationen wurden von einigen Anwendereinheiten gleichartige Produkte aus dem Ausland gegen Devisen importiert. Nachdem Annoncen der Shanghaier Fabrik erschienen waren, kamen sofort Anfragen z.B. von der tiermedizinischen Hochschule in Changchun, und nachdem geklärt war, daß die in China produzierten Geräte die Erfordernisse der Benutzereinheiten erfüllten, annullierten diese ihre Importanträge und bestellten statt dessen Shanghaier Ultraschallgeräte, was dem Staat eine Menge Devisen einsparte. Dasselbe Beispiel bringt Qian Huide: "Shilun shehuizhuyi guanggao shiye fazhan de keguan yiju ji qi zuoyong", p.10.

[204] Fu Hanzhang und Kuang Tiejun: "Qianlun shehuizhuyi guanggao de diwei he zuoyong", p.182. Zur Erweiterung des Blickfeldes durch ausländische

Unter der Rubrik "Förderung der internationalen Wirtschaftsbeziehungen und des Handels" werden damit mehrere der Sache nach verschiedene Dinge miteinander verwoben. Zum einen wird gezeigt, daß chinesische Werbung im Ausland den Export chinesischer Erzeugnisse unterstützt. Die Werbung ausländischer Unternehmen in China dagegen wird an einem anderen Maßstab gemessen: Sie ist nützlich für Chinas Modernisierung, weil sie Informationen über neue wissenschaftliche und technische Entwicklungen in der Welt liefert - daß das Hauptziel ausländischer Werbung in China der Absatz von Waren ist, bleibt aus der Betrachtung ausgespart.[205] Und für den Fall, daß dieses (hier nicht genannte) Ziel ausländischer Werbung doch jemandem Sorge bereiten könnte, ist ebenfalls Vorsorge getroffen: Das Argument, daß Werbung die Substitution von (teuren) Importen durch einheimische Produkte möglich macht - ein Aspekt, den man kaum als "Förderung internationaler Wirtschaftsbeziehungen und des Handels" bezeichnen kann -, ist als "vorbeugende Maßnahme" gegen mögliche Einwände aus dieser Richtung durchaus plaziert.

### 3.5.7. Dienst am Aufbau der beiden Zivilisationen (*wei jianshe liang ge wenming fuwu* 为建设两个文明服务)

Unter der Formulierung "Aufbau der beiden Zivilisationen" werden der Aufbau der "materiellen Zivilisation" (*wuzhi wenming* 物质文明) und der "geistigen Zivilisation" (*jingshen wenming* 精神文明) des Sozialismus zusammengefaßt.[206]

---

Werbung siehe auch Qian Huide: "Shilun shehuizhuyi guanggao shiye fazhan de keguan yiju ji qi zuoyong", p.10.

[205] Dies gilt zumindest für die Publikationen, welche die Funktionen der Werbung im Sozialismus auf allgemein theoretischer Ebene abhandeln. Zur ausländischen Werbung siehe genauer 4.3. dieser Arbeit.

[206] Nach Li Zhonjie u.a. (Hg.): *Zhongguo haokan xin ciyu*, pp.135-136 geht die Formulierung des Prinzips der "zwei Zivilisationen" auf Ye Jianying zurück, der in einer Rede zur Feier des dreißigjährigen Bestehens der VR China im Jahr 1979 gesagt habe: "Gleichzeitig mit dem Aufbau der hohen materiellen Zivilisation müssen wir das Bildungsniveau, das wissenschaftliche und kulturelle Niveau und den Gesundheitsstandard der gesamten Nation erhöhen, noble revolutionäre Ideale und revolutionäre Sitten und Moral verankern, ein edles, reiches und vielgestaltiges Kulturleben entwickeln und eine hohe sozialistische geistige Zivilisation aufbauen." Eine systematische Darstellung finde sich im politischen Bericht auf dem XII. Parteitag im September 1982. Darin heiße es: "Die materiellen Erfolge der Umgestaltung der natürlichen Welt sind die materielle Zivilisation, sie

Da für die chinesischen Autoren der Beitrag der Werbung zum Aufbau der materiellen Zivilisation des Sozialismus mit ihrer positiven Rolle in den Bereichen Produktion, Zirkulation, Konsum, Alltagsleben und internationaler Handel ausreichend beschrieben ist, wird dieser Aspekt nicht weiter behandelt, sondern nur noch einmal in der Überleitung zum Thema "geistige Zivilisation" zusammengefaßt:

> Werbung ist nicht nur das Fenster, welches das neue Antlitz des sozialistischen Aufbauwerkes zur Schau stellt, das Band, das Produktion und Konsum überbrückt, und der Lebensratgeber der Volksmassen, sondern sie ist auch ein Teil Ideologie, eine wichtige Propagandafront.[207]

Es werden zwei Punkte hervorgehoben, aus denen der besondere Einfluß der Werbung als Form der Propaganda hergeleitet wird: Zum einen besitze sie gerade durch ihren künstlerischen Charakter besondere Anziehungskraft,[208] zum anderen bringe es die Vielfältigkeit der Werbemedien mit sich, daß praktisch jedermann

---

kommt zum Ausdruck im Fortschritt der materiellen Produktion und in der Verbesserung des materiellen Lebens der Menschen. Gleichzeitig mit der Umgestaltung der objektiven Welt wird auch die subjektive Welt der Menschen umgestaltet und die geistige Produktion und das geistige Leben der Gesellschaft entwickelt sich. Die Erfolge dieses Bereiches sind die geistige Zivilisation, sie kommt zum Ausdruck in der Entwicklung von Kenntnissen in Ausbildung, Wissenschaft und Kultur und in der Erhöhung des ideologischen, politischen und moralischen Niveaus der Menschen." Dieses Zitat stammt aus: Hu Yaobang 胡耀邦: "Quanmian kaichuang shehuizhuyi xiandaihua jianshe de xin jumian" 全面开创社会主义现代化建设的新局面 (Umfassend eine neue Lage des sozialistischen Modernisierungsaufbaus schaffen), *RMRB*, 8.9.1982, pp.1-5; hier: pp.2-3.

[207] Dieser Satz findet sich - mit einer kleinen Abweichung in der Formulierung - gleich in drei Arbeiten: Li Zhiyi u.a.: *Shangbiao guanggao falü zhishi*, p.135; Su Xuedan und Zhai Daqing (Hg.): *Shangbiao guanggao guanli shiyong shouce*, p.117; und schließlich Chen Yi: "Guanggao ye yao wei jianshe shehuizhuyi jingshen wenming fuwu", p.5. Chen Yi schreibt statt "das Band, das Produktion und Konsum überbrückt" "die Brücke, die Produktionseinheiten, Handelsabteilungen und Verbraucher verbindet". In diesen drei Texten finden sich noch eine Reihe weiterer Überschneidungen in der Formulierung ganzer Passagen - ein weiteres Beispiel für die manchmal schon "kollektive" Darstellungsweise grundsätzlicher Positionen.

mit ihr in Kontakt komme.²⁰⁹ Der Einfluß, den die Werbung auf den Menschen ausübt, wird häufig als *qianyi-mohua* 潜移默化 (subtil, unmerklich)²¹⁰ bezeichnet. Gerade deshalb, so lautet die Schlußfolgerung, dürfe ihre Wirkung auf die geistige Verfassung der Menschen nicht unterschätzt werden. Chen Yi vertritt die Meinung, man könne zwar nicht fordern, daß jede Werbung konkret die kommunistische Ideologie propagieren solle, jedoch sei bei der Werbearbeit über die ökonomische Wirkung hinaus ihre gesellschaftliche Wirkung bzw. ihr Einfluß auf die Massen zu berücksichtigen.²¹¹

Konkretere Äußerungen, wie Werbung den Aufbau der sozialistischen geistigen Zivilisation unterstützen soll, finden sich in den "programmatischen" Publikationen zur Werbung kaum.²¹² Einige eher allgemein gehaltene Anhaltspunkte liefert Zeng Xinmin:

---

208 Zeng Xinmin: "Lun xinwen guanggao de shehui zuoyong", p.6; Pan Dayue: "Fan liang fan yu guanggao", p.184.

209 Pan Dayue: "Fan liang fan yu guanggao", p.184; Su Xuedan und Zhai Daqing (Hg.): *Shangbiao guanggao guanli shiyong shouce*, p.117; und Li Zhiyi u.a.: *Shangbiao guanggao falü zhishi*, p.135; Chen Yi: "Guanggao ye yao wei jianshe shehuizhuyi jingshen wenmin fuwu", p.5. Siehe auch Zhang Nanzhou: *Guanggaoxue zai Zhongguo*, p.97.

210 Z.B. bei Zhang Nanzhou: *Guanggaoxue zai Zhongguo*, p.97; Zeng Xinmin: "Lun xinwen guanggao de shehui zuoyong", p.6; Su Xuedan und Zhai Daqing (Hg.): *Shangbiao guanggao guanli shiyong shouce*, p.117; Zhongguo Guanggao Hanshou Xueyuan jiaowu weiyuanhui (Hg.): *Guanggao gailun (shiyong)*, p.4.

211 Chen Yi: "Guanggao ye yao wei jianshe shehuizhuyi jingshen wenming fuwu", p.5.

212 Ein Beispiel, wie der Anspruch, zum Aufbau der geistigen Zivilisation beizutragen, eingelöst werden kann, findet sich z.B. bei Liu Xiankang 刘宪康: "Guanggao yongzi yinggai guifanhua" 广告用字应该规范化 (Die [in] der Werbung benutzten Schriftzeichen müssen standardisiert sein), *ZGGG*, 1984, No.2, p.46. In seinem Beitrag kritisiert der Autor den Gebrauch nicht offiziell zugelassener Kurzzeichen, die gemischte Verwendung von Lang- und Kurzzeichen sowie den Einsatz der Pinyin-Umschrift als eigenständiger Schrift. Er schließt seine Ausführungen mit der rhetorischen Frage: "[...] wenn man nicht ernsthaft Mühe auf das Schreiben von Schriftzeichen in der Werbung verwendet, wie kann man dann korrekt Informationen verbreiten und wie kann man dann eine positive Rolle im Aufbau der geistigen Zivilisation entfalten!"

> Edles Wertgefühl, gute Gewohnheiten, schöne Sprache, neue und originelle Kleidung werden immer von den Menschen nachgeahmt. Das Streben nach Schönheit ist der Ausdruck zivilisatorischen Fortschritts. Aber das Verständnis von Schönheit im Bewußtsein verschiedener Klassen ist unterschiedlich. Sozialistische Werbekunst erzieht mit gesundem, schlichtem, ästhetischem und zweckmäßigem Stil die Menschen zum Schönen.[213]

Ähnlich formuliert Yi Changtai:

> Gerade das Streben nach Schönheit ist Ausdruck des zivilisatorischen Fortschritts einer Nation. Aber das Verständnis von Schönheit verschiedener Klassen ist unterschiedlich. Werbung ist eine gesellschaftliche Ideologie und trägt daher zwangsläufig Klassencharakter und Parteilichkeit. Nur Werbung, die an der geistigen Zivilisation des Sozialismus festhält, ist schöne Werbung, nur sie kann die Funktion erfüllen, das Leben zu verschönern, und nur sie kann sich positiv auf das edle Wertgefühl der Menschen auswirken [...].[214]

Gute Werbung, so schreibt Pan Dayue, verschönere nicht nur das Stadtbild, sondern verschönere auch die Seele und mache damit den Menschen edler; sie verschönere die Gesellschaft, verstärke die geistige Energie und den Kampfeswillen des Menschen und vertiefe das Wissen um die Überlegenheit des sozialistischen Systems.[215] Den Begriffen "gesund", "schön" usw. werden Formulierungen wie "vulgär", "ungesund", "chaotisch" gegenübergestellt, die beschreiben, wogegen sozialistische Werbung angehen soll - dem Aufbau der geistigen Zivilisation zu dienen, bedeutet also gleichzeitig den Kampf gegen alles, was als "geistige Verschmutzung" eingestuft wird.[216]

---

213 Zeng Xinmin: "Lun xinwen guanggao de shehui zuoyong", p.6.

214 Yi Changtai: *Shiyong guanggao zhinan*, p.77. Zum Begriff "Schönheit" in der Werbung siehe auch die Ausführungen von Song Shunqing 宋顺清: "Guanggao meixue chutan - cong meigan tankaiqu" 广告美学初探 - 从美感谈开去 (Einführende Diskussion der Werbeästhetik - vom Schönheitsgefühl her das Gespräch eröffnen), *Shanxi Caijing Xueyuan Xuebao* 山西财经学院学报, 1984, No.2, pp.32-37.

215 Pan Dayue: "Fan liang fan yu guanggao", p.184.

216 Siehe z.B. Yi Changtai: *Shiyong guanggao zhinan*, p.77; Chen Yi: "Guanggao ye yao wei shehuizhuyi wenming fuwu", p.5; [Benkan bianjibu:] "Qingchu jingshen wuran, banhao shehuizhuyi guanggao", p.2.

Was von den Autoren als Funktion der Werbung für den Aufbau der geistigen Zivilisation des Sozialismus präsentiert wird, ist *de facto* identisch mit dem Forderungskatalog, der uns in der Literatur an anderer Stelle als "Wesen" der sozialistischen Werbung entgegentritt: ideologischer Charakter, künstlerischer Charakter und Wahrheitscharakter.

Ein Problem bei vielen Darstellungen der Funktionen von Werbung besteht darin, daß die verschiedenen Aufgaben, welche der Werbung zugeschrieben werden, häufig ineinander verschwimmen und daß die Fallbeispiele, die zur Illustration einer ganz bestimmten Funktion herangezogen werden, auch unter einer ganzen Reihe anderer Funktionen aufgelistet werden könnten. Für die unter 3.5.2., 3.5.3. und 3.5.4. dargestellten Aufgaben der Werbung erklärt sich dies daraus, daß Produktion, Zirkulation und Konsum in einer kreisförmigen Verkettung dargestellt werden, und Position und Rolle der Werbung in diesem Kreislauf jeweils aus der Perspektive eines dieser drei Glieder beleuchtet werden. Die Wirkung der Werbung erscheint, zumindest für den ökonomischen Bereich, sehr direkt: Der gewünschte Erfolg tritt meist unmittelbar nach Publikation der Werbung ein, Fallbeispiele wie das der Werkzeugmaschinenfabrik Ningjiang oder auch der Enthaarungscreme "Zweiter Frühling" sind in der chinesischen Werbeliteratur keine Seltenheit.

## 3.6. Zusammenfassung

Im vorangehenden Kapitel wurde behandelt, was in der VR China seit 1979 unter dem Begriff "Werbung" verstanden wird (3.1.), womit das Dasein der Werbung im sozialistischen Wirtschaftssystem Chinas legitimiert wird (3.2.), in welchen Punkten sich nach Meinung der chinesischen Autoren die sozialistische von der kapitalistischen Werbung unterscheidet (3.3.) und welche positiven Merkmale der sozialistischen Werbung attestiert werden (3.4.). Schließlich wurden die Funktionen beschrieben, welche der Werbung in der sozialistischen Wirtschaft und Gesellschaft zugewiesen werden (3.5.).

Die chinesischen Definitionen, die zum Großteil darauf basieren, wie Werbung in Publikationen des westlichen, d.h. des kapitalistischen Auslandes bestimmt wird, präsentieren Werbung als ein Werkzeug, das für bestimmte ökonomische Aufgaben eingesetzt wird. Dieses Bild einer rein instrumentellen Werbung, die in jedes Gesellschafts- bzw. Wirtschaftssystem integriert und für dieses System nutzbar gemacht werden kann, findet sich auch in den Begründungen dafür wieder, daß Werbung im Sozialismus nicht nur ihre Existenzberechtigung hat, sondern sogar notwendig ist. Werbung wird zu einer universellen Erscheinung erklärt, die sich quer durch die Geschichte und durch die Gesellschaftssysteme zieht; einzige Voraussetzung für ihre Entstehung und Entwicklung sei die Warenwirtschaft, d.h. das Vorhandensein von Warenproduktion und -austausch. Mit dieser Darstellung soll belegt werden, daß die mit der "linken" Ideologie v.a. der Kulturrevolution identifizierte Meinung, Werbung erwachse einzig aus dem Nährboden des kapitalistischen Wirtschaftssystems und sei untrennbar mit diesem verkoppelt, jeder Grundlage entbehrt. Gleichzeitig werden die "linke" Ideologie, die die Existenz der Warenwirtschaft im Sozialismus negiert habe, und die daraus resultierende Wirtschaftspolitik mitverantwortlich für das nach wie vor niedrige Entwicklungsniveau der chinesischen Wirtschaft gemacht.

Gerade aus dem systemindifferenten Charakter der Werbung "an sich" wird die Möglichkeit abgeleitet, sie als Werkzeug jedem Wirtschaftssystem dienstbar zu machen. Durch ihre Einordnung in ein bestimmtes System, so lautet die Argumentation, werde die Werbung nicht nur in ihrer Entwicklung bestimmt, sondern sie werde auch von den Merkmalen geprägt, welche das betreffende Wirtschaftssystem als Ganzes auszeichnen. Diese Auffassung kommt besonders klar bei Fu Hanzhang zum Ausdruck:

> Die Werbung ist ein Instrument der Informationsverbreitung, sie ist für jedwede Gesellschaftsformation brauchbar, die Waren produziert; jede Klasse kann sie einsetzen, man kann nicht einfach Werbung mit einer bestimmten Klasse oder einer bestimmten Lebensweise gleichsetzen.
> Als Informationsinstrument hat die Werbung an sich keinen Klassencharakter. Aber wenn sie einmal von einer bestimmten Klasse benutzt wird, dann kann sie dieser Klasse dienen und besitzt verschiedene ökonomische Merkmale. Die sozialistische Werbung dient der sozialistischen Warenwirtschaft, sie besitzt die Merkmale des Sozialismus, und ihrem Wesen nach ist sie von der kapitalistischen Werbung verschieden.[217]

Die chinesische Sicht der grundlegenden Unterschiede zwischen Kapitalismus und Sozialismus läßt sich folgendermaßen zusammenfassen: Während im Kapitalismus, der auf dem Privateigentum an Produktionsmitteln basiert, die Produktion nur dem Profitinteresse einiger weniger dient, besteht ihr oberstes Ziel im Sozialismus darin, die Bedürfnisse der Menschen zu befriedigen; und aus diesem unterschiedlichen Fundament und der unterschiedlichen Zielsetzung ergeben sich zwangsläufig

---

[217] Fu Hanzhang 傅汉章: "Zhengque chuli shehuizhuyi guanggao de jige guanxi" 正确处理社会主义广告的几个关系 (Einige Beziehungen der sozialistischen Werbung korrekt regeln), *ZGGGNJ*, pp.249-252, hier: p.249.

Konsequenzen auch für die Werbung. Die negativen Erscheinungen in der kapitalistischen Werbung werden zu einem Reflex auf das negative sozio-ökonomische Umfeld, das sie umgibt; verpflanzt man die Werbung dagegen in das überlegene System des Sozialismus, dann nimmt sie dessen Züge an. In den Ausführungen, die Kapitalismus und kapitalistische Werbung einerseits und Sozialismus und sozialistische Werbung andererseits einander gegenüberstellen, wird dem Leser ein idealtypisches Bild der beiden Gesellschaftssysteme präsentiert, ein Schwarzweißgemälde, das in jedem Punkt die Überlegenheit des Sozialismus unterstreicht. Die sozialistische Gesellschaft erscheint als ein harmonisches Ganzes, in dem sich die Interessen von Staat, Kollektiv und Individuum weitgehend decken oder doch zumindest nicht im Widerspruch zueinander stehen. Und die Werbung fügt sich nahtlos in dieses Ganze ein.

Wahrheitscharakter, ideologischer Charakter, künstlerischer Charakter, Planungscharakter und nationaler Stil sind die Hauptmerkmale, welche nach Meinung der chinesischen Autoren die Werbung im sozialistischen China auszeichnen. Zumindest in einzelnen Punkten fällt die Darstellung dieser Merkmale etwas differenzierter aus, ohne daß deshalb allerdings eine Wertung unterbleiben würde. So wird beispielsweise in einigen Publikationen auch der kapitalistischen Werbung zugebilligt, daß sie sich (streckenweise) an die Wahrheit halte, jedoch wird dies zu einem eher zufälligen Nebenprodukt des Profitinteresses der Kapitalisten deklariert. Im Sozialismus stellt sich die Frage der Wahrheit dagegen primär als eine grundsätzliche Frage der Moral und Verantwortung gegenüber den Verbrauchern - wobei es nicht schaden kann, als zusätzliches Argument die Vernunft ins Feld zu führen.

Bei näherer Betrachtung entpuppt sich das "Wesen" sozialistischer Werbung als Forderungskatalog, der sich aus dem "Sozialismus chinesischer Prägung" herleitet und an die Werbung herangetragen wird. Besonders deutlich wird dies am Beispiel der "Geplantheit", bei welcher die Begründung einfach nach dem Muster vorgeht: Die chinesische Wirtschaft ist geplant, *also* muß auch die chinesische Werbung geplant sein. Und für den Kapitalismus gilt dann: Die kapitalistische Wirtschaft ist ungeplant und anarchisch, *also* ist auch die kapitalistische Werbung ungeplant. Gerade aber die von den chinesischen Unternehmen geforderte Planung der Werbung auf betrieblicher Ebene - Aufstellung eines Werbebudgets, Durchführung von Markt- und Verbraucherforschung etc. - orientiert sich im Grunde am Vorbild kapitalistischer betriebswirtschaftlicher Prinzipien. Daß ausgerechnet der durch Planlosigkeit und Blindheit gekennzeichnete Kapitalismus besonders effiziente Techniken des Werbeeinsatzes hervorgebracht haben soll, scheint nicht als Widerspruch empfunden zu werden. Vielmehr werden diese "fortschrittlichen" und "modernen" Methoden als Ausdruck des hohen Entwicklungsgrades westlicher Warenwirtschaft verstanden, die dem rückständigen China bei der angestrebten

Niveauanhebung der eigenen Warenwirtschaft sehr nützlich sein können, zumal, wenn man sie der "instrumentellen" Seite der Werbung zuordnet und damit vom Geruch bourgeoiser Ideologie befreit. Durch den Gebrauch von Formeln wie "Ausländisches für China nutzbar machen" wird zusätzlich der Eindruck gestützt, das Erlernen westlicher Werbetechniken - und dies gilt sicher auch für andere Bereiche - diene dem Fortschritt der chinesischen Gesellschaft, ohne daß dadurch die positive Substanz des chinesischen Sozialismus (die Vier grundlegenden Prinzipien usw.) tangiert oder gar in Frage gestellt würde.

Die von allen negativen Attributen, die ihr durch das kapitalistische Umfeld anhafteten, gereinigte Werbung kann dann, richtig eingesetzt, in den Wirtschaftsabläufen des Sozialismus "mit dem Plan als Kern und dem Markt als Ergänzung" eine ganze Reihe von Aufgaben erfüllen, die miteinander verkettet sind: Durch ihre grundlegende Funktion als Informationsbrücke zwischen Produktions- und Verbrauchssphäre trägt sie im Produktionsbereich zum Abbau von Lagerbeständen, zur Auslastung der Produktionskapazität und insgesamt zu einer am Bedarf orientierten Produktion bei. Damit wird auch die Zirkulationszeit verkürzt, was wiederum der Produktion zugute kommt. Zudem fördert Werbung als Mittel des - fairen, sozialistischen - Wettbewerbs auf dem Markt die Verbesserung der Produktqualität und des Warensortiments. Und im Konsumbereich dienen die Informationen, welche die Werbung liefert, den Verbrauchern als Wegweiser und Ratgeber bei der Auswahl der richtigen Ware. Letztendlich wird durch all dies das tägliche Leben des Volkes leichter und bequemer, und darin manifestiert sich, daß sich Werbung über die ökonomische Ebene hinaus auch gesellschaftlich positiv auswirkt. Schließlich hilft Werbung bei Chinas Öffnung nach außen mit: Durch chinesische Werbung im Ausland wird der Export gefördert, die Werbung ausländischer Unternehmen in China erweitert den chinesischen Horizont, und überflüssige Importe nach China können durch Werbung für einheimische Produkte reduziert werden. Insgesamt wirkt sich die Werbung auch auf die geistige Verfassung der Gesellschaft aus: Durch ihre künstlerischen Ausdrucksformen verschönert gute Werbung die Umwelt und ist ein ästhetischer Genuß für die Menschen; sie fördert den guten Geschmack und eine positive Einstellung zur sozialistischen Gesellschaft, indem sie den Menschen die Aufbauerfolge des Sozialismus vor Augen führt.

Daß auf der theoretischen Ebene die Gesamtbeurteilung der Werbung im Sozialismus praktisch durchgängig zu ihren Gunsten ausfällt, erklärt sich nach Meinung der Verfasserin aus der Intention, die den hier vorgestellten Publikationen zugrundeliegt. Diese besteht zunächst einmal darin, die Werbung als integralen Bestandteil des chinesischen Wirtschaftssystems zu etablieren und gegen mögliche grundsätzliche Einwände - beispielsweise von seiten der Gegner einer weitgehenden Wirtschaftsreform - zu verteidigen. Dazu ist es notwendig, sie aus der Verstrickung in die kapitalistische Gesellschaft herauszulösen und das Bild einer spezifisch chinesischen sozialistischen Werbung zu entwerfen, die sich von der kapitalistischen in ausreichendem Maße positiv abhebt und daher durchaus bejaht werden kann. Dazu dient es auch, die vorbehaltlose Verdammung der Werbung mit der Ideologie und Praxis der Kulturrevolution, welche offiziell als Katastrophe für die chinesische Wirtschaft und Gesellschaft betrachtet wird, zu assoziieren. Und schließlich wird der Werbung ihre Legitimation verliehen, indem sich die Beschreibung ihrer Rolle ganz im Rahmen des von Partei- und Staatsführung vorgegebenen ökonomischen, politischen und ideologischen Kurses bewegt, wobei immer wieder die Übereinstimmung der grundlegenden Interessen aller Ebenen und aller Beteiligten beschworen wird.

Daß dieses Idealbild der Werbung sich auf einer weniger abstrakten Ebene nur eingeschränkt durchhalten läßt, ist nicht überraschend. In Teil 1.2. über die Entwicklung der chinesischen Werbung wurde bereits deutlich, daß Fälle falscher und irreführender Werbung in China an der Tagesordnung sind. Das nächste Kapitel wird weitere Konfliktbereiche, welche die chinesische Literatur zur Werbung registriert und thematisiert, ausführlicher behandeln. Eine exakte Grenze zwischen Beiträgen, die auf abstrakt-theoretischer Ebene Funktion und Bedeutung der Werbung im chinesischen Sozialismus affirmieren, und solchen, welche den jeweiligen Ist-Zustand des chinesischen Werbewesens kritisch beleuchten, läßt sich freilich nicht ziehen. So wie in die theoretische Ebene praktische Fallbeispiele als Bestätigung Eingang finden, tauchen in den Texten, die sich schwerpunktmäßig mit einzelnen Problemen des chinesischen Werbewesens auseinandersetzen, immer wieder Teile des in der Theorie gezeichneten Idealbildes als - zumindest im großen und ganzen - chinesische Wirklichkeit gewordene Gegebenheiten auf.

## 4. KONFLIKTFELDER IN DER CHINESISCHEN WERBUNG

### *4.1. Werbefirmen versus Medien*

Etwa im Jahr 1986 setzte in der Fachzeitschrift *Zhongguo Guanggao* eine Diskussion über die Geschäftsstruktur der chinesischen Werbung ein, die sich bis ins Jahr 1990 verfolgen läßt und auch das wissenschaftliche Symposium zur Werbung im Jahr 1987 thematisch beherrschte. Im Brennpunkt dieser Diskussion steht die Frage der Spezialisierung, Arbeitsteilung und Kooperation innerhalb der Werbebranche, die insbesondere im Hinblick auf die Beziehungen zwischen Werbefirmen und Medieneinheiten aufgeworfen wird. Hintergrund dieser Frage sind übergreifende wirtschafts- und ordnungspolitische Überlegungen, aber auch handfeste ökonomische Interessen und Zwänge der beteiligten Seiten: Die überaus rasche zahlenmäßige Zunahme der Werbeeinheiten nach 1979 brachte einen regelrechten Kampf um die Werbegelder der Unternehmen mit sich, an dem nicht nur Werbefirmen, sondern eben auch die "vier großen Medien" - Zeitungen, Fernsehen, Rundfunk und Zeitschriften - maßgeblich beteiligt sind. Die daraus entstandenen Spannungen zwischen Werbefirmen und Medien bilden denn auch einen wesentlichen Aspekt der Beiträge, welche die strukturellen Probleme der chinesischen Werbebranche und deren Ursachen analysieren und unterschiedliche Lösungswege vertreten. Dabei kommen eine ganze Reihe von Einzelfragen zur Sprache, die von den Autoren durchaus kontrovers diskutiert werden.

#### 4.1.1. Die chinesische Situation und ihre Ursachen

Einer der frühesten Artikel über das Geschäftssystem der Werbung, in dem auch die Spannungen zwischen Werbefirmen und Medieneinheiten anklingen, erschien Ende 1986.[1] Angeregt durch den "Beschluß des ZK der KP Chinas zu den Leitprinzipien für den Aufbau der sozialistischen geistigen Zivilisation", der auf dem 6. Plenum des XII. ZK gefaßt wurde,[2] will dieser Beitrag die "ideologischen Hin-

---

[1] [Benkan bianjibu:] "Yao gaibian guanggao jingying guanli de xiaoshengchan fangshi", pp.2-3.

[2] Siehe dazu [Peter Schier:]: "6. Plenartagung des XII. Zentralkomitees", *Ca*, September 1986, pp.567-568. Zum Wortlaut des Beschlusses selbst siehe [o.Verf.:] "Zhong Gong Zhongyang guanyu shehuizhuyi jingshen wenming jianshe zhidao fangzhen de jueyi" 中共中央关于社会主义精神文明建设指

dernisse" in der Werbewelt analysieren, die es zu beseitigen gilt.³ Als das herausragendste dieser Hindernisse identifiziert der Artikel die Ideologie der Kleinproduktion, die von der feudalistischen Ideologie erzeugt werde und gleichzeitig deren Basis sei. Bei den Werbeeinheiten schlägt sich diese Ideologie in vielfältiger Weise nieder:

> Jetzt stützt sich die große Mehrzahl der Werbeeinheiten noch immer hauptsächlich auf "den Mund und die zwei Beine" des Personals. Und dementsprechend dienen bei allem "Beziehungen" als Halt; dazu kommt, daß viele Werbeeinheiten Wert auf die sogenannten "menschlichen Verbindungen" nach außen legen, [aber] die Fachausbildung nach innen vernachlässigen; insbesondere vernachlässigen sie die Einführung moderner Werbevorstellungen. Deshalb strengen sich manche Angestellte besonders an, ihre eigenen Werbekunden als "Territorium" zu betrachten, und machen sie zu ihrer Einflußsphäre. Das Designpersonal, gestützt auf ein Blatt Papier und einen Stift, "malt" Werbung und nur wenige verwenden Mühe auf Ideen. Will man angesichts dieser Lage modernes wissenschaftliches Management realisieren, dann kann man nur vergeblich seufzen [...].⁴

Da die Bedingungen einer solchen Geschäftsform sehr leicht zu erfüllen seien, hätten die Nachrichtenmedien, die den enormen Vorteil eigener Publikationsmittel besitzen, rasch darauf zugegriffen. Im Zuge des angestrebten Ausbaus des dritten Produktionssektors seien überall große und kleine Werbeeinheiten gegründet und registriert worden. Bei den Industrie- und Handelsunternehmen, d.h. den möglichen Werbenden, unterscheidet der Beitrag zwischen zwei Kategorien: Ein Großteil von ihnen sehe aufgrund der langen Zeit der Produktwirtschaft keine Notwendigkeit, Werbung zu machen. Die Leute von Werbeeinheiten, die ständig von allen Seiten an die Unternehmen heranträten, um Werbeaufträge zu "ergattern", würden von ihnen als Belästigung und Zumutung empfunden. Und jene Unternehmen, die Wert auf Werbung legten, hätten, da ihnen keine Werbeeinheit vollständige Planung bieten könne, eigene Werbeabteilungen für Planung

---

导方针的决议 (Beschluß des ZK der KP Chinas zu den Leitprinzipien für den Aufbau der sozialistischen geistigen Zivilisation), *RMRB*, 29.9.1986, pp.1-2.

³ [Benkan bianjibu:] "Yao gaibian guanggao jingying guanli de xiaoshengchan fangshi", p.2.

⁴ Ebenda.

und Herstellung gegründet, so daß sie in dieser Hinsicht "autark" (*ziji zizu* 自给自足) seien.[5]

Diese jeweils einzelnen "kleinen und vollständigen" Einrichtungen scheinen die Arbeitsglieder zu vermindern. Tatsächlich aber ist dies gesamtgesellschaftlich betrachtet eine extreme Verschwendung von Personal, Geldern und Ressourcen. Und all das ist Ausdruck der Kleinproduktions-Auffassung.[6]

Infolge dieses Zustandes, so das Fazit des Artikels, erhöhe sich die Qualität der Werbung nur sehr langsam, die Werbewirkung sei unklar, die Rivalität in der Werbung dagegen äußerst heftig. Dazu komme noch der Einfluß der verrotteten Ideologie des Kapitalismus, "nur aufs Geld zu schauen". Die Ursachen für die Ideologie der Kleinproduktion, welche die Situation des chinesischen Werbewesens präge, sucht der Beitrag in der langen Existenz der Feudalgesellschaft und der daraus resultierenden unvollständigen Warenentwicklung. Moderne Werbung habe in China erst in den dreißiger Jahren dieses Jahrhunderts begonnen, jedoch sei ihr das "Brandmal der Halb-Kolonie" tief eingebrannt gewesen.[7]

Alle Probleme, die hier unter dem Oberbegriff "Ideologie der Kleinproduktion" angesprochen werden, sowie die Hauptbeteiligten - Werbekunden, Werbefirmen und Medieneinheiten - finden sich in den später erschienenen Publikationen zum Geschäftssystem der chinesischen Werbung wieder, wobei die Wurzeln der diagnostizierten Mängel nicht allein auf historischer und ideologischer Ebene, sondern auch in den aktuellen Rahmenbedingungen, in welche das Werbewesen eingebettet ist, angesiedelt werden.

*Die Werbenden*

Betrachten wir zunächst die Industrie- und Handelsunternehmen und die Situation, der sie sich als potentielle Auftraggeber der Werbung gegenübersehen. Hier lassen sich unterschiedliche Positionen und Schwerpunkte in den Darstellungen ausmachen. Eine Position geht davon aus, daß sich die Unternehmen im Zuge der Wirtschaftsreform bereits "vom Produktionstyp zum Produktions- und Betriebsführungstyp gewandelt" hätten, d.h. daß sie zu unabhängigen Wirtschaftseinheiten

---

[5] Siehe [Benkan bianjibu:] "Yao gaibian guanggao jingying guanli de xiaoshengchan fangshi", p.3. Der Begriff der Autarkie wird zur Kennzeichnung der "feudalistischen" Wirtschaftsweise ohne Spezialisierung und Arbeitsteilung verwendet.

[6] Ebenda.

[7] Siehe ebenda.

geworden seien. Durch diese Entwicklung habe sich die frühere Einstellung, bei der Werbung nicht nach ihrer Wirkung zu fragen, verändert. Die Unternehmen legten nun, um dem Marktbedarf gerecht zu werden, auch Wert darauf, daß Werbung gut gemacht werde. Daraus ergäben sich höhere Anforderungen an die Werbefirmen, von denen erwartet werde, daß sie wirkliche Berater und Helfer der Unternehmen seien.[8] Viele Unternehmen, so wird in einer anderen Darstellung ausgeführt, hätten die traditionelle Anschauung, Werbung sei ausschließlich ein Mittel zur Informationsverbreitung, überwunden und sähen in ihr ein Instrument moderner Geschäftsführung, das zur Erschließung neuer Zielmärkte und zum Sieg im Marktwettbewerb beitrage. Werbung werde nun als eine interdisziplinäre Wissenschaft verstanden, die auf Soziologie, Marktlehre, Psychologie, Ästhetik usw. beruhe. Daher erwarteten die Betriebe, daß ihnen die Werbefirmen umfassende und kompetente Werbeplanung bieten können, die auch Marktforschung, Beratung usw. einschließe.[9] Verantwortlich für diese neue Haltung der Unternehmen sind natürlich die Erfolge der Wirtschaftsreform und die Entwicklung der Produktivkräfte: Viele "Verkäufermärkte" seien bereits dabei, sich zu "Käufermärkten" zu wandeln. Im Mittelpunkt stehe nicht mehr die Produktion, sondern der Verbraucher, und die Aufmerksamkeit der Unternehmen konzentriere sich deshalb auf die Erforschung und Erschließung des Marktes.[10]

In der Mehrzahl der Beiträge zur Geschäftsstruktur der Werbung wird jedoch eine andere Position vertreten, die weder das "Werbebewußtsein" der Unternehmen noch die reformerischen Erfolge generell so positiv einschätzt, wie dies im vorangehenden Abschnitt zum Ausdruck kam:[11] Da sich das Land im Anfangsstadium des Sozialismus befinde, sei zwar eine ziemlich starke Entwicklung der Produktiv-

---

[8] Diese Position wird vertreten in [Benkan bianjibu:] "Guanggao zhuanye gongsi mianlin guannian shang de bianqe yu gengxin", p.3.

[9] Siehe Ren Yunhui 任蕴辉: "Shixing yi zhuanye guanggao gongsi wei zhongxin de yitiaolong peitao fuwu shi bi you zhi lu" 实行以专业广告公司为中心的一条龙配套服务是必由之路 (Koordinierten kompletten Service mit der Werbefirma als Zentrum durchzuführen, ist der einzige Weg), ZGGGNJ, pp.267-272, hier: p.269. Dies war ein Beitrag zum wissenschaftlichen Symposium der Werbung im August 1987.

[10] Ren Yunhui: "Shixing yi zhuanye guanggao gongsi wei zhongxin de yitiaolong peitao fuwu shi bi you zhi lu", p.269.

[11] Dies gilt vor allem für die Beiträge, die nach dem XIII. Parteitag erschienen. Die offizielle Feststellung dieses Parteitages, China befinde sich erst im Anfangsstadium des Sozialismus, ließ die Beweihräucherung der erziel-

kräfte zu verzeichnen, aber sie seien immer noch rückständig. Die Lage sei dadurch gekennzeichnet, daß der Gesamtbedarf weit über dem Gesamtangebot liege, die Unternehmen verspürten daher keinen Konkurrenzdruck und seien sich der fördernden Funktion der Werbung für den betrieblichen Absatz nicht bewußt. Daher hätten sie auch nicht den Wunsch, sich an Werbefirmen zu wenden.[12] Den Werbekunden/Unternehmen werden eine ganze Reihe negativer Merkmale attestiert: Ihre Produktentscheidungen seien ohne wissenschaftliche Basis, das Erneuerungstempo entspreche nicht den Veränderungen des Konsumbedarfs, und die Produktqualität sei niedrig. Da ihnen das Bewußtsein für die Werbung fehle, sei es ihnen nicht möglich, sie effektiv als produktions- und absatzförderndes Mittel einzusetzen.[13] Den Werbeinvestitionen, so heißt es in einem anderen Artikel, fehle es an Wissenschaftlichkeit und Planung. Man gehe nicht wirklich vom Geschäftskurs oder -ziel aus und stelle danach eine Werbestrategie, einen Werbeplan und ein Werbebudget auf. Viele Unternehmen betrachteten die Werbegelder sogar als eine Art Reservemittel, mit denen man Beziehungen aufbauen oder durch die man an bestimmten "praktischen Vorteilen" teilhaben könne. Unternehmen seien nur willens, Geld für Dinge zu bezahlen, die sie sehen oder nach ihren eingewurzelten Vorstellungen messen könnten, zeigten aber absolut keine Bereitschaft, wertvolle Ideen und Informationen zu kaufen.[14]

Die hier beschriebene Haltung der Unternehmen wird allerdings verständlich, wenn man einen weiteren Aspekt mit in Betracht zieht, nämlich daß es den Unternehmen *de facto* unmöglich gemacht wird, über den Einsatz der für Werbung vorgesehenen Gelder selbst zu bestimmen. Denn es sind nicht nur Medien und Werbefirmen, die an sie herantreten, um Werbeaufträge zu bekommen, sondern

---

ten Fortschritte zugunsten einer etwas kritischeren Betrachtung des Bestehenden zurücktreten.

[12] Siehe Tao Yongkuan 陶永宽: "Shuangguizhi - xian jieduan guanggao jingying tizhi de zhuyao moshi" 双轨制 - 现阶段广告经营体制的主要模式 (Das zweigleisige System - die Hauptform des Werbegeschäftssystems in der derzeitigen Phase), *ZGGG*, 1988, No.4, pp.13-14.

[13] Siehe Xue Weijun 薛维君 und Wang Changhua 王昌华: "Guanggao xitong ge yaosu de gongneng ji qi peizhi yuanze" 广告系统各要素的功能及其配置原则 (Die Funktion der einzelnen Faktoren des Werbesystems und ihre Kohärenz), *ZGGG*, 1988, No.4, pp.14-16; hier: p.14.

[14] Siehe Yang Chongyuan 杨崇远: "Wo guo guanggao cehua daili tuiguang huanman yuanyin qianxi" 我国广告策划代理推广缓慢原因浅析 (Oberflächliche Analyse der Ursachen für die langsame Ausbreitung der Werbeplanung und -vertretung in China), *ZGGG*, 1988, No.2, pp.14-15, hier: p.14.

auch alle möglichen Einheiten, die um "Unterstützungs-" oder "Sponsorenwerbung" bitten, sowie übergeordnete Einheiten und Behörden, die ihnen Vorschriften über die Verwendung der Werbegelder machen.[15] Diese Situation wird in einem Artikel wie folgt beschrieben:

> [...] was das Geschäftssystem betrifft, so führen alle, ganz egal ob Werbefirma, Medieneinheit oder Herstellungseinheit, unterschiedslos direkt Werbeaufträge durch, und dem Werbenden bleibt, konfrontiert mit der Masse von Werbeeinheiten, um mit den Beziehungen nach allen Seiten umgehen zu können, nichts anderes übrig, als die Werbegelder zu "zerstückeln" (guafen 瓜分). Daher sind Befehlswerbung (mingling guanggao 命令广告), Beziehungswerbung (guanxi guanggao 关系广告) und Werbung als [persönlicher] Gefallen (renqing guanggao 人情广告) weit verbreitet und führen dazu, daß eigentlich vermeidbare Reibung[sverluste] und Lecks zu- statt abnehmen.[16]

Tang Zhongpu führt das Beispiel einer Fabrik an, die für das Jahr 1985 über Werbegelder in Höhe von 560.000 Yuan verfügte. Von diesem Betrag seien 160.000 Yuan, d.h. 28% für Unterstützungswerbung verwendet worden. Von den dreiunddreißig Einheiten, die damit unterstützt wurden, machten Regierungsorgane 30%, Nachrichteneinheiten 45,5%, Kultur- und Sportvereinigungen 9% und andere 15,5% aus. Solche Unterstützungswerbung werde zum Teil von administrativen Einrichtungen auferlegt, zum Teil unter Ausnutzung persönlicher Beziehungen erzwungen, mit der Absatz- und Werbeplanung der Unternehmen habe sie wenig oder gar nichts zu tun.[17] Angesichts dieses "Belagerungsrings", so kommentiert Wan Zhicheng, seien die Werbenden in einem Dilemma, denn man dürfe weder

---

[15] Siehe z.B. [Benkan pinlunyuan:] "Zhengdun zhili cong he rushou chuyi", p.3.

[16] [Benkan bianjibu:] "'Shuang zeng shuang jie' yu guanggao", p.3.

[17] Tang Zhongpu: "Shilun wo guo guanggaoye fazhan de heli quxiang", p.4. Siehe auch Rong Chun 荣春 und Qi Bin 奇彬: "Cong yi ban guan quan bao" 从一斑观全豹 (Von einem Fleck aus den ganzen Leoparden betrachten), ZGGG, 1989, No.2, pp.15-16; hier wird von einem Shanghaier Unternehmen berichtet, das monatlich mehrere hundert schriftliche Bitten um Unterstützungswerbung erhält, wobei das Spektrum vom dreißigsten Jubiläum einer Hochschule bis zur "Gedenkaufführung" eines einzelnen Schauspielers reicht. Auch bei der Herausgabe von Jahrbüchern greift man gerne zur Methode der Sponsorenwerbung, deshalb sind diese Bände meist prachtvoll aufgemacht, enthalten aber auch relativ viel Werbung.

die Führung der oberen Ebenen vor den Kopf stoßen, noch könne man sich den Unwillen der Beziehungseinheiten zuziehen. Bei den Nachrichteneinheiten stehe zu befürchten, daß sie von ihrem "Berichtsrecht" Gebrauch machten,[18] und die Einheiten, mit denen man Kooperationsbeziehungen habe, könnten einem ebenfalls Probleme bereiten. So seien die Werbegelder der Unternehmen wie ein Stück Stoff, das eigentlich für die Herstellung eines gut sitzenden Anzugs ausreiche, aber durch die vielen "Schnorrer" (*shenshoupai* 伸手牌) in Fetzen gerissen werde.[19]

*Medieneinheiten*

Vom jährlichen Gesamtumsatz der chinesischen Werbung entfällt der größte Anteil mit durchgängig über 50% auf die verschiedenen Medieneinheiten, unter denen wiederum die Zeitungen an erster Stelle stehen. Ihr Umsatzanteil lag in den Jahren 1983 bis 1989 konstant über 30%, während die Fernsehsender ihren Umsatzanteil ganz erheblich ausbauen konnten, wenn er auch prozentual nicht so hoch ausfällt.[20] Diese Vormachtstellung der großen Medien im Kampf um die Werbegelder der Unternehmen und die daraus resultierenden Probleme der Werbefirmen bilden einen zentralen Punkt in der Diskussion über die Struktur des chinesischen Werbewesens. Einen Hauptaspekt dieser Frage sieht die Mehrheit der Autoren in der Tatsache, daß die Medieneinheiten ihre Werbeaufträge durch direkte Kontaktaufnahme zu den Werbenden erhalten und nicht über die Vermittlung von Werbefirmen.[21] Zu dieser Vorgehensweise finden sich in der Literatur verschiedene

---

[18] Damit ist gemeint, daß die Medien dem Unternehmen durch negative Berichterstattung schaden könnten.

[19] Siehe Wan Zhicheng 万志诚: "Guanggaozhu ying shi «huangdi» er bu shi «kuilei»" 广告主应是 «皇帝» 而不是 «傀儡» (Der Werbende muß 'Kaiser' sein, nicht 'Marionette'), *ZGGG*, 1989, No.2, p.3. Ein anderer Autor vergleicht die Werbegelder mit einem Stück fetten Fleisch, von dem jeder abbeißen will. Siehe Tang Zhongpu: "Shilun wo guo guanggaoye fazhan de heli quxiang", p.4. Cheng Ying: "Dalu guanggaoye: fayu bu liang de guaitai", p.69 spricht von der Furcht der Unternehmen vor den "Bettelmönchen" (*huayuanseng* 化缘僧).

[20] Siehe dazu Tabelle 3 im Anhang dieser Arbeit.

[21] Hier seien stellvertretend nur genannt Yang Chongyuan: "Wo guo guanggao cehua daili tuiguang huanman yuanyin qianxi", p.15; und Cheng Chun 程春: "Kexue fengong, xianghu xiezuo shi wo guo guanggaoye jiankang fazhan de baozheng" 科学分工, 相互协作是我国广告业健康发展的保证 (Wissenschaftliche Arbeitsteilung und Kooperation miteinander sind

Erklärungen und Bewertungen. Ren Yunhui führt dazu aus, das chinesische Werbewesen habe nach 1949 wiederholt Rückschläge erlitten, und nach dem 3. Plenum des XI. ZK hätten Nachrichtenmedien wie Zeitung und Fernsehen als erste das Tabu durchbrochen und damit einen Beitrag zur Wiederaufnahme der Werbung geleistet.[22] Auch Lin Zhongxing ist der Meinung, daß es für die führende Rolle der Massenmedien in der Werbung ausschlaggebend sei, daß die Werbefirmen erst nach den Massenmedien aufgebaut worden seien und viele Werbekunden die Funktion von Werbefirmen nicht verstünden.[23] Die Medien hatten und haben alle Vorteile auf ihrer Seite:

> Nach der Wiederaufnahme der Werbegeschäfte im Jahr 1979 bestand die besondere Stellung der Nachrichtenmedien darin, daß sie sowohl günstige Bedingungen besaßen, um Werbe[aufträge] einzuholen, als auch die direktesten Verbindungswege zu den Unternehmen. Ihre Strahlungskraft, die öffentliche Meinung zu beeinflussen, stellt auf der anderen Seite aber auch eine Einschränkung für die Industrie- und Handelsunternehmen (Werbekunden) dar.[24]

In einigen Beiträgen wird die Betätigung der Medieneinheiten auf dem Gebiet der Werbung als "übermäßig" kritisiert. Denn die Werbeabteilungen der Medien geben sich nicht damit zufrieden, Werbeaufträge direkt von den Kunden einzuholen, sondern gehen teilweise über ihr eigentliches Fachgebiet hinaus, indem beispielsweise Rundfunksender auch Druckaufträge für Prospekte und Kalender übernehmen.[25] Für die Beschaffung von Werbeaufträgen sind die Nachrichtenmedien in einer vorteilhaften Position, da sie über ein wirkungsvolles Druckmittel verfügen: Sie

---

die Garantie für die gesunde Entwicklung der chinesischen Werbeindustrie), *ZGGGNJ*, pp.264-267, hier: p.266.

[22] Ren Yunhui: "Shixing yi zhuanye guanggao gongsi wei zhongxin de yitiaolong peitao fuwu shi bi you zhi lu", p.272. Eine ähnliche Darstellung bringt [Benkan bianjibu:] "Guanggao zhuanye gongsi mianlin guannian shang de bianqe yu gengxin", p.4.

[23] Siehe Lin Zhongxing 林中兴: "Bu neng ba miao zhu zhang ye bu ying wu suo zuowei" 不能拔苗助长也不应无所作为 (Man kann nicht an einem Schößling ziehen, um ihm beim Wachstum zu helfen, [aber] man darf auch nicht tatenlos sein), *ZGGG*, 1988, No.2, pp.15-16; hier: p.15.

[24] Zhou Zhuimu: "Xiaochu xinwen meijie de chao-quanli yishi", p.15.

[25] Dieses Beispiel findet sich bei Tang Zhongpu: "Shilun wo guo guanggaoye fazhan de heli quxiang", p.5.

können den Unternehmen eine "schlechte Presse" androhen.[26] Den Werbefirmen dagegen stehen weder die Autorität noch die Mittel zur Verfügung, um mit diesen Geschäftspraktiken der Medien zu konkurrieren. Allerdings überlasten sich die Medien teilweise selbst so mit Werbeaufgaben, daß darunter die Qualität der Werbung leidet.[27]

Besonders heftig wird die Vormachtstellung der großen Medien in dem oben schon zitierten Beitrag von Zhou Zhuimu kritisiert. Ausgangspunkt seiner Überlegungen ist das zahlenmäßige Verhältnis von Werbefirmen und Medieneinheiten in Shanghai, das er auf 1:24,87 beziffert. In den USA dagegen betrage die Relation von Werbefirmen zu Medien 1:3,66.[28] In der Struktur der Shanghaier Werbebranche manifestiert sich für Zhou ein quantitatives Mißverhältnis, das die Sonderstellung der chinesischen Nachrichtenmedien in der Werbung eindeutig beweist. Die privilegierte Stellung und der damit verbundene Einfluß der Medien, die nach Zhou auf die über lange Zeit herrschende Politisierung aller Lebensbereiche zurückzuführen sind, hätten bei den Nachrichtenmedien zu einem "Über-Rechtsbewußtsein" geführt, das einer Reform des Geschäftssystems der Werbung im Wege stehe. Er führt dazu aus:

> Über lange Zeit propagierten die Zeitungen unter der einheitlichen Führung der Parteikomitees einheitlich gemeinsame Aussagen, insbesondere bei Fragen von umfassender Bedeutung durfte keine Zeitung oder ein anderes Medium nach Belieben das Wort ergreifen, bevor das ZK oder das Parteikomitee auf hoher Ebene Stellung nahmen. Dies führte einerseits dazu, daß bürokratische Allüren bei den Zeitungen vorherrschten, die Volksmeinung dagegen nicht viel [galt], zum anderen schuf es eine Autoritätsposition der Medien. Im hochgradig zentralisierten politischen Leben wurden die Nachrichtenmedien als Werkzeug und als Sprachrohr betrachtet und nicht als Mittler der Informationsweitergabe, und dies war selbst-

---

[26] Siehe Yang Chongyuan: "Wo guo guanggao cehua daili tuiguang huanman yuanyin qianxi", p.15. In diesem Zusammenhang spielt auch das Problem der "Nachrichtenwerbung" eine Rolle, auf das unter 4.2. ausführlich eingegangen wird.

[27] Siehe Yang Chongyuan: "Wo guo guanggao cehua daili tuiguang huanman yuanyin qianxi", p.15; und Tang Zhongpu: "Shilun wo guo guanggaoye fazhan de heli qushi", p.5.

[28] Siehe Zhou Zhuimu: "Xiaochu xinwen meijie de chao-quanli yishi", p.15.

verständlich völlig losgelöst von der Unterwerfung unter ökonomische Effizienz.[29]

Das Über-Rechtsbewußtsein bedeutet für Zhou, daß die Nachrichtenmedien ihre besondere gesellschaftliche Stellung und ihren Einfluß nutzen und damit bewußt oder unbewußt die Wirtschaftseinheiten, die mit ihnen zu tun haben, einschränken. Dies sei eng verbunden mit dem Mißbrauch von Propagandamitteln und administrativen Mitteln im Prozeß der Nachrichtenverbreitung und komme in verschiedenen Aspekten zum Ausdruck:

1. Durch die Geschichte der Medien im neuen China überträfen besonders einige große Zeitungen und Sender in ihrem Rang bei weitem regionale, für die Werbung zuständige Verwaltungsbehörden, was die Kontrolle der Werbung nicht unbedingt erleichtere.

2. Die Öffentlichkeit betrachte die Medien nach wie vor als halb-administrative Organe mit großer Autorität und Macht. Die Medien setzten diese Autorität und Macht auch dazu ein, um Werbeaufträge zu erzwingen.

3. Die Medien sähen in der Werbung häufig nur ein Mittel zu ihrer Existenzsicherung und stellten damit den Servicebegriff auf den Kopf: Werbung werde zu einer Dienstleistung der Werbekunden zur Unterstützung der Medien.

4. Durch die Verteuerung von Papier, Druck, Porto usw. im Jahre 1988 sei die Werbung eine wichtige Einnahmequelle der Medien geworden, daher betrage die Werbefläche bei manchen Zeitungen durchschnittlich schon ein Viertel der Gesamtfäche. Da die Werbung auch noch schlecht sei und kaum neue Informationen, Ideen oder Anschauungen enthalte, bedeute dies objektiv eine Verletzung der Leserinteressen.

5. Der Einfluß auf die öffentliche Meinung werde falsch eingeschätzt, die Medien könnten den Lesern keine Befehle erteilen, sondern nur Einfluß auf sie ausüben.[30]

In den aufgezählten Punkten sieht Zhou "die Widerspiegelung des latenten feudalen Bewußtseins der Machtexpansion" mit negativen Auswirkungen in allen Bereichen: Das Über-Rechtsbewußtsein sei ungünstig für die Werbung selbst, führe zu Konkurrenz statt Kooperation zwischen Werbefirmen und Medien, behindere die

---

[29] Ebenda. Man muß bezweifeln, daß sich die hier beschriebene Funktion und Stellung der Medien nach 1979 grundsätzlich verändert hat.

[30] Siehe Zhou Zhuimu: "Xiaochu xinwen meijie de chao-quanli yishi", p.15.

Verwissenschaftlichung, die Ziel- und Marktorientierung der betrieblichen Produktion und erschwere die Werbeverwaltung.[31]

Allerdings sind auch die Medieneinheiten - ähnlich wie die Unternehmen - Zwängen ausgesetzt, die ihr Verhalten durchaus verständlich erscheinen lassen, und Zhou nennt unter Punkt vier seiner Ausführungen selbst den zentralen Aspekt des Drucks, der auf den Medien lastet: Werbeaufträge sind eine immer wichtigere Einnahmequelle der Massenmedien. In einem anderen Beitrag heißt es dazu:

> Im Zuge der Vertiefung der Systemreform der Presse- und Publikationsabteilungen wird das Betreiben von Rundfunk, Fernsehen, Zeitungen und Zeitschriften immer mehr verbetrieblicht. Die finanziellen Zuschüsse, die der Staat leistet, werden allmählich geringer, aber aufgrund des Preisanstiegs für Papier und der steigenden Ansprüche der breiten Masse der Hörer und Zuschauer an das Rundfunk- und Fernsehprogramm werden die Kosten der Einrichtungen immer höher und zwingen diese Einheiten dazu, der "Einnahmenbeschaffung" einen wichtigen Stellenwert einzuräumen, um die Verluste auszugleichen. Wieviel Geld beschafft werden kann, ist zu einer großen Frage geworden, die Existenz und Entwicklung von Presse und Publikations[wesen] beeinflußt.[32]

Das Dilemma der Medien wird hier deutlich: Wenn die staatlichen Subventionen zurückgehen, bleibt den Medien praktisch nur die Möglichkeit der Werbung zur Mittelbeschaffung. Wie sich dies auf die Fernsehsender auswirkt, beschreibt Xiang Jianzhong: Die Gelder, die der Staat den Fernsehsendern zur Verfügung stelle, genügten gerade, um die Kosten für Ausstattung auf niedrigem Niveau zu decken, für einen Großteil der Programmherstellungskosten, Prämien und Sozialausgaben der Angestellten, Fahrzeugkauf usw. müßten die Mittel von den Werbeabteilungen beschafft werden. Die Führung eines Senders fordere daher das Maximum an Werbeeinnahmen von seiner Werbeabteilung, und das Soll an Werbeeinnahmen sei allein am Geldbedarf des Senders orientiert. Manche Fernsehsender auf Provinzebene stellten daher vier- bis fünfhundert Werbespots pro Jahr her, also etwa 1,5 pro Tag. Daß dabei die Qualität auf der Strecke bleibt, steht für Xiang außer

---

[31] Siehe Zhou Zhuimu: "Xiaochu xinwen meijie de chao-quanli yishi", pp.15-16. In ihrer Stoßrichtung gehen die Ausführungen Zhous weit über den Bereich der Werbung hinaus. Sie lassen sich auch als grundsätzliche Kritik an der Machtstellung der großen "offiziellen" Medien verstehen.

[32] Qiu Shi: "Zhengdun zhili huhuan guanggao guanli fagui de jin yi bu wanshan", p.3.

Frage.³³ Der Versuch, möglichst hohe Werbeeinnahmen zu erzielen, wird auch für die Wahllosigkeit bei der Annahme von Werbeaufträgen,³⁴ die laxe Kontrolle von Bescheinigungen, welche die Werbeauftraggeber vorweisen müssen, und damit für die Ausbreitung irreführender Werbung zumindest mitverantwortlich gemacht.³⁵ Außerdem publizieren bzw. senden die Medien verständlicherweise in erster Linie die Werbung ihrer eigenen Kunden, was für die Werbefirmen weitere Schwierigkeiten mit sich bringt.³⁶

*Werbefirmen*

Daß vor allem kleinere Werbefirmen einen schweren Stand haben, sich im Werbegeschäft zu behaupten, muß angesichts der oben geschilderten Lage nicht mehr eigens betont werden. Medien und Unternehmen betrachten die Werbefirmen, so stellt ein Beitrag fest, als "überflüssiges Zwischenglied, das für nichts Provision

---

33 Siehe Xiang Jianzhong 项建中: "Dianshi guanggao xianzhuang ji xiang dailizhi guodu zhi wo jian" 电视广告现状及向代理制过渡之我见 (Meine Meinung zur derzeitigen Lage der Fernsehwerbung und zum Übergang auf das Vertretungssystem), *ZGGG*, 1989, No.1, pp.17-18, hier: p.17. Nach Wang Ningjun: "TV ads have a long way to go" produzierte allein der Fernsehsender Beijing im Jahr 1987 achthundert (!) Werbespots.

34 Siehe Ding Xinmin 丁新民: "Shilun dianshi guanggao guanzhong nifan xinli zhi chengyin ji duice" 试论电视广告观众逆反心理之成因及对策 (Über die Ursachen der negativen Einstellung der Zuschauer zur Fernsehwerbung und Gegenmaßnahmen), Teil 1: *ZGGG*, 1989, No.3, pp.13-14, hier: p.13.

35 Siehe Li Zhonghui 厉忠辉: "Xujia guanggao tan yuan" 虚假广告探源 (Die Gründe für irreführende Werbung erkunden), *ZGGG*, 1988, No.2, pp.6-7. Li Zhonghui bezieht sich hier nicht nur auf das Fernsehen, sondern auf die chinesischen Werbemedien überhaupt. Siehe auch Xue Weijun und Wang Changhua: "Guanggao xitong ge yaosu de gongneng ji qi peizhi yuanze", p.15.

36 Siehe z.B. Wu Dejiang 吴德江: "Lun Zhongguo guanggao dailizhi ji qi guodu xingshi" 论中国广告代理制及其过渡形式 (Über das chinesische Werbevertretungssystem und seine Übergangsformen), *ZGGGNJ*, pp.273-276, hier: p.274. Diese Probleme werden auch angesprochen in Ren Yunhui: "Shixing yi zhuanye guanggao gongsi wei zhongxin de yitiaolong peitao fuwu shi bi you zhi lu", p.272.

kassiert"[37]. Einen Faktor, der zusätzlich zu der schwachen Position der Werbefirmen beiträgt, sieht Tang Zhongpu in der großen Zahl der Werbefirmen, von denen nur ein ganz geringer Teil die Bedingungen einer modernen Werbeagentur erfülle. Die Mehrzahl beschränke sich auf Medienvertretung sowie Herstellungsaufgaben, z.B. von Werbetafeln usw.[38] Die Masse der Werbefirmen sei zu klein, als daß sie die Kapazität für umfassende Aufgaben hätten, so stellt auch Ouyang Zaisan fest.[39] Als Ursache für diese Lage werden zum einen die noch kurze Entwicklung und dementsprechend schwache Basis des Werbewesens in China genannt, die unvermeidlich in Unerfahrenheit und einem Mangel an Fachkräften resultiere,[40] zum anderen die falsche Vorstellung, daß die Eröffnung einer Werbefirma eine einfache Sache sei, mit der sich ohne großen Aufwand schnell Geld machen lasse.[41]

Der Ausschuß der Werbefirmen des Chinesischen Werbeverbandes gab im November 1986 die Devise an die Werbefirmen aus, "mit der Planung als Leitfaktor und Ideen als Zentrum den Kunden umfassenden Service bieten",[42] um die Werbefirmen zu veranlassen, ihre Tätigkeiten für die Werbekunden von der reinen Herstellung und Verarbeitung mehr auf Marktforschung, Erarbeitung einer Werbestrategie, Untersuchung der Werbewirkung usw. zu verlagern.[43] Einige Werbefir-

---

[37] Ouyang Zaisan: "Gaige guanggao jingying tizhi zujian xin de gufen gongsi", p.16.

[38] Siehe Tang Zhongpu: "Shilun wo guo guanggaoye fazhan de heli quxiang", pp.4-5. Ähnliche Ausführungen bei Ren Yunhui: "Shixing yi zhuanye guanggao gongsi wei zhongxin de yitiaolong peitao fuwu shi bi you zhi lu", p.268; und bei Li Jiabao 李嘉宝: "Yao tigao guanggao zhuanye gongsi de suzhi" 要提高广告专业公司的素质 (Die Leistungsfähigkeit der Werbefirmen muß erhöht werden), ZGGG, 1989, No.3, pp.15-16, hier: p.15.

[39] Siehe Ouyang Zaisan: "Gaige guanggao jingying tizhi zujian xin de gufen gongsi", p.16.

[40] Siehe Tang Zhongpu: "Shilun wo guo guanggaoye fazhan de heli quxiang", p.5; und Yang Chongyuan: "Wo guo guanggao cehua daili tuiguang huanman yuanyin qianxi", p.14.

[41] Siehe Tang Zhongpu: "Shilun wo guo guanggaoye fazhan de heli quxiang", p.5; und [Benkan pinglunyuan:] "Zhengdun zhili cong he rushou chuyi", p.3.

[42] Siehe [Benkan pinglunyuan 本刊评论员:] "Ye tan «cehua»" 也谈 «策划» (Ebenfalls über 'Planung'), ZGGG, 1987, No.4, pp.7-8, hier: p.7.

[43] Durch diese letzteren Gebiete zeichnet sich die "moderne" gegenüber der "traditionellen" Werbung aus, siehe dazu im einzelnen Ren Yunhui:

men hätten vielversprechende Ansätze gezeigt, so heißt es in einem Kommentar der *Zhongguo Guanggao*, der dann aber fortfährt:

> Manche [Werbe]firmen wissen zwar um die Wichtigkeit der Strategieplanung, aber sie spielen sich nur auf und strengen sich nicht wirklich an. Betrachtet man [ihre] Planungsabteilung, Forschungsabteilung, PR-Abteilung, so sind [dafür zwar] die Schilder alle aufgehängt, aber bei den tatsächlichen Arbeitsmethoden und Arbeitsweisen ist alles beim alten geblieben. Manche Medieneinheiten unterstützten die Werbefirmen nicht aktiv bei ihrer Planung, sondern sie übernahmen Arbeiten, die den Werbefirmen zustehen, und stellten den gleichen Slogan auf wie der Ausschuß der [Werbe]firmen.[44]

Es wird deutlich, daß zwar die Anstrengungen der Werbefirmen, moderne Mittel und Methoden in der Werbung einzusetzen, als unzureichend eingeschätzt werden, daß aber andererseits auch hier wieder den Medien vorgeworfen wird, sie torpedierten die Bemühungen der Werbefirmen. Es fragt sich allerdings, wie die vom Ausschuß der Werbefirmen aufgestellte Devise des "umfassenden Service" von einer Werbefirma mit geringer Ausrüstung und knappem Personal überhaupt in die Praxis umgesetzt werden soll.

Insgesamt läßt sich die Situation in der Werbung nach Mitte der achtziger Jahre, wie sie sich aus den Publikationen zur Struktur des Werbegeschäftes ergibt, etwa wie folgt zusammenfassen: Innerhalb einer relativ kurzen Zeitspanne wurden nach 1979 überall kleine und größere Werbeeinheiten gegründet und offiziell genehmigt. Da bei der Registrierung jedes neuen Unternehmens Verwaltungsgebühren an die Industrie- und Handelsverwaltungsämter zu entrichten sind, liegt es nicht unbedingt in deren Interesse, die Errichtung von Werbeeinheiten oder anderen Unternehmen durch übermäßig strenge Überprüfungen zu erschweren.[45] Die Anzahl der Werbeeinheiten in China liegt bereits höher als in den USA oder Japan.[46]

---

"Shixing zhuanye guanggao gongsi wei zhongxin de yitiaolong peitao fuwu shi bi you zhi lu", pp.270-271.

[44] [Benkan pinglunyuan:] "Ye tan «cehua»", p.7. Darauf, daß Planungsabteilungen nur auf dem Papier existieren, weist auch hin: Yang Chongyuan: "Wo guo guanggao cehua daili tuiguang huanman yuanyin qianxi", p.14.

[45] Dieser Aspekt wird angeführt in Li Zhonghui: "Xujia guanggao tan yuan", p.6.

[46] Bereits in [Benkan bianjibu:] "Yao gaibian guanggao jingying guanli de xiaoshengchan fangshi", pp.2-3 wird die Rechnung aufgemacht, in den USA verteilten sich 90 Mrd. US$ auf etwa 6.000 Werbeeinheiten, in China

Diese vielen Werbeeinheiten zeichnen sich, von wenigen Ausnahmen abgesehen, durch Kapitalmangel und geringe Personalkapazität aus. Alle Werbeeinheiten treten direkt an die Unternehmen heran, um Werbeaufträge zu bekommen, und führen diese Aufträge weitgehend selbst durch. Der Konkurrenzkampf, der sich eigentlich unter den Werbefirmen und unter den Medien abspielen sollte, herrscht statt dessen zwischen Werbefirmen und Medieneinheiten.[47] Dabei ist das Niveau der Werbung niedrig, da jede Einheit aus ökonomischen Gründen gezwungen und/oder gewillt ist, wahllos jeden Auftrag anzunehmen.[48] Die Werbeeinheiten haben demnach auch keine große Motivation, eine effektive Überprüfung und Kontrolle der Werbeinhalte durchzuführen, wie dies eigentlich in den gesetzlichen Bestimmungen vorgeschrieben ist.

Es ist deutlich, daß alle Beteiligten, ob Werbefirmen, Medien, Industrie- und Handelsunternehmen oder Behörden, in ihrem Handeln weitgehend von Sachzwängen und ihren jeweils eigenen kurzfristigen ökonomischen Interessen geleitet werden - ein scharfer Kontrast zu dem von gemeinsamen gesellschaftlichen Interessen und Harmonie geprägten Bild, das auf der Ebene der abstrakten Theorie "sozialistischer Werbung" gezeichnet wird.

### 4.1.2. Ausländische Vorbilder

Die Diskussion über die Struktur des chinesischen Werbewesens beschränkt sich natürlich nicht darauf, seine Mängel aufzuzeigen, sondern stellt ihr ein System entgegen, in dem alle Faktoren zusammenwirken und sich gegenseitig ergänzen.[49]

---

600 Mio. Yuan auf eine etwa gleiche Anzahl Werbeeinheiten. Siehe auch [Benkan pinglunyuan:] "Zhengdun zhili cong he rushou chuyi", p.3; und Jia Yubin 贾玉斌: "Diaocha hou de sikao" 调查后的思考 (Überlegungen nach der Untersuchung), ZGGG, 1988, No.4, pp.3 und 42, hier: p.3.

[47] Siehe Yang Cunsheng 杨存生: "Guanyu wo guo guanggao jingying tizhi de sikao" 关于我国广告经营体制的思考 (Überlegungen zum chinesischen Werbegeschäftssystem), ZGGG, 1988, No.1, pp.14-16, hier: p.14; und Lin Zhongxing: "Bu neng ba miao zhu zhang ye bu ying wu suo zuowei", p.15.

[48] Überlegungen, ob beispielsweise ein bestimmtes Werbemedium für ein bestimmtes Produkt auch geeignet ist oder nicht, spielen eine dementsprechend untergeordnete Rolle. Siehe z.B. Ding Xinmin: "Shilun dianshi guanggao guanzhong nifan xinli zhi chengyin ji duice", Teil 1, p.13.

[49] Siehe z.B. die Ausführungen von Xue Weijun und Wang Changhua: "Guanggao xitong ge yaosu de gongneng ji qi peizhi yuanze", pp.14-16;

Dieses Vorbild, darin stimmen die Autoren der oben genannten Beiträge überein, ist das Vertretungssystem oder Agentursystem, wie es die wirtschaftlich entwickelten Länder praktizieren.[50] Dieses System zeichnet sich, so die chinesische Meinung, dadurch aus, daß es "den Erfordernissen der spezialisierten Arbeitsteilung der gesellschaftlichen Großproduktion entspricht"[51]. Es sei wissenschaftlich und fortschrittlich, ein Ergebnis der Kommerzialisierung und Modernisierung der Produktion, und es unterstütze die Steigerung der Produktivkräfte in der Werbeindustrie.[52] Die Werbefirma, d.h. die Werbeagentur nimmt dabei die zentrale Position im Geschäftssystem der Werbung ein; sie bietet den Werbekunden umfassenden Service und fungiert als Brücke zwischen Werbekunden und Medien.

Einer der frühesten Artikel, in dem die Vorzüge des Agentursystems beschrieben werden, erschien Anfang 1987.[53] Der Autor, Chen Zhihong, geht zunächst auf die Aufgaben der Werbeagentur ein, zu denen er die Unterstützung der Kunden bei der Werbeplanung, die Herstellung der Werbung sowie die Wahl des richtigen Zeitpunktes und des besten Mediums für die Publikation oder Ausstrahlung der Werbung rechnet. Vorzüge besitzt das Agentursystem nach Ansicht von Chen Zhihong für alle beteiligten Seiten: Die Medien können sich von der Belastung, welche Entwurf und Herstellung der Werbung für sie bedeuten, befreien; ihr finanzielles Risiko ist geringer, da die Werbefirmen als Vertragspartner der Medien die Verantwortung für den Auftrag übernehmen. Die Unternehmen vereinfachen ihre

---

und von Chen Zhihong: "Shilun dailizhi de youyuexing", ZGGG, 1987, No.1, pp.15-16.

[50] Siehe Ren Yunhui: "Shixing yi zhuanye guanggao gongsi wei zhongxin de yitiaolong peitao fuwu shi bi you zhi lu", p.267; oder [Benkan bianjibu:] "Guanggao zhuanye gongsi mianlin guannian shang de biange yu gengxin", p.4.

[51] [Benkan bianjibu:] "Guanggao zhuanye gongsi mianlin guannian shang de biange yu gengxin", p.4. Dieselbe Formulierung benutzt Qiu Shensheng 邱桑生: "Guanggao dailizhi shi zai bi xing" 广告代理制势在必行 (Das Werbevertretungssystem ist unbedingt notwendig), ZGGG, 1981, No.1, pp.18-19, hier: p.18. Siehe auch Ouyang Zaisan: "Gaige guanggao jingying tizhi zujian xin de gufen gongsi", p.16.

[52] Siehe Wan Zhicheng: "Renzhen xuexi Shisan Da wenjian jingshen tuidong wo guo guanggao shiye jiankang fazhan", p.3. Auf die historische Entwicklung des Vertretungssystems im Ausland geht ein: Cheng Chun: "Kexue fengong, xianghu xiezuo shi wo guo guanggaoye jiankang fazhan de baozheng", pp.264-265.

Struktur und sparen Kosten und Personal ein, denn auch große Betriebe brauchen keine eigene Werbeabteilung mehr, sondern nur noch wenige dafür zuständige Personen - alle wesentlichen Aufgaben übernimmt die Werbeagentur. Zudem kann sich das Unternehmen die fachlichen Erfahrungen der Agentur zunutze machen und damit die Werbewirkung erhöhen. Da die Werbeagenturen - im Gegensatz zu den Unternehmen selbst - unvoreingenommen sind, können Probleme objektiv erkannt und gelöst werden. Und auch für die Werbefirmen bringt das Vertretungssystem Vorteile: Sie können Personal, Gelder und Ressourcen auf die Erforschung von Werbetheorie, -design, -herstellung usw. konzentrieren und so das Niveau der chinesischen Werbung erhöhen. Außerdem wird die Konkurrenz zwischen den Werbefirmen gefördert, wenn die Unternehmen ihre Agentur frei wählen können.[54] Chen vertritt die Auffassung, China könne bei der Reform seines Werbesystems das Vertretungssystem übernehmen,[55] nennt aber auch die Voraussetzungen, welche die Werbefirmen für obige Aufgaben mitbringen müssen, nämlich erfahrenes und kompetentes Fachpersonal, starke Finanzkraft und gutes Ansehen sowie Eigenständigkeit.[56] Die Frage, *wie* das Vertretungssystem in China eingeführt werden soll - ein nicht ganz unwesentlicher Punkt, da die hier genannten Bedingungen in China kaum als erfüllt betrachtet werden können -, wird von Chen nicht beantwortet.

In einem drei Jahre später erschienenen Beitrag von Qiu Shensheng finden sich viele der von Chen aufgezählten Vorzüge unverändert wieder: Auch hier befreit das Vertretungssystem die Medien von der "Last" des Entwerfens (und sie können sich dadurch ihrem eigentlichen Metier, den Nachrichten, besser widmen), die Unternehmen sparen Personal, Gelder und Ressourcen ein, ihre Probleme werden von der Werbeagentur unvoreingenommen und objektiv behandelt, und die Werbefirmen, bei denen sich dank des Vertretungssystems Talente und Intelligenz konzentrieren, wetteifern miteinander und treiben damit das gesamte Werbewesen voran.[57] Zusätzliche positive Bedeutung verleiht Qiu dem Vertretungssystem dadurch, daß er darin die Lösung für einige Probleme der chinesischen Werbung

---

[53] Chen Zhihong: "Shilun dailizhi de youyuexing", pp.15-16.

[54] Siehe ebenda. Dieser letzte Punkt in den Ausführungen Chens zeigt am klarsten, daß es dem Verfasser nicht nur darum geht, die Vorzüge des Agentursystems auf einer rein abstrakten Ebene vorzustellen, sondern daß er versucht, die positiven Seiten des Agentursystems für das *chinesische* Werbewesen deutlich zu machen.

[55] Siehe Chen Zhihong: "Shilun dailizhi de youyuexing", p.15.

[56] Siehe Chen Zhihong: "Shilun dailizhi de youyuexing", p.16.

[57] Siehe Qiu Shensheng: "Guanggao dailizhi shi zai bi xing", p.18-19.

sieht: Unkorrekte Arbeitspraktiken, wie die von Regierungsbehörden und anderen Einrichtungen verordnete Werbung sowie die Zweckentfremdung von Werbegeldern zur Zahlung von "Provisionen" usw. lassen sich dadurch wirksam unterbinden. Zudem wird ungesetzliche und irreführende Werbung durch die Überprüfungen, welche die Werbeagenturen durchführen, von vornherein verhindert. Und da die gesamte Werbearbeit bei den Werbeagenturen konzentriert ist, wird auch die Kontrolle durch die Verwaltungsbehörden vereinfacht.[58]

Eine genauere Beschreibung der Struktur der Werbebranche nach Realisierung des Vertretungssystems liefert Ren Yunhui, wobei er zwischen einer horizontalen und einer vertikalen Ebene unterscheidet: Auf der horizontalen Ebene stehen die Werbeagenturen als Vermittler zwischen Industrie- und Handelsunternehmen einerseits und Medien- sowie Herstellereinheiten andererseits; vertikal bildet sich innerhalb der Werbeeinheiten eine Schichtung heraus, an deren Spitze wenige große Werbeagenturen stehen, die den Unternehmen umfassenden Service von der Marktforschung bis zur Untersuchung der Werbewirkung bieten können. Unterhalb dieser Ebene gibt es eine größere Zahl von mittleren und kleineren Werbe- und Herstellungsfirmen, die zum einen kleinere Unternehmen vertreten, zum anderen auf bestimmte Bereiche der Werbung wie die Herstellung von Werbetafeln, Filmaufnahmen oder Neonleuchten spezialisiert sein können und darin für die großen Agenturen tätig werden. Schließlich gibt es kleine Werbeeinheiten, die Lücken in der Branche ausfüllen, indem sie z.B. kleinere Herstellungsaufgaben übernehmen.[59]

Als in vorbildhafter Weise verwirklicht wird das System der Werbevertretung in den USA und Japan präsentiert, wobei der Verteilung des Werbeumsatzes in diesen beiden Ländern besondere Beweiskraft zugemessen wird: Der Anteil der großen Werbeagenturen wie Young and Rubicam oder Dentsu, die in den USA bzw. Japan nur zehn bis zwanzig Prozent der Werbebranche ausmachten, am Werbeumsatz belaufe sich auf über achtzig Prozent.[60] Auch Cheng Chun argumentiert, in den USA liege der Umsatzanteil der großen Werbeagenturen bei sechzig bis siebzig, in

---

[58] Ebenda. Die Meinung, daß durch das Vertretungssystem irreführende Werbung verhindert werden kann, vertritt auch Wu Dejiang: "Lun Zhongguo guanggao dailizhi ji qi guodu xingshi", p.274.

[59] Siehe Ren Yunhui: "Shixing yi zhuanye guanggao gongsi wei zhongxin de yitiaolong peitao fuwu shi bi you zhi lu", pp.267-268.

[60] Siehe [Benkan bianjibu:] "Guanggao zhuanye gongsi mianlin guannian shang de biange yu gengxin", p.4. Dieselben Zahlen nennt auch Ren Yunhui: "Shixing yi zhuanye guanggao gongsi wei zhongxin de yitiaolong peitao fuwu shi bi you zhi lu", p.267.

Japan sogar bei neunzig Prozent des Gesamtumsatzes in der Werbung.[61] Damit soll unterstrichen werden, daß die Werbeagenturen in diesen beiden Ländern das eigentliche Zentrum und "Rückgrat" im Werbegeschäft sind. Die Auswirkungen dieser Situation für die Werbefirmen beschreibt die Redaktion von *Zhongguo Guanggao* folgendermaßen:

> Zwischen diesen Werbeagenturen oder -gruppen ist der Konkurrenzkampf äußerst heftig, aber diese Konkurrenz ist das Kräftemessen von Talent und Intelligenz - wer dem Kunden den vollkommeneren, lückenloseren und kreativeren umfassenden Service bieten und dazu noch für den Kunden den maximalen ökonomischen Nutzen erreichen kann, der kann das Vertretungsrecht für die gesamte Unternehmenswerbung bekommen.[62]

Genau dieser Konkurrenzkampf sei es, so behauptet auch Ren Yunhui, der in diesen Ländern Spezialisierung, Technik und Effizienz der Werbearbeit vorantreibe und die Werbebranche ständig zu Neuerungen, Fortschritt, Vervollkommnung und Entwicklung anspome.[63] Die grundsätzliche Unterscheidung zwischen "sozialistischem" und "kapitalistischem" Wettbewerb wird hier über Bord geworfen: Der theoretisch vom Sozialismus für sich reklamierte faire Wettbewerb, der zum Gedeihen des Ganzen beiträgt und in dem der Beste gewinnt, scheint hier plötzlich ausgerechnet in den USA und Japan in Reinform verwirklicht zu sein, wo eigentlich das Gesetz des Dschungels herrschen müßte.

### 4.1.3. Chinesische Lösungen

Bis auf wenige Ausnahmen wie Chen Zhihong, der sich nicht konkret mit der Frage beschäftigt, wie in China das Vertretungssystem in der Werbung zu realisieren ist, erschöpfen sich die Beiträge zur Diskussion über das Geschäftssystem der Werbung nicht in der kritischen Beleuchtung der chinesischen Situation und der Vorstellung eines Idealbildes, sondern es werden Vorschläge gemacht, welche Schritte unternommen werden müssen, um eine besser funktionierende Zusam-

---

[61] Siehe Cheng Chun 程春: "Fengong. Xiezuo. Zhixu. Fazhan" 分工. 协作. 秩序. 发展 (Arbeitsteilung, Kooperation, Ordnung, Entwicklung), *ZGGG*, 1988, No.3, pp.17-18, hier: p.18; und ders.: "Kexue fengong, xianghu xiezuo shi wo guo guanggaoye jiankang fazhan de baozheng", p.266.

[62] [Benkan bianjibu:] "Guanggao zhuanye gongsi mianlin guannian shang de bianqe yu gengxin", p.4.

[63] Siehe Ren Yunhui: "Shixing yi zhuanye guanggao gongsi wei zhongxin de yitiaolong peitao fuwu shi bi you zhi lu", p.268.

menarbeit zwischen Unternehmen, Werbefirmen und Medien zu erreichen. Dabei lassen sich verschiedene Lösungsansätze unterscheiden. Einigkeit besteht darüber, daß die Verwirklichung des Vertretungssystems längere Zeit in Anspruch nehmen wird, da die Voraussetzungen dafür weder von den ökonomischen Rahmenbedingungen noch von der Branchenstruktur her gegeben sind. Einige Autoren scheinen darauf zu vertrauen, daß sich das Vertretungssystem früher oder später im Zuge der weiteren wirtschaftlichen und politischen Reform von selbst durchsetzen wird,[64] in anderen Beiträgen werden politische und administrative Maßnahmen gefordert. Diese Forderungen sind teilweise ziemlich allgemein und vage formuliert,[65] es wird aber auch ganz konkret dafür plädiert, die direkte Kontaktaufnahme der Medien zu den Werbekunden gesetzlich zu verbieten und ihre Tätigkeit auf die eigentliche Publikation bzw. Ausstrahlung der Werbung zu beschränken. Die beiden Verfechter dieser Lösung sehen darin auch ein probates Mittel, um irreführende Werbung zu unterbinden.[66] Zhang Rushi verweist in diesem Zusammenhang auf das Beispiel Japans, wo jede Werbung über eine eingetragene Werbeagentur abgewickelt werden müsse.[67] Eine solche Maßnahme würde aber zweifellos bei den Massenmedien auf Widerstand stoßen, denn damit würden nicht nur ihre Einnahmemöglichkeiten beschnitten, sondern auch ihre "vested interests" wären gefährdet.[68]

In der Mehrzahl der Beiträge wird eine rein administrative Lösung deshalb auch nicht als gangbarer Weg betrachtet, vielmehr werden Vorschläge für eine Über-

---

[64] Diesen Standpunkt vertreten z.B. Tao Yongkuan: "Shuangguizhi - xian jieduan guanggao jingying tizhi de zhuyao moshi", p.14; und Yang Chongyuan: "Wo guo guanggao cehua daili tuiguang huanman yuanyin qianxi", p.15.

[65] So schreibt beispielsweise Wan Zhicheng, die Führungsorgane sollten koordinierend eingreifen und eine faire Wettbewerbsumgebung schaffen. Siehe "Renzhen xuexi Shisan Da wenjian jingshen tuidong wo guo guanggao shiye jiankang fazhan", p.3.

[66] Siehe Li Zhonghui: "Xujia guanggao tan yuan", p.7; und Zhang Rushi 章汝奭: "Guanggao de zeren guiding yu guanli" 广告的责任规定与管理 (Festlegung und Regelung der Verantwortung in der Werbung), ZGGG, 1987, No.3, pp.4-6, hier: p.6.

[67] Siehe ebenda.

[68] Auf diesen Aspekt wird hingewiesen in [Benkan bianjibu:] "Guanggao zhuanye gongsi mianlin guannian shang de biange yu gengxin", p.5; und in Yang Chongyuan: "Wo guo guanggao cehua daili tuiguang huanman yuanyin qianxi", p.15.

gangsphase gemacht, in der die Voraussetzungen für das Vertretungssystem allmählich geschaffen werden sollen. Auch die Ausführungen zu dieser Übergangsphase bestehen z.T. nur aus allgemeinen Aussagen oder Appellen an die Beteiligten.[69] Es gibt aber auch konkretere Vorstellungen, wie diese Übergangsperiode gestaltet werden sollte. Die dazu von den Autoren geäußerten Meinungen sind zwangsläufig auch geprägt von den Annahmen und Hoffnungen über den weiteren Fortgang der wirtschaftlichen und politischen Reformen in China.

Interessant sind in diesem Zusammenhang die Überlegungen, die von Vertretern der Medien vorgetragen werden. Xiang Jianzhong, Mitarbeiter des Fernsehsenders Zhejiang, hält es unter den gegebenen Bedingungen für wünschenswert, aus den Werbeabteilungen der Fernsehsender Personal abzuziehen und spezielle Firmen einzurichten, die sich hauptsächlich mit der Planung und Herstellung von Fernsehwerbung befassen. Bei klarer Arbeitsteilung zwischen diesen Firmen und den Fernsehsendern könne man zum einen Erfahrungen mit spezialisierten Firmen sammeln, zum anderen blieben die Einnahmen der Fernsehsender gesichert.[70] Eine ähnliche Lösung für den Bereich der Zeitungswerbung, nämlich die Gründung eigener spezialisierter Werbefirmen durch die Zeitungsverlage, schwebt Yang Shiming vor.[71] Man kann vermuten, daß mit diesen beiden Vorschlägen vor allem die Interessen der Medien gewahrt werden sollen, denn die angespannten Beziehungen zwischen (bereits bestehenden) Werbefirmen und Medien lassen sich kaum dadurch verbessern, daß man neue Werbefirmen einrichtet, welche die Vormachtstellung der Medien eher zementieren als sie abzubauen. Außerdem kann die Frage der Werbeplanung für die Unternehmen, zu der auch die Auswahl der geeigneten Werbemedien gehört, durch solche "Medien-Werbefirmen" nicht gelöst werden.

---

[69] Beispielsweise kommt Lin Zhongxing nach der Darstellung der Probleme im chinesischen Werbewesen zu dem Schluß, der im Titel seines Beitrages bereits angelegt ist: Man könne weder mit administrativen Mitteln eine Reform des Geschäftssystems in der Werbung erzwingen, noch dürfe man nur passiv abwarten, sondern müsse sich gemeinsam bemühen etc. Siehe Lin Zhongxing: "Bu neng ba miao zhu zhang ye bu ying wu suo zuowei", p.16. Auch Qiu Shenshengs Darstellung erschöpft sich in einem allgemeinen Forderungskatalog. Siehe "Guanggao dailizhi shi zai bi xing", p.19.

[70] Siehe Xiang Jianzhong: "Dianshi guanggao xianzhuang ji xiang dailizhi guodu zhi wo jian", p.18.

[71] Siehe Yang Shiming 杨世明: "Baozhi guanggao jingying tizhi zhi wo jian" 报纸广告经营体制之我见 (Meine Ansicht zum Werbegeschäftssystem der Zeitungen), ZGGG, 1989, No.3, p.17.

Tang Zhongpu, der die Führungsposition der Medien in der Werbung für ein nur langfristig zu lösendes Problem hält, differenziert zwischen Medien, deren Werbeabteilungen von ihrer Größe und Kapazität her für die Registrierung als eigenständige Werbefirmen ausreichen, und den vielen kleineren Medieneinheiten, denen der Direktkontakt mit den Werbekunden untersagt werden sollte und deren Aufträge dann über Werbefirmen vermittelt werden. Gleichzeitig betont er die Eigeninitiative der Werbefirmen, die versuchen sollten, ihren Service zu verbessern und zu erweitern.[72] Dabei könnten sich kleinere Werbefirmen auch spezialisieren. Zuerst sollte in den Wirtschaftszentren, dann in jeder Provinz je eine große Werbeagentur mit vollständigem Service aufgebaut werden, die mit spezialisierten Firmen und Herstellungsfirmen in Verbindung steht. Schließlich weist Tang auf die Wichtigkeit der verstärkten Ausbildung von Fachkräften hin.[73]

Bereits in den Beschlüssen zur Wirtschaftsreform, die auf dem 3. Plenum des XII. ZK im Oktober 1984 gefaßt wurden, war zur Überwindung der Isolation zwischen wirtschaftlich entwickelten und weniger entwickelten Regionen, Küstengebieten und Binnenland sowie Stadt und Land der Aufbau von "ökonomischen Querverbindungen" vorgesehen.[74] Dieses Konzept fand auch ein gewisses Echo in den Beiträgen zur Reform des Werbewesens, wobei Fragen der Branchenstruktur aber zunächst eine untergeordnete Rolle spielten.[75] Jia Yubin greift diesen Ansatz auf und sieht darin Möglichkeiten sowohl für Werbefirmen, die sich durch gegenseitige Beteiligungen zu Einheiten mit größerer Kapazität und Finanzkraft zusammenschließen könnten, als auch für Werbefirmen und Medien, die ihre Verbindungen und Zusammenarbeit schrittweise ausweiten sollten.[76]

---

[72] Siehe Tang Zongpu: "Shilun wo guo guanggaoye fazhan de heli quxiang", p.5.

[73] Siehe Tang Zongpu: "Shilun wo guo guanggaoye fazhan de heli quxiang", p.6. Die Eigeninitiative der Werbefirmen und die Ausbildung von Fachpersonal wird auch von anderen Autoren betont. Siehe z.B. Jia Yubin: "Diaocha hou de sikao", ZGGG, 1988, No.4, pp.3 und 12.

[74] Siehe [o.Verf.:] "Zhong Gong Zhongyang guanyu jingji tizhi gaige de jueding", p.3.

[75] Ein Artikel, der sich sehr allgemein mit solchen von Querverbindungen beschäftigt, ohne genauer darauf einzugehen, in welcher Form diese Verbindungen herzustellen sind, ist Li Shuxi 李树喜: "Hengxiang jingji lianhe yu guanggao shiye" 横向经济联合与广告事业 (Wirtschaftliche Querverbindungen und das Werbewesen), ZGGG, 1987, No.2, pp.7-8.

[76] Siehe Jia Yubin: "Diaocha hou de sikao", p.3.

Eine ähnliche Lösung ist die Bildung von Aktiengesellschaften, wie sie Ouyang Zaisan vertritt. Er sieht darin einen Weg, das Werbegeschäftssystem zu reformieren, ohne die materiellen Interessen der Werbefirmen, der Werbeabteilungen der Medien und ihrer jeweiligen "Schirmherren" (kaoshan 靠山) zu verletzen.[77] Die Bildung von Aktiengesellschaften hätte in den Augen Ouyangs den Vorteil, daß der ohnehin herrschende Mangel an Werbefachleuten nicht auch noch durch breite Streuung verschärft würde und daß die Spannungen zwischen Werbefirmen und Werbeabteilungen der Medien durch eine Zusammenführung gelöst würden.[78] Ouyang macht in seinem Artikel auch eine Prognose über die zukünftige Entwicklung der Medien, die sich aber nach den Ereignissen im Juni 1989 auf absehbare Zeit wohl eher nicht erfüllen wird. Er geht nämlich davon aus, daß im Zuge der Trennung von Partei/Politik und Betrieben ein Teil der Medien aus dem Propagandaapparat herausgelöst wird und zu echten Unternehmen wird, während die Medien, die Bestandteil des Propagandaapparates bleiben, gar keine oder ganz wenig Werbung machen werden. Auf keinen Fall hält er es für denkbar, daß innerhalb der Propagandaeinrichtungen von Partei und Staat langfristig Werbeabteilungen von Medieneinheiten, die weder richtige Institutionen noch richtige Unternehmen sind, beibehalten werden.[79] Ouyang vermittelt eine ziemlich genaue Vorstellung davon, wie Bildung und Ausbau der Aktiengesellschaften ablaufen sollen: Die Anteile der beteiligten Einheiten sollen nach eingebrachten Gebäuden, Geräten, Ausrüstung, aber auch Anzahl und Qualifikation des Fachpersonals, Ansehen usw. festgelegt werden. Aktien können von Staatsbetrieben, Kollektiven, Einzelpersonen und - bis zu 49 % - auch von ausländischen Geschäftsleuten erworben werden. Durch die Form der Aktiengesellschaft wird es nach Ouyang nicht nur möglich, die Grenzen der Eigentumsformen, sondern auch regionale und

---

[77] Siehe Ouyang Zaisan: "Gaige guanggao jingying tizhi zujian xin de gufen gongsi", p.16. Bislang wurde die Unternehmensform der Aktiengesellschaft in China zwar diskutiert und erprobt, aber noch nicht gesetzlich verankert oder geregelt. Siehe dazu Oskar Weggel: "Gesetzgebung und Rechtspraxis im nachmaoistischen China. Teil VIII: Das öffentliche Recht - Wirtschaftsrecht - (1.Abschnitt)", *Ca*, Mai 1987, pp.379-406, hier: pp.393-394. Nach einer Meldung in *Ca* ist geplant, im März 1991 zunächst die Gründung von GmbHs zuzulassen, Aktiengesellschaften sind für einen späteren Zeitpunkt vorgesehen. Siehe [Erhard Louven:] "Einführung neuer Gesellschaftsformen", *Ca*, August 1990, pp.623-624 (Ü 47).

[78] Siehe Ouyang Zaisan: "Gaige guanggao jingying tizhi zujian xin de gufen gongsi", pp.16-17.

[79] Siehe Ouyang Zaisan: "Gaige guanggao jingying tizhi zujian xin de gufen gongsi", p.17.

Abteilungs-Grenzen zu durchbrechen, die Firmen können sich, "wenn die Bedingungen reif sind", auch international betätigen. Zunächst, so prophezeit Ouyang, werden neben solchen Aktiengesellschaften zwar noch Werbefirmen und Werbeabteilungen der Medien weiterbestehen, diese werden sich aber angesichts der "enormen Überlegenheit" der Aktiengesellschaften im Wettbewerb "ganz natürlich" auflösen.[80]

Mit der Vorstellung, durch die Bildung von Aktiengesellschaften die Mängel in der Struktur der Werbebranche zu beseitigen und die Entwicklung der chinesischen Werbung voranzutreiben, steht Ouyang Zaisan nicht allein: In dem Anfang 1990 erschienenen Buch von Zhang Yuyou und Yan Jinyu zur Werbelehre wird ebenfalls für diese Lösung plädiert. Für die Autoren vereinigt die Form der Aktiengesellschaft sämtliche oben genannten Vorzüge des Vertretungssystems in sich.[81]

Interessant im Zusammenhang mit den oben vorgestellten Vorschlägen, bei denen das Vertretungssystem durch Werbeagenturen als Lösungsansatz dominiert, sind die Ergebnisse einer Untersuchung bei 200 Shanghaier Unternehmen, die u.a. auch nach der Einstellung der Betriebe zur Gesamtvertretung ihrer Werbung durch eine Werbeagentur befragt wurden.[82] Nur 31% der befragten Unternehmen befürworteten das Vertretungssystem, wobei als Vorteil dieses Systems wiederum von den "reichen Erfahrungen" der Werbefirmen die Rede ist, aber auch das Argument angeführt wird, durch die Beauftragung einer Werbefirma könne man "Störungen von allen Seiten"[83] vermeiden. Die Mehrzahl der Befragten lehnte das Vertretungssystem mit der Begründung ab, die Unternehmen seien selbst in der Lage, Werbung zu machen, ohne einen Mittler einschalten zu müssen, und zudem seien die Werbefirmen derzeit nicht in der Lage, den Ansprüchen der Unternehmen gerecht zu werden. Die Untersuchungsgruppe schließt daran einige Bemerkungen an,

---

80   Ebenda.
81   Siehe Zhang Yuyou und Yan Jinyu: *Shangpin guanggaoxue*, pp.388-393.
82   Siehe Shanghai-shi chengshi shehui jingji diaochadui 上海市城市社会经济调查队: "Shanghai-shi guanggaozhu guanggao qingkuang diaocha" 上海市广告主广告情况调查 ([Untersuchungsgruppe städtische Gesellschaft und Wirtschaft der Stadt Shanghai:] Untersuchung der Situation in der Werbung bei Werbenden der Stadt Shanghai), *ZGGG*, 1990, No.2, pp.4-6; hier: p.5. Die befragten Unternehmen waren staatliche und kollektive Betriebe sowie Joint Ventures aus den Bereichen Leichtindustrie, Handwerk, Chemie, Metall und Nahrungsmittel.
83   Gemeint sind damit vermutlich die oben angesprochenen Werbeaufträge bzw. "Unterstützungszahlungen", die den Unternehmen von Behörden oder von anderen Einheiten aufgezwungen werden.

von denen unklar bleibt, ob diese von den Befragten selbst geäußert wurden oder Schlußfolgerungen des Befragungsteams darstellen:

> In der Untersuchung ermittelten wir noch, daß ein anderer Grund dafür, daß manche Unternehmen das Werbevertretungssystem nicht durchführen wollen, der ist, daß ein Teil der Unternehmen Werbegelder als flexible Finanzressourcen betrachtet. Z.B. werden einige Ausgaben, welche nach den staatlichen Bestimmungen nicht als Kosten aufgeführt werden dürfen und von den Betrieben selbst getragen werden müssen, unter der Bezeichnung Werbegebühren getätigt. Man nennt es Werbung mit realen Gegenständen, tatsächlich werden Werbegelder zur Verteilung von Gegenständen an Angestellte und Arbeiter verwendet. Manche begleichen auch Zahlungen für Beziehungen und persönliche Gefallen aus den Werbegeldern. All das veranlaßt die Unternehmen, die verschiedenen Annehmlichkeiten der Verwendung von Werbegeldern nicht durch die Durchführung des Werbevertretungssystems verlieren zu wollen.[84]

85,5% der untersuchten Unternehmen hielten es unter den zum Zeitpunkt der Befragung gegebenen Bedingungen - knappe Werbegelder und niedriges Niveau der Werbefirmen - für die effektivste Lösung, Planung und Design der Werbung von Angestellten des Betriebes ausführen zu lassen und dann Werbefirmen oder Medieneinheiten mit der Ausführung zu beauftragen. Dennoch halten "nicht wenige" Unternehmen das Vertretungssystem in der Werbung für die notwendige Entwicklungsrichtung der Werbeindustrie.[85]

### 4.1.4. Zusammenfassung

Aus der Diskussion über die Struktur der Werbebranche ergibt sich folgendes Bild: In den wenigen Jahren von 1979 bis 1986 entstanden so viele Werbefirmen, Werbeabteilungen in den Medien, kleine Herstellungsbetriebe für Werbung usw., daß es die VR China in dieser Hinsicht rein quantitativ bereits mit den "Werbegiganten" USA bzw. Japan aufnehmen kann - und dieser Wachstumstrend setzte sich, zumindest bis zum Jahr 1988, fast ungebremst fort. Demgegenüber stehen aber noch immer vergleichsweise sehr niedrige Werbegesamtausgaben der chinesischen Unternehmen. Um diese Werbegelder der Unternehmen konkurrieren nicht nur Medien und Werbefirmen, sondern auch übergeordnete Behörden sowie

---

[84] Shanghai-shi chengshi shehui jingji diaochadui: "Shanghai-shi guanggaozhu guanggao qingkuang diaocha", p.5.
[85] Siehe ebenda.

Sport- und Kultureinrichtungen. Nicht zuletzt die Unternehmen selbst betrachten die Werbegelder als eine Art "Reptilienfonds" zur Beziehungspflege bzw. flexiblen Verwendung. Im Kampf um die spärlichen Werbegelder haben die Werbefirmen die schlechteste Ausgangsposition, da ihnen weder die Autorität von Behörden, noch die Stellung und Druckmittel der Medien zur Verfügung stehen. Der Konkurrenzkampf zwischen Werbefirmen und Medien sowie die von den Unternehmen erzwungene Streuung der Werbegelder führen zu mangelhafter Planung, schlechter Qualität und Wirkungslosigkeit der Werbung, und sie tragen auch ihren Teil zur Ausbreitung irreführender Werbung bei.

Als ideales Bild wird diesen Strukturen das Vertretungs- oder Agentursystem gegenübergestellt, das nach einhelliger Meinung der chinesischen Autoren Spezialisierung und Kooperation der Werbeeinheiten sowie hohe Effizienz der Werbung selbst ermöglicht. Bereits verwirklicht ist das Vertretungssystem in den wirtschaftlich entwickelten Ländern, allen voran den USA und Japan.

Während über das anzustrebende Ziel weitgehende Einigkeit herrscht, ist der Weg, auf dem dieses Ziel für das chinesische Werbewesen zu erreichen ist, nicht so eindeutig vorgezeichnet. Das Spektrum der Lösungen reicht von der Forderung, den Medien den Direktkontakt mit den werbenden Unternehmen zu verbieten, bis zu der zuversichtlichen Haltung, daß im Zuge weiterer wirtschaftlicher Reformen ein modernes Agentursystem von selbst entstehen wird. Mit Ausnahme der rein administrativen Lösung setzen alle Vorschläge für die Realisierung einer "moderneren" und "rationaleren" Geschäftsstruktur auch weitergehende wirtschaftliche und politische Reformen voraus. Nach den Ereignissen im Juni 1989 ist - zumindest vorläufig - nicht davon auszugehen, daß diese Voraussetzungen erfüllt werden.

Obwohl sich die Beiträge zur Geschäftsstruktur darum bemühen klarzulegen, daß das Vertretungssystem Vorteile für *alle* Beteiligten mit sich bringt, ist fraglich, ob den Medien und Unternehmen seine Einführung nicht vorwiegend als nachteilig erscheinen muß. Die Vorschläge der Medienvertreter zeigen, daß es ihnen in erster Linie um die Sicherung der Werbeeinnahmen für die Medien geht. Und solange die Unternehmen beispielsweise bei Materialzuweisungen und Energieversorgung auf das Wohlwollen übergeordneter Ämter und Ministerien und auf ein Netz persönlicher Beziehungen angewiesen sind oder sich positive Berichterstattung in den Medien durch Werbegelder sichern können oder gar müssen, werden sie kaum gewillt sein, die Verplanung ihrer Werbemittel einer Werbeagentur zu überlassen. Widerstände, die aus eingefahrenen Verhaltensweisen und Mechanismen herrühren, werden auch mit der Bildung von Aktiengesellschaften - von den aufgezählten Lösungswegen die überzeugendste Konzeption - nur schwer zu überwinden sein. Die Diskussion um das Geschäftssystem ist seit Mitte der achtziger Jahre nicht mehr abgerissen, ohne daß sich eine Änderung in die gewünschte Richtung abzeichnen würde.

## 4.2. Werbung und Nachrichten

Ein zweiter Problemkomplex, der bereits seit 1983 in der chinesischen Literatur zur Werbung diskutiert wird, läßt sich grob unter dem Begriff "Nachrichtenwerbung" (*xinwen guanggao* 新闻广告, manchmal auch "Werbenachrichten" *guanggao xinwen* 广告新闻 genannt) zusammenfassen. Unpräzise ist diese Bezeichnung insofern, als sie in den Jahren nach der Wiederaufnahme der Werbung in China einen Bedeutungswandel durchlaufen hat und sich unterschiedliche Verwendungsweisen und damit einhergehend auch unterschiedliche Bewertungen von "Nachrichtenwerbung" bei den einzelnen Autoren feststellen lassen. Thematisch geht es dabei aber immer in irgendeiner Form um die Überschneidungen bzw. Grenzen zwischen (Wirtschafts)werbung und (Wirtschafts)nachrichten bzw. -informationen.

Auf den Bedeutungswandel des Begriffes "Nachrichtenwerbung" geht Yang Cunsheng in einem Artikel aus dem Jahre 1988 ein. Er erklärt, die Bezeichnung "Nachrichtenwerbung" beziehe sich nach chinesischem Sprachgebrauch ursprünglich auf den Werbe*träger* und bedeute Werbung, die über die Nachrichtenmedien, also Zeitung, Rundfunk und Fernsehen im Gegensatz zu anderen Werbeformen wie Werbetafeln, Schaufenster usw. verbreitet werde.[86] Das Wort "Nachrichten" sei hier als Abkürzung für "Nachrichtenverbreitungsträger" (*xinwen chuanbo zaiti* 新闻传播载体) zu verstehen und habe mit dem Inhalt der Werbung eigentlich nichts zu tun. Nach 1979 sei aber von vielen Nachrichtenmedien eine Rubrik "Nachrichtenwerbung" eingerichtet worden, die Platz oder Zeit von Nachrichten einnehme und von Redakteuren und Reportern bearbeitet sei. Inhaltlich stelle diese Rubrik überwiegend Unternehmen, Waren und Dienstleistungen vor, und teilweise werde dafür auch von den Betrieben bezahlt. Damit habe sich die Bedeutung von *xinwen* in dem Begriff *xinwen guanggao* vom Träger auf die inhaltliche Seite der Werbung, d.h. ihren "Nachrichtencharakter" (*xinwenxing* 新闻性) verlagert.[87]

---

[86] Siehe Yang Cunsheng 杨存生: "Tantan «xinwen guanggao»" 谈谈 «新闻广告» (Über 'Nachrichtenwerbung'), ZGGG, 1988, No.4, pp.4-5, hier: p.4. Yang erwähnt außerdem, daß sich der Begriff "Nachrichtenwerbung" im Japanischen auf Zeitungswerbung im Gegensatz zu allen anderen Werbeformen beziehe.

[87] Siehe Yang Cunsheng: "Tantan «xinwen guanggao»", p.4. In Zhang Yuyou und Yan Jinyu: *Shangpin guanggaoxue*, pp.328-329 wird ebenfalls

Konfliktfelder 267

Die theoretische Beschäftigung mit dem Verhältnis von Nachrichten und Werbung, wie sie v.a. in den Zeitschriften *Zhongguo Guanggao* und *Xinwen Zhanxian* zum Tragen kommt, hängt wesentlich mit dem von Yang zuletzt genannten Aspekt zusammen: Die chinesischen Massenmedien, allen voran die Zeitungen, kamen auf den Einfall, ihre Einnahmen durch die Publikation von als Berichterstattung getarnter Werbung zu erhöhen. Insbesondere für diese Praktik, die sich bei den Medien offenbar großer Beliebtheit erfreut(e) und die ab 1985 mehrfach offiziell verboten wurde, setzte sich die Bezeichnung "Nachrichtenwerbung" durch.

### 4.2.1. Die Vermischung von Werbung und Nachrichten

Einer der frühesten Beiträge nach der Wiederaufnahme der Werbung, in dem der Begriff "Nachrichtenwerbung" verwendet wird, stammt von Zeng Xinmin.[88] Bei ihm steht der Begriff "Nachrichtenwerbung" einfach als Synonym für "Werbung". Allerdings handelt es sich bei dieser Publikation um einen Auszug aus der Abschlußarbeit des Autors am Forschungsinstitut für Information der Chinesischen Akademie für Sozialwissenschaften. Es ist daher möglich, daß Zeng an anderer Stelle seiner Arbeit erklärt hat, was genau er unter "Nachrichtenwerbung" (im Gegensatz zu Werbung überhaupt) versteht bzw. warum er gerade diese Bezeichnung verwendet.[89] Jedenfalls zeigt Zengs Artikel, daß im Jahr 1983 der Begriff "Nachrichtenwerbung" noch nicht mit negativen Implikationen belastet war.

Während die Abgrenzung zwischen Werbung und Nachrichten aus den Überlegungen Zeng Xinmins - soweit sie publiziert sind - ausgespart bleibt, betrachtet ein anderer Artikel aus dem Jahr 1983 die "Vernachrichtlichung" (*xinwenhua* 新闻化) der Werbung als einen positiv zu wertenden Schritt der chinesischen Zeitungen, um die Werbung zu "reformieren" und vom Geruch "kapitalistischer Geschäftstüchtigkeit", die zu geistiger Verschmutzung führe, zu befreien.[90] Als Beispiel für einen solchen Versuch führt der Verfasser die Shanghaier *Wenhui Bao*

---

zwischen Nachrichtenwerbung als Werbung in den Nachrichtenmedien einerseits und Nachrichtenwerbung, welche Werbung und Nachrichten miteinander vermischt, unterschieden. Zhang und Yan bezeichnen letzteres als "Pseudo-Nachrichtenwerbung" (*maopai xinwen guanggao* 冒牌新闻广告).

[88] Zeng Xinmin: "Lun xinwen guanggao de shehui zuoyong", pp.4-6.

[89] Denkbar ist, daß Zeng mit "Nachrichtenwerbung" Werbung in den Massenmedien meint, d.h. den Begriff in der Bedeutung verwendet, die Yang Cunsheng als die ursprüngliche bezeichnet. Aus dem publizierten Teil geht dies aber nicht eindeutig hervor.

an, die im Juli 1983 eine Rubrik "Warenwerbung" einführte, in der Unternehmen gegen Zahlung einer Publikationsgebühr den Lesern Waren vorstellen und Wissenswertes über diese mitteilen konnten. Min Hui bezeichnet diese Form der Werbung als "ehrlich" und hält sie für wesentlich angenehmer als die üblichen Anzeigen, die sich in seinen Augen vor allem durch prahlerische Slogans auszeichnen. Er hofft, daß solche Rubriken, welche Wareninformationen für den Leser an die erste Stelle setzen, Schule machen und nicht von Profitgier verdorben werden.[91]

Noch Anfang 1985, also kurz vor dem ersten offiziellen Verbot der Nachrichtenwerbung, publizierte ein Mitarbeiter der *Changjiang Ribao* 长江日报 einen Beitrag in der Zeitschrift *Zhongguo Guanggao*, in dem er über die Versuche seiner Zeitung berichtet, "die Lesbarkeit der Zeitungswerbung zu verbessern".[92] Der von der *Changjiang Ribao* dabei eingeschlagene Weg, den der Autor als erfolgreich und vorbildlich darstellt, begann wie bei der *Wenhui Bao* mit der Einrichtung einer Rubrik "Nachrichtenwerbung" im Jahr 1983:

> Diese Rubrik war in Illustrationen und Text gleichermaßen hervorragend und bezog Kenntnisreichtum, Interessantheit und Nachrichtencharakter in die Werbung ein, daher verstärkte sie die Lesbarkeit der Werbung und vergrößerte den Leserkreis.[93]

Damit nicht genug, baute die Zeitung diese Methode im darauffolgenden Jahr aus, indem sie u.a. Nachrichtenwerbung auf Seite eins und damit an herausragende Position setzte. Yao Sun hebt als Besonderheit dieser Werbung hervor, daß sie sowohl Nachrichtencharakter als auch Werbecharakter haben müsse, denn nur dann könne die Werbewirkung vergrößert werden. Die positiven Reaktionen von Lesern und Auftraggebern auf die Nachrichtenwerbung auf dem Titelblatt - z.B. für Feuerwerkskörper zum 1. Oktober - führt der Autor als Beweis dafür an, daß "die Verschmelzung von Werbung und Nachrichten ein wichtiger Weg zur Erhöhung der Werbequalität ist"[94].

---

[90] Siehe Min Hui 民会: "«Guanggao xinwenhua» hao" «广告新闻化» 好 (Es ist gut, 'Werbung zu vernachrichtlichen'), *XWZX*, 1983, No.9, p.17.

[91] Siehe ebenda.

[92] Yao Sun 姚荪: "Chongfen yunyong xinwen shouduan wei guanggao fuwu" 充分运用新闻手段为广告服务 (Nachrichtenmittel voll einsetzen, um der Werbung zu dienen), *ZGGG*, 1985, No.1, p.44.

[93] Ebenda.

[94] Ebenda.

Bei seiner Darstellung spricht Yao Sun weder die finanzielle Seite dieser Vorgehensweise für die *Changjiang Ribao* an, noch geht er darauf ein, wie die Aufträge für die Nachrichtenwerbung auf Seite eins beschafft werden, ob und welche Kriterien für deren Auswahl existieren oder wer die Werbetexte für diese "Berichte" verfaßt. Ideologische Bedenken, etwa daß sich die Nachrichtenwerbung negativ auf das sozialistische Nachrichtenwesen auswirken könnte, scheinen für Yao Sun keine Rolle zu spielen.

Beiträge, die so explizit für Nachrichtenwerbung eintreten wie der von Yao Sun, sind allerdings eine Ausnahme in der chinesischen Werbeliteratur. Viele Zeitungen führten zwar vor dem Jahr 1985 unter verschiedenen Bezeichnungen ähnliche Rubriken ein wie die *Wenhui Bao*,[95] jedoch finden sich kaum Artikel, die diese Form der Werbung auch theoretisch rechtfertigen.

Als Reaktion auf die von Min Hui vertretene Position, der er zunächst im Prinzip zustimmt, weist Han Yuan bereits im Jahre 1983 auf die Gefahr hin, daß es zur "Verwerblichung der Nachrichten" (*xinwen guanggaohua* 新闻广告化) führen könne, wenn man Werbung und Nachrichten nicht klar auseinanderhält.[96] Er sieht darin ein Übel, das vor allem bei den Wirtschaftsnachrichten, z.B. über Trends auf dem Markt, in chinesischen Zeitungen häufig zu beobachten sei. Han Yuan untermauert seine Ausführungen mit dem Beispiel eines Zeitungsberichtes über eine Hautschutzcreme, der sich in Aufbau, Vokabular und Tonfall liest wie ein Werbetext. Nachrichten und Werbung, so der Autor, sei zwar gemeinsam, daß beide dem Leser etwas mitteilen, jedoch weisen sie auch wesentliche Unterschiede auf:

> Das Ziel der Nachrichtenpublikation besteht grundsätzlich darin, die breiten Massen der Leser ideologisch zu erziehen und die öffentliche Meinung zu beeinflussen. Das Hauptziel beim Aufgeben von Anzeigen ist es, Käufer zu gewinnen. Wenn man sagt, daß man sich bei der Werbung unvermeidlich [verhält wie] "der alte Wang beim Melonenverkauf" (*lao Wang mai gua* 老王卖瓜)[97], dann müssen

---

[95] Z.B. brachte auch die *RMRB* über kurze Zeit ab dem 8. August 1984 auf Seite 5 einmal wöchentlich "Werbenachrichten". Im Gegensatz zur *Wenhui Bao*, die eine Auflistung der zu zahlenden Gebühren enthielt, findet sich in der *RMRB* kein Hinweis auf Publikationsgebühren.

[96] Han Yuan 寒原: "«Xinwen guanggaohua» bu hao" «新闻广告化» 不好 (Es ist schlecht, 'Nachrichten zu verwerblichen'), *XWZX*, 1983, No.11, p.12.

[97] Das bedeutet, daß es nur normal ist, eine Ware anzupreisen, wenn man sie verkaufen will. Das Sprichwort vom "alten Wang" ist ein in der chinesischen Literatur über Werbung häufig benutztes Pattern und steht üblicherweise - abweichend vom hier vorliegenden Text - für ein traditionelles

Nachrichten vollkommen wahr sein und dürfen nicht ein bißchen übertreiben. Wenn eine Zeitung Werbung publiziert, dann verlangt sie vom Auftraggeber Werbegebühren, benutzt sie dagegen von außen kommende Nachrichtenmanuskripte, so muß sie dafür Honorar zahlen.[98]

Die "Verwerblichung" der Nachrichten, so urteilt Han Yuan, werde von den Lesern nicht positiv aufgenommen, senke den Standard der Nachrichten und schade ihrem Ansehen, und daher dürfen seiner Meinung nach Nachrichten und Werbung nicht miteinander vermischt werden.

In dem kurzen Artikel von Han Yuan werden erstmals einige der Hauptaspekte mehr angerissen als ausführlich dargestellt, die in der späteren Diskussion über die "Nachrichtenwerbung" immer wieder zur Sprache kommen. Zumindest ansatzweise versucht Han Yuan eine Abgrenzung zwischen Werbung und Nachrichten unter den Gesichtspunkten ihrer jeweils eigenen Zielsetzung, der Strenge des Wahrheitsmaßstabs und der Bezahlung. Auf das eigentliche Problem der "Nachrichtenwerbung", d.h. die Irreführung der Leser durch die Publikation von Werbung in Form von Zeitungsberichten, die sich gerade den Eindruck größerer Objektivität von Nachrichten zunutze macht, geht Han allerdings nicht ein.

### 4.2.2. Die Abgrenzung von Werbung und Nachrichten

Das Zirkular vom April 1985, das die Nachrichtenwerbung erstmals verbot, macht finanzielle Motive der Medien für die Vermischung von Werbung und Nachrichten

---

Vorurteil, das der Werbung entgegengebracht wird, nämlich daß der Werbende immer die Vorzüge seiner Ware übertreibt. Der vollständige Wortlaut des Sprichwortes findet sich in zwei Varianten: *lao Wang mai gua, zi mai zi kua* 老王卖瓜, 自卖自夸 bzw. *Wang po mai gua, zi mai zi kua* 王婆卖瓜, 自卖自夸 (der bzw. die alte Wang verkauft Melonen und preist sie dabei selbst an). Als Beispiele für die Verwendung dieses Sprichworts seien hier nur genannt Ding Yunpeng: *Xiandai guanggao sheji*, p.5; Li Yanzu: "Guanggao wenhua yu guanggao yishu", p.75; und Zhang Daoyi: "Jianli wo guo de guanggao yishu xueke", p.6. Eine Abwandlung des Spruches enthält [Benkan bianjibu:] "Guanggao zhuanye gongsi mianlin guannian shang de bianqe yu gengxin", p.3: *mai gua bu shuo gua ku, mai hua jiu zanmei hua xiang* 卖瓜不说瓜苦, 卖花就赞美花香 (wenn man Melonen verkauft, bezeichnet man sie nicht als bitter, wenn man Blumen verkauft, preist man ihren Duft).

[98] Han Yuan: "«Xinwen guanggaohua» bu hao", p.12.

verantwortlich[99] und enthält folgenden Passus, der Werbung und Nachrichten voneinander abgrenzt:

> Nachrichten werden üblicherweise von Journalisten recherchiert und nach Redigierung und Überprüfung publiziert. Für die Publizierung von Nachrichten werden keine Gebühren erhoben. Werbung dagegen wird von Unternehmenseinheiten oder Einzelpersonen für die Bedürfnisse der betreffenden Einheit oder Person unter Bezahlung von Gebühren durch Medien publiziert. Die Einheiten, welche die Werbung publizieren, müssen nach den Vorschriften der "[Vorläufigen] Bestimmungen" den Inhalt der Werbung überprüfen. Nachrichten und Werbung dürfen nicht vermischt werden. Es ist verboten, für Nachrichten Gebühren zu erheben und sich unter dem Vorwand von Nachrichten um Werbung in jeglicher Form zu bemühen.[100]

Nachdem damit von offizieller Seite auf die Notwendigkeit hingewiesen worden war, Werbung und Nachrichten streng voneinander zu trennen, wurde die Abgrenzung zwischen beiden Begriffen auch Thema anderer Publikationen im Bereich Werbung. Eine systematische Auflistung der Gemeinsamkeiten und Unterschiede von Werbung und Nachrichten enthält beispielsweise die Broschüre *Guanggao gailun (shiyong)*, die als Unterrichtsmaterial an der Fernakademie für Werbung zusammengestellt wurde. Hier wird behauptet, die Gleichsetzung von Werbung und Nachrichten sei eine im Westen populäre Theorie.[101] Für China stellt sich die Lage folgendermaßen dar:

> In unserem Land gibt es auch einige Genossen, die in Theorie und Praxis die Grenze zwischen Werbung und Nachrichten verwischen und sogenannte "Nachrichtenwerbung" machen, d.h. Nachrichten werden verwerblicht oder Werbung wird vernachrichtlicht. Im Kern bedeutet das: in der Form von Nachrichten, auf dem Raum und in

---

[99] Siehe "Guojia Gong-Shang Xingzheng Guanli Ju, Guangbo-Dianshibu, Wenhuabu guanyu baozhi, shukan, diantai, dianshitai jingying, kanbo guanggao youguan wenti de tongzhi", p.62. Dort heißt es, Nachrichtenwerbung diene den Nachrichteneinheiten dazu, "Geld herauszuschlagen".

[100] Ebenda. Diese Formulierung wird fast wörtlich wiederholt bei Su Xuedan und Zhai Daqing: *Shangbiao guanggao guanli shiyong shouce*, p.130 in einem Abschnitt mit der Überschrift "Darf man Werbung in Form von Nachrichten publizieren?".

[101] Siehe Zhongguo Guanggao Hanshou Xueyuan jiaowu weiyuanhui (Hg.): *Guanggao gailun (shiyong)*, p.6. Eine nähere Erläuterung zu dieser Behauptung wird nicht gegeben.

der Zeit der Nachrichten vom Kunden festgelegte Inhalte zu publizieren und dann vom Kunden Geld zu kassieren. Diese Vorgehensweise ist in hohem Maße durch die Ideologie motiviert, "bei allem aufs Geld zu schauen". Es ist eine unkorrekte Praktik - wenn man so vorgeht, schadet das nicht nur der Autorität des Nachrichtenwesens der Partei, sondern es schadet auch dem Ruf der Werbung.[102]

Nachrichten und Werbung weisen nach Meinung der Autoren von *Guanggao gailun (shiyong)* an Gemeinsamkeiten auf, daß beide Fakten sind, die über die Massenmedien verbreitet werden[103] und sich an eine große Zahl von Lesern oder Zuschauern wenden. Zudem werden beide redaktionell bearbeitet,[104] müssen neu und bewegend sein und irgendein Bedürfnis der Leser oder Zuschauer befriedigen. Außerdem weisen sie eine gemeinsame Entwicklungsgeschichte auf; und schließlich hat die Werbung für denjenigen, der sie zum ersten Mal hört oder sieht, den Charakter einer Nachricht und ist nichts anderes als eine spezielle Wirtschaftsnachricht.[105] Diesen Überschneidungen werden in *Guanggao gailun (shiyong)* aber eine Reihe von Unterschieden und Besonderheiten gegenübergestellt:[106]

(1) Während Nachrichten hauptsächlich Fakten und Informationen aus den Bereichen Politik, Kultur, Wirtschaft, Wissenschaft und Technik verbreiten, bezieht sich Werbung meist auf Waren und Dienstleistungen.

(2) Nachrichten wenden sich an *alle* Leser und Zuschauer, Werbung dagegen nur an die interessierten Benutzer und Verbraucher unter ihnen.

---

[102] Ebenda. Eine ähnlich formulierte Darstellung der Nachrichtenwerbung und ihrer Hauptursache findet sich in Jin Guiqi 金瑰琪: "Guanggao yu xinwen zhi qufen" 广告与新闻之区分 (Unterscheidung von Werbung und Nachrichten), ZGGG, 1987, No.4, pp.5-6, hier: p.5. Bei diesem Artikel handelt es sich um Auszüge aus einem Vortrag, den die Leiterin der Werbeabteilung des Staatlichen Industrie- und Handelsverwaltungsamtes Jin Guiqi bei einer Schulung über Werbeverwaltung hielt.

[103] Diese beiden Punkte nennt auch Jin Guiqi: "Guanggao yu xinwen de qufen", p.5.

[104] Auch dieser Punkt wird von Jin Guiqi: "Guanggao yu xinwen zhi qufen", p.5 erwähnt.

[105] Siehe Zhongguo Guanggao Hanshou Xueyuan jiaowu weiyuanhui (Hg.): *Guanggao gailun (shiyong)*, p.6. Diese letzten beiden Aspekte werden auch genannt in Zhang Yuyou und Yan Jinyu: *Shangpin guanggaoxue*, p.333.

[106] Siehe Zhongguo Guanggao Hanshou Xueyuan jiaowu weiyuanhui (Hg.): *Guanggao gailun (shiyong)*, p.6.

(3) Trotz der redaktionellen Bearbeitung der Nachrichten müssen diese vollständig dem "ursprünglichen Wesen" der Fakten entsprechen, während Werbung den Einsatz von künstlerischen Formen und Mitteln zuläßt, also wahre Information und Kunstwerk miteinander verbindet.

(4) Nachrichten werden normalerweise im selben Medium nur einmal publiziert, Werbung kann dagegen im selben Medium wiederholt gebracht werden.

(5) Nachrichten sind korrekte und objektive Berichte, die von Journalisten recherchiert werden; Werbung dagegen wird vom Werbenden selbst geliefert.

(6) Für Nachrichtenbeiträge wird der Verfasser nach der Veröffentlichung von der Medieneinheit bezahlt, für Werbung zahlt der Werbende an die Medieneinheit.

(7) Nachrichten spiegeln den Willen der herrschenden Klasse wider, Werbung normalerweise nur das Bedürfnis des Werbenden.[107]

Insgesamt kommen die Verfasser von *Guanggao gailun (shiyong)* zu dem Schluß, daß Werbung und Nachrichten sich nicht nur in ihrer Form, sondern auch in ihrer gesellschaftlichen Funktion und Wirkung unterscheiden.[108] Das erklärte Ziel dieser theoretischen Abgrenzung von Werbung und Nachrichten besteht darin, die falsche Tendenz der Nachrichtenwerbung zu korrigieren und damit ihre negativen Auswirkungen zu beseitigen.[109] Wenn allerdings die Hauptursache für die weite Verbreitung der Nachrichtenwerbung pauschal im - nicht näher erläuterten - Profitstreben zu suchen ist, kann von einer Begriffsklärung, wie sie in *Guanggao gailun (shiyong)* vorgenommen wird, kaum eine Lösung des Problems erwartet werden. Vordringlich müßte dann eine genauere Analyse der Gründe und Motive geleistet werden, welche die Beteiligten dazu veranlassen, Werbung in Form von Nachrichten zu publizieren.

---

[107] Die Punkte (3), (5), (6) und (7) nennt auch Jin Guiqi: "Guanggao yu xinwen zhi qufen", p.5. Eine ebenfalls weitgehend übereinstimmende Darstellung der Unterschiede wird präsentiert in Zhang Yuyou und Yan Jinyu: *Shangpin guanggaoxue*, pp.333-336.

[108] Siehe Zhongguo Guanggao Hanshou Xueyuan jiaowu weiyuanhui (Hg.): *Guanggao gailun (shiyong)*, p.6. Siehe auch Jin Guiqi: "Guanggao yu xinwen zhi qufen", pp.5-6; sowie Zhang Yuyou und Yan Jinyu: *Shangpin guanggaoxue*, pp.335-336.

[109] Siehe Zhongguo Guanggao Hanshou Xueyuan jiaowu weiyuanhui (Hg.): *Guanggao gailun (shiyong)*, p.6.

Ein weiterer Artikel zum Problembereich der Nachrichtenwerbung befaßt sich mit einer spezielleren Abgrenzung, nämlich zwischen Werbung und mikroökonomischen Nachrichten, wobei der Autor Liu Duanwu unter letzteren Berichte über Produktions- und Absatzinformationen, Markttrends, neue Technologien und neue Produkte versteht.[110] Die wesentlichen Gemeinsamkeiten von Werbung und Wirtschaftsnachrichten sieht Liu darin, daß sie gleichermaßen in den Massenmedien erscheinen und eine enge Beziehung zu Warenproduktion und Warenaustausch haben; beide dienen der Informationsverbreitung und Einflußvergrößerung, und beide erfordern Exaktheit und Wahrheit.[111] Nach Liu stimmen Werbung und mikroökonomische Nachrichten häufig in ihrem Grundaufbau - Überschrift, eigentlicher Text und Schluß - überein, und die fünf Elemente der Nachrichten[112] finden sich zum Teil auch in Werbetexten. Schließlich vertritt Liu die Auffassung, daß sowohl Werbung als auch mikroökonomische Nachrichten in Layout und Schreibweise knapp und klar, originell, lebendig und attraktiv sein müssen, um die Bedürfnisse der Leser befriedigen zu können.[113] Dennoch sind beide nicht austauschbar, denn, so führt Liu aus, es gebe zwischen beiden auch wesentliche Unterschiede: Unter den traditionellen sozialistischen Nachrichtenverbreitungsmitteln

---

[110] Siehe Liu Duanwu 刘端武: "Guanggao yu weiguan jingji xinwen" 广告与微观经济新闻 (Werbung und mikroökonomische Nachrichten), *XWZX*, 1988, No.8, pp.19-20. Den Standpunkt, man müsse vordringlich Werbung und Wirtschaftsnachrichten voneinander abgrenzen, vertritt auch Yang Cunsheng: "Tantan «xinwen guanggao»", p.5.

[111] Liu differenziert nicht nach der Strenge des Wahrheitsmaßstabes, sondern erklärt die Wahrheit zum "Leben" der Nachrichten und der sozialistischen Unternehmenswerbung. Yang Cunsheng dagegen unterscheidet zwischen dem Wahrheitsmaßstab von Werbung und von Wirtschaftsnachrichten und demonstriert diesen Unterschied am Beispiel von Kühlschränken: Wenn es fünf Marken qualitativ etwa gleichwertiger Kühlschränke auf dem Markt gibt, von denen keiner eine Besonderheit aufweist, dann wäre ein Wirtschaftsbericht, der nur eine dieser Kühlschrankmarken propagiert, insofern nicht wahr, als er nicht die wirkliche Marktlage widerspiegelt. Yang geht sogar so weit zu sagen, dies wäre dann gar keine Wirtschaftsnachricht. Siehe Yang Cunsheng: "Tantan «xinwen guanggao»", p.5.

[112] Dies sind die "fünf Ws": wer, was, wann, wo und warum. Liu verwendet die Bezeichnung "fünf Elemente", läßt aber das "wann" in seiner Aufzählung aus.

[113] Liu Duanwu: "Guanggao yu weiguan jingji xinwen", p.19. Somit fällt auch die "künstlerische Aufbereitung" als Unterscheidungsmerkmal zwischen Werbung und Nachrichten für Liu nicht ins Gewicht.

sei Werbung nicht unentbehrlich, Wirtschaftsnachrichten dagegen seien unabdingbar. Gerade weil sich erst in den letzten Jahren Werbung und Wirtschaftsnachrichten gemeinsam entwickelten, sei die grundsätzliche Differenzierung zwischen den beiden ein neues Problemfeld. Die weiteren Punkte, in denen Werbung und Wirtschaftsnachrichten nach Liu voneinander abweichen, entsprechen weitgehend der Darstellung in *Guanggao gailun (shiyong)*. Im einzelnen nennt er den begrenzteren Leserkreis der Werbung, die wiederholte Publikation von Werbung, deren Bezahlung und die unterschiedlichen Gründe für die Veröffentlichung (Eigenpropaganda bzw. Nachrichtenwert).[114] Mit den Ursachen und Gründen für die Vermischung von Werbung und Wirtschaftsnachrichten in den chinesischen Medien setzt sich auch dieser Beitrag nicht näher auseinander. Er schließt seine Ausführungen mit dem Appell, sich strikt nach dem Verbot der Nachrichtenwerbung in den "Bestimmungen zur Regelung der Werbung" und deren Ausführungsanordnungen zu richten, die eine wichtige Basis für die Differenzierung zwischen Werbung und mikroökonomischen Nachrichten darstellten.[115]

Den Nachrichtenwert erklärt auch Chao Gangling zu einem entscheidenden Kriterium für die Publikation von Presseberichten; er macht daran die Grenze zwischen Public Relations und Nachrichtenwerbung fest.[116] Nachrichtenwerbung zeichnet sich in seinen Augen durch ihren Mangel an Nachrichtenwert aus:

> In letzter Zeit können wir in einigen Zeitungen häufig sehen, daß großflächige Artikel Unternehmen ohne jede Modellbedeutung propagieren, und zahlreiche Berichte stellen Produkte ohne jeden Nachrichtenwert vor. Da stellen sich bei den Lesern Zweifel ein, sind das Nachrichten oder ist das Werbung? Oder ist es womöglich Public Relations? Manche bezeichnen dieses Phänomen als "Nachrichtenwerbung", manche auch als "bezahlte Nachrichten" (*you chang xinwen* 有偿新闻).[117]

Sowohl Public Relations als auch Werbung verfolgen, so führt Chao weiter aus, zwar das Ziel, ein Unternehmen und seine Produkte bekanntzumachen, und bedienen sich dazu der Massenmedien, jedoch soll Public Relations hauptsächlich das

---

[114] Siehe Liu Duanwu: "Guanggao yu weiguan jingji xinwen", pp.19-20. Auch Liu Duanwu verweist im Zusammenhang mit der Eigenpropaganda auf das Sprichwort der Melonenverkäuferin (p.19).

[115] Siehe Liu Duanwu: "Guanggao yu weiguan jingji xinwen", p.20.

[116] Chao Gangling 晁钢令: "«Xinwen guanggao» bu shi gonggong guanxi" «新闻广告» 不是公共关系 ('Nachrichtenwerbung' ist nicht Public Relations), *ZGGG*, 1988, No.3, pp.6-7.

Image des Unternehmens aufbauen und durch Aktionen, die Nachrichtenwert besitzen, die Medien für eine objektive Berichterstattung gewinnen. Wirkliche PR bestehe nicht darin, sich durch Bezahlung Nachrichtenorgane dienstbar zu machen.[118]

### 4.2.3. Ursachen und Auswirkungen der Nachrichtenwerbung

Ein erster Artikel, der näher auf die Gründe für die starke Verbreitung der Nachrichtenwerbung in China eingeht, erschien im Jahr 1985 in der Zeitschrift *Xinwen Zhanxian*.[119] Der Autor Gong Jindu hat nach eigenem Bekunden kein Interesse an einer rein theoretischen Untersuchung der Nachrichtenwerbung, vielmehr geht es ihm um den Zusammenhang zwischen Nachrichtenwerbung und Qualifikation der Presseleute. In seinen Augen ist Nachrichtenwerbung ein Handel zwischen Unternehmen und Medien, von dem beide Seiten profitieren: Die Zeitungsverlage erhalten als Gegenleistung für die Publikation "Propagandagebühren" bzw. "Unterstützungszahlungen". Die Unternehmen bezahlen diesen Preis deshalb gern, weil sich durch Nachrichtenwerbung häufig eine bessere Wirkung erzielen läßt als durch Werbung. Während man nämlich der Werbung gegenüber eine eher mißtrauische Haltung einnehme, habe das chinesische Volk "grenzenloses Vertrauen" in die Nachrichten.[120]

Auch der oben zitierte Artikel von Chao Gangling spürt den Ursachen der Nachrichtenwerbung nach. Für Chao liegt das entscheidende Motiv der Unternehmen ebenfalls darin, daß man Nachrichtenberichte für das effektivste Mittel hält, um Propaganda für das Unternehmen zu machen, denn zum einen besitze die Form des Presseberichtes "an sich" Objektivität, zum anderen sei das chinesische Nachrichtenwesen über lange Zeit von Beamten geführt worden und genieße daher in der Öffentlichkeit großes Vertrauen. Auf der anderen Seite zwinge der Kapitalmangel

---

[117] Chao Gangling: "«Xinwen guanggao» bu shi gonggong guanxi", p.19.

[118] Chao Gangling führt als Beispiel für eine echte PR-Aktion eine Fahrzeugfabrik im Nordosten Chinas an, die zur Bekanntmachung eines neu hergestellten Kleinbusses sechs dieser Busse in einer feierlichen Zeremonie an eine Gruppe von Pionieren verschenkte. (Ebenda, p.19.)

[119] Gong Jindu 公今度: "«Xinwen guanggao» lun bian" «广告新闻» 论辨 (Zur Unterscheidung von 'Werbenachrichten'), *XWZX*, 1985, No.6, p.6.

[120] Siehe ebenda. Gong appelliert am Ende seines Artikels an die Presseleute, die das Sprachrohr von Partei und Volk seien und sich seit jeher durch ihren uneigennützigen und festen Standpunkt auszeichneten.

die Nachrichtenorgane dazu, sich zusätzliche Einnahmequellen zu erschließen.[121] Es sei für sie wesentlich einfacher, Lobeshymnen auf ein paar zahlungswillige Unternehmen zu publizieren als ihre Energie auf neue Wege zur Erhöhung der Qualität und damit der Auflage der Zeitung zu verwenden. Zudem biete die Nachrichtenwerbung den Presseleuten die Möglichkeit, sich privat zu bereichern.[122]

Chao nennt aber auch noch andere Gründe für die Nachrichtenwerbung: Auf den Gebieten PR, Werbung und Nachrichten gebe es noch erhebliche Defizite in der Theorie und ebenso im Bereich der Gesetze, so daß die Basis der Verwaltungsbehörden für eine Einschätzung und Kontrolle von Nachrichten unzulänglich sei. Schließlich fehlt es nach Meinung von Chao an äußeren Beschränkungen: Während der heftige Konkurrenzkampf im Kapitalismus die Zeitungen davon abhalte, Meldungen ohne Nachrichtenwert zu publizieren, könne in China die Nachrichtenwerbung nur deshalb soviel Raum einnehmen, weil diese Einschränkungen durch den Wettbewerb nicht gegeben seien.[123]

Die negative Wirkung der Nachrichtenwerbung steht für Chao Gangling außer Frage, denn, so argumentiert er, sie halte erstens die Masse der Leser zum Narren, senke zweitens die Qualität der Zeitungen und zerstöre allmählich deren Ansehen und verstoße drittens in jeder Hinsicht gegen die Berufsmoral. Sie sei ein Irrweg, der am Ende auch die Seelen der Presseleute und der Unternehmensmanager verderbe, die durch die Nachrichtenwerbung "immer tiefer im Morast des Strebens nach privatem Profit versinken"[124].

Yang Cunsheng erklärt die Entstehung der Nachrichtenwerbung aus der neuen Situation, der sich die Unternehmen nach Beginn der Wirtschaftsreform gegenübersahen. Um den Bruch zwischen Angebot und Nachfrage, der unter der Produktwirtschaft entstanden war, zu überbrücken, sei Werbepropaganda in den Massenmedien das effektivste Mittel gewesen. Dabei sei aber das Problem aufge-

---

[121] Auch hier spielt also der ökonomische Druck, dem sich die Medien ausgesetzt sehen, eine nicht unwesentliche Rolle.

[122] Siehe Chao Gangling: "«Xinwen guanggao» bu shi gonggong guanxi", pp.6-7.

[123] Chao Gangling: "«Xinwen guanggao» bu shi gonggong guanxi", p.7. Wieder erscheint also die Konkurrenz im Kapitalismus als positiver Faktor.

[124] Ebenda. Ähnlich werden die Auswirkungen der Nachrichtenwerbung dargestellt in Zhang Yuyou und Yan Jinyu: *Shangpin guanggaoxue*, p.329. Dort heißt es: "Diese 'Pseudo-Nachrichtenwerbung' verstößt gegen das Prinzip der Parteilichkeit der proletarischen Nachrichten und gegen den Grundsatz

treten, daß nicht genügend Raum für Werbung zur Verfügung stand.[125] Aus diesem Grund hätten die Medien zum Mittel der Nachrichtenwerbung gegriffen.

Zu der Frage, ob Nachrichtenwerbung in ihrer Wirkung negativ oder positiv zu bewerten sei, nimmt Yang eine differenzierte Haltung ein. Für die ersten Jahre nach 1979 spricht er der Nachrichtenwerbung gewisse Vorzüge zu:

> [...] ich meine, der grundlegende Maßstab für die Beurteilung von Falsch und Richtig der Nachrichtenwerbung ist die gesellschaftliche Wirkung, d.h. [ihre] Vor- und Nachteile für die Förderung der Entwicklung der gesellschaftlichen Produktivkräfte. Gemessen an diesem Maßstab muß man anerkennen, daß sie für den Aufbau der neuen Ordnung der chinesischen Warenwirtschaft, für den Bahnwechsel der Unternehmen und für die Veränderung der traditionellen ideologischen Anschauungen der Menschen eine positive Funktion hatte.[126]

Die Entwicklung der Nachrichtenwerbung nach diesen Anfangszeiten der Wirtschaftsreform aber sieht Yang in einem anderen Licht. Ihre zahlreichen negativen Auswirkungen, so schreibt er, träten immer deutlicher hervor, denn sie verstoße gegen den Kern der Warenwirtschaft: den Konkurrenzmechanismus. Statt sich der Marktkonkurrenz durch die Steigerung der Produktqualität und Verbesserung des Service zu stellen, nutzten die Unternehmen ihre Beziehungen für Nachrichtenwerbung. Zudem störe die Nachrichtenwerbung die gesunde Entwicklung des Marktes, welche die Erhaltung normaler Angebots- und Nachfrageverhältnisse voraussetze, denn durch das übertriebene Propagieren schwer erhältlicher Markenprodukte werde der Nachfragedruck erhöht und die Qualitätssteigerung dadurch zusätzlich erschwert.[127] Schließlich ist Yang davon überzeugt, daß die Publikation

---

des sozialistischen Nachrichtenwesens, wie ein starkes Ätzmittel frißt es sich in die Seele der Nachrichteneinheiten."

[125] Yang führt als Beispiel die *RMRB* an, bei der man sich zwischen 1979 und 1982 sechs bis neun Monate habe "anstellen" müssen, um eine Annonce zu publizieren. Siehe Yang Cunsheng: "Tantan «xinwen guanggao»", p.4. In den "Ausführungsanordnungen" zu den "VB" von 1982 waren ja auch noch Beschränkungen für den Werberaum in Zeitungen verankert. Siehe dazu 2.2.3. dieser Arbeit.

[126] Yang Cunsheng: "Tantan «xinwen guanggao»", p.4.

[127] Siehe ebenda. Ähnliche Argumente gegen die Nachrichtenwerbung hatte Yang Cunsheng bereits in einem früheren Artikel desselben Jahres angesprochen. Siehe Yang Cunsheng: "Guanggao xuanchuan shi xin shiqi Dang bao de zhongyao gongneng", p.15.

von Nachrichtenwerbung langfristig den Medien selbst schade. Nur wenn die Qualität ihrer Nachrichten gut sei, könne eine Zeitung ihren Leserkreis und damit ihre Auflagenhöhe erhalten, und dann kämen die Werbeaufträge ganz von allein. Die Nachrichtenwerbung setze aber statt der Leser die Werbenden an die erste Stelle, wodurch sich die Qualität der Nachrichten verschlechtere, die Zeitung ihre Leser und am Ende auch ihre Werbekunden verliere.[128]

### 4.2.4. Zusammenfassung

Wie in Kapitel 3 dieser Arbeit gezeigt wurde, heben die chinesischen Autoren bei der Darstellung der Rolle der Werbung im sozialistischen Wirtschaftssystem insbesondere ihre Informationsfunktion als grundlegend hervor. Werbung wird als besonders effizientes Mittel vorgestellt, das primär der Verbreitung ökonomischer Informationen dient und so zwischen Produktion und Verbrauch vermittelt. Wenn Werbung als "integraler Bestandteil" des in der modernen Gesellschaft immer wichtiger gewordenen Informationssystems angesehen wird,[129] dann stellt sich die Frage, ob und inwieweit sie sich von anderen Möglichkeiten zur Verbreitung von Wirtschaftsinformationen, wie z.B. Wirtschaftsnachrichten, unterscheidet. Zumindest zwei der Merkmale, welche die sozialistische Werbung nach übereinstimmender Meinung der chinesischen Autoren auszeichnen, nämlich ihr Wahrheitscharakter und ihr ideologischer bzw. politischer Charakter, werden auch für die Berichterstattung in den sozialistischen Medien geltend gemacht und sind daher für eine Abgrenzung zwischen Werbung und Nachrichten ungeeignet. Bei dem Versuch, die Existenz der Werbung im Sozialismus zu rechtfertigen, beschreibt die Mehrzahl der chinesischen Autoren Funktionen und Eigenschaften der Werbung so, als handle es sich um objektive Informationen, die sich praktisch nur durch ein Mehr an künstlerischer Aufbereitung von anderen Formen der Information abheben. So erklärt sich, daß die praktische Verschmelzung von Nachrichten und Werbung in einigen relativ frühen Beiträgen als vorbildlicher Weg gerade der "sozialistischen" Werbung vertreten wird.

Nach dem offiziellen Verbot der als "Nachrichtenwerbung" bezeichneten Vermischung von Werbung und Nachrichten ist diese Position in der Werbeliteratur aber nicht mehr zu finden, vielmehr bemühen sich eine Reihe von Autoren darum, der

---

128 Siehe Yang Cunsheng: "Tantan «xinwen guanggao»", pp.4-5.
129 Siehe z.B. Zhang Kaixian 张开显: "Jingji xinxi yu guanggao" 经济信息与广告 (Wirtschaftsinformationen und Werbung), ZGGG, 1983, No.4, pp.2-3. Dieser Artikel behandelt Werbung ohne klare Abgrenzung im Zusammenhang mit Wirtschaftsinformationen und Wirtschaftsprognosen, verwendet allerdings nirgends den Begriff "Nachrichtenwerbung".

für die Praxis geforderten Trennung von Werbung und Nachrichten auch ein theoretisches Fundament zu verleihen. Überschneidungen zwischen beiden Begriffen werden dabei durchaus in die Darstellung mit einbezogen, dienen aber hauptsächlich als allgemeiner Bezugsrahmen, der in seiner Bedeutung gegenüber den in den Vordergrund gestellten Unterschieden zwangsläufig verblaßt. Eine Lösung des Problems kann allerdings allein mit einer begrifflichen Abgrenzung nicht erreicht werden, denn wie verschiedene Autoren feststellen, sind mangelnde Kenntnisse über die Unterschiede von Werbung und Nachrichten nicht der einzige Grund für die Ausbreitung der Nachrichtenwerbung. Im Gegenteil: Gerade die unterschiedliche Wirkung von vermeintlich "objektiven" Nachrichten und vom Leser eher mit Mißtrauen aufgenommener Werbung ist einer der Punkte, welche die Publikation von Werbung in Form von Nachrichten für die Unternehmen attraktiv erscheinen läßt und den Medien die benötigten Mehreinnahmen ermöglicht. Wie schon bei der Frage der Geschäftsstruktur der chinesischen Werbebranche fallen also auch bei der Nachrichtenwerbung materielle Interessen, vor allem auf seiten der Nachrichtenmedien maßgeblich ins Gewicht. Es ist deshalb auch nicht damit getan, die gesetzlichen Vorschriften zu "vervollständigen", an die Moral der Presseleute zu appellieren oder "regelmäßige Erziehung und Anleitung" bei ihnen durchzuführen, wie Chao Gangling vorschlägt.[130] Die für die Betriebe vielreklamierte Eigenverantwortlichkeit und das Selbstbestimmungsrecht beschränken sich für die Medien darauf, daß sie bei sinkenden Subventionen und stark gestiegenen Kosten dazu gezwungen sind, selbst Mittel zu beschaffen. Sie sind aber keineswegs in die politisch-ideologische Unabhängigkeit entlassen, vielmehr werden sie weiterhin als Organ und Sprachrohr von Partei und Staat definiert, die nicht oder nur "ein bißchen" kommerzialisiert werden dürfen.[131] Sie sind zwar angehalten, weitgehend selbst für ihre Kosten aufzukommen, sollen aber nicht "nur aufs Geld schauen" - wo allerdings die Grenze zwischen diesen beiden Forderungen zu ziehen ist, bleibt offen.

---

[130] Siehe Chao Gangling: "«Xinwen guanggao» bu shi gonggong guanxi", p.6.

[131] Die unterschiedlichen Standpunkte in der Diskussion über den Warencharakter von Nachrichten und die Kommerzialisierung der Nachrichtenmedien im China der achtziger Jahre sind zusammengefaßt in Liu Baoquan 刘保全: "Guanyu xinwen shangpinxing wenti de taolun zongshu" 关于新闻商品性问题的讨论综述 (Zusammenfassung der Diskussion über die Frage des Warencharakters von Nachrichten), *Xinhua Wenzhai* 新华文摘, 1989, No.3, pp.166-168.

## 4.3. Ausländische Werbung in China

Ausländische Werbung wird in der chinesischen Literatur im allgemeinen als "Werbung ausländischer Geschäftsleute in China" (*waishang lai Hua guanggao* 外商来华广告) bezeichnet. Die positive Rolle, die ihr in der Theorie zuerkannt wird, sei hier nochmals zusammengefaßt: Die Deviseneinnahmen der Volksrepublik China werden durch ausländische Werbeaufträge erhöht. Werbung ausländischer Unternehmen macht China mit neuen Technologien und neuen Trends auf dem internationalen Markt bekannt, so daß chinesische Betriebe ihre Produktion daran orientieren können, um dann durch eigene Werbung überflüssigen Importen gegenzusteuern und damit wiederum die Devisenausgaben des chinesischen Staates zu verringern. Dennoch birgt ausländische Werbung ein gewisses Gefahrenpotential in sich, denn im Gegensatz zur originär chinesischen Werbung, die durch ihren "sozialistischen Ursprung" geprägt und geformt wird, kann die Werbung ausländischer Unternehmen ihre kapitalistische Herkunft weder ablegen noch verleugnen.

Wer erwartet, daß sich die chinesische Literatur zur Werbung dieses Themas ausführlich angenommen hat, um die kapitalistischen Machenschaften ausländischer Werber in China offenzulegen, sieht sich enttäuscht: Kritische Bemerkungen über ausländische Werbung in China sind, zumindest von Vertretern der Werbebranche, nur selten zu finden - vermutlich hat für sie das Interesse an ausländischen Werbeaufträgen Priorität. Doch muß der beispielsweise im Jahr 1982 gehäuften Publikation von Leserbriefen in der *RMRB*, in denen Bürger ihre Besorgnis über die Werbeslogans ausländischer Firmen oder über die zu auffällige Plazierung ausländischer Werbung zum Ausdruck bringen, eine gewisse Bedeutung zugemessen werden.[132] Auch einige offizielle Verlautbarungen enthalten Passagen, die sich auf das Problem ausländischer Werbung beziehen. Bereits in dem Zirkular, das - ebenfalls im Jahr 1982 - mit den "Vorläufigen Bestimmungen" verschickt wurde, heißt es, bei der Werbung für "ausländische Luxusartikel" werde zu wenig auf die staatliche Politik und die nationale Lage Chinas geachtet.[133] Und in den Anweisungen vom Juni 1982, welche die erste Ausrichtung in der Werbung einleiteten, wird auch eine Überprüfung der ausländischen Werbung angeordnet:

> Solche [ausländische Werbung], die den Bestimmungen entspricht, darf weiter publiziert werden; über solche, die inhaltlich den Bestimmungen nicht entspricht, muß mit den ausländischen Geschäftsleuten verhandelt und sie muß korrigiert werden; für solche, die der staatlichen Politik nicht entspricht, die der staatlichen Souveränität

---

[132] Beispiele solcher Leserbriefe wurden in Kap.1 aufgeführt.
[133] Siehe "Guowuyuan guanyu fabu «Guanggao guanli zanxing tiaoli»", p.48.

oder der nationalen Würde schadet, müssen Vorschläge zur Regelung gemacht werden [...].¹³⁴

Auch drei Jahre später - im November 1985 - nennt das Amt des Staatsrates als eines der Probleme, die gelöst werden müssen, daß ausländische Erzeugnisse in der Werbung übertrieben angepriesen und damit chinesische Produkte abgewertet würden.¹³⁵

### 4.3.1. Das Beispiel Toyota

Ein Beispiel für einen umstrittenen Werbeslogan, mit dem ein ausländisches Unternehmen in China warb, betraf den japanischen Fahrzeughersteller Toyota (chin. *Fengtian* 丰田). Am 27.2.1981 veröffentlichte Toyota in der *RMRB* eine Anzeige über die gesamte Seitenbreite mit dem Werbespruch "Fährt man auf den Berg, dann gibt es [auch] eine Straße - und wo es eine Straße gibt, da gibt es Toyota-Autos" (*Che dao shan qian bi you lu, you lu bi you Fengtian-che* 车到山前必有路, 有路必有丰田车).¹³⁶

Dieser Werbeslogan wird in einer ganzen Reihe chinesischer Artikel über Werbung aufgegriffen und bewertet: Beispielsweise kommt ein Autor, der die chinesische Werbung unter dem Gesichtspunkt ihrer sprachlichen Anziehungskraft beleuchtet, zu dem Schluß, sie bediene sich zu vieler Floskeln und abgedroschener Phrasen und wecke etwa ebensoviel Interesse wie ein "achtfüßiger Essay" (*baguwen* 八股文), d.h. ein rein schematisch geschriebener Aufsatz.¹³⁷ In der klassischen Dichtung und den im Volk verbreiteten Redensarten sieht er einen reichen Fundus, aus dem die Werbung schöpfen kann, um ihre Sprache leicht verständlich, lebendig und anschaulich zu gestalten.¹³⁸ In diesem Zusammenhang nennt er den

---

134 Siehe "Guanyu zhengdun guanggao gongzuo de yijian", p.54.

135 Siehe "Guowuyuan Bangongting guanyu jiaqiang guanggao xuanchuan guanli de tongzhi", p.67.

136 Siehe *RMRB*, 27.2.1981, p.7. Ob Toyota in China durch eine chinesische oder eine japanische Werbeagentur vertreten wird, ist nicht bekannt, wahrscheinlicher ist aber letzteres.

137 Siehe Qian Hanjiang 钱汉江: "Zengqiang guanggao yuyan de ganranli" 增强广告语言的感染力 (Die Anziehungskraft der Werbesprache verstärken), *ZGGG*, 1983, No.2, pp.34-35, hier: p.34.

138 Siehe Qian Hanjiang: "Zengqiang guanggao yuyan de ganranli", pp.34-35. Mit dieser Auffassung steht der Autor nicht allein. Bereits in der ersten Ausgabe der Zeitschrift *ZGGG* erschien ein Artikel mit demselben Titel,

Toyota-Werbeslogan, der geschickt eine chinesische Redensart benutze, um zum Ausdruck zu bringen, daß Toyota-Fahrzeuge überall auf der Welt verkauft werden und überall herumfahren.[139] Auch Yi Changtai sieht diesen Slogan als besonders gelungen an, weil er den Namen des Produktes in eine chinesische Redensart einbaue und dadurch originell sei.[140] Diese positive Beurteilung, der ausschließlich das Kriterium der sprachlichen Wirkung des Werbespruches zugrundeliegt, wird in anderen Publikationen geteilt.[141]

Nicht überall stieß der Werbeslogan von Toyota auf uneingeschränkte Zustimmung. In der Zeitschrift *Xinwen Zhanxian* erschien im Jahr 1982 ein kurzer Beitrag, der die Werbeslogans von Toyota und von Citizen als Einstieg benutzt, um auf mögliche Gefahren ausländischer Werbung in China hinzuweisen. Der Verfasser, Zhang Yan, stellt die Frage, welche Wirkung ein Werbespruch wie der von Toyota "auf die Massen und die nächste Generation" habe, läßt die Frage dann allerdings unbeantwortet im Raum stehen.[142] Zhangs Vorbehalte beziehen sich auf die große Menge ausländischer Werbung, die "durch die Nachrichtenorgane unserer Partei die Fühler bereits in jeden normalen chinesischen Haushalt ausgestreckt" habe.[143] Er sieht zwar durchaus die positiven Seiten ausländischer Werbung, erklärt jedoch einschränkend:

> Aber es muß eine Grenze geben - außer, daß man in den Bereichen des ideologischen und des Wahrheitscharakters der Werbung die nötigen Grenzen zieht, muß man auch die Quantität kontrollieren, sie muß nützlich sein für das Festhalten am sozialistischen Weg und für

---

dessen Verfasser Tang-Gedichte als sprachliche Vorbilder für die Werbung zitiert. Siehe Yuan Mai 袁迈: "Zengqiang guanggao yuyan de ganranli" 增强广告语言的感染力 (Die Anziehungskraft der Werbesprache verstärken), *ZGGG*, 1981, No.1, pp.12-13.

[139] Qian Hanjiang: "Zengqiang guanggao yuyan de ganranli", p.35. Die Redensart, auf welcher der Werbespruch von Toyota basiert, lautet *xing dao shan qian bi you lu* 行到山前必有路 ("reist man in die Berge, dann gibt es [auch] einen Weg").

[140] Siehe Yi Changtai: *Shiyong guanggao zhinan*, p.239.

[141] Siehe z.B. Liu Xuezhi: *Chanpin xiaoshou zhishi yu jiqiao*, pp.55-56.

[142] Siehe Zhang Yan 张岩: "Ying shenzhong duidai waishang guanggao" 应慎重对待外商广告 (Ausländische Werbung muß sorgfältig behandelt werden), *XWZX*, 1982, No.9, p.20.

[143] Siehe ebenda.

die Entwicklung der nationalen Industrie und des Handels unseres Landes.[144]

Xu Baiyi bezieht zur Frage des Toyota-Slogans selbst keine Stellung, sondern äußert dazu nur, manche seien von dem Spruch angetan, weil er populär sei, andere lehnten ihn ab, weil er übertrieben sei. Daß aber der Werbespruch von Toyota später von einem chinesischen Reifenhersteller übernommen wurde, ist für Xu völlig unakzeptabel.[145]

Offizielle Stellen in China standen dem Werbespruch von Toyota jedenfalls ablehnend gegenüber, denn nachdem er ein Jahr lang in verschiedenen Medien eingesetzt worden war, legte man dem Unternehmen nahe, den Spruch nicht weiter zu verwenden, da er nicht der Wahrheit entspreche: nicht auf jeder Straße sei ein Toyota zu finden.[146] Ob die Behörden in diesem Fall ein formelles Verbot erließen oder eine "Empfehlung" aussprachen, geht aus der Literatur nicht eindeutig hervor. Wenn der Toyota-Werbespruch etwa ein Jahr nach der ersten Anzeige in der *RMRB* verboten wurde, dann fällt dieses Verbot ungefähr in den Zeitraum, als die "VB" erlassen wurden und die erste Ausrichtung in der Werbung stattfand, welche - wie oben dargestellt - auch ausländische Werbung einbezog.

In einer Anfang 1984 publizierten Rede über den sozialistische Kurs in der chinesischen Werbung bekräftigte Wang Zhongming, der damalige Leiter der Werbeabteilung des Staatlichen Industrie- und Handelsverwaltungsamtes, diese "amtliche" Verurteilung des Werbeslogans von Toyota. Die Ausländer, so heißt es bei Wang, treiben Handel, um Profit zu machen - und er belegt dies mit dem Beispiel Toyota, deren Werbespruch "unangenehm anzuhören" (*bu ru'er* 不入耳) sei und

---

144   Ebenda.

145   Siehe Xu Baiyi 徐百益: "Nuli tigao guanggao shuiping" 努力提高广告水平 (Das Niveau der Werbung energisch erhöhen), *Shiyong guanggao shouce*, hg. von Xu Baiyi, pp.8-16; hier: p.13. Der Spruch der Reifenfirma lautete: "Fährt man in die Berge, dann gibt es [auch] ein Fahrzeug, und wo es ein Fahrzeug gibt, da gibt es Huili-Reifen" (*xing dao shan qian bi you che, you che bi you Huili-tai* 行到山前必有车, 有车必有回力胎). Ein weiteres Beispiel, das Xu anführt, weist schon absurde Züge auf: Eine chinesische Strumpffabrik übernahm den Werbeslogan für Rado-Uhren - "schönes Äußeres, intelligentes Inneres" (*xiu wai hui zhong* 秀外慧中) - für ihre Socken. Siehe Xu Baiyi: "Nuli tigao guanggao shuiping", p.14.

146   Siehe dazu [o.Verf.:] *Advertising and Marketing in China. Past, Present and Future*, pp.175-176. Es gibt keine Informationen darüber, ob auch der chinesischen Reifenfirma die Verwendung des Werbespruches untersagt wurde.

"Widerwillen" hervorrufe, da er weder auf die Straßen Chinas noch auf die anderer Länder auf der Welt zutreffe.[147] Für die sozialistische Werbung aber müsse die Wahrheit an oberster Stelle stehen.[148]

Angesichts des Lobes, das dem Toyota-Slogan von anderen Autoren zuteil wurde, basiert Wang Zhongmings Behauptung, er löse beim Hörer Widerwillen aus, wohl eher auf Wunschdenken denn auf Fakten. Sowohl die relativ häufige Nennung dieses Werbeslogans in der Literatur als auch seine Nachahmung durch ein chinesisches Unternehmen zeigen, daß der Werbespruch jedenfalls insofern ein Erfolg war, als er ein ungewöhnlich starkes Echo hervorrief. Gerade der im Vergleich zur chinesischen Werbung geschicktere und wirkungsvollere Einsatz ausländischer Werbung - und nicht ihre Ablehnung durch die Masse der Rezipienten - könnte ein Faktor sein, der Widerstände auf offizieller chinesischer Seite auslöste und auslöst. Diese Frage wird aber erst dann wirklich brisant, wenn die Werbung für ausländische Produkte den Absatz einheimischer Erzeugnisse gefährdet.[149] Eine ambivalente Haltung Chinas ist insbesondere gegenüber Japan zu erkennen, das zwar einerseits zum Vorbild für Modernität und wirtschaftlichen Erfolg erklärt wird, dessen - im Vergleich zu anderen kapitalistischen Ländern - starkes ökonomisches Engagement in China aus historischen Gründen aber auch mit Unbehagen und Mißtrauen begegnet wird.

### 4.3.2. "Öffnung nach außen" oder "Landesverrat"

In einer Rede auf einer Delegiertenversammlung des Werbeverbandes Shanxi vom Dezember 1984 stellt der oben zitierte Wang Zhongming die positive Bedeutung der ausländischen Werbung in China in den Vordergrund. Er verweist in diesem Zusammenhang auf das Beispiel Hongkongs, wo ausländische Werbung einen Anteil von über 80% an den jährlichen Gesamtausgaben für Werbung ausmache und damit auch der Hongkonger Regierung beachtliche Einnahmen aus Werbesteuern

---

[147] Siehe Wang Zhongming: "Jianchi shehuizhuyi fangxiang. Zai Beifang chengshi guangbo diantai guanggao jiaoliuhui shang de jianghua (zhaiyao)", p.3.

[148] Ebenda.

[149] Diese Schlußfolgerung wird auch gezogen in [o.Verf.:] *Advertising and Marketing in China: Past, Present and Future*, p.176. In diesem Buch wird neben dem Toyota-Werbeslogan das Beispiel des Uhrenherstellers Rado aufgeführt, dessen Slogan "Rado - die moderne Uhr" (*Leida-biao - xiandaihua de shoubiao* 雷达表 - 现代化的手表) nach drei Jahren mit dem

sichere.¹⁵⁰ Die Wirtschaftskontakte Chinas zum Ausland seien zwar stark ausgebaut worden, aber:

> Da wir internationale Informationen nicht verstehen, bringen zwar viele ausländische Geschäftsleute eine Menge Werbegelder mit, wenn sie in unser Land kommen, um den Warenabsatz zu fördern, nehmen diese aber wieder mit zurück - man muß sagen, das ist ein Verlust. Um mehr ausländisches Kapital anzuziehen und Geldmittel für den Aufbau der "Vier Modernisierungen" unseres Landes bereitzustellen, muß man es begrüßen, wenn für ausländische Waren in China Werbung gemacht wird.¹⁵¹

Wang Zhongming räumt hier - im Gegensatz zu seiner früheren Rede, deren thematischer Schwerpunkt der Beitrag der Werbung zur geistigen Zivilisation des Sozialismus war - dem finanziellen Nutzen, den ausländische Werbung für Chinas Modernisierungsvorhaben haben kann, einen hohen Stellenwert ein. Bedenken gegen eine quantitative Ausweitung ausländischer Werbung oder ideologische Vorbehalte bringt er in diesem Kontext nicht zur Sprache.

Mit der Modernisierung Chinas verteidigt auch Wan Zhicheng ausländische Werbung und eine gewisse Anpassung Chinas an die Bedürfnisse ausländischer Geschäftsleute gegen diejenigen Kritiker, in deren Augen die gute Plazierung ausländischer Werbung oder westlichsprachige Kennzeichnungen in Schaufenstern und auf Werbetafeln eine "Verletzung des nationalen Standards" (*you sun guoge* 有损国格) oder gar "Landesverrat" (*mai guo* 卖国) bedeuten:

> Nun, warum beurteilen manche Leute [die Frage, ob] das nationale Selbstbestimmungsrecht vollständig ist, danach, ob es ausländische Werbung gibt, oder nach ihrer Größe? Mir scheint hier ein Fehler in der Logik vorzuliegen. In gewissem Grad ist es auch mangelndes Vertrauen in die Politik der Öffnung nach außen. Wenn wir uns schon nicht trauen, ausländische Werbung und fremdsprachige Schilder als Wegweiser zu akzeptieren, ist eine solche "Öffnung" dann nicht zweifelhaft? Und wie kann man da noch davon sprechen, mehr ausländische Investitionen anzuziehen und am Konkurrenzkampf des

---

Argument gestoppt werden mußte, es gebe mittlerweile auch moderne chinesische Uhren.

150 Siehe Wang Zhongming 王忠明: "Kaifa wo guo wuyan gongye - guanggaoye" 开发我国无烟工业 - 广告业 (Die rauchlose Industrie unseres Landes erschließen - die Werbeindustrie), *Shiyong guanggao shouce*, hg. von Xu Baiyi, pp.2-6, hier: p.5.

internationalen Warenmarktes teilzunehmen? Nicht nur im Bereich der Werbung, sondern in der [ganzen] Gesellschaft ist es notwendig, zwischen blinder Anbetung des Westens und normalem Außenhandel zu unterscheiden - man darf ökonomische und politische Fragen nicht in einen Topf werfen. Tatsächlich sind gerade die Ausweitung des Außenhandels und die Erhöhung der Deviseneinnahmen besonders nützlich für den Aufbau der Vier Modernisierungen - und der Aufbau der Vier Modernisierungen ist [doch] genau unser grundlegendes Interesse.[152]

Wahllose Annahme und Publikation ausländischer Werbung hält Wan Zhicheng zwar nicht für wünschenswert - und auch er verweist hier auf den Toyota-Slogan als Negativbeispiel -, jedoch sei es besser, die eigene Werbung mit der ausländischen konkurrieren zu lassen als letztere bereits "vor der Tür" abzuweisen. Chinesische Werbeleute sollten von der ausländischen Werbung lernen, die gerade deshalb so starken Widerhall finde, weil sie so gut gestaltet sei und als Blickfang wirke. Wenn man tatsächlich die Politik der Öffnung und Belebung befürworte, so lautet Wan Zhichengs Fazit, dann dürfe man nicht die Haltung einnehmen "wie die Liebe des ehrwürdigen Ye zu den Drachen" (*Yegong hao long* 叶公好龙).[153]

Als Herausforderung, der sich die chinesische Werbung stellen muß, wird die ausländische Werbung in China auch in mehreren Artikeln aus dem Jahre 1987 gesehen.[154] Die Autoren der Beiträge unterstreichen dabei die Tatsache, daß ausländische Unternehmen - im Gegensatz zur Mehrheit der chinesischen - Werbeausgaben als eine Investition zur Eroberung des chinesischen Marktes betrachten. Besonders japanische Unternehmen, so schreibt die Redaktion der Zeitschrift *Zhongguo Guanggao*, machten sich über ihre großen Werbeagenturen

---

[151] Wang Zhongming: "Kaifa wo guo wuyan gongye - guanggaoye", pp.5-6.

[152] Wan Zhicheng: "Cong Shanghai de waishang lai Hua guanggao tankaiqu", p.2.

[153] Siehe ebenda. Der ehrwürdige Ye, der zeitlebens erklärt hatte, Drachen zu lieben, starb vor Schreck, als er einem wirklichen Drachen begegnete.

[154] Siehe [Benkan bianjibu:] "Guanggao zhuanye gongsi mianlin guannian shang de bianhe yu gengxin", insbesondere p.5; Wang Zhenxing: "Guanggaojie jixu jiejue de ruogan wenti zhi wo jian", pp.6-7; und Huang Yan 黄燕: "Wei huoyue jingji, cujin maoyi, dali fazhan guanggao shiye" 为活跃经济，促进贸易，大力发展广告事业 (Das Werbewesen mit aller Kraft entwickeln, um die Wirtschaft zu beleben und den Handel zu fördern), *Guoji Guanggao* 国际广告, 1987, No.1, pp.6-7, inbesondere p.6.

wie Dentsu (chin. Diantong 电通)[155] ganz bewußt die Schwäche der chinesischen Medien, nämlich deren Gier nach Geld und Devisen, zunutze und eroberten so die chinesischen Werbemärkte. Auch amerikanische Firmen engagierten sich zunehmend auf dem chinesischen Markt. Die Rechnung, die von der Redaktion hier aufgemacht wird, wirkt regelrecht bedrohlich:

> [...] die landesweiten Werbeausgaben in China betragen nicht mehr als 600 Mio. Yuan pro Jahr, umgerechnet also nur 200 Mio. US$. Die Werbeausgaben der USA dagegen belaufen sich auf über 80 Mrd. US$, wenn sie davon nur 300 Mio. auf dem chinesischen Markt ausgeben, dann können sie damit die gesamten Medien unseres Landes aufkaufen.[156]

In etwas abgewandelter Form operiert auch Fang Zhenxing mit einer solchen Rechnung, um dann die Schlußfolgerung zu ziehen, die chinesischen Unternehmen und deren übergeordnete Behörden müßten, um mit den ausländischen Unternehmen konkurrieren zu können, die Werbeausgaben sichern und dürften mit Sparmaßnahmen nicht ausgerechnet in diesem Bereich beginnen.[157]

Beide oben genannten Beiträge erschienen zu einem Zeitpunkt, als das Schlagwort von den "zwei Steigerungen, zwei Einsparungen" die Runde machte.[158] Die Vorstellung, der Werberaum und die Werbezeit der chinesischen Medien könnten *in toto* von Unternehmen aus dem kapitalistischen Ausland aufgekauft werden, ist daher kaum als Beschreibung einer tatsächlich drohenden Gefahr zu verstehen. Vielmehr dient sie als Argument, um die Werbegelder und -ausgaben inländischer Unternehmen, welche nach Meinung chinesischer Werbefachleute im Vergleich zu wirtschaftlich entwickelten Ländern zu gering sind, gegen zusätzliche Sparmaßnahmen bzw. Kürzungen zu verteidigen.

---

[155] Dentsu, eine der größten Werbeagenturen der Welt, ist neben mehreren anderen japanischen und amerikanischen Werbeagenturen in China aktiv. Siehe dazu Scott D. Seligman: "China's Fledgling Advertising Industry", pp.15-16.

[156] [Benkan bianjibu:] "Guanggao zhuanye gongsi mianlin guannian shang de biange yu gengxin", p.5. Die Zahlenangaben basieren auf dem Jahr 1985.

[157] Siehe Fang Zhenxing: "Guanggaojie jixu jiejue de ruogan wenti zhi wo jian", pp.6-7.

[158] Siehe dazu oben 1.2.5.

## 4.3.3. Untersuchungen

Die Diskussionen, welche die ausländische Werbung durch ihren speziellen Inhalt und ihre augenfällige Form bei "Persönlichkeiten des öffentlichen Lebens" ausgelöst hat, nimmt Zhu Jianhua zum Anlaß für eine Untersuchung der Werbung ausländischer Unternehmen in den beiden Shanghaier Tageszeitungen *Wenhui Bao* und *Jiefang Ribao* in den Jahren 1979 bis 1985.[159] Dabei kommt er zu folgenden Ergebnissen:[160]

- Der Anteil ausländischer Werbung an der Werbegesamtfläche der beiden Zeitungen ist relativ niedrig, er beträgt bei der *Wenhui Bao* 8%, bei der *Jiefang Ribao* 6%.

- Auch die Häufigkeit, mit der ausländische Werbung publiziert wird, liegt nicht sehr hoch - im Durchschnitt erscheint alle fünf Tage eine ausländische Anzeige in der *Wenhui Bao*, in der *Jiefang Ribao* nur alle sieben Tage.

- Die einzelnen ausländischen Anzeigen zeichnen sich dabei aber durch eine relativ große Fläche aus (in der *Wenhui Bao* durchschnittlich ein Viertel einer Zeitungsseite, in der *Jiefang Ribao* ein Fünftel einer Seite pro Anzeige).[161]

- Japanische Unternehmen sind mit einem Anteil von jeweils 78% in beiden Zeitungen die stärksten ausländischen Inserenten; es folgen die Schweiz (10 bzw. 9%), Hongkong, Kanada, die USA und die BRD.

- Den bei weitem größten Teil der ausländischen Anzeigen hält mit 36% eine japanische Firma für Taschenrechner u.ä., mit großem Abstand folgen ein japanischer Hersteller von Elektrogeräten (7%), eine japanische Uhrenfirma (6%) und eine Uhrenfirma aus der Schweiz (6%).

- Ein überdurchschnittlich hoher Anteil der ausländischen Werbung in beiden Zeitungen bezieht sich auf Bürobedarf (36%) und Güter des täglichen Bedarfs (34%), wie z.B. Uhren und Elektrogeräte; für Produktionsmittel

---

[159] Siehe Zhu Jianhua 祝建华: "Shanghai ribao zhong de waishang guanggao" 上海日报中的外商广告 (Ausländische Werbung in Shanghaier Tageszeitungen), *Guoji Guanggao* 国际广告, 1987, No.2, pp.15-17.

[160] Diese Untersuchung wird hier relativ ausführlich referiert, weil sie nach Kenntnis der Verfasserin die einzige ist, die sich ausschließlich mit ausländischer Werbung in China beschäftigt.

[161] Leider gibt Zhu Jianhua keine Vergleichszahlen für chinesische Annoncen an.

wird dagegen von ausländischen Unternehmen relativ wenig geworben (15%).[162]

- Im ersten Jahr nach ihrer Zulassung lag der Anteil ausländischer Werbung in beiden Zeitungen relativ hoch (*Wenhui Bao*: 10%, *Jiefang Ribao*: 7,3%), ging in den Jahren 1980 bis 1982/1983 jedoch wieder stark zurück. Seit 1984 nimmt ihr Anteil wieder zu, in der ersten Jahreshälfte 1985 betrug er 12,6% in der *Wenhui Bao*, 10,3% in der *Jiefang Ribao*.[163]

- Der Flächenanteil, den Abbildungen in den ausländischen Anzeigen einnehmen, liegt mit 62% wesentlich höher als bei chinesischen Anzeigen (28%).

- Die ausländische Werbung verfolgt hauptsächlich kurzfristige Ziele, d.h. sie dient fast ausschließlich dem Absatz von Waren und nicht dem Aufbau des Firmenimage o.ä.

- Anders als die chinesische Werbung, die sich fast gleichmäßig über das Jahr verteilt, ist die ausländische Werbung gegen Jahresende besonders konzentriert, im Hochsommer dagegen eher spärlich. In dieser saisonalen Konzentration sieht Zhu Jianhua auch einen der Gründe für den Erfolg ausländischer Werbung.

Auf der Basis seiner Untersuchung kommt Zhu zu dem Schluß, daß ausländische Werbung als eine der Bedingungen für Chinas Öffnung nach außen weiter begrüßt werden sollte. Quantitativ habe sie bislang keinen übertrieben großen Anteil, inhaltlich sei sie "grundsätzlich gesund", sie könne die inländische Warenzirkulation ergänzen und bereichern. Zudem liefere sie beträchtliche Deviseneinnahmen. Man sollte sich aber darum bemühen, durch neue Werbekunden mehr Vielfalt und größere Ausgewogenheit bei den Herkunftsländern der Werbung zu erreichen - mit dieser Bemerkung zielt Zhu offensichtlich auf die dominierende Stellung der japanischen Werbung ab. Schließlich tritt Zhu dafür ein, daß die chinesische Werbung

---

[162] Insgesamt macht die Werbung für Produktionsmittel mit 37% den höchsten Anteil an der Werbung in diesen beiden Zeitungen aus. Siehe Zhu Jianhua: "Shanghai ribao zhong de waishang guanggao", p.16. Produktionsmittelwerbung hatte am Gesamtumsatz der Werbung in China von 1983 bis 1987 durchgehend den höchsten Anteil. Siehe dazu die Aufstellung in [o.Verf.:] "Jianguo yilai guanggaoye fazhan gaikuang", p.17.

[163] Vermutungen über die Ursachen dieser Schwankungen stellt Zhu Jianhua nicht an.

von den Darstellungsmitteln ausländischer Inserenten lernen und z.B. durch den stärkeren Einsatz von Abbildungen ihre Konkurrenzfähigkeit verbessern müsse.[164]

Aufgrund der begrenzten Materialbasis lassen die Ergebnisse der Untersuchung Zhu Jianhuas keine generellen Aussagen über die ausländische Werbung in China zu. Über den quantitativen Anteil ausländischer Werbung an der Werbung in China fehlt es in der Literatur an detaillierten Angaben; die im Jahrbuch der chinesischen Werbung publizierten Statistiken des Staatlichen Industrie- und Handelsverwaltungsamtes führen beispielsweise ausländische Werbung nicht gesondert auf. Dennoch werden einige Angaben Zhus in anderen Publikationen für die gesamte ausländische Werbung in der Tendenz bestätigt. Beispielsweise entspricht der von Zhu berechnete Prozentsatz der Werbung für japanische Produkte (78%) dem landesweiten Durchschnittswert von 70 bis 80% ziemlich genau.[165] Ruan Jiageng bezifferte im Jahr 1987 den Anteil ausländischer Werbung an der Gesamtwerbung Chinas auf ungefähr 10%.[166] Die 1989 erschienene Monographie von Liu Linqing und Chen Jixiu enthält eine Tabelle, in welcher die Einnahmen aus Devisen durch ausländische Werbung für die Jahre 1981 und 1983 bis 1987 aufgeführt sind:[167]

---

[164] Siehe Zhu Jianhua: "Shanghai ribao zhong de waishang guanggao", p.17.
[165] Siehe Scott D. Seligman: "Corporate and Product Promotion", p.5.
[166] Siehe Ruan Jiageng: "Guanggao he yingxiao zai Zhongguo kaifang zhengce zhong de zhongyaoxing", p.121.
[167] Siehe Liu Linqing und Chen Jixiu: *Guanggao guanli*, p.74. Als Quelle für ihr Zahlenmaterial beziehen sich die Autoren zwar auf das Jahrbuch der chinesischen Werbung, dort findet sich aber keine entsprechenden Angaben. Warum für das Jahr 1982 keine Zahl vorliegt, wird von den Autoren nicht erklärt. Für das Jahr 1981 wird die Summe der Deviseneinnahmen aus ausländischer Werbung auch genannt in Zhang Nanzhou: *Guanggaoxue zai Zhongguo*, p.97. Die prozentualen Anteile wurden von der Verfasserin dieser Arbeit errechnet.

|  | 1981 | 1982 | 1983 | 1984 | 1985 | 1986 | 1987 |
|---|---|---|---|---|---|---|---|
| Gesamt-umsatz (Yuan) | 120 Mio. | 150 Mio. | 234 Mio. | 365 Mio. | 605 Mio. | 845 Mio. | 1,112 Mrd. |
| davon Devisen | 11,2 Mio. |  | 18,97 Mio. | 22,94 Mio. | 62,84 Mio. | 55,2 Mio. | 70,19 Mio. |
| Devisen-anteil | 9,33% |  | 8,1% | 6,28% | 10,39%168 | 6,53% | 6,31% |

Den höchsten Umsatzanteil hatte die ausländische Werbung demnach im Jahr 1985, in den beiden darauffolgenden Jahren lag ihr Anteil dagegen wieder deutlich niedriger. Über die Höhe ausländischer Werbeausgaben in China in den Jahren 1988 und 1989 liegen zwar keine Zahlen vor, es ist aber nicht davon auszugehen, daß sie, v.a. nach den Ereignissen vom Juni 1989, massiv angestiegen sind.

Obwohl dies unter rein quantitativen Gesichtspunkten kaum gerechtfertigt erscheint, wurde auch in jüngster Zeit wieder betont, welche Herausforderung die ausländische für die chinesische Werbung darstellt: Bei der unter 4.1. dieser Arbeit zitierten Befragung von Shanghaier Unternehmen zur Lage der Werbung wird als eine Schwierigkeit, der sich die Betriebe gegenübersehen, auch das niedrige Niveau und die niedrige Effizienz chinesischer Werbung im Vergleich zur Werbung ausländischer Unternehmen in China angesprochen. In dieser Darstellung wird erneut herausgestellt, daß die vielfältige ausländische Werbung "heftige Erschütterung und Angriff" für die chinesische Werbung bedeute, da sie mit ihren originellen Darstellungsmitteln und -techniken die chinesischen Verbraucher anziehe. Es sei an der Tagesordnung, daß westliche Waren mit Hilfe der Werbung chinesische Waren verdrängen.[169] Mögliche Maßnahmen gegen dieses Problem spricht der Beitrag nicht an.

---

[168] Scott D. Seligman: "Corporate and Product Promotion", p.9 gibt den Devisenanteil aus ausländischen Werbeaufträgen im Jahr 1985 mit etwa 10,5% (63 Mio. Yuan) an.

[169] Siehe Shanghai-shi chengshi shehui jingji diaochadui: "Shanghai-shi guanggaozhu guanggao qingkuang diaocha", p.5.

## 4.3.4. Zusammenfassung

Von offizieller Seite wurde die Möglichkeit für ausländische Unternehmen, in China zu werben, nach 1979 nie grundsätzlich in Frage gestellt. Jedoch gab es - besonders in Phasen der von oben verordneten Ausrichtung der Werbebranche - immer wieder Kritik an der Quantität, den Inhalten, der Wirkung oder der Plazierung ausländischer Werbung in den chinesischen Medien. Das starke Echo - im positiven wie im negativen Sinne -, das der Werbespruch der japanischen Firma Toyota in Werbekreisen und auf behördlicher Ebene hervorrief, macht deutlich, daß die im Vergleich zur chinesischen Werbung als geschickter und effizienter empfundene kapitalistische Werbung zwar als Vorbild propagiert wird, gleichzeitig aber gerade wegen ihrer Anziehungskraft auch Gefahr läuft, als kapitalistischer "Trick" verurteilt zu werden. Man kann allerdings davon ausgehen, daß für das Verbot eines ausländischen Werbeslogans der Wahrheitsanspruch nicht das einzig ausschlaggebende Kriterium ist. Ein solches Verbot kann beispielsweise indirekt auch dazu dienen, inländische Erzeugnisse gegenüber teuren Importprodukten aufzuwerten, wenn dies aufgrund erhöhter eigener Produktion wünschenswert erscheint. Mit dem Argument, die Werbung ausländischer Unternehmen genüge den hohen chinesischen Wahrheitsansprüchen nicht, soll möglicherweise auch der Vorstellung entgegengewirkt werden, die beworbenen ausländischen Produkte seien grundsätzlich besser als chinesische. Fälle, in denen eine so strenge Auslegung des Wahrheitsmaßstabes in der Werbung auch im Falle chinesischer Unternehmen stattgefunden hätte, sind jedenfalls nicht bekannt.

Die Verteidiger der ausländischen Werbung (und der Werbung überhaupt) in China führen gegen ideologisch-politische Einwände die der Modernisierung Chinas zugute kommenden Deviseneinnahmen ins Feld. Dieses Argument greift aber nur bedingt: Schließlich ist die Werbung ausländischer Firmen in China kein Selbstzweck, sondern sie soll, zumindest langfristig, den Absatz von - gegen Devisen nach China importierten - Waren fördern.

Wenn die Politik der wirtschaftlichen "Öffnung nach außen" fortgesetzt werden soll, dann kann, darüber ist sich die chinesische Werbebranche einig, die Lösung für das Problem der Konkurrenz durch ausländische Werbung (und ausländische Produkte) nicht darin bestehen, diese von vornherein abzuweisen, sondern man muß sie mit ihren eigenen Waffen schlagen: indem mit höheren bzw. effektiver eingesetzten Werbegeldern die Werbung für chinesische Erzeugnisse verstärkt und ihre Qualität durch Übernahme westlicher Werbetechniken verbessert wird. Und daß an Reform- und Öffnungspolitik festzuhalten ist, dürfte zumindest für die Vertreter des chinesischen Werbewesens keine Frage sein, denn schließlich verdankt die Werbung in China dieser Politik ihre Existenz.

## 5. SCHLUSSBEMERKUNGEN

In den vorangehenden Teilen dieser Arbeit wurde beschrieben, wie die Entwicklungsgeschichte der Werbung in der VR China von 1949 bis 1979 aus Sicht der achtziger Jahre präsentiert und beurteilt wird (Kap.1, Teil 1), in welchen Stufen und mit welchen Hauptelementen der Bereich des Werbewesens von 1979 bis 1989 aufgebaut wurde (Kap.1, Teil 2) und welche Bestandteile und Veränderungen den gesetzlichen und organisatorischen Rahmen der Werbung auszeichnen (Kap.2). Kapitel 3 und 4 behandelten den theoretisch-ideologischen "Überbau", mit dem Werbung im Sozialismus ausgestattet wird, und die Problembereiche, die - über irreführende Werbung hinaus - in der chinesischen Werbeliteratur diskutiert werden. Abschließend seien die Hauptergebnisse hier nochmals kurz zusammengefaßt.

Wirtschaftswerbung in der VR China nach 1978 ist Teil und Produkt der Wirtschaftsreformen, und in ihr kommen auch Merkmale, unerwünschte Begleiterscheinungen und Widersprüche dieser Reform zum Ausdruck. Werbung entfaltete sich gerade in dem marktwirtschaftlichen Bereich, durch den die chinesische Planwirtschaft "ergänzt" werden sollte. Ebenso wie in anderen Bereichen der ökonomischen Reform vollzog sich die Entwicklung der Werbung und des Werbewesens zunächst ohne klare Konzeption oder feste Vorgaben von seiten des Staates, welche sie von Beginn an in vorgezeichnete und eingegrenzte Bahnen gelenkt hätte.

Die Wiederzulassung kommerzieller Werbung bedurfte allerdings aufgrund der langen Zeit, in der sie als Sinnbild der Verschwendung im Kapitalismus gegolten hatte, besonderer Rechtfertigung und ideologischer Entlastung. Diese wurde ihr zum einen aus dem Rückblick in die Geschichte zuteil, der eine Jahrtausende zurückreichende Tradition der Werbung in China zutage förderte, welche auch nach der Gründung der VR China noch weitergeführt und nur in den Phasen unterbrochen wurde, in denen als Resultat "ultralinker" Ideologie der wirtschaftliche Aufbau und Fortschritt Chinas insgesamt Rückschläge erlitt. Zum anderen wurde die Legitimität der Werbung aus der Konstruktion einer spezifisch "sozialistischen" Werbung hergeleitet. Über ökonomische Funktionen - Förderung der Produktion, Erweiterung der Zirkulation und Anleitung des Konsums - hinaus sollten weitere Aufgaben dieser "sozialistischen" Werbung darin bestehen, die Überlegenheit und den Fortschritt des Sozialismus zu spiegeln und die sozialistische geistige Zivilisation zu fördern. Sie wurde zu einem integralen Bestandteil sozialistischer Propagandaarbeit erklärt.[1] In dieser gesellschaftlich-politischen Rolle und in einem Katalog von Prinzipien - Wahrheitscharakter, ideologischer Charakter und künstlerischer Charakter - wurde sozialistische Werbung grundsätzlich von ihrem kapitalistischen Pendant unterschieden, wobei gleichzeitig fortschrittliche Werbetechniken und -methoden des Kapitalismus in die sozialistische Werbung harmonisch integriert werden konnten. Diese Vorstellung, westliche Methoden des Wirtschaftens nach China verpflanzen und damit die chinesische Wirtschaftsentwicklung vorantreiben zu können, ohne damit das sozialistische System in seiner Substanz zu berühren oder in Frage zu stellen, ist einer der Grundgedanken auch in anderen Bereichen der Reform.

Mit der Schaffung eines gesetzlichen und institutionellen Rahmens begann man erst, als sich mit der Etablierung und Ausweitung der Werbung in der Praxis auch erste Probleme und Fehlentwicklungen einstellten. Die zahlreichen Zirkulare, in denen Ministerien und Verwaltungsbehörden auch nach dem Erlaß der "Vorläufigen Bestimmungen" im Jahr 1982 zu ungeklärten Einzelfragen Stellung nahmen, zeigen, daß hier nicht präventive Maßnahmen gegen die Entstehung von Problemen ergriffen wurden, sondern aus der jeweiligen Situation heraus auf bereits aufgetretene Probleme reagiert wurde. Die verschiedenen Kritikpunkte, mit denen man sich von behördlicher Seite auseinanderzusetzen hatte (und hat), sind nicht isoliert als "originäre" Probleme der Werbung zu sehen, sondern sie reflektieren übergreifende Fragestellungen, die sich im Zusammenhang mit den ökonomischen Reformen seit 1979 ergeben: In der Ausbreitung falscher und irreführender Werbung, beispielsweise für obskure und unbrauchbare Geräte oder, weit schlimmer, falsche Medikamente, manifestiert sich die negative Seite der im Zuge der Reformen entstandenen ökonomischen Freiräume. Hier stellt sich nicht nur die Frage nach effektiven Kontrollmöglichkeiten für die Werbung, sondern vor allem auch für die Herstellung und den Vertrieb der beworbenen Produkte. Für die Zweckentfremdung von Werbegeldern z.B. zur Bezahlung von "Vermittlungsgebühren" oder zur Beziehungspflege ("Unterstützungswerbung") sind auch die Strukturen und Machtverhältnisse des ökonomischen und politischen Umfeldes verantwortlich zu machen. Für ein Unternehmen kann es durchaus vorteilhafter und sinnvoller sein, sich das Wohlwollen übergeordneter Behörden oder Medien zu sichern, als geplante und gezielte Werbeaktionen durchzuführen, die unter absatzpolitischen Gesichtspunkten vielleicht als verzichtbar erachtet werden. Die Kritik an "ungesunden" Werbeinhalten oder der Vorwurf der "blinden Verehrung

---

[1] Ein Vergleich der chinesischen Argumentationsmuster zur Legitimierung der Werbung mit den entsprechenden Positionen, die Ende der fünfziger, Anfang der sechziger Jahre und danach in Osteuropa vertreten wurden, würde sicher interessante Parallelen (und Unterschiede) aufzeigen.

des Westens" in der Werbung ist ebenfalls nur ein kleiner Ausschnitt der immer wiederkehrenden Diskussion um die Grenzen der "Öffnung nach außen". Als einer der potentiellen Träger westlichen Gedankengutes wurde die Werbung in den ideologischen Säuberungsbewegungen, wie beispielsweise in der Kampagne gegen "geistige Verschmutzung", zwangsläufig mit zur Zielscheibe. - In der Praxis erweisen sich Werbung und Werbewesen nicht nur als Spiegel der Überlegenheit und des Fortschritts im Sozialismus, sondern auch als Spiegel für Probleme und Schwierigkeiten, welche den Entwicklungsgang der chinesischen Reformpolitik nach 1979 kennzeichnen.

Trotz aller ungelösten Probleme wurden die hohen Zuwachsraten, welche das chinesische Werbewesen ab 1979 zu verzeichnen hatte, von behördlicher Seite und natürlich von den Vertretern der Werbung selbst als Zeichen wirtschaftlichen Gedeihens, ja geradezu als Beweis für die Erfolge der Wirtschaftsreform gewertet - Werbung galt als einer der Gradmesser für den Entwicklungsstand der Warenwirtschaft. Wenn auch innerhalb der Werbekreise nach 1986 zunehmend die strukturellen Probleme der Branche diskutiert wurden, die man auf die Zunahme der Werbeeinheiten und die dominierende Stellung der Medien zurückführte, wurde doch bis zum Beginn des Konsolidierungsprogramms in der Wirtschaft (Ende 1988) quantitatives Wachstum als ein Positivum an sich dargestellt.

Mit der Ausweitung der Werbung und der Zunahme der Werbeeinheiten ging auch ein organisatorischer Aufbau in der Werbebranche einher. Die Basis für diesen Aufbau wurde mit der Gründung des Chinesischen Werbeverbandes (Ende 1983) gelegt, der aber nicht nur die Interessen seiner Mitglieder vertreten, sondern gleichzeitig den staatlichen Vorstellungen und Bestimmungen in der Werbebranche zur Durchsetzung verhelfen sollte. Mit der Einrichtung des Verbandes und den Aktivitäten, die er in der Folgezeit entwickelte, verstärkte und festigte sich auch die Stellung des chinesischen Werbewesens. Die Anbahnung internationaler Kontakte, der Beitritt der VR China zum Internationalen Werbeverband und insbesondere die Abhaltung des Werbekongresses der Dritten Welt in Beijing wurden in den chinesischen Medien als Beleg für die Kontinuität des Reformkurses präsentiert - auch unter Berufung auf die positiven Reaktionen, die diese Schritte im Ausland hervorgerufen hatten. Die Entwicklung des chinesischen Werbewesens selbst, so könnte man sagen, wurde zum Bestandteil der Propagandaarbeit (nach innen und außen) gemacht.

Als Fazit der geleisteten Bestandsaufnahme bleibt festzuhalten, daß sich Werbung und Werbewesen in der Dekade zwischen 1979 und 1989 als Teil der ökonomischen Reformen im Wirtschafts- und Gesellschaftssystem der VR China einen Platz erobert und diesen Platz kontinuierlich ausgebaut haben. Ihre Existenzberechtigung innerhalb des chinesischen Wirtschaftssystems wurde trotz aller

## Schlußbemerkungen

gegen sie vorgebrachten Einwände und Kritikpunkte nie grundsätzlich bestritten. Es ist kaum vorstellbar, daß die im Verlauf dieses Entwicklungsprozesses geschaffenen und entstandenen Strukturen wieder rückgängig gemacht werden und daß Werbung aus dem chinesischen Alltag wieder verschwindet. Insbesondere für die Massenmedien - Tageszeitungen und Fernsehsender - sind Werbeeinnahmen zu einer immer wichtigeren finanziellen Stütze geworden. Der Werbeumsatz stieg auch im Jahr 1989 wieder um mehr als 25% im Vergleich zum Vorjahr an. Daß dieser Zuwachs nicht mehr ganz so hoch ausfiel wie in den Jahren zuvor, ist in erster Linie auf das Konsolidierungsprogramm zurückzuführen, das Ende 1988 zur Bekämpfung der Inflation und des überhitzten Wirtschaftswachstums begonnen wurde.

Mit der Niederschlagung der Demokratiebewegung im Juni 1989 demonstrierte die KPCh einmal mehr ihren Monopolanspruch auf die politische Macht in der VR China und machte damit Hoffnungen auf baldige politische Reformen zunichte. Im westlichen Ausland werden diese politischen Ereignisse als einschneidende Zäsur auch im Hinblick auf die chinesische Wirtschaftsreform betrachtet, die eine Drosselung des Reformtempos, die Einfrierung einzelner Reformmaßnahmen und Rezentralisierungstendenzen zur Folge hatte. Für den Bereich der Werbung läßt sich ein solcher ursächlicher Zusammenhang nicht bestätigen, und vielleicht kann man daran die allgemeinere Frage knüpfen, ob nicht auch in anderen Reformbereichen ein Einschnitt bereits mit der 1988 eingeleiteten Konsolidierung erfolgte.

## SUMMARY

### Advertising in the People's Republic of China (1979-1989): Development, Theory, Problems

The present study focuses on the development of commercial advertising in the People's Republic of China during the years 1979 to 1989. While advertising played a rather marginal role in China's economic system in the 1950s and early 1960s and was almost totally banned for being a "capitalist evil" during the Cultural Revolution (cf. chapter 1.1.), it was reinstated and gradually accepted as a necessary and integral part of the economic reforms in China after the Third Plenary Session of the XIth Central Comitee in December 1978. Within one decade, advertising has firmly established itself and become a factor which should not be ignored - if not for its economic significance then at least for its omni-presence in Chinese cities and mass media.

The few Western publications on Chinese advertising have so far almost exclusively concentrated on supplying foreign companies with practical information on the possibilities of advertising their products in China. In contrast to this "outward-oriented" perspective, the main interest of the present book is to describe and analyze the Chinese view of the topic.

This study is mainly based on Chinese language material. The increasing number of monographs and articles published in China during the 1980s demonstrate a growing theoretical interest in all aspects of advertising. There are even two specialized periodicals - *Zhongguo Guanggao / China Advertising* (first published in 1981) and *Guoji Guanggao / International Advertising* (first published in 1985) -, and in 1988 a first voluminous yearbook of Chinese advertising, *Zhongguo guanggao nianjian*, was printed.

The general development of the advertising sector in the period from 1979 to 1989 (cf. chapter 1.2.) can be summarized as follows:

Similar to other fields of Chinese economic reform, commercial advertising went through a phase of experimentation during which there existed no fixed official regulations. The data available on this period is incomplete. As of 1981 the advertising sector has been characterized by rapid quantitative growth and the gradual creation of an institutional structure:

- Advertising expenditures increased from a modest 110 million Yuan in 1981 to nearly two billion Yuan in 1989.

- Within the same period, the number of registered advertising units - comprising all sorts of advertising agencies and advertising departments of the media - more than quadrupled.

- Two nation-wide advertising associations, one for foreign and one for domestic trade, were founded in 1981 and in 1983 respectively. (Cf. chapter 2.2.)

- The initial legal basis of advertising was provided in 1982 when the State Council passed the "Provisional Regulations for the Control of Advertising". These provisional regulations were subsequently replaced by the "Regulations for the Control of Advertising" in 1987. (Cf. chapter 2.1.)

These last two events - the founding of the advertising associations and the establishment of laws on advertising - must also be seen within the context of the misuse of advertising. Cases of fraudulent advertising for non-existent or useless products were constantly made public and criticized by official Chinese news organs. In 1982 and in 1985 two major official campaigns were conducted to eliminate fraudulent advertising and other illegal practices within the advertising units.

Notwithstanding the many problems in advertising practices revealed by the official media, Chinese scholarly publications have a tendency to present their readers with an idealized picture of advertising, often using the same stereotypes. This attitude can be explained by the necessity to justify the existence of advertising in a society that had for decades considered it in orthodox Marxist terms as "unproductive waste", an unavoidable evil caused by chronic over-production in capitalist societies.

When analyzing these "theories" justifying Chinese advertising (cf. chapter 3) one will find that the definition of advertising given in China is based exclusively on Western models. Nevertheless, Chinese authors attribute to this very same Western notion of advertising special characteristics, transforming it into what may be called "Chinese socialist advertising". These attributes include truthfulness, ideological character, planned character, artistic character, and national style (*si xing yi ge* - "four characteristics, one style"). These features (which could more appropriately be described as postulates) are also used for drawing a dividing line between "socialist" and "capitalist" advertising. The functions that are theoretically ascribed to advertising within the reformed Chinese economy can be summarized as follows: it transmits information and thereby promotes production, accelerates the circulation of commodities, stimulates the economy, guides consumption, eases and beautifies the life of the people and promotes international trade. It is also supposed to serve the "socialist material and spiritual civilisation".

From this theory there emerges the picture of advertising as a neutral instrument which can be harmoniously implanted in and used by any socio-economic system. Like a mirror this instrument reflects and takes on the features of the surrounding system. Consequently, since the socialist system is considered *a priori* superior to the capitalist, advertising in China cannot carry the negative attributes of its capitalist counterpart. History is used as an additional argument to refute the "ultra-leftist" view that advertising is intrinsically bound to capitalist economies: advertising can be found in every commodity-producing society. In fact, Chinese authors claim that China itself can look back on its own tradition of several thousand years of advertising. With these arguments, advertising is not only relieved of the ideological burden it had carried in the past but, furthermore, groomed for the positive role it is supposed to play in the Chinese economic system of the present.

On a less theoretical level, however, the development of the advertising sector in China is seen critically by Chinese authors. Apart from the above-mentioned question of fraudulent advertisements, the most frequently discussed problems and conflicts involve the unbalanced structure of the advertising units, the practice of publishing advertisements in the form of news, and - to a lesser degree - foreign advertising in China. (Cf. chapter 4.)

The main aspects of these conflict areas can only be cursorily outlined here:

Due to the increase of advertising units a situation of competition emerged, especially between advertising agencies and advertising departments of the media. In the "battle" for enterprises' limited advertising funds, departments of media are in an advantageous position in comparison to the advertising agencies: They can offer advertising space or time directly. Moreover, they can exert pressure on uncooperative enterprises by threatening them with negative reporting. The situation is further complicated by the fact that administrative organs also try to secure their share of the enterprises' advertising funds to sponsor, for example, the publication of yearbooks etc. For an enterprise it might be more important to maintain good relations with its superior authority than to utilize advertising funds for promoting products. In their proposals for solving these problems, Chinese authors regularly refer to the advertising business in the USA and Japan. They argue that in these two countries the advanced division and specialization of labour ensure rational controls and "fair competition" (usually claimed only for the socialist system).

The imperfect demarcation between advertising and news is treated mainly as a theoretical problem of definition in Chinese publications. Authors limit themselves to describing the identical and contrasting aspects of the two concepts without analyzing the possible motives for the wide-spread but illegal practice of "news-advertisement" (xinwen guanggao) or "advertisement-news" (guanggao xinwen). For example, enterprises and media might prefer to promote products through news reports because they ascribe a more objective and trustworthy quality to news than to advertisements and, furthermore, because this practice leaves them more room for financial manipulation.

The attitute towards foreign advertising in China is ambivalent: Although in theory the "advanced" advertising techniques of the Western industrialized nations serve as a model to be emulated, and in practice foreign advertising is welcomed as a source of foreign exchange, it is nevertheless considered a threat to Chinese advertisements exactly because of its alleged effectiveness. If a single foreign advertisement or slogan is criticized or forbidden for being "untrue", it may be presumed that there are underlying economic reasons, such as protecting domestic products.

Since at least part of these afore-mentioned problem areas are connected with more general questions resulting from the inconsistencies of the Chinese economic reforms, it is not to be expected that autonomous and/or immediate solutions can be found for the advertising sector. To this extent, advertising indeed functions as a "mirror", but it unfortunately does not only reflect the positive sides of the surrounding system but also some of its negative aspects.

# ANHANG

## TABELLEN

| Jahr | Werbeeinheiten | Zuwachs | Beschäftigte | Zuwachs | Werbeumsatz in Mio. Yuan | Zuwachs |
|---|---|---|---|---|---|---|
| 1981[1] | 1.160 | | ca.16.000 | | ca.110 | |
| 1982 | 1.623 | +39,91% | | | ca.150 | +36% |
| 1983[2] | 2.340 | +44,18% | 34.900 | | 234 | +56% |
| 1984 | 4.077 | +74,23% | 47.300 | +35,53% | 365 | +55,98% |
| 1985 | 6.034 | +48% | 63.800 | +34,88% | 605 | +65,75% |
| 1986 | 6.944 | +15,1% | 81.100 | +27,12% | 844 | +39,5% |
| 1987 | 8.225 | +18,45% | 92.300 | +13,81% | 1.112 | +31,75% |
| 1988[3] | 10.677 | +29,81% | 112.139 | +21,49% | 1.493 | +34,8% |
| 1989 | 11.000 [11.429 | +3% +3,78% | 115.500 120.000 | +3% +9,3% | 1.729 1.999 | +15,8% +24,77%] |

**Tabelle 1**

[1] Die Angaben für das Jahr 1981 und 1982 stammen aus Liu Linqing und Chen Jixiu: *Guanggao guanli*, p.74; und Zhang Nanzhou: *Guanggaoxue zai Zhongguo*, p.97. Den Umsatz im Jahr 1981 beziffern Liu und Chen, abweichend von Zhang Nanzhou, auf 120 Mio. Yuan, Zhang Nanzhou enthält keine Angabe über die Gesamtzahl der Werbeeinheiten im Jahr 1981.

[2] Die Angaben für die Jahre 1983 bis 1987 wurden entnommen aus den Diagrammen in [o.Verf.:] "Guanggao jingying jiegou", *ZGGGNJ*, p.21.

[3] Für 1988 stammen die Zahlen aus Jia Yubin: "1988 nian wo guo guanggaoye chixu fazhan", *ZGGG*, 1989, No.4, p.47; für das Jahr 1989 finden sich abweichende Zahlen: Zeile 1 entspricht der Aufstellung in [o.Verf.:] "1989 nian wo guo gong-shang xingzheng guanli de chengjiu yu gaikuang", p.1; die Angaben in Zeile 2 stammen von Lu Bin: "1989 nian Zhongguo guanggaoye de xin fazhan", *ZGGG*, 1990, No.3, p.3. Lu Bin gibt für das Jahr 1989 nicht nur höhere Gesamtzahlen an, sondern muß bei der Berechnung der Zuwachsraten im Vergleich zum Vorjahr von anderen Werten im Jahr 1988 ausgegangen sein, die er aber nicht angibt.

Tabelle 1 zeigt die quantitative Entwicklung der registrierten Werbeeinheiten, der Beschäftigten in der Werbung und des Gesamtumsatzes von 1981 bis 1989 mit der jeweiligen Zuwachsrate im Vergleich zum Vorjahr.

Grundsätzlich ist zu dieser und zu den folgenden Tabellen anzumerken, daß die Zahlenangaben in der chinesischen Literatur in mehrerer Hinsicht unbefriedigend sind: Häufig ist nicht ersichtlich, wie die Zahlen ermittelt wurden; erstaunlich exakte Angaben (neunstellige Beträge werden auf einen Yuan genau angegeben) und Näherungswerte wechseln einander ab; innerhalb desselben Beitrages wird mit unterschiedlichen Zahlen gearbeitet, ohne daß diese Diskrepanzen auch nur mit einer Bemerkung kommentiert würden. Warum bestimmte Daten ausgelassen werden, bleibt ohne Begründung. Und schließlich werden manche der Kategorien nur teilweise erklärt und durch ein nebulöses "usw." ergänzt.

Die Aussagekraft der hier zusammengestellten Daten darf daher nicht überschätzt werden. Immerhin lassen sich aber - neben dem allgemeinen Wachstum des chinesischen Werbewesens - doch zumindest einige Entwicklungstendenzen erkennen.

Tabelle 2

|  | 1982 | 1983 | 1984 | 1985 | 1986 | 1987 |  |
|---|---|---|---|---|---|---|---|
| Werbefirmen | 115 | 181<br>7,73% | 424<br>+243<br>10,4% | 680<br>+256<br>11,27% | 634<br>-46<br>9,13% | 795<br>+161<br>9,67% | Anzahl WE<br>Zuwachs<br>Anteil (%) |
| Zeitungen | 231 | 305<br>13,03% | 509<br>+204<br>12,48% | 805<br>+296<br>13,34% | 966<br>+161<br>13,91% | 1.111<br>+145<br>13,51% | Anzahl WE<br>Zuwachs<br>Anteil (%) |
| Rundfunk |  |  | 115<br>4,91% | 153<br>+38<br>3,75% | 208<br>+55<br>3,45% | 303<br>+95<br>4,36% | 349<br>+46<br>4,24% | Anzahl WE<br>Zuwachs<br>Anteil (%) |
| Fernsehen |  |  | 57<br>2,44% | 98<br>+41<br>2,4% | 229<br>+131<br>3,8% | 363<br>+134<br>5,23% | 409<br>+46<br>4,97% | Anzahl WE<br>Zuwachs<br>Anteil (%) |
| Zeitschriften | 436 | 633<br>27,05% | 951<br>+318<br>23,33% | 1.441<br>+490<br>23,88% | 1.788<br>+347<br>25,75% | 1.921<br>+330<br>23,36% | Anzahl WE<br>Zuwachs<br>Anteil (%) |
| andere Medien |  | 634<br>27,09% | 1.032<br>+398<br>25,31% | 1.298<br>+266<br>21,51% | 1.233<br>-65<br>17,76% | 1.371<br>+138<br>16,67% | Anzahl WE<br>Zuwachs<br>Anteil (%) |
| Druckereien |  | 187<br>7,99% | 470<br>+283<br>11,53% | 477<br>+7<br>7,91% | 639<br>+162<br>9,2% | 680<br>+41<br>8,27% | Anzahl WE<br>Zuwachs<br>Anteil (%) |
| Herstellung |  | 47<br>2,01% | 134<br>+87<br>3,29% | 241<br>+109<br>3,99% | 333<br>+92<br>4,8% | 502<br>+169<br>6,1% | Anzahl WE<br>Zuwachs<br>Anteil (%) |
| Andere |  | 181<br>7,74% | 305<br>+124<br>7,48% | 659<br>+354<br>10,92% | 685<br>+26<br>9,86% | 1.087<br>+402<br>13,22% | Anzahl WE<br>Zuwachs<br>Anteil (%) |
| Gesamt | 1.623 | 2.340 | 4.077<br>+1.737 | 6.034<br>+1.957 | 6.944<br>+910 | 8.225<br>+1.281 | Anzahl WE<br>Zuwachs |

Tabelle 2 (WE = Werbeeinheiten)

Tabelle 2 zeigt die quantitative Entwicklung der verschiedenen Kategorien von Werbeeinheiten (WE), ihren Zuwachs sowie den prozentualen Anteil an der Gesamtzahl aller Werbeeinheiten. Die Angaben für das Jahr 1982 stammen von

Zhang Nanzhou[1], für die Jahre 1983 bis 1987 sind sie zusammengestellt bzw. berechnet nach den Tabellen im "Jahrbuch der chinesischen Werbung"[2]. Für die Jahre 1988 und 1989 liegen keine Vergleichszahlen vor. Die Zahlen für den Bereich der Medien beziehen sich auf die Menge der bei den Industrie- und Handelsverwaltungsämtern *registrierten* *Werbeabteilungen*, geben also nicht die Gesamtzahl der Zeitungen, Zeitschriften usw. in China wieder. Unter der Kategorie "andere Medien" sind Werbeabteilungen von Sportstätten, Filmtheatern, Einrichtungen des öffentlichen Verkehrs (Eisenbahn, Luftfahrt etc.) und von Kabelrundfunksendern zu verstehen. Was sich hinter der Kategorie "Andere" verbirgt, ist aus der vorliegenden Literatur nicht zu klären.

Der Rückgang der Zahl der Werbefirmen sowie der "anderen Medien" im Jahr 1986 könnte auf die "Ausrichtung" in der Werbebranche zurückzuführen sein, die im Jahr 1985 begonnen wurde, deren Wirkung sich allerdings nur auf ein Jahr erstreckt, wie vor allem der erneute sprunghafte Anstieg der Werbefirmen im Jahr 1987 zeigt.

---

[1] Siehe Zhang Nanzhou: *Guanggaoxue zai Zhongguo*, p.98.
[2] Siehe [o.Verf.:] "Jianguo yilai guanggaoye fazhan gaikuang", p.16; sowie [o.Verf.:] "Guanggao jingying jiegou", pp.27-29 und 31.

## Tabelle 3

| | 1983 | 1984 | 1985 | 1986 | 1987 | 1988 | 1989 | |
|---|---|---|---|---|---|---|---|---|
| Werbefirmen | 48,7 <br> 20,8% | 110 <br> +125,7% <br> 30,1% | 151 <br> +37,4% <br> 25% | 215,6 <br> +42,7% <br> 25,5% | 282 <br> +30,78% <br> 25,4% | 304 <br> +7,8% <br> 20,4% | 397 <br> 19,9% | Umsatz (Mio.¥) <br> Zuwachs <br> Anteil GU |
| Zeitungen | 73 <br> 31,3% | 118,6 <br> +61,9% <br> 32,5% | 220 <br> +85,5% <br> 36,4% | 256 <br> +16,3% <br> 30,3% | 355,5 <br> +38,8% <br> 32,0% | 501 <br> *504 <br> +41,13% <br> 33,6% | 629 <br> +24,78% <br> 31,5% | Umsatz (Mio.¥) <br> Zuwachs <br> Anteil GU |
| Rundfunk | 18 <br> 7,7% | 23 <br> +28,6% <br> 6,3% | 26,7 <br> +15% <br> 4,4% | 35,6 <br> +33,4% <br> 4,2% | 47 <br> +32% <br> 4,2% | 64 <br> +42,2% <br> 4,3% | 74 <br> 3,7% | Umsatz (Mio.¥) <br> Zuwachs <br> Anteil GU |
| Fernsehen | 16 <br> 6,8% | 34 <br> +109,1% <br> 9,3% | 68,7 <br> +102% <br> 11,4% | 115 <br> +67,6% <br> 13,6% | 169 <br> +47% <br> 15,2% | 256 <br> +51,5% <br> 17,2% | 362 <br> 18,1% | Umsatz (Mio.¥) <br> Zuwachs <br> Anteil GU |
| Zeitschriften | 12,8 <br> 5,5% | 13 <br> +1,6% <br> 3,6% | 28 <br> +115,4% <br> 4,6% | 35,7 <br> +27,5% <br> 4,2% | 44,6 <br> +24,9% <br> 4,0% | 71 <br> +51% <br> 4,8% | 76 <br> 3,8% | Umsatz (Mio.¥) <br> Zuwachs <br> Anteil GU |
| andere Medien | 4,3 <br> 1,8% | 6,8 <br> +58,1% <br> 1,9% | 14,2 <br> +108,8% <br> 2,3% | 21,7 <br> +52,8% <br> 2,6% | 27,4 <br> +26,3% <br> 2,5% | | | Umsatz (Mio.¥) <br> Zuwachs <br> Anteil GU |
| Druckereien | 40,4 <br> 17,3% | 46,5 <br> +15,1% <br> 12,7% | 53,2 <br> +14,4% <br> 8,8% | 103,6 <br> +94,9% <br> 12,3% | 69,8 <br> -32,6% <br> 6,3% | | | Umsatz (Mio.¥) <br> Zuwachs <br> Anteil GU |
| Herstellung | 2,5 <br> 1,1% | 8,8 <br> +252% <br> 2,4% | 21,2 <br> +140,9% <br> 3,5% | 18,5 <br> -12,7% <br> 2,2% | 13,1 <br> -29,2% <br> 1,2% | | | Umsatz (Mio.¥) <br> Zuwachs <br> Anteil GU |
| Andere | 18 <br> 7,7% | 4,4 <br> -75,6% <br> 1,2% | 22 <br> +400% <br> 3,6% | 42,9 <br> +95% <br> 5,1% | 103,1 <br> +140,3% <br> 9,3% | 297 <br> *290 <br> +39,2% <br> 19,9% | 451 <br> +55,52% <br> 22,6% | Umsatz (Mio.¥) <br> Zuwachs <br> Anteil GU |
| Gesamt | 234 | 365 <br> +56% | 605 <br> +56% | 845 <br> +65,7% | 1.112 <br> +39,6% | 1.493 <br> [1.602] <br> +31,6% | 1.999 <br> +34,3% <br> +24,77% | Umsatz (Mio.¥) <br> Zuwachs |

**Tabelle 3**  (Anteil GU = Anteil am Gesamtumsatz)

Tabelle 3 zeigt den Umsatz der verschiedenen Typen von Werbeeinheiten in der chinesischen Werbung, die Zuwachsraten im Vergleich zum Vorjahr sowie ihre Anteile am Werbegesamtumsatz (GU). Die Zahlen für die Jahre 1983 bis 1987 wurden zusammengestellt bzw. berechnet auf der Basis der Tabellen im "Jahrbuch der chinesischen Werbung"[1], für 1988 und 1989 aus Angaben in der Zeitschrift *Zhongguo Guanggao*[2]. Für die Jahre 1988 und 1989 liegt keine genauere Aufschlüsselung der Kategorie "Andere" vor, d.h. die Eintragungen umfassen die drei Rubriken "andere Medien", "Werbedruckereien", "Herstellungseinheiten" und die schon bei Tabelle 2 genannte Residualkategorie. Da Lu Bin in seiner Aufstellung für das Jahr 1989 offenbar andere Zahlen für 1988 zugrundelegt, war es nicht möglich, die prozentualen Zuwächse zu berechnen. Aus den von Lu Bin selbst angegebenen Zuwachsraten ergeben sich für 1988 die Zahlen, die mit * gekennzeichnet sind.

Für die Werbefirmen ist festzuhalten, daß ihr Umsatzanteil seit 1986 sinkende Tendenz aufweist und daß ihre Zuwachsrate vor allem im Jahr 1988 erheblich niedriger ausfiel als noch im Jahr zuvor. Die Relation zwischen prozentualem Anteil an den Werbeeinheiten und prozentualem Anteil am Umsatz ist von 1985 bis 1987 ziemlich konstant. Mit durchgehend über 30% am Gesamtumsatz sicherten sich die Zeitungen den jeweils größten Anteil der Werbegelder, bei den prozentualen Zuwächsen verzeichnen aber auch die Zeitungen im Jahr 1989 einen erheblichen Rückgang. Der Umsatzanteil der Rundfunksender fällt insgesamt ziemlich gering aus und sank 1989 im Vergleich zu den vier vorangehenden Jahren noch weiter ab. Die durchgängig höchsten Zuwachsraten haben die Fernsehsender zu verzeichnen, auch von 1988 auf 1989 liegt ihr Zuwachs weit über dem Durchschnitt. Gemessen an der Zahl der Zeitschriften mit einer registrierten Werbeabteilung nimmt sich ihr Anteil am Umsatz relativ bescheiden aus. Ein Grund hierfür könnte sein, daß die Mehrzahl der Zeitschriften nur auf der vorderen Umschlagseite (innen) und den hinteren Umschlagseiten Werbung publizieren.

---

[1] Siehe [o.Verf.:] "Jianguo yilai guanggaoye fazhan gaikuang", p.16; sowie [o.Verf.:] "Guanggao jingying jiegou", pp.27-29 und 31.

[2] Siehe Jia Yubin: "1988 nian wo guo guanggaoye chixu fazhan", p.48; und Lu Bin: "1989 nian Zhongguo guanggaoye de xin fazhan", p.3.

# BIBLIOGRAPHIE

## *Chinesische und westliche Literatur*

Ai Hong 艾虹: "You dai lishun guanxi de yi ge fangmian" 有待理顺关系的一个方面 (Ein Bereich, in dem die Verhältnisse geordnet werden sollten). *ZGGG*, 1989, No.3, p.16.

Antal, Endre: *Die Funktionen der Werbung im System der zentralen Wirtschaftslenkung*. Wiesbaden, 1970. (= Giessener Abhandlungen zur Agrar- und Wirtschaftsforschung des europäischen Ostens, Band 52)

Austin, Scott R.: "Advertising Regulation in the People's Republic of China". *Law and Policy in International Business*, Vol.15 (1983), No.3, pp.955-986.

Bai Shan 白山: "Jingti, guanggaojie de bufa fenzi" 警惕, 广告界的不法分子 (Achtung, gesetzwidriges Element in Werbekreisen). *ZGGG*, 1986, No.1, pp.18-19.

Bartke, Wolfgang: *Who's who in the People's Republic of China* / 中华人民共和国人名录. München u.a., 1987.

Bartke, Wolfgang und Peter Schier: "Der XII. Parteitag der KP Chinas und die neue Parteiführung". Teil 1. *Ca*, Dezember 1982, pp.720-751.

[Benbao pinglunyuan 本报评论员:] "Banhao shehuizhuyi guanggao shiye" 办好社会主义广告事业 ([Kommentator dieser Zeitung:] Das sozialistische Werbewesen gut zur Ausführung bringen). *RMRB*, 18.2.1982, p.2.

[Benbao pinglunyuan 本报评论员:] "Cha ta ge shuiluo-shichu" 查它个水落石出 (Untersuchen, bis die Wahrheit ans Licht kommt). *RMRB*, 13.7.1985, p.1.

[Benbao pinglunyuan 本报评论员:] "Guanggao de shengming zaiyu zhenshi" 广告的生命在于真实 (Das Leben der Werbung liegt in der Wahrheit). *RMRB*, 31.1.1981, p.2.

[Benbao pinglunyuan 本报评论员:] "Guanggao guanli fagui de zhongyao zucheng bufen" 广告管理法规的重要组成部分 (Wichtige Bestandteile der gesetzlichen Bestimmungen zur Regelung der Werbung). *ZGGSB*, 11.2.1988, p.2.

[Benbao pinglunyuan 本报评论员:] "Jingzheng shi hao shi" 竞争是好事 (Konkurrenz ist eine gute Sache). *RMRB*, 6.6.1980, p.1.

[Benbao pinglunyuan 本报评论员:] "Yi ge huai dianxing" 一个坏典型 (Ein schlechtes Vorbild). *RMRB*, 15.8.1987, p.1.

[Benkan bianjibu 本报编辑部:] "Guanggao zhuanye gongsi mianlin guannian shang de biange yu gengxin" 广告专业公司面临观念上的变革与更新 ([Redaktion dieser Zeitschrift:] Konzeptionelle Umwälzungen und Erneuerungen, denen sich die Werbefachfirmen gegenübersehen). *ZGGG*, 1987, No.1, pp.3-6.

[Benkan bianjibu 本刊编辑部:] "Qingchu jingshen wuran, banhao shehuizhuyi guanggao" 清除精神污染, 办好社会主义广告 (Die geistige Verschmutzung beseitigen, die sozialistische Werbung gut regeln). *ZGGG*, 1983, No.5, p.2.

[Benkan bianjibu 本刊编辑部:] "Renzhen xuexi, jianjue guanche" 认真学习, 坚决贯彻 (Gewissenhaft studieren, entschlossen verwirklichen). *ZGGG*, 1982, No.1, p.4.

[Benkan bianjibu 本刊编辑部:] "Yao gaibian guanggao jingying guanli de xiaoshengchan fangshi" 要改变广告经营管理的小生产方式 (Man muß die Form der Kleinproduktion des Werbemanagement verändern). *ZGGG*, 1986, No.4, pp.2-3.

[Benkan bianjibu 本刊编辑部:] "Yingjie shehuizhuyi guanggao xin shiqi de daolai" 迎接社会主义广告新时期的到来 (Die Ankunft einer neuen Periode der sozialistischen Werbung begrüßen). *ZGGG*, 1983, No.1, pp.4-5.

[Benkan bianjibu 本刊编辑部:] "Zhongguo guanggaoshi de xin pianzhang" 中国广告史的新篇章 (Ein neues Kapitel in der Geschichte der chinesischen Werbung). *ZGGG*, 1981, No.1, p.3.

[Benkan jizhe 本刊记者:] "Disan shijie guanggao dahui jiang zai wo guo zhaokai" 第三世界广告大会将在我国召开 ([Reporter dieser Zeitschrift:] Der Werbekongreß der Dritten Welt wird in China stattfinden). *ZGGG*, 1987, No.2, p.3.

[Benkan pinglunyuan 本刊评论员:] "Fa ren shen xing" 发人深省 ([Kommentator dieser Zeitschrift:] Nachdenklich stimmend). *ZGGG*, 1986, No.1, pp.16-17.

[Benkan pinglunyuan 本刊评论员:] "Ye tan «cehua»" 也谈 «策划» (Ebenfalls über 'Planung'). *ZGGG*, 1987, No.4, pp.7-8.

[Benkan pinglunyuan 本刊评论员:] "Zhengdun zhili cong he rushou chuyi" 整顿治理从何入手刍议 (Meine bescheidene Meinung, wie Ausrichtung und Verbesserung anzupacken sind). *ZGGG*, 1989, No.1, pp.3-4.

[Bianzhe de hua 编者的话:] "Women yuanyi «da qiao»" 我们愿意«搭桥» ([Kommentar des Herausgebers:] Wir wollen 'eine Brücke schlagen'). *RMRB*, 22.12.1979, p.3.

Bing Chuan 冰川: "Du «Yangwen guanggao» yougan" 读 «洋文广告» 有感 (Reflexionen beim Lesen 'westlichsprachiger Werbung'). *RMRB*, 3.11.1982, p.4.

Bolton, Lois: "Chinese ad unit determines society's needs, not wants". *Advertising Age*, 20.August 1979, S-13.

Breithaupt, Hans: "Werbung in der VR China". *Mitteilungen der Bundesstelle für Außenhandelsinformation. Beilage zu den NfA* [*Nachrichten für Außenhandel*], Januar 1984, pp.1-8.

Bryan, Carter R.: "Communist Advertising: Its Status and Functions". *Journalism Quarterly*, Vol.39, No.3 (Autumn 1963), pp.500-506.

Cai Yuhao 蔡毓浩: Shanghai dianshiji hangye weihu guanggao xinyu" 上海电视机行业维护广告信誉 (Die Shanghaier Fernsehgerätebranche bewahrt des Ansehen der Werbung). *RMRB*, 6.3.1982, p.3.

Cang Shi 苍石: "Banhao renmin guanggao shiye" 办好人民广告事业 (Das Werbewesen des Volkes gut regeln). *RMRB*, 6.3.1982, p.3.

Cang Shi 苍石: "Tan Zhongguo Guanggao Lianhe Zong Gongsi de xingzhi yu renwu" 谈中国广告联合总公司的性质与任务 (Zum Charakter und den Aufgaben der China United Advertising Corporation). *ZGGG*, 1981, No.2, p.3.

Chao Gangling 晁钢令: "«Xinwen guanggao» bu shi gonggong guanxi" «新闻广告» 不是公共关系 ('Nachrichtenwerbung' ist nicht Public Relations). *ZGGG*, 1988, No.3, pp.6-7.

Chen Dezhang 陈德彰: "Mantan waiguo guanggao" 漫谈外国广告 (Zwanglose Aussprache über ausländische Werbung). *RMRB*, 6.5.1979, p.6.

Chen Guangshan 陈光山: "Yi ge zhide zhuyi de wenti" 一个值得注意的问题 (Ein Problem, das der Beachtung bedarf). *ZGGG*, 1985, No.4, p.8.

Chen Shuyu 陈漱渝: "Guanggao, zhe ye shi wuqi!" 广告，这也是武器! (Werbung, dies ist auch eine Waffe!). *RMRB*, 29.7.1980, p.8.

Chen Suzhi 陈素芝: "1983 nian guanggao gongzuo 'si yao'" 1983 年广告工作 '四要' (Die 'vier Muß' der Werbearbeit des Jahres 1983). *ZGGG*, 1983, No.3, pp.45-46.

Chen Xingen 陈信根: "Bai chi gantou geng jin yi bu" 百尺竿头更进一步 (Große Erfolge mit weiteren Fortschritten krönen). *ZGGG*, 1985, No.4, pp.3-4.

Chen Xueli 陈学礼: "Yu guanli yu fuwu zhi zhong" 寓管理于服务之中 (Kontrolle in den Dienst mit einbeziehen). *ZGGG*, 1985, No.4, p.7.

Chen Yi 陈沂: "Guanggao ye yao wei jianshe shehuizhuyi jingshen wenming fuwu" 广告也要为建设社会主义精神文明服务 (Die Werbung muß auch dem Aufbau der geistigen Zivilisation des Sozialismus dienen). *ZGGG*, 1983, No.1, p.5.

Chen Zhihong 陈志宏: "Shilun dailizhi de youyuexing" 试论代理制的优越性 (Zur Überlegenheit des Vertretungssystems). *ZGGG*, 1987, No.1, pp.15-16.

Cheng Chun 程春: "Fengong. Xiezuo. Zhixu. Fazhan" 分工. 协作. 秩序. 发展 (Arbeitsteilung, Kooperation, Ordnung, Entwicklung). *ZGGG*, 1988, No.3, pp.17-18.

Cheng Chun 程春: "Kexue fengong, xianghu xiezuo shi wo guo guanggaoye jiankang fazhan de baozheng" 科学分工, 相互协作是我国广告业健康发展的保证 (Wissenschaftliche Arbeitsteilung und Kooperation miteinander sind die Garantie für die gesunde Entwicklung der chinesischen Werbeindustrie). *ZGGGNJ*, pp.264-267.

Cheng Quangao 程全皋: "Shangdian fuwu gongzuo yue zuo yue huo" 商店服务工作越做越活 (Die Servicearbeit des Geschäftes wird immer lebhafter). *RMRB*, 6.4.1980, p.3.

Cheng Shanping 程善平: "Guanggao fuwu ying you qiushi jingshen" 广告服务应有求实精神 (Werbeservice muß den Geist des Wahrheitsstrebens haben). *Xiaofeizhe* 消费者, 1988, No.4, p.33.

Cheng Ying 承嬰: "Dalu guanggaoye: fayu bu liang de guaitai" 大陸廣告業: 發育不良的怪胎 (Die Werbeindustrie auf dem [chinesischen] Festland: Die Mißgeburt, die sich nicht gut entwickeln kann). *Jiushi Niandai* 九十年代, 1990, No.12, pp.68-71.

Chu, James: "Advertising in China: Its Policy, Practice and Evolution". *Journalism Quarterly*, Vol.59, No.1 (Spring 1982), pp.40-45 und 91.

Chu Tian 楚天: "Zhongguo Guanggao Lianhe Zong Gongsi xuangao zhengshi chengli" 中国广告联合总公司宣告正式成立 (China United Advertising Corporation verkündet formelle Gründung). *ZGGG*, 1981, No.1, p.20.

Cihai bianji weiyuanhui 辞海编辑委员会: *Cihai* 辞海 (hg. vom Redaktionsausschuß des Cihai). Vol.2, Shanghai: Shanghai cishu chubanshe, 1979.

Clark, Eric: *Weltmacht Werbung*. Bergisch-Gladbach, 1989.

Cong Linzhong 丛林中: "Cong «hao jiu bu pa xiangzi shen» tanqi - lüyou zatan" 从 «好酒不怕巷子深» 谈起 - 旅游杂谈 (Ausgehend von 'guter Wein fürchtet die tiefe Gasse nicht' - einige Gedanken über das Reisen). *RMRB*, 6.6.1979, p.2.

Cong Ning 丛宁: "Ruci «guanggao zhuanjia»" 如此 «广告专家» (So ein 'Werbefachmann'). *RMRB*, 17.3.1986, p.4.

[Cremerius, Ruth:] "Verschärfter Kampf gegen pornographische Publikationen". *Ca*, Juli 1988, pp.508-509 (Ü 15).

Crow, Carl: *Four hundred million customers: The experiences, some happy, some sad, of an American in China, and what they taught me.* New York, 1937.

Dewenter, Kathryn: "Who's Who in Chinese Advertising". *CBR*, November-December 1980, pp.29-30.

Di Naizhuang 邸乃壮: "Chanpin guanggao celüe" 产品广告策略 (Strategie der Produktwerbung). *Qiye Guanli* 企业管理, 1984, No.7, pp.47-48.

Ding Hua 丁桦: "Zhongguo Guanggao Xuehui zai Shanxi juxing guanggao xueshu zuotanhui" 中国广告学会在山西举行广告学术座谈会 (Chinesischer wissenschaftlicher Verein der Werbung hält in Shanxi ein wissenschaftliches Symposium zur Werbung ab). *ZGGG*, 1982, No.2, p.24.

Ding Shihe 丁世和: "Youji shangpin guanggao jidai jiaqiang guanli" 邮寄商品广告急待加强管理 (Postalische Warenwerbung braucht dringend verstärkte Kontrolle). *Xiaofeizhe* 消费者, 1988, No.3, pp.46-47.

Ding Tongcheng 丁同成: "Guanggao de minzu jingshen he xiandaigan - Jiaoxue zhong de yidian tihui" 广告的民族精神和现代感 - 教学中的一点体会 (Nationaler Geist und Modernitätsgefühl der Werbung - Eine Erfahrung aus dem Unterricht). *ZGGG*, 1983, No.3, pp.8 und 13.

Ding Xinmin 丁新民: "Shilun dianshi guanggao guanzhong nifan xinli zhi chengyin ji duice" 试论电视广告观众逆反心理之成因及对策 (Über die Ursachen der negativen Einstellung der Zuschauer zur Fernsehwerbung und Gegenmaßnahmen). Teil 1: *ZGGG*, 1989, No.3, pp.13-14.

Ding Xueping 丁雪萍: "Wenzhou-shi xiaohui yi pi maopai shoubiao" 温州市销毁一批冒牌手表 (Die Stadt Wenzhou vernichtet Armbanduhren mit gefälschten Warenzeichen). *RMRB*, 30.7.1985, p.2.

Ding Yunpeng 丁允朋: "Wo guo shehuizhuyi guanggao tezheng chuyi" 我国社会主义广告特征刍议 (Meine bescheidene Meinung über die Merkmale der sozialistischen Werbung unseres Landes). *ZGGG*, 1985, No.1, pp.4-7.

Ding Yunpeng 丁允朋: *Xiandai guanggao sheji* 现代广告设计 (Modernes Werbedesign). Shanghai: Shanghai renmin meishu chubanshe, 1987.

Dou Jiayu 窦家喻: "Lüe lun wo guo guanggao de xingzheng guanli" 略论我国广告的行政管理 (Kurze Darstellung der chinesischen Werbeadministration). *ZGGG*, 1986, No.3, pp.6-8 (Teil 1); und *ZGGG*, 1986, No.4, pp.3-5 (Teil 2).

«Duiwai maoyi shouce» bianxiezu «对外贸易手册» 编写组: *Duiwai maoyi shouce* 对外贸易手册 / *Handbook of Foreign Trade* (Herausgeber- und Verfasserteam des 'Handbuchs des Außenhandels'). Chengdu: Sichuan cishu chubanshe, 1987.

Ehrlich, Emil Peter: "Werbung in der sozialistischen Volkswirtschaft". *Handbuch der Werbung mit programmatischen Fragen und praktischen Beispielen von Werbefeldzügen*. Hg. von Chr. K. Behrens. Wiesbaden, 1970, pp.982-992.

Ehrlich, Emil Peter: "Werbung im Wandel der sozialistischen Planwirtschaft", *Werbung im Wandel 1945-1995. Eine Sammlung von werbefachlichen Texten*. Hg. von Carl Hundhausen. Essen, 1972, pp.103-114.

Er Dong 尔冬: "Dianshi guanggao chuyi" 电视广告刍议 (Meine bescheidene Meinung zur Fernsehwerbung). *ZGGG*, 1985, No.4, pp.19-20.

Fan Min 樊民: "Ying zhongshi guanggao meijieti de xuanze" 应重视广告媒介体的选择 (Man muß auf die Wahl des Werbemediums achten). *GMRB*, 5.8.1981, p.2.

Fang Hongjin 方宏进: *Guanggao guanlixue* 广告管理学 (Lehre des Werbemanagement). Changsha: Hunan wenyi chubanshe, 1988.

Fang Zhenxing 方振兴: "Guanggaojie ji xu jiejue de ruogan wenti zhi wo jian" 广告界亟需解决的若干问题之我见 (Meine Meinung zu einigen Problemen, die die Werbekreise dringend lösen müssen). *ZGGG*, 1987, No.3, pp.6-7.

Fu Bocan 符柏灿: "Cong chachu anjian zhong faxiande" 从查处案件中发现的 (Bei der Untersuchung und Regelung eines Rechtsfalles entdeckt). *ZGGG*, 1986, No.1, pp.17-18.

Fu Hanzhang 傅汉章: "Guanyu guanggaoxue de jige wenti" 关于广告学的几个问题 (Zu einigen Fragen der Werbelehre). *ZGGG*, 1981, No.1, pp.14-20.

Fu Hanzhang 傅汉章: "Zhengque chuli shehuizhuyi guanggao de ji ge guanxi" 正确处理社会主义广告的几个关系 (Einige Beziehungen der sozialistischen Werbung korrekt regeln). *ZGGGNJ*, pp.249-252.

Fu Hanzhang 傅汉章 und Kuang Tiejun 邝铁军: *Guanggao xinlixue* 广告心理学 (Werbepsychologie). O.O.: Huazhong Shifan Daxue chubanshe, 1988.

Fu Hanzhang 傅汉章 und Kuang Tiejun 邝铁军: *Guanggaoxue* 广告学 (Werbelehre). Guangdong: Guangdong gaodeng jiaoyu chubanshe, 1985.

Fu Hanzhang 傅汉章 und Kuang Tiejun 邝铁军: "Qianlun shehuizhuyi guanggao de diwei he zuoyong" 浅论社会主义广告的地位和作用 (Zur Stellung und Funktion sozialistischer Werbung). *ZGGGNJ*, pp.179-183.

Gao Xianmin 郜现敏: "Zhongguo Guanggao Xiehui kaizhan «zhong xinyu, chuang youzhi fuwu» huodong" 中国广告协会开展«重信誉、创优质服务»活动 (Chinesischer Werbeverband eröffnet die Aktion 'Wert auf das Ansehen legen, hervorragenden Service schaffen'). *RMRB*, 20.12.1988, p.2.

Gao Yongyi 高永毅 und Guo Junzheng 郭君正: "Jiaqiang guanli duanzheng guanggao jingying sixiang" 加强管理端正广告经营思想 (Das Werbegeschäftsdenken verstärkt kontrollieren und korrigieren). *RMRB*, 3.11.1983, p.2.

[Garms, Eckard:] "Amerikanische Werbeagentur als Generalagent für Anzeigen in chinesischen Fachzeitschriften". *Ca*, Juli 1979, pp.761-762 (Ü36).

[Garms, Eckard:] "Landesweite Werbeagentur gegründet". *Ca*, März 1981, p.172 (Ü49).

[Garms, Eckard:] "Übertriebene Werbung". *Ca*, Februar 1981, pp.108-109 (Ü67).

[Garms, Eckard:] "Werbemedien für Ausländer in China". *Ca*, August 1979, pp.894-895 (Ü33).

[Garms, Eckard:] "«Wörterbuch der politischen Ökonomie» und Halbmonatsschrift «Markt» erschienen". *Ca*, September 1979, p.979 (Ü55)

Gerster, Georg: "Duftender Frühling". *Süddeutsche Zeitung*, No.94 (23./24. April 1988), p.11.

Goldman, Marshall I.: "Product Differentiation and Advertising: Some Lessons from Soviet Experience". *The Journal of Political Economy*, Vol.68, No.4 (Aug.1960), pp.346-357.

Gong Jindu 公今度: "«Guanggao xinwen» lun bian" «广告新闻» 论辨 (Zur Unterscheidung von 'Werbenachrichten'). *XWZX*, 1985, No.6, pp.6-7.

Gonggong guanxi cidian bianweihui 公共关系辞典编委会 (Hg.): *Gonggong guanxi cidian* 公共关系辞典 (Wörterbuch der Public Relations, hg. vom Redaktionsausschuß des Public Relations-Wörterbuches). Beijing: Nongcun duwu chubanshe, 1988.

Grunert, Klaus G. und Eduard Stupening: *Werbung - ihre gesellschaftliche und ökonomische Problematik*. Frankfurt/M. und New York, 1981.

Gui Hua 桂华 und Xian Feng 先锋: "Yi zhang guanggao jiule yi ge chang" 一张广告救了一个厂 (Eine Anzeige rettete eine Fabrik). *RMRB*, 22.12.1979, p.3.

Guojia Tongji Ju 国家统计局 (Hg.): *Zhongguo tongji nianjian 1988* 中国统计年鉴 1988 (Statistisches Jahrbuch Chinas 1988, hg. vom Staatlichen Amt für Statistik). Beijing: Zhongguo tongji chubanshe, 1988.

Guo Jinwu 郭今吾 (Hg.): *Jingji da cidian. Shangye jingji juan* 经济大辞典. 商业经济卷 (Großes Wörterbuch der Wirtschaft. Band Handelswirtschaft). Shanghai: Shanghai cishu chubanshe, 1986.

Han Yuan 寒原: "«Xinwen guanggaohua» bu hao" «新闻广告化» 不好 (Es ist schlecht, 'Nachrichten zu verwerblichen'). *XWZX*, 1983, No.11, p.12.

Han Zhiguo 韩志国: "Zibenzhuyi guojia de guanggao guanli" 资本主义国家的广告管理 (Werberegelung in kapitalistischen Ländern). *ZGGG*, 1983, No.5, pp.29-30.

Hanson, Philip: *Advertising and Socialism. The Nature and Extent of Consumer Advertising in the Soviet Union, Poland, Hungary and Yugoslavia.* London und Basingstoke, 1974.

Harnischfeger-Ksoll, Magdalena und Wu Jikun (Hg.): *China Handbuch für die Wirtschaft / 中国手册 - 供经济世界*. München und Beijing, 1986.

He Zijia 何子葭: "Shanghai huifu shangpin guanggao yewu" 上海恢复商品广告业务 (Shanghai nimmt Warenwerbungsgeschäft wieder auf). *RMRB*, 12.3.1979, p.2.

Hebei-sheng Shen-xian jixiechang 河北省深县机械厂: "Kanle «guanggao» zhi hou" 看了 «广告» 之后 (Nachdem [wir] die 'Werbung' gesehen haben). *RMRB*, 1.2.1980, p.4.

Heller, Eva: *Wie Werbung wirkt: Theorien und Tatsachen.* Frankfurt/M., 1984.

Hitzinger, Brigitte: "Werbung in China". *China Report*, 66/67 (1982), pp.28-33.

Hu Yaobang 胡耀邦: "Quanmian kaichuang shehuizhuyi xiandaihua jianshe de xin jumian" 全面开创社会主义现代化建设的新局面 (Umfassend eine neue Lage des sozialistischen Modernisierungsaufbaus schaffen). *RMRB*, 8.9.1982, pp.1-5.

Hu Yaowu 胡耀武 und Liu Kangsheng 刘康生: "Shenme shi guanggao? Shui, zuo shenme guanggao?" 什么是广告? 谁, 做什么广告? (Was ist Werbung? Wer macht welche Werbung?). *ZGGG*, 1986, No.3, pp.20, 29-31.

Hu Zi'ang 胡子昂: "Guanggao hangye fazhan de tujing" 广告行业发展的途径 (Der Entwicklungsweg der Werbebranche). *ZGGG*, 1983, No.2, p.2.

Huai Chu 怀楚 und Zhong Yi 钟毅: "Guanggao cehua de mudi, yaoqiu ji guanggao gongsi de jigou shezhi" 广告策划的目的, 要求及广告公司的机构设置 (Ziele und Anforderungen der Werbeplanung und der organisatorische Aufbau der Werbefirma). *ZGGG*, 1988, No.2, pp.30-31.

Huang Yan 黄燕: "Wei huoyue jingji, cujin maoyi, dali fazhan guanggao shiye" 为活跃经济, 促进贸易, 大力发展广告事业 (Das Werbewesen mit aller Kraft entwickeln, um die Wirtschaft zu beleben und den Handel zu fördern). *Guoji Guanggao* 国际广告, 1987, No.1, pp.6-7.

Huang Yuxiang 黄宇翔 und Zhang Suiwang 张遂旺: "Quanguo guanggao lilun xueshu taolunhui zai Anyang-shi zhaokai" 全国广告理论学术讨论会在安阳市召开 (Nationales wissenschaftliches Symposium der Werbetheorie in Anyang abgehalten). *RMRB*, 10.8.1985, p.3.

Hui De 慧德, Xi Ping 希平 und Tian Wang 天望: "Shangpin liutong lingyu ye ying zhongshi guanggao gongzuo - fang Shangyebu buzhang Liu Yi tongzhi" 商品流通领域也应重视广告工作 - 访商业部部长刘毅同志 (Die Sphäre der Warenzirkulation muß auch auf die Werbearbeit achten - Besuch beim Handelsminister, dem Genossen Liu Yi). *ZGGG*, 1985, No.1, pp.2-3.

Jia Ming 贾铭: "Zhongguo Guanggao Xiehui gaiming Zhongguo Guanggao Xuehui" 中国广告协会改名中国广告学会 (Chinesischer Werbeverband umbenannt in Chinesischer wissenschaftlicher Verein der Werbung). *RMRB*, 6.3.1982, p.3.

Jia Yubin 贾玉斌: "Diaocha hou de sikao" 调查后的思考 (Überlegungen nach der Untersuchung). *ZGGG*, 1988, No.4, pp.3 und 42.

Jia Yubin 贾玉斌: "Wo guo guanggao shiye hai chuzai chuji fazhan jieduan" 我国广告事业还处在初级发展阶段 (Das chinesische Werbewesen befindet sich noch im Anfangsstadium der Entwicklung). *ZGGSB*, 1.9.1988, p.1.

Jia Yubin 贾玉斌: "1988 nian wo guo guanggaoye chixu fazhan" 1988 年我国广告业持续发展 (Die Werbeindustrie unseres Landes entwickelt sich im Jahr 1988 weiter). *ZGGG*, 1989, No.4, pp.47-48.

Jia Yubin 贾玉斌: "Zhongguo guanggao daibiaotuan shouci canjia shijie guanggao huiyi yinqi zhumu" 中国广告代表团首次参加世界广告会议引起注目 (Die erste Teilnahme einer chinesischen Werbedelegation am Weltkongreß der Werbung erregt Aufsehen). *ZGGG*, 1984, No.4, p.31.

Jiang Changyi 蒋昌一 und Lü Changtian 吕长天: "Zuotian. Jintian. Mingtian" 昨天. 今天. 明天 (Gestern, heute, morgen). *ZGGG*, 1986, No.2, p.47.

Jiang Guangyi 蒋光宜: "Guanggao xuanchuan yishu" 广告宣传艺术 (Die Kunst der Werbepropaganda). *XWZX*, 1985, No.2, pp.12-15.

Jiang Rui 江瑞: "Dui «maifang shichang» he «maifang shichang» wenti de shangque" 对 «买方市场» 和 «卖方市场» 问题的商榷 (Überlegungen zu Fragen des 'Käufermarktes' und des 'Verkäufermarktes'). *CMJJ*, 1983, No.2, pp.25-27.

Jin Guiqi 金瑰琪: "Fazhan zhong de Zhongguo guanggao shiye" 发展中的中国广告事业 (Das chinesische Werbewesen in der Entwicklung). *ZGGGNJ*, pp.116-117.

Jin Guiqi 金瑰琪: "Guanggao yu xinwen zhi qufen" 广告与新闻之区分 (Unterscheidung von Werbung und Nachrichten). *ZGGG*, 1987, No.4, pp.5-6.

Jin Guiqi 金瑰琪: "Renzhen zuohao guanggao xuanchuan de qingli, zhengdun gongzuo" 认真做好广告宣传的清理, 整顿工作 (Die Säuberungs- und Ausrichtungsarbeit der Werbepropaganda gewissenhaft erledigen). *ZGGG*, 1986, No.1, pp.2-3.

[Jin Guiqi 金瑰琪:] "Zhongguo Guanggao Xiehui gongzuo baogao (zhaiyao)" 中国广告协会工作报告 (摘要) (Arbeitsbericht des Chinesischen Werbeverbandes [Auszug]). *ZGGGB*, 9.1.1987, p.3.

Lan Taifu 蓝太富 und Huang Shili 黄世礼: *Tongsu xiaofei xinlixue* 通俗消费心理学 (Populäre Konsumpsychologie). Beijing: Qinggongye chubanshe, 1988.

Li Anding 李安定: "Zhengzhi sixiang zhanxian fandui zichanjieji ziyouhua, jingji shang kaizhan zeng chan jie yue zeng shou jie zhi huodong" 政治思想战线反对资产阶级自由化,经济上开展增产节约增收节支活动 (An der politisch-ideologischen Front die bürgerliche Liberalisierung bekämpfen, in der Wirtschaft die Bewegung der Produktionssteigerung und Sparsamkeit, Einnahmenerhöhung und Kostensenkung entfalten). *RMRB*, 21.1.1987, p.1.

Li Daonan 李道南 und Yang Keqiang 杨克强 (Hg.): *Gong-shang xingzheng guanli cidian* 工商行政管理辞典 (Wörterbuch der Industrie- und Handelsverwaltung). Chengdu: Sichuan kexue jishu chubanshe, 1988.

Li Fang 李放, Yan Qingyi 阎青义 und Ma Li 马丽 (Hg.): *Jingji faxue cidian* 经济法学辞典 (Juristisches Wörterbuch der Wirtschaft). Shenyang: Liaoning renmin chubanshe, 1986.

Li Jiabao 李嘉宝: "Yao tigao guanggao zhuanye gongsi de suzhi" 要提高广告专业公司的素质 (Die Leistungsfähigkeit der Werbefirmen muß erhöht werden). *ZGGG*, 1989, No.3, pp.15-16.

Li Shuxi 李树喜: "Hengxiang jingji lianhe yu guanggao shiye" 横向经济联合与广告事业 (Wirtschaftliche Querverbindungen und das Werbewesen). *ZGGG*, 1987, No.2, pp.7-8.

Li Yanzu 李砚祖: "Guanggao wenhua yu guanggao yishu" 广告文化与广告艺术 (Werbekultur und Werbekunst). *Wenyi Yanjiu* 文艺研究, 1988, No.10, pp.97-108. Nachgedruckt in *Fuyin Baokan Ziliao. Zaoxing Yishu Yanjiu* 复印报刊资料.造型艺术研究, 1988, No.5, pp.64-75.

Li Yu 梨雨: "Bai Juyi yu guanggao" 白居易与广告 (Bai Juyi und Werbung). *Shichang Yishu* 市场艺术, 1986, No.8, p.42.

Li Zhenjie 李振杰 u.a. (Hg.): *Zhongguo baokan xin ciyu* 中国报刊新词语 / *New Chinese Press Terms*. Beijing: Huayu jiaoxue chubanshe, 1987.

Li Zhiyi 李志一 u.a.: *Shangbiao guanggao falü zhishi* 商标广告法律知识 (Rechtskenntnisse zu Warenzeichen und Werbung). Shanghai: Zhishi chubanshe, 1985.

Li Zhongfa 李中法 und Shao Dexin 邵德新 (Hg.): *Zhongguo shiyong wenti daquan* 中国实用文体大全 (Große Sammlung der Formen des schriftlichen Verkehrs in China). Shanghai: Shanghai wenhua chubanshe, 1984.

Li Zhonghui 厉忠辉: "Ningbo-shi jiaqiangle guanggao guanli gongzuo" 宁波市加强了广告管理工作 (Die Stadt Ningbo verstärkt die Arbeit der Werbekontrolle). *ZGGG*, 1986, No.2, p.8.

Li Zhonghui 厉忠辉: "Xujia guanggao tan yuan" 虚假广告探源 (Die Gründe für irreführende Werbung erkunden). *ZGGG*, 1988, No.2, pp.6-7.

Lin Guodong 林国栋 und Zhou Lianqi 周连启: "Jianli juyou Zhongguo tese de guanggao lilun tixi" 建立具有中国特色的广告理论体系 (Ein System der Werbetheorie chinesischer Prägung aufbauen). *GMRB*, 3.11.1986, p.2.

Lin Qunying 林群英 und Zheng Zu'an 郑祖庵: "Pujiang jiayao an chuxi" 普江假药案初析 (Erste Analyse des Falles gefälschter Medikamente [von] Pujiang). *RMRB*, 13.7.1985, p.1.

Lin Zhongxing 林中兴: "Bu neng ba miao zhu zhang ye bu ying wu suo zuowei" 不能拔苗助长也不应无所作为 (Man kann nicht an einem Schößling ziehen, um ihm beim Wachstum zu helfen, [aber] man darf auch nicht tatenlos sein). *ZGGG*, 1988, No.2, pp.15-16.

Linder, Willy: "Werbung in China". *Neue Zürcher Zeitung*, 12./13. Dezember 1987, pp.77-79 [mit Bildern von Georg Gerster].

Liu Baoquan 刘保全: "Guanyu xinwen shangpinxing wenti de taolun zongshu" 关于新闻商品性问题的讨论综述 (Zusammenfassung der Diskussion über die Frage des Warencharakters von Nachrichten). *Xinhua Wenzhai* 新华文摘, 1989, No.3, pp.166-168.

Liu Duanwu 刘端武: "Guanggao yu weiguan jingji xinwen" 广告与微观经济新闻 (Werbung und mikroökonomische Nachrichten). *XWZX*, 1988, No.8, pp.19-20.

Liu Guosheng 刘国胜 und Pan Gang 潘岗: "Jinzhi zhizao xiaoshou maopai weilie shangpin" 禁止制造销售冒牌伪劣商品 (Schlechte nachgemachte Waren mit gefälschtem Markenzeichen herzustellen und zu verkaufen, ist verboten). *RMRB*, 24.6.1985, p.2.

Liu Guosheng 刘国胜 und Wang Yongming 王永明: "Guanmian tanghuang de «zanzhu» beihou" 冠冕堂皇的 «赞助» 背后 (Hinter der wohlklingenden 'Unterstützung'). *RMRB*, 15.8.1987, p.5.

Liu Jianjun: "Werbung in China". *BRu*, No.22 (2.Juni 1987), pp.20-22.

Liu Limin 刘立民: "Quanguo zhengdun guanggao jingying gongzuo xiaoguo hao" 全国整顿广告经营工作效果好 (Das Ergebnis der landesweiten Arbeit mit der Ausrichtung des Werbegeschäftes ist gut). *ZGGGB*, 12.12.1986, p.3.

Liu Linqing 刘林清: "Weifa guanggao xingwei ji ying fu de falü zeren" 违法广告行为及应负的法律责任 (Ungesetzliches Werbeverhalten und die [dafür] zu tragende gesetzliche Verantwortung). *ZGGG*, 1986, No.3, pp.13-14.

Liu Linqing 刘林清 und Chen Jixiu 陈季修: *Guanggao guanli* 广告管理 (Regelung der Werbung), Beijing: Zhongguo caizheng jingji chubanshe, 1989.

Liu Mingfu 刘明夫: "Guanggao shiyejia mingwei «ruzi niu»" 广告事业家名为 «孺子牛» (Werbemann zu sein heißt 'Büffel für das Kind' [Diener des Volkes] zu sein). *ZGGG*, 1982, No.1, p.5.

Liu Xiankang 刘宪康: "Guanggao yongzi yinggai guifanhua" 广告用字应该规范化 (Die [in] der Werbung benutzten Schriftzeichen müssen standardisiert sein). *ZGGG*, 1984, No.2, p.46.

Liu Xuezhi 刘学治: *Chanpin xiaoshou zhishi yu jiqiao* 产品销售知识与技巧 (Wissen und Fertigkeit des Produktabsatzes). Chengdu: Sichuan kexue jishu chubanshe, 1988.

Liu Zhaoxiang 刘兆祥 und Zhu Mengkui 朱梦魁: "Guoji guanggaojie de shenghui" 国际广告界的盛会 (Bedeutendes Treffen der internationalen Werbewelt). *RMRB*, 22.6.1987, p.7.

Liu Zhengtan 刘正埮 u.a. (Hg.): *Hanyu wailaici cidian* 汉语外来词词典 / *A Dictionary of Loan Words and Hybrid Words in Chinese*. Shanghai: Shanghai cishu chubanshe, 1984.

Louven, Erhard: "Das chinesische Wirtschaftssystem im 'Anfangsstadium des Sozialismus'". *Ca*, Oktober 1987, pp.806-808.

[Louven, Erhard:] "Einführung neuer Gesellschaftsformen". *Ca*, August 1990, pp.623-624 (Ü 47).

[Louven, Erhard:] "Erster erfolgreicher Prozeß gegen falsche Werbung und fehlerhafte Produkte". *Ca*, Oktober 1986, p.644 (Ü 41).

[Louven, Erhard:] "Konsolidierungsprogramm für die chinesische Wirtschaft beschlossen". *Ca*, September 1988, pp.687-688 (Ü 32).

Louven, Erhard und Karen Zürn: "Werbung in der VR China". *Ca*, März 1988, pp.230-233.

Lu Bin 鲁斌: "1989 nian Zhongguo guanggaoye de xin fazhan" 1989 年中国广告业的新发展 (Die neue Entwicklung der chinesischen Werbeindustrie im Jahr 1989). *ZGGG*, 1990, No.3, p.3.

Ma Changgao 马常高, Dong Ruyi 董如义 und Wang Yunhua 王云华: "Bu neng zhi deng guanggao bu gong huo" 不能只登广告不供货 (Man kann nicht nur Werbung publizieren, [aber] keine Ware liefern). *RMRB*, 6.4.1980, p.3.

Ma Hong 马洪 und Sun Shangqing 孙尚清 (Hg.): *Jingji yu guanli da cidian* 经济与管理大辞典 (Großes Lexikon der Wirtschaft und des Management). [Beijing:] Zhongguo shehuikexue chubanshe, 1985.

[Machetzki, Rüdiger:] "Wirtschaft auf dem XII. Parteitag". *Ca*, Oktober 1982, pp.576-578 (Ü 31).

Marx, Karl: *Das Kapital. Kritik der politischen Ökonomie*. Vol.3, Berlin (Ost), 1974.

Maurer, Jürgen: *Das Informations- und Kommunikationswesen in der Volksrepublik China. Institutioneller Rahmen und Ausgestaltung*. Hamburg, 1990. (= Mitteilungen des Instituts für Asienkunde Hamburg, No.182)

Mei Ruhe 梅汝和 und Chen Xinkang 陈信康: "Guanggao meiti xuanze zongheng tan" 广告媒体选择纵横谈 (Freies Gespräch über die Auswahl von Werbemedien). *ZGGG*, 1988, No.1, pp.5-8.

Meng Mingming 孟明明: "Yao jianli lianghao de guanggao gongzuo xin zhixu" 要建立良好的广告工作新秩序 (Man muß eine positive neue Ordnung der Werbearbeit aufbauen). *ZGGSB*, 24.11.1988, p.1.

Meng Zijun 孟子君: "Tianjin mingwen guiding guanggao xu biaojia, pianren yao shoufa" 天津明文规定广告须标价,骗人要受罚 (Tianjin legt schriftlich fest, Werbung muß den [Waren]preis angeben, Betrug wird betraft). *RMRB*, 13.8.1986, p.1.

Min Hui 民会: "«Guanggao xinwenhua» hao" «广告新闻化» 好 (Es ist gut, 'Werbung zu vernachrichtlichen'). *XWZX*, 1983, No.9, p.17.

Ning Wen 宁雯: "Guanggao zhong de falü wenti" 广告中的法律问题 (Juristische Fragen in der Werbung). *RMRB*, 17.3.1986, p.4.

[O.Verf.:] *Advertising and Marketing in China. Past, Present and Future.* Hongkong, 1985.

[O.Verf.:] "Anzeigenwerbung". *BRu*, No.10 (13.März 1979), pp.30-31.

[O.Verf.:] "88 nian Zhongguo guanggao dashiji" 88 年中国广告大事记 (Chronik der großen Ereignisse in der chinesischen Werbung im Jahr 88). *ZGGG*, 1989, No.3, p.48.

[O.Verf.:] "Cong Beijing zhan de guanggao dianzhong xiangqi" 从北京站的广告电钟想起 (Einige Gedanken angeregt durch die elektrische Werbeuhr am Beijinger Bahnhof). *RMRB*, 17.4.1982, p.3.

[O.Verf.:] "Da shi jiyao" 大事纪要 (Chronologische Darstellung großer Ereignisse). *ZGGGNJ*, pp.151-155.

[O.Verf.:] "Disan shijie guanggao dahui jiang zai Beijing juxing" 第三世界广告大会将在北京举行 (Der Werbekongreß der Dritten Welt wird in Beijing stattfinden). *ZGGGB*, 14.4.1987, p.1.

[O.Verf.:] "Disan shijie guanggao hui liuyue zai Beijing juxing" 第三世界广告会六月在北京举行 (Der Werbekongreß der Dritten Welt findet im Juni in Beijing statt). *RMRB*, 9.4.1987, p.3.

[O.Verf.:] "Guanggao guanli" 广告管理 (Über Werbung). *Zhongguo shangye nianjian 1988* 中国商业年鉴 *1988* (Jahrbuch des chinesischen Handels 1988), hg. von «Zhongguo shangye nianjian» bianji weiyuanhui «中国商业年鉴» 编辑委员会 [Redaktionskomitee des "Jahrbuchs des chinesischen Handels"]. Beijing: Zhongguo shangye chubanshe, 1988, pp.148-151.

[O.Verf.:] "Guanggao guanli jiguan" 广告管理机关 (Verwaltungsorgane der Werbung). *ZGGGNJ*, p.20.

[O.Verf.:] "Guanggao jingying jiegou" 广告经营结构 (Die Struktur des Werbegeschäftes). *ZGGGNJ*, pp.21-31.

[O.Verf.:] "Guanggao shiye xingwang fada" 广告事业兴旺发达 (Werbewesen erlebt Aufschwung). *ZGGG*, 1983, No.3, p.13.

[O.Verf.:] "Guanggao yao wei jianshe shehuizhuyi liang ge wenming fuwu" 广告要为建设社会主义两个文明服务 (Werbung muß dem Aufbau der beiden Zivilisationen des Sozialismus dienen). *RMRB*, 24.11.1985, p.2.

[O.Verf.:] "Guanggao zhuanye jiaoyu" 广告专业教育 (Werbefachausbildung). *ZGGGNJ*, pp.38-42.

[O.Verf.:] "Guanyu juban «Disan shijie guanggao dahui» de xieyi zai Beijing qianding" 关于举办 «第三世界广告大会» 的协议在北京签订 (Abkommen zur Durchführung des 'Werbekongresses der Dritten Welt' in Beijing unterzeichnet). *ZGGGNJ*, p.97.

[O.Verf.:] "Guoji Guanggao Xiehui jiena wo wei huiyuanguo" 国际广告协会接纳我为会员国 (Internationaler Werbeverband nimmt uns als Mitgliedsland auf). *RMRB*, 16.6.1987, p.2.

[O.Verf.:] "Guowuyuan fabu guanggao guanli zanxing tiaoli" 国务院发布广告管理暂行条例 (Staatsrat erläßt Vorläufige Bestimmungen zur Regelung der Werbung). *RMRB*, 18.2.1982, p.2.

[O.Verf.:] "Guowuyuan fabu xin de «Guanggao guanli tiaoli»" 国务院发布新的 «广告管理条例» (Der Staatsrat erläßt neue "Bestimmungen zur Regelung der Werbung"). *RMRB*, 10.11.1987, p.2.

[O. Verf.:] "Jianguo yilai guanggaoye fazhan gaikuang" 建国以来广告业发展概况 (Abriß der Entwicklung des Werbewesens seit der Staatsgründung). *ZGGGNJ*, pp.9-19.

[O. Verf.:] "Jiangsu jiaqiang guanggao guanli" 江苏加强广告管理 (Jiangsu verstärkt Werbekontrolle). *RMRB*, 31.1.1981, p.2.

[O. Verf.:] "Kommerzielle Werbung in den Medien". *Ca*, Januar 1979, p.25 (Ü77).

[O. Verf.:] "Maopai shangpin weihe yue lai yue duo?" 冒牌商品为何越来越多? (Warum nehmen Waren mit gefälschten Markenzeichen immer mehr zu?). *RMRB*, 18.6.1985, p.2.

[O. Verf.:] "Ningjiang jichuangchang ba jihua tiaojie yu shichang tiaojie jieheqilai - chan xiao zhijie jianmian, gong xu shuangfang manyi" 宁江机床厂把计划调节与市场调节结合起来 - 产销直接见面, 供需双方满意 (Werkzeugmaschinenfabrik Ningjiang verbindet Planregulierung und Marktregulierung - Produktion und Absatz treffen sich direkt, Liefer- und Bedarfsseite sind beide zufrieden). *RMRB*, 5.8.1979, p.1.

[O. Verf.:] "Qinggongyebu yaoqiu gedi jiaqiang chanpin guanggao guanli" 轻工业部要求各地加强产品广告管理 (Das Leichtindustrieministerium fordert, daß überall die Kontrolle der Produktwerbung verstärkt wird). *RMRB*, 13.7.1985, p.2.

[O. Verf.:] "Quanguo chukou chanpin guanggao sheying zhanlan zai Jing kaimu" 全国出口产品广告摄影展览在京开幕 (Nationale Ausstellung der Werbephotographie für Exportproduke in [Bei]jing eröffnet). *RMRB*, 31.8.1983, p.3.

[O. Verf..] "Quanguo guanggao xueshu taolunhui jianjie" 全国广告学术讨论会简介 (Kurzvorstellung der nationalen wissenschaftlichen Symposien zur Werbung). *ZGGGNJ*, pp.177-178.

[O. Verf.:] "Tigao guanggao xuanchuan jingji xiaoyi he shehui xiaoyi" 提高广告宣传经济效益和社会效益 (Die ökonomische und die gesellschaftliche Effizienz der Werbepropaganda erhöhen). *RMRB*, 23.2.1986, p.2.

[O.Verf.:] "Waimao Guang Xie yu Ouzhou Gongtongti lianhe juban guanggao sheying peixunban" 外贸广协与欧洲共同体联合举办广告摄影培训班 (Chinesischer Werbeverband für Außenhandel führt mit der Europäischen Gemeinschaft einen Weiterbildungskurs für Werbephotographie durch). *ZGGGNJ*, p.94.

[O.Verf.:] "Werbung ausländischer Firmen in chinesischen Zeitungen". *Ca*, April 1979, p.475 (Ü45)

[O.Verf.:] "Wo guo guanggao meijie zhong baozhi ju shouwei" 我国广告媒介中报纸居首位 (Unter den Werbemedien unseres Landes nehmen die Zeitungen den ersten Platz ein). *RMRB*, 20.6.1987, p.2.

[O.Verf.:] "Wo guo shoubu guanggao nianjian jijiang chuban" 我国首部广告年鉴即将出版 (Das erste Jahrbuch der Werbung unseres Landes wird bald erscheinen). *ZGGGB*, 23.6.1987, p.1.

[O.Verf.:] "Yanse yu xiaofeizhe de guanxi" 颜色与消费者的关系 (Die Beziehung von Farbe und Verbraucher). *Juece yu Xinxi* 决策与信息, 1987, No.5, p.25.

[O.Verf.:] "1988 nian guanggao dashiji" 1988 年广告大事记 (Chronik wichtiger Ereignisse in der Werbung im Jahr 1988). *ZGGG*, 1989, No.4, p.47.

[O.Verf.:] "1989 nian wo guo gong-shang xingzheng guanli de chengjiu yu gaikuang" 1989 年我国工商行政管理的成就与概况 (Erfolge und Überblick über die Industrie- und Handelsverwaltung unseres Landes im Jahr 1989). *ZGGSB*, 26.2.1990, p.1.

[O.Verf.:] "1986 nian guanggao dashiji" 1986 年广告大事记 (Chronik wichtiger Ereignisse in der Werbung im Jahr 1986). Teil 1: *ZGGG*, 1987, No.3, pp.46-47; Teil 2: *ZGGG*, 1987, No.4, pp.46-47.

[O.Verf.:] "1987 nian guanggao dashiji" 1987 年广告大事记 (Chronik wichtiger Ereignisse in der Werbung im Jahr 1987). Teil 1: *ZGGG*, 1988, No.3, pp.45-46; Teil 2: *ZGGG*, 1988, No.4, pp.46-47.

[O.Verf.:] "1985 nian guanggao dashiji" 1985 年广告大事记 (Chronik wichtiger Ereignisse in der Werbung im Jahr 1985). Teil 1: *ZGGG*, 1986, No.1, pp.45-46; Teil 2: *ZGGG*, 1986, No.2, pp.48 und 36.

[O.Verf.:] "Zai quan Dang jinxing shehuizhuyi chuji jieduan jiben luxian de jiaoyu" 在全党进行社会主义初级阶段基本路线的教育 (In der gesamten Partei die Erziehung der grundlegenden Linie im Anfangsstadium des Sozialismus durchführen). *RMRB*, 14.11.1987, p.1.

[O.Verf.:] "Zhi duzhe" 致读者 (An den Leser). *ZGGG*, 1981, No.2, p.60.

[O.Verf.:] "Zhong Gong Zhongyang guanyu jingji tizhi gaige de jueding" 中共中央关于经济体制改革的决定 (Beschluß des ZK der KP Chinas zur Reform des Wirtschaftssystems). *RMRB*, 21.10.1984, pp.1-3.

[O.Verf.:] "Zhong Gong Zhongyang guanyu shehuizhuyi jingshen wenming jianshe zhidao fangzhen de jueyi" 中共中央关于社会主义精神文明建设指导方针的决议 (Beschluß des ZK der KP Chinas zu den Leitprinzipien für den Aufbau der sozialistischen geistigen Zivilisation). *RMRB*, 29.9.1986, pp.1-2.

[O.Verf.:] "Zhong Guang Xie fachu guanyu renzhen xuexi guanche Dang de shisan jie si Zhong quanhui jingshen de tongzhi" 中广协发出关于认真学习贯彻党的十三届四中全会精神的通知 (Chinesischer Werbeverband gibt Zirkular zu gewissenhaftem Studium und Durchführung des Geistes des 4. Plenum des XIII. ZK heraus). *ZGGG*, 1989, No.4, p.7.

[O.Verf.:] "Zhong Guang Xie jueding zai quanguo guanggao hangye kaizhan «zhong xinyu, chuang youzhi fuwu» huodong" 中广协决定在全国广告行业开展 «重信誉, 创优质服务» 活动 (Chinesischer Werbeverband beschließt, in der Werbebranche des ganzen Landes die Aktion 'Wert auf das Ansehen legen, hervorragenden Service schaffen' zu entfalten). *ZGGG*, 1989, No.2, p.3.

[O.Verf.:] "Zhongguo Dianshi Fuwu Gongsi kaishi fuwu" 中国电视服务公司开始服务 (China Television Service nimmt die Arbeit auf). *RMRB*, 31.12.1979, p.3.

[O.Verf.:] "Zhongguo Duiwai Jingji Maoyi Guanggao Xiehui" 中国对外经济贸易广告协会 (Der Chinesische Werbeverband für außenwirtschaftliche Beziehungen und Handel). *ZGGGNJ*, pp.173-176.

[O.Verf.:] "Zhongguo Duiwai Jingji Maoyi Guanggao Xiehui de zuzhi he zongzhi" 中国对外经济贸易广告协会的组织和宗旨 (Organisation und Ziele des Chinesischen Werbeverbandes für außenwirtschaftliche Beziehungen und Handel). *ZGGGNJ*, p.173.

[O.Verf.:] "Zhongguo Duiwai Jingji Maoyi Guanggao Xiehui zhangcheng" 中国对外经济贸易广告协会章程 (Statut des Chinesischen Werbeverbandes für außenwirtschaftliche Beziehungen und Handel). *ZGGGNJ*, pp.174-176.

[O.Verf.:] "Zhongguo guanggao daibiaotuan canjia Alabo guanggao dahui" 中国广告代表团参加阿拉伯广告大会 (Chinesische Werbedelegation nimmt an der arabischen Werbeversammlung teil). *ZGGGNJ*, p.104.

[O.Verf.:] "Zhongguo guanggao daibiaotuan canjia di 29 jie shijie guanggao huiyi" 中国广告代表团参加第29届世界广告会议 (Chinesische Werbedelegation nimmt am 29. Weltkongreß der Werbung teil). *ZGGGNJ*, pp.91-93.

[O.Verf.:] "Zhongguo guanggao daibiaotuan canjia di 30 jie shijie guanggao huiyi" 中国广告代表团参加第30届世界广告会议 (Chinesische Werbedelegation nimmt am 30. Weltkongreß der Werbung teil). *ZGGGNJ*, p.98.

[O.Verf.:] "Zhongguo guanggao daibiaotuan canjia di 15 jie Yazhou guanggao dahui" 中国广告代表团参加第15届亚洲广告大会 (Chinesische Werbedelegation nimmt an der 15. Versammlung der asiatischen Werbung teil). *ZGGGNJ*, p.103.

[O.Verf.:] "Zhongguo guanggao daibiaotuan canjia diwu jie shijie huwai guanggao huiyi" 中国广告代表团参加第五届世界户外广告会议 (Chinesische Werbedelegation nimmt am 5. Weltkongreß für Außenwerbung teil). *ZGGGNJ*, p.101-103.

[O.Verf.:] "Zhongguo guanggao daibiaotuan kaocha Meiguo guanggaoye" 中国广告代表团考察美国广告业 (Chinesische Werbedelegation erkundet vor Ort US-Werbeindustrie). *ZGGGNJ*, pp.98-101.

[O.Verf.:] "Zhongguo guanggao daibiaotuan kaocha Riben guanggaoye" 中国广告代表团考察日本广告业 (Chinesische Werbedelegation erkundet vor Ort japanische Werbeindustrie). *ZGGGNJ*, pp.93-94.

[O.Verf.:] "Zhongguo Guanggao Lianhe Zong Gongsi chengli" 中国广告联合总公司成立 (China United Advertising Corporation gegründet). *RMRB*, 25.3.1981, p.4.

[O.Verf.:] "Zhongguo Guanggao Xiehui chengli" 中国广告协会成立 (Chinesischer Werbeverband gegründet). *RMRB*, 2.1.1984, p.2.

[O.Verf.:] "Zhongguo Guanggao Xiehui di'er ci huiyuan daibiao dahui jueyi (1986 nian 12 yue)" 中国广告协会第二次会员代表大会决议 (1986 年 12 月) (Resolution der zweiten Mitgliedsdelegiertenversammlung des Chinesischen Werbeverbandes [Dezember 1986]). *ZGGGNJ*, pp.159-161.

[O.Verf.:] "Zhongguo Guanggao Xiehui difang guanggao xiehui" 中国广告协会地方广告协会 (Lokale Werbeverbände des Chinesischen Werbeverbandes). *ZGGGNJ*, pp.166-173.

[O.Verf.:] "Zhongguo Guanggao Xiehui diyi ci daibiao dahui jueyi" 中国广告协会第一次代表大会决议 (Resolution der ersten Delegiertenversammlung des Chinesischen Werbeverbandes). *ZGGGNJ*, pp.156-157.

[O.Verf.:] "Zhongguo Guanggao Xiehui kaihui 5 tian huihuo 40 wan" 中国广告协会开会5天挥霍40万 (Chinesischer Werbeveband verschwendet bei einer fünftägigen Versammlung 400.000 [Yuan]). *RMRB*, 15.8.1987, p.1.

[O.Verf.:] "Zhongguo Guanggao Xiehui lingdao jigou" 中国广告协会领导机构 (Führungsgremium des Chinesischen Werbeverbandes [1983]). *ZGGGNJ*, p.159.

[O.Verf.:] "Zhongguo Guanggao Xiehui lingdao jigou" 中国广告协会领导机构 (Führungsgremium des Chinesischen Werbeverbandes [1986]). *ZGGGNJ*, p.163-164.

[O. Verf.:] "Zhongguo Guanggao Xiehui zhangcheng (1986 nian 12 yue)" 中国广告协会章程 (1986 年 12 月) (Statut des Chinesischen Werbeverbandes [Dez. 1986]). *ZGGGNJ*, pp.161-163.

[O. Verf.:] "Zhongguo Guanggao Xiehui zhangcheng (1983 nian 12 yue)" 中国广告协会章程 (1983 年 12 月) (Statut des Chinesischen Werbeverbandes [Dez. 1983]). *ZGGGNJ*, pp.158-159.

[O. Verf.:] "Zhongguo Guanggao Xiehui zhuanye weiyuanhui" 中国广告协会专业委员会 (Fachausschüsse des Chinesischen Werbeverbandes). *ZGGGNJ*, pp.164-165.

[O. Verf.:] "Zhongguo Guanggao Xuehui chengli" 中国广告学会成立 (Chinesischer wissenschaftlicher Verein der Werbung gegründet). *ZGGG*, 1982, No.1, p.36.

[O. Verf.:] "Zhonghua Quanguo Guanggao Xiehui zai Jing chengli" 中华全国广告协会在京成立 (Nationaler Werbeverband Chinas in [Bei]jing gegründet). *RMRB*, 24.2.1982, p.2.

[O. Verf.:] "Zhuanmen baodao jingji xinwen de «Shichang» bao shiyue yiri chuban" 专门报道经济新闻的«市场»报十月一日出版 (Zeitung 'Markt', die speziell Wirtschaftsnachrichten berichtet, erscheint ab 1. Oktober). *RMRB*, 23.9.1979, p.3.

Ouyang Zaisan 欧阳在三: "Gaige guanggao jingying tizhi, zujian xin de gufen gongsi" 改革广告经营体制，组建新的股份公司 (Das Werbegeschäftssystem reformieren, neue Aktiengesellschaften aufbauen). *ZGGG*, 1988, No.1, pp.16-17.

Pan Dayue 潘大钧: "Fan liang fan yu guanggao" 翻两番与广告 (Vervierfachung und Werbung). *ZGGGNJ*, pp.183-187. (Gekürzte und veränderte Fassung in *ZGGG*, 1984, No.1, pp.4 und 3.)

Ping Bao 平葆: "Guanggaofei li huayang duo" 广告费里花样多 (Die Tricks bei Werbegebühren sind vielfältig). *ZGGG*, 1986, No.1, p.17.

Qian Hanjiang 钱汉江: "Zengqiang guanggao yuyan de ganranli" 增强广告语言的感染力 (Die Anziehungskraft der Werbesprache verstärken). *ZGGG*, 1983, No.2, pp.34-35.

Qian Huide 钱慧德: "Shilun shehuizhuyi guanggao shiye fazhan de keguan yiju ji qi zuoyong" 试论社会主义广告事业发展的客观依据及其作用 (Über die objektive Basis der Entwicklung des sozialistischen Werbewesens und seine Rolle). *ZGGG*, 1981, No.1, pp.8-10 und 13.

Qian Zhenhui 钱振辉: "Zhongguo Guanggao Yishu Xiehui choubei weiyuanhui yijing jianli" 中国广告艺术协会筹备委员会已经建立 (Vorbereitungsausschuß des Chinesischen Verbandes der Werbekunst bereits gebildet). *ZGGG*, 1981, No.1, p.20.

Qiu Shensheng 邱燊生: "Guanggao dailizhi shi zai bi xing" 广告代理制势在必行 (Das Werbevertretungssystem ist unbedingt notwendig). *ZGGG*, 1989, No.1, pp.18-19.

Qiu Shensheng 邱燊生: "Yunyong shichang xinxi - fahui guanggao zuoyong" 运用市场信息 - 发挥广告作用 (Marktinformationen nutzen, die Funktion der Werbung entfalten). *ZGGG*, 1986, No.2, pp.16-17.

Qiu Shi 秋实: "Zhengdun zhili huhuan guanggao guanli fagui de jin yi bu wanshan" 整顿治理呼唤广告管理法规的进一步完善 (Ausrichtung und Verbesserung erfordern die weitere Vervollkommnung der gesetzlichen Bestimmungen zur Regelung der Werbung). *ZGGG*, 1989, No.3, p.3.

Qiu Zhi 仇支: "Wu chu bu zai, wu kong bu ru - Xianggang guanggao jianjie" 无处不在, 无孔不入 - 香港广告简介 (Überall präsent und überall hin vordringend - Kurzdarstellung der Werbung Hongkongs). *ZGGG*, 1985, No.4, p.20.

Reaves, Lynne: "China: A New Frontier for Advertisers". *Advertising Age*, September 16, 1985, pp.72 und 78.

Ren Yunhui 任蕴辉: "Shixing yi zhuanye guanggao gongsi wei zhongxin de yitiaolong peitao fuwu shi bi you zhi lu" 实行以专业广告公司为中心的一条龙配套服务是必由之路 (Koordinierten kompletten Service mit der Werbefirma als Zentrum durchzuführen, ist der einzige Weg). *ZGGGNJ*, pp.267-272, hier: p.269.

Ren Zhonglin 任中林: "Zhongguo Guojia Gong-Shang Xingzheng Guanli Ju de zhineng" 中国国家工商行政管理局的职能 (Die Aufgaben des chinesischen Staatlichen Industrie- und Handelsverwaltungsamtes). *ZGGGNJ*, pp.112-113.

Rong Chun 荣春 und Qi Bin 奇彬: "Cong yi ban guan quan bao" 从一斑观全豹 (Von einem Fleck aus den ganzen Leoparden betrachten). *ZGGG*, 1989, No.2, pp.15-16.

Ruan Jiageng 阮家耕: "Guanggao he yingxiao zai Zhongguo kaifang zhengce zhong de zhongyaoxing" 广告和营销在中国开放政策中的重要性 (Die Wichtigkeit von Werbung und Marketing in der chinesischen Öffnungspolitik). *ZGGGNJ*, pp.120-122.

[Schier, Peter:] "3. Plenartagung des XIII. ZK der KPCh". *Ca*, September 1988, pp.677-678 (Ü 7).

[Schier, Peter:] "5. Tagung des V. NVK". *Ca*, Dezember 1982, pp.709-710 (Ü 5).

[Schier, Peter:] "Kampf gegen 'geistige Verschmutzung'". *Ca*, November 1983, pp.660-661 (Ü 5).

Schier, Peter: "Die Nationale Delegiertenkonferenz der Kommunistischen Partei Chinas im September 1985 und die neue Zusammensetzung der Parteiführungsgremien". Teil 1: *Ca*, September 1985, pp.609-623.

Schier, Peter: "Eine schwere Niederlage für die radikalen Reformkräfte - Die 4. Plenartagung des XIII. ZK der Kommunistischen Partei Chinas". *Ca*, Juni 1989, pp.432-436.

[Schier, Peter:] "6. Plenartagung des XII. Zentralkomitees". *Ca*, September 1986, pp.567-568.

Seligman, Scott D.: "China's Fledgling Advertising Industry. The start of something big?". *CBR*, January-February 1984, pp.12-17.

Seligman, Scott D.: "Corporate and Product Promotion". *CBR*, May-June 1986, pp.8-13.

Seligman, Scott D.: "Translating Your Trademark into Chinese". *CBR*, November-December 1986, pp.14-16.

Shanghai-shi chengshi shehui jingji diaochadui 上海市城市社会经济调查队: "Shanghai-shi guanggaozhu guanggao qingkuang diaocha" 上海市广告主广告情况调查 ([Untersuchungsgruppe städtische Gesellschaft und Wirtschaft der Stadt Shanghai:] Untersuchung der Situation in der Werbung bei Werbenden der Stadt Shanghai). ZGGG, 1990, No.2, pp.4-6.

Shanghai-shi Guanggao Zhuanghuang Gongsi 上海市广告装璜公司: "«Er li» zhi nian hua cangsang" «而立» 之年话沧桑 ([Werbe- und Dekorationsfirma Shanghai:] Im Jahr des 'Sicher-Stehens' über große Veränderungen sprechen [Im Jahr des dreißigjährigen Jubiläums über die Firmengeschichte berichten]). ZGGG, 1986, No.3, pp.45-46, 19.

Shangyebu shangye jingji yanjiusuo 商业部商业经济研究所: *Xin Zhongguo shangye shigao (1949-1982)* 新中国商业史稿 *(1949-1982)* ([Forschungsinstitut für Handelswirtschaft des Handelsministeriums:] Entwurf einer Geschichte des Handels im neuen China, 1949-1982). Beijing: Zhongguo caizheng jingji chubanshe, 1984.

Shen Guantang 沈冠堂, Lü Yunduan 吕允端 und Ding Shihe 丁世和: "Bu xu liyong yougou guanggao qipian xiaofeizhe" 不许利用邮购广告欺骗消费者 (Man darf nicht mit Werbung für Postkäufe die Verbraucher betrügen). ZGGSB, 28.3.1988, p.1.

Shen Yanghua 沈扬华, Yu Tijun 余惕君 und Liu Rujin 刘汝金: *Guanggao de xuewen* 广告的学问 (Kenntnisse der Werbung). Shanghai: Shanghai Jiaotong Daxue chubanshe, 1986.

Shi Liping 时立平: "Guanjian shi guanggao jingying danwei yao yange yi fa banshi" 关键是广告经营单位要严格依法办事 (Der Schlüsselpunkt ist, daß die Werbeeinheiten streng nach dem Gesetz handeln müssen). ZGGSB, 14.7.1988, p.1.

Shi Ruixia 石瑞夏: "Haishi chan xiao zhijie jianmian hao" 还是产销直接见面好 (Es ist doch gut, wenn sich Produktion und Absatz direkt treffen). *RMRB*, 24.11.1979, p.3.

Shi Shan 石山: "Guanggao xuanchuan yu zeng shou jie zhi" 广告宣传与增收节支 (Werbepropaganda und die Steigerung von Einnahmen und Einsparung von Ausgaben). *ZGGGB*, 6.3.1987, p.1.

Song Shunqing 宋顺清: "Guanggao meixue chutan - Cong meigan tankaiqu" 广告美学初探 - 从美感谈开去 (Einführende Diskussion der Werbeästhetik - vom Schönheitsgefühl her das Gespräch eröffnen). *Shanxi Caijing Xueyuan Xuebao* 山西财经学院学报, 1984, No.2, pp.32-37.

Song Shunqing 宋顺清: "Guanggao yao shihe guonei shichang de tedian" 广告要适合国内市场的特点 (Die Werbung muß den Besonderheiten des Binnenmarktes entsprechen). *Shanxi Caijing Xueyuan Xuebao* 山西财经学院学报, 1983, No.4, pp.27-30.

Staiger, Brunhild: "Die neue Behörde für das Presse- und Publikationswesen". *Ca*, Juni 1987, pp.477-480.

Stross, Randall: "The Return of Advertising in China: A Survey of the Ideological Reversal". *CQ*, No.123 (Sept. 1990), pp.485-502.

Su Xuedan 苏雪丹 und Zhai Daqing 翟达清: *Shangbiao guanggao guanli shiyong shouce* 商标广告管理实用手册 (Praktisches Handbuch der Warenzeichen- und Werberegelung). Harbin: Heilongjiang chubanshe, 1987.

Sun Honggang 孙虹钢: "Guanggaoye xuyao kexue diaoyan shouduan" 广告业需要科学调研手段 (Die Werbeindustrie braucht wissenschaftliche Untersuchungsmethoden). *ZGGSB*, 4.2.1988, p.1.

Sun Honggang 孙虹钢: "Quanguo gong-shang juzhang huiyi zai Jing juxing" 全国工商局长会议在京举行 (Nationale Konferenz der Leiter der Industrie- und Handelsämter in [Bei]jing durchgeführt). *ZGGSB*, 14.3.1988, p.1.

Sun Jiake 孙家珂: "Wei qingnian duzhe fuwu - zhongshi guanggao de shehui xiaoguo" 为青年读者服务 - 重视广告的社会效果 (Den jugendlichen Lesern dienen - die gesellschaftliche Wirkung der Werbung beachten). *ZGGG*, 1983, No.4, pp.44-45.

Sun Xiaoliang 孙效良: "Shehuizhuyi tiaojian xia de jingzheng" 社会主义条件下的竞争 (Konkurrenz unter sozialistischen Bedingungen). *RMRB*, 23.6.1980, p.5.

Tang Rencheng 唐仁承: *Guanggao cehua* 广告策划 (Werbeplanung), Beijing: Qinggongye chubanshe, 1989.

Tang Wei 唐炜: "«Zenggaoqi» bu neng zenggao - pianrenzhe shoudao chuli" «增高器» 不能增高 - 骗人者受到处理 ('Wachstumsgerät' taugt nicht zum größer werden - Betrüger werden bestraft). *RMRB*, 16.7.1985, p.2.

Tang Zhongpu 唐忠朴: "Shilun wo guo guanggaoye fazhan de heli quxiang" 试论我国广告业发展的合理趋向 (Über die vernünftige Entwicklungsrichtung der chinesischen Werbeindustrie). *ZGGG*, 1987, No.2, pp.4-7.

Tao Yongkuan 陶永宽: "Shuangguizhi - xian jieduan guanggao jingying tizhi de zhuyao moshi" 双轨制 - 现阶段广告经营体制的主要模式 (Das zweigleisige System - die Hauptform des Werbegeschäftssystems in der derzeitigen Phase). *ZGGG*, 1988, No.4, pp.13-14.

Tao Yongkuan 陶永宽: "Tantan shehuizhuyi guanggao" 谈谈社会主义广告 (Über sozialistische Werbung). *ZGGG*, 1982, No.2, pp.3-5.

Terry, Edith: "Advertising in China: Open Channels, New Ideas". *CBR*, March-April 1980, pp.48-51.

Theyssen, Andreas: "Weichzeichner für Zahnräder". *Die Zeit*, No.32 (31. Juli 1987), p.18.

Tian Tongsheng 田同生: "Guanggao zai shehuizhuyi jingji huodong zhong de zuoyong" 广告在社会主义经济活动中的作用 (Die Rolle der Werbung in der sozialistischen Wirtschaftstätigkeit). *Xuexi yu Yanjiu* 学习与研究, 1982, No.7, pp.63-64.

Tian Yu 田雨: "Yao zhengque renshi he fahui guanggao de zuoyong" 要正确认识和发挥广告的作用 (Die Rolle der Werbung korrekt erkennen und entfalten). *CMJJ*, 1982, No.1, pp.58-60.

*Der Volkswirt. Wirtschafts- und Finanz-Zeitung.* Beiheft zu No.19 vom 13. Mai 1966.

[Wan Li:] "Advertising is essential - Wan". *China Daily* (The Third World Advertising Congress Supplement), 16.6.1987, p.1.

[Wan Li 万里:] "Wan Li dai zongli zai disan shijie guanggao dahui kaimushi shang de jianghua" 万里代总理在第三世界广告大会开幕式上的讲话 (Rede Wan Lis in Vertretung des Ministerpräsidenten auf der Eröffnungsfeier des Werbekongresses der Dritten Welt). *ZGGGNJ*, pp.110-111.

Wan Zhicheng 万志诚: "Cong Shanghai de waishang lai Hua guanggao tankaiqu" 从上海的外商来华广告谈开去 (Von der Werbung ausländischer Geschäftsleute in Shanghai aus das Gespräch eröffnen). *ZGGG*, 1986, No.3, p.2.

Wan Zhicheng 万志诚: "Guanggaozhu ying shi «huangdi» er bu shi «kuilei»" 广告主应是《皇帝》而不是《傀儡》 (Der Werbende muß 'Kaiser' sein, nicht 'Marionette'). *ZGGG*, 1989, No.2, p.3.

Wan Zhicheng 万志诚: "Renzhen xuexi Shisan Da wenjian jingshen, tuidong wo guo guanggao shiye jiankang fazhan" 认真学习十三大文件精神, 推动我国广告事业健康发展 (Den Geist der Dokumente des XIII. Parteitages gewissenhaft studieren, die gesunde Entwicklung des Werbewesens unseres Landes vorantreiben). *ZGGG*, 1988, No.1, p.3.

Wan Zhicheng 万志诚: "«Shuang zeng shuang jie» yu guanggao" 《双增双节》与广告 ('Zwei Steigerungen, zwei Einsparungen' und Werbung). *ZGGG*, 1987, No.3, p.3.

Wan Zhicheng 万志诚: "Zhengdun zhi yu - xiang lingdao bumen jin yi yan" 整顿之余 - 向领导部门进一言 (Über die Ausrichtung hinaus - ein Rat an die Führungsorgane). *ZGGG*, 1985, No.4, pp.2-3.

Wang Bo 王波: "Zhongguo de liangge guanggao xiehui" 中国的两个广告协会 (Die beiden Werbeverbände Chinas). *ZGGGNJ*, pp.124-125.

Wang Cainan 王才楠: "Guanyu maifang shichang he maifang shichang de tantao" 关于卖方市场和买方市场的探讨 (Erörterung zu Verkäufermarkt und Käufermarkt). *CMJJ*, 1983, No.5, pp.26-28.

Wang Jian 王坚: "Tan shuli xiandai guanggao guannian" 谈树立现代广告观念 (Zur Etablierung moderner Werbevorstellungen). *Fujian Luntan* 福建论坛, 1985, No.8, pp.48-49.

Wang Jiong 王炯: "Guanggao yishu san ti" 广告艺术三题 (Drei Themen der Werbekunst). *Wenyi Yanjiu* 文艺研究, 1988, No.5, pp.87-89.

Wang Jiong 王炯 und Fan Weiming 范伟明: "Cong wenhua jiaodu kan Zhong Xi guanggao sheji de fengge" 从文化角度看中西广告设计的风格 (Der Stil des chinesischen und westlichen Werbedesigns vom kulturellen Blickwinkel her betrachtet). *ZGGG*, 1987, No.3, pp.20 und 29.

Wang Kai 王恺 (Hg.): *Jianming shangye jingji cidian* 简明商业经济辞典 (Konzises Wörterbuch der Handelswirtschaft). Changchun: Jilin renmin chubanshe, 1986.

Wang Lixin 王立新: "Chenggong de guanggao ji guanggao chenggong de yinsu" 成功的广告及广告成功的因素 (Erfolgreiche Werbung und Faktoren des Werbeerfolges). *Xinxi Shijie* 信息世界, 1987, No.1, p.37.

Wang Meihan 王美涵: *Xiaofei jingji gailun* 消费经济概论 (Einführung in die Konsumwirtschaft). O.O.: Zhongguo caizheng jingji chubanshe, 1985.

Wang Ningjun: "TV ads have a long way to go". *China Daily*, 14.10.1988.

Wang Pinqing 王品清: "Zhongguo duiwai maoyi de fazhan" 中国对外贸易的发展 (Die Entwicklung des chinesischen Außenhandels). *ZGGGNJ*, pp.113-114.

Wang Qingxian 王清宪: "Zhinen de Zhongguo guanggaoye" 稚嫩的中国广告业 (Die junge chinesische Werbeindustrie). *RMRB*, 4.5.1989, p.5.

Wang Yang 汪洋 und Miao Jie 苗杰: *Xiandai shangye guanggaoxue* 现代商业广告学 (Moderne Handelswerbelehre), Beijing: Zhongguo Renmin Daxue chubanshe, 1988

Wang Zhongming 王忠明: "Jianchi shehuizhuyi fangxiang. Zai Beifang chengshi guangbo diantai guanggao jiaoliuhui shang de jianghua (zhaiyao)" 坚持社会主义方向. 在北方城市广播电台广告交流会上的讲话 (摘要) (Am sozialistischen Kurs festhalten - Rede auf der Austauschkonferenz der Werbung von Rundfunksendern in nord[chinesischen] Städten [Auszug]). *ZGGG*, 1984, No.1, pp.2-3.

Wang Zhongming 王忠明: "Kaifa wo guo wuyan gongye - guanggaoye" 开发我国无烟工业 - 广告业 (Die rauchlose Industrie unseres Landes erschließen - die Werbeindustrie). *Shiyong guanggao shouce*, hg. von Xu Baiyi, pp.2-6.

Weggel, Oskar: "Gesetzgebung und Rechtspraxis im nachmaoistischen China. Teil VIII: Das öffentliche Recht - Wirtschaftsrecht - (1. Abschnitt)". *Ca*, Mai 1987, pp.379-406.

Wu Daying 吴大英 (Hg.): *Jingjifa cidian* 经济法词典 (Lexikon der Wirtschaftsgesetze). O.O.: Renmin chubanshe, 1986.

Wu Dejiang 吴德江: "Lun Zhongguo guanggao dailizhi ji qi guodu xingshi" 论中国广告代理制及其过渡形式 (Über das chinesische Werbevertretungssystem und seine Übergangsformen). *ZGGGNJ*, pp.273-276.

Wu Feng 吴锋: "Jie guanggao xingpian fawang nantao" 借广告行骗法网难逃 (Betrug durch Werbung kann nicht durch die Maschen des Gesetzes schlüpfen). *RMRB*, 17.3.1986, p.4.

Wu Fumin 吴复民: "Guanggao shishi zhishi taren shouhai, Wuxi yi chang peichang bufen sunshi" 广告失实致使他人受害, 无锡一厂赔偿部分损失 (Werbung widerspricht den Tatsachen und führt zum Schaden Dritter - Fabrik in Wuxi kommt für einen Teil der Verluste auf). *RMRB*, 17.10.1986, p.4.

Wu Fumin 吴复民: "Huifu shangbiao - weihu mingpai xinyu" 恢复商标 - 维护名牌信誉 (Warenzeichen wieder einführen - das Ansehen bekannter Marken bewahren). *RMRB*, 4.12.1978, p.4.

Wu Xianglin 吴祥林: "Qingshaonian kanwu deng yiban guanggao zhide yanjiu" 青少年刊物登一般广告值得研究 (Daß gewöhnliche Werbung in Jugendzeitschriften erscheint, bedarf der Untersuchung). *RMRB*, 6.4.1980, p.3.

Xia Bingzhi 夏秉智 und Xu Wenzheng 徐文正: "Shangye guanggao yao zhenshi kexin" 商业广告要真实可信 (Kommerzielle Werbung muß wahr und vertrauenswürdig sein). *RMRB*, 21.12.1981, p.2.

«Xiandai shangye cidian» bianxiezu «现代商业辞典» 编写组: *Xiandai shangye cidian* 现代商业辞典 ([Herausgeber- und Verfasserteam des 'Lexikons des modernen Handels':] Lexikon des modernen Handels). Taiyuan: Shanxi renmin chubanshe, 1987.

Xiang Jianzhong 项建中: "Dianshi guanggao xianzhuang ji xiang dailizhi guodu zhi wo jian" 电视广告现状及向代理制过渡之我见 (Meine Meinung zur derzeitigen Lage der Fernsehwerbung und zum Übergang auf das Vertretungssystem). *ZGGG*, 1989, No.1, pp.17-18.

Xiao Ding 晓丁: "Guannian zai gengxin" 观念在更新 (Die Sichtweise erneuert sich). *ZGGG*, 1987, No.2, p.35.

Xiao Liu 筱流: "Beijing-shi guanggao xiehui chengli" 北京市广告协会成立 (Werbeverband der Stadt Beijing gegründet). *RMRB*, 6.7.1987, p.2.

Xie Guoji 解国记: "Yong guanggao pianren - jibai nongmin shangdang liuluo jietou" 用广告骗人 - 几百农民上当流落街头 (Durch Werbung betrogen - Hunderte von Bauern sind hereingefallen und treiben sich nun auf der Straße herum). *RMRB*, 3.8.1985, p.2.

Xie Peiwang 谢培望: "Xianzhuang yu shexiang - xiang qiye lingdaoren jin yi yan" 现状与设想 - 向企业领导人进一言 (Derzeitige Lage und Perspektive - ein Rat an die Führungsleute der Unternehmen). *ZGGG*, 1986, No.3, p.14.

Xin Guang 新广: "Xia Da guanggao zhuanye yucai xin cuoshi" 厦大广告专业育才新措施 (Neue Maßnahmen in der Werbe-Fachausbildung der Universität Xiamen). *ZGGG*, 1985, No.3, p.48.

Xiong Jiayu 熊家钰: "You ganyu jingshen shenghuo zhong de «san duo» xianxiang" 有感于精神生活中的 «三多» 现象 (Reflexionen zum Phänomen der 'drei Viel' im geistigen Leben). *GMRB*, 26.8.1981, p.2.

Xu Baiyi 徐百益: "Dui kaichuang guanggao xin jumian de ji dian jianyi" 对开创广告新局面的几点建议 (Einige Vorschläge zur Schaffung einer neuen Lage der Werbung). *ZGGG*, 1983, No.3, p.7.

Xu Baiyi 徐百益: "Nuli tigao guanggao de sixiangxing" 努力提高广告的思想性 (Den ideologischen Charakter der Werbung energisch erhöhen). *ZGGG*, 1985, No.1, pp.6-7, 29.

Xu Baiyi 徐百益: "Nuli tigao guanggao shuiping" 努力提高广告水平 (Das Niveau der Werbung energisch erhöhen). *Shiyong guanggao shouce*, hg. von Xu Baiyi, pp.8-16.

Xu Baiyi 徐百益 (Hg.): *Shiyong guanggao shouce* 实用广告手册 / *Practical Advertising Handbook*. Shanghai: Shanghai fanyi chuban gongsi, 1986.

Xu Dixin 许涤新 (Hg.): *Zhengzhi-jingjixue cidian* 政治经济学辞典 (Wörterbuch der politischen Ökonomie). Vol.3, Beijing: Renmin chubanshe, 1981, p.440.

Xu Fengqi 许凤岐 (Hg.): *Shichangxue cidian* 市场学词典 (Lexikon der Marktlehre). Nanchang: Jiangxi kexue jishu chubanshe, 1988.

Xu Naikuan 许乃宽 und Xuan Fenghua 宣奉华: "Jianchi baozhi guanggao de zhenshixing fuwuxing" 坚持报纸广告的真实性服务性 (Am Wahrheits- und Dienstcharakter der Zeitungswerbung festhalten). *GMRB*, 27.10.1986, p.1.

Xu Yi 徐益: "Dianshi guanggao de gousi yuanze" 电视广告的构思原则 (Prinzipien der Konzeption von Fernsehwerbung). *ZGGG*, 1987, No.1, pp.31-32.

Xue Weijun 薛维君 und Wang Changhua 王昌华: "Guanggao xitong ge yaosu de gongneng ji qi peizhi yuanze" 广告系统各要素的功能及其配置原则 (Die Funktion der einzelnen Faktoren des Werbesystems und ihre Kohärenz). *ZGGG*, 1988, No.4, pp.14-16.

Yang Chongyuan 杨崇远: "Wo guo guanggao cehua daili tuiguang huanman yuanyin qianxi" 我国广告策划代理推广缓慢原因浅析 (Oberflächliche Analyse der Ursachen für die langsame Ausbreitung der Werbeplanung und -vertretung in China). ZGGG, 1988, No.2, pp.14-15.

Yang Cunsheng 杨存生: "Guanyu wo guo guanggao jingying tizhi de sikao" 关于我国广告经营体制的思考 (Überlegungen zum chinesischen Werbegeschäftssystem). ZGGG, 1988, No.1, pp.14-16.

Yang Cunsheng 杨存生: "Guanggao xuanchuan shi xin shiqi Dang bao de zhongyao gongneng" 广告宣传是新时期党报的重要功能 (Werbepropaganda ist eine wichtige Funktion der Parteizeitungen [in] der neuen Periode). XWZX, 1988, No.4, pp.15-16.

Yang Cunsheng 杨存生: "Guanggao zai wo guo shangpin shichang zhong de zuoyong" 广告在我国商品市场中的作用 (Die Rolle der Werbung auf dem Warenmarkt unseres Landes). RMRB, 26.6.1987, p.5.

Yang Cunsheng 杨存生: "Tantan «xinwen guanggao»" 谈谈《新闻广告》(Über 'Nachrichtenwerbung'). ZGGG, 1988, No.4, pp.4-5.

Yang Jinde 杨金德: "Xiamen Daxue xinwen chuanbo xi jinnian zhengshi zhaosheng" 厦门大学新闻传播系今年正式招生 (Das Institut für Information und Kommunikation der Universität Xiamen nimmt dieses Jahr offiziell Studenten auf). ZGGG, 1984, No.2, p.7.

Yang Shiming 杨世明: "Baozhi guanggao jingying tizhi zhi wo jian" 报纸广告经营体制之我见 (Meine Ansicht zum Werbegeschäftssystem der Zeitungen). ZGGG, 1989, No.3, p.17.

Yao Jianguo: "Chinas Beitritt zum Internationalen Werbeverband". BRu, No.30 (28. Juli 1987), p.30.

Yao Nai 姚耐: "Jianli wo guo shehuizhuyi guanggaoxue" 建立我国社会主义广告学 (Eine chinesische sozialistische Werbelehre aufbauen). ZGGG, 1983, No.2, p.3.

Yao Sun 姚苏: "Chongfen yunyong xinwen shouduan wei guanggao fuwu" 充分运用新闻手段为广告服务 (Nachrichtenmittel voll einsetzen, um der Werbung zu dienen). ZGGG, 1985, No.1, p.44.

Ye Shusheng 叶树生: "Ying zhongshi qiye de guanggao gongzuo" 应重视企业的广告工作 (Man muß die Werbearbeit der Unternehmen beachten). *Zhongguo Jingji Wenti* 中国经济问题, 1986, No.1, pp.23-25.

Yi Changtai 易昌泰: "Cujin xiaoshou mianmian guan" 促进销售面面观 (Absatzförderung aus verschiedenen Blickwinkeln). *Jingji yu Guanli Yanjiu* 经济与管理研究, 1983, No.4, pp.32-35.

Yi Changtai 易昌泰: "Fazhan nongcun guanggao" 发展农村广告 (Die ländliche Werbung entwickeln). *RMRB*, 13.4.1984, p.5.

Yi Changtai 易昌泰: *Shiyong guanggao zhinan* 实用广告指南 (Praktischer Führer der Werbung). O.O.: Hubei renmin chubanshe, 1986.

Yi Ding 艺丁: "Sheji secai de yingyong" 设计色彩的应用 (Anwendung des Designs von Farben). *ZGGG*, 1984, No.2, pp.18-19 [mit Abb. pp.38-39].

Yu Cai 于才: "Guanggaoxue yu xinli" 广告学与心理 (Werbelehre und Psyche). *Xiandaihua* 现代化, 1982, No.8, pp.30-31.

Yu Guangyuan 于光远: "Tantan guanggao" 谈谈广告 (Über Werbung). *ZGGG*, 1986, No.2, p.2.

Yu Jiangyun 于江云: "Guanggao yongci yao qiehe shiji" 广告用词要切合实际 (Die Wörter, die die Werbung benutzt, müssen den Tatsachen entsprechen). *RMRB*, 6.3.1982, p.3.

Yuan Luyang 袁路阳: "Guanggao - wu suo bu zai de yinbi quanyouzhe" 广告-无所不在的隐蔽劝诱者 (Werbung - der allgegenwärtige geheime Verführer). *Xiandaihua* 现代化, 1985, No.9, pp.42-43.

Yuan Mai 袁迈: "Zengqiang guanggao yuyan de ganranli" 增强广告语言的感染力 (Die Anziehungskraft der Werbesprache verstärken). *ZGGG*, 1981, No.1, pp.12-13.

Yue Junyan 岳俊彦: "Guanche gaige jingshen, kaichuang guanggao hangye xin jumian" 贯彻改革精神, 开创广告行业新局面 (Den Geist der Reform verwirklichen, eine neue Lage in der Werbebranche schaffen). *ZGGG*, 1984, No.4, pp.2-3.

Zeng Xinmin 曾新民: "Lun xinwen guanggao de shehui zuoyong" 论新闻广告的社会作用 (Über die gesellschaftliche Funktion der Nachrichtenwerbung). *ZGGG*, 1983, No.4, pp.4-6.

Zhang Daoyi 张道一: "Jianli wo guo de guanggao yishu xueke" 建立我国的广告艺术学科 (Das Fachgebiet der Werbekunst unseres Landes aufbauen). *ZGGG*, 1981, No.2, pp.6-8.

Zhang Ding 张仃: "Yuan shangye meishu zhi hua xuanli-duocai" 愿商业美术之花绚丽多采 (Ich hoffe, daß die Blüte der kommerziellen Kunst farbenprächtig wird). *ZGGG*, 1982, No.2, p.2.

Zhang Funian 张夫年: "Baokan guanggao san ti" 报刊广告三题 (Drei Themen zur Zeitungswerbung). *ZGGG*, 1982, No.2, pp.6-7.

Zhang Kaixian 张开显: "Jingji xinxi yu guanggao" 经济信息与广告 (Wirtschaftsinformationen und Werbung). *ZGGG*, 1983, No.4, pp.2-3.

Zhang Mingqing 张铭清: "Xiwang gaijin dianshi guanggao" 希望改进电视广告 (Hoffnung auf die Verbesserung der Fernsehwerbung). *RMRB*, 10.6.1981, p.2.

Zhang Nanzhou 張南舟: *Guanggaoxue zai Zhongguo* 廣告學在中國 (Werbelehre in China). Hongkong: Daxue chuban yinwu gongsi, 1987.

Zhang Nanzhou 张南舟: "Jianli juyou Zhongguo tese de shehuizhuyi guanggaoye" 建立具有中国特色的社会主义广告业 (Ein sozialistisches Werbewesen chinesischer Prägung aufbauen). *Xiamen Daxue Xuebao (Zhexue Shehuikexue ban)* 厦门大学学报 (哲学社会科学版), 1986, No.3, pp.140-144.

Zhang Ran 章然: "Kandeng guanggao yao zhuyi shehui yingxiang" 刊登广告要注意社会影响 (Beim Publizieren von Werbung muß man auf die gesellschaftliche Wirkung achten). *RMRB*, 1.6.1983, p.8.

Zhang Rushi 章汝奭: "Guanggao de zeren guiding yu guanli" 广告的责任规定与管理 (Festlegung und Regelung der Verantwortung in der Werbung). *ZGGG*, 1987, No.3, pp.4-6.

Zhang Shuanglin 张双林: "Guanggao guanli yao guanche Shisan Da jingshen" 广告管理要贯彻十三大精神 (In der Werberegelung muß der Geist des XIII. Parteitages verwirklicht werden). *ZGGSB*, 11.12.1987, p.1.

Zhang Shuping 张庶平: "Lun shehuizhuyi guanggao xinxi huodong de ji ge lilun wenti" 论社会主义广告信息活动的几个理论问题 (Über einige theoretische Fragen der sozialistischen Werbeinformationstätigkeit). *ZGGG*, 1984, No.1, pp.3-7 (Teil 1) und *ZGGG*, 1984, No.2., pp.2-4 (Teil 2). Auch in *ZGGGNJ*, pp.187-193.

Zhang Shuping 张庶平: "Yao yanjiu dian guanggaoxue" 要研究点广告学 ([Wir] sollten etwas [auf dem Gebiet der] Werbelehre forschen). *RMRB*, 10.8.1980, p.3.

Zhang Xuepei 张学培: "Guanggao xuanchuan shi baozhi de zhongyao shehui zhineng" 广告宣传是报纸的重要社会职能 (Werbepropaganda ist eine wichtige gesellschaftliche Aufgabe der Zeitungen). *XWZX*, 1984, No.4, pp.20-21.

Zhang Yan 张岩: "Ying shenzhong duidai wai shang guanggao" 应慎重对待外商广告 (Ausländische Werbung muß sorgfältig behandelt werden). *XWZX*, 1982, No.9, p.20.

Zhang Yan 张岩 und Liu Wenchang 刘文昌: "Qian tan baozhi guanggao" 浅谈报纸广告 (Oberflächliche Diskussion über Zeitungswerbung). *ZGGG*, 1982, No.3, pp.40-41; hier: p.40.

Zhang Yuyou 张玉友 und Yan Jinyu 颜瑾瑜: *Shangpin guanggaoxue* 商品广告学 (Lehre der Warenwerbung). O.O.: Xinhua chubanshe, 1990.

Zhao Shulan 赵淑兰: "Deng guanggao yao yan er you xin" 登广告要言而有信 (Wenn man Werbung publiziert, muß man halten, was man verspricht). *RMRB*, 6.4.1980, p.3.

Zhao Zhiwen 赵志文: "Wo guo guanggaoye huo kexi jinzhan" 我国广告业获可喜进展 (Die Werbeindustrie unseres Landes hat erfreuliche Fortschritte gemacht). *RMRB*, 17.6.1987, p.2.

Zhen Xing 振兴 und Yun Hui 蕴辉: "Ren zhong er dao yuan - Fang Zhongguo Guanggao Lianhe Zong Gongsi zongjingli Cang Shi tongzhi" 任重而道远 - 访中国广告联合总公司总经理苍石同志 (Die Last ist schwer und der Weg ist weit - Besuch beim Generalmanager der China United Advertising Corporation, dem Genossen Cang Shi). ZGGG, 1981, No.2, pp.4-5.

Zhongguo Guanggao Hanshou Xueyuan jiaowu weiyuanhui 中国广告函授学院教务委员会 (Hg.): Guanggao gailun (shiyong) 广告概论 (试用) (Einführung in die Werbung [Probeausgabe], hg. von Unterrichtskommission des Fernlehrinstituts für chinesische Werbung). O.O., o.J.

Zhongguo Guanggao Hanshou Xueyuan jiaowu weiyuanhui 中国广告函授学院教务委员会 (Hg.): Guanggao jianshi (shiyong) 广告简史 (试用) (Kurze Geschichte der Werbung [Probeausgabe], hg. von Unterrichtskommission des Fernlehrinstituts für chinesische Werbung). Vol.1 und 2, o.O., o.J. [Vorwort vom Januar 1986].

Zhongguo Guanggao Xiehui 中国广告协会: "1989 nian Zhongguo guanggao dashiji" 1989 年中国广告大事记 (Chronik der wichtigen Ereignisse in der chinesischen Werbung im Jahr 1989). ZGGG, 1990, No.3, pp.17-18.

Zhonghua Guoji Jishu Kaifa Zong Gongsi Jingxi Huagong Yanjiusuo 中华国际技术开发总公司精细化工研究所 (Hg.): *Shangpin tuixiao jishu - Zhong wai qiye shangpin tuixiao shili xuan* 商品推销技术 - 中外企业商品推销实例选 (Warenabsatztechnik - Auswahl von Beispielen des Warenabsatzes chinesischer und ausländischer Unternehmen). O.O.: Zhejiang kexue jishu chubanshe, 1985.

Zhong Yuesheng 钟嶽生: "Peihe nongcun shangpin shengchan zuohao guanggao xiaxiang gongzuo" 配合农村商品生产做好广告下乡工作 (Abgestimmt auf die ländliche Warenproduktion die Werbearbeit auf dem Land gut machen). ZGGG, 1984, No.3, p.2.

Zhou Guoxiang 周国祥: Dui «chan xiao zhijie jianmian» de yixie kanfa" 对 «产销直接见面» 的一些看法 (Einige Ansichten zu 'Produktion und Absatz treffen sich direkt'). RMRB, 19.11.1979, p.2.

Zhou Hongyou 周鸿猷: "Teshu shangpin" 特殊商品 (Eine besondere Art Waren). *RMRB*, 15.12.1978, p.2.

Zhou Jianming 周建明: *Shehuizhuyi he shangpin jingji. Dui Makesi lilun de zai renshi* 社会主义和商品经济. 对马克思理论的再认识 (Sozialismus und Warenwirtschaft. Neue Erkenntnis zur marxistischen Theorie). [Beijing:] Renmin chubanshe, 1985.

Zhou Wen 周文: "Weifa jingying guanggao san li" 违法经营广告三例 (Drei Beispiele ungesetzlicher Durchführung von Werbung). *RMRB*, 17.3.1986, p.4.

Zhou Zhuimu 周追木: "Xiaochu xinwen meijie de chao-quanli yishi - Guanggao jingying tizhi gaige de yi ge zhengjie suozai" 消除新闻媒介的超权力意识 - 广告经营体制改革的一个症结所在 (Das Über-Rechtsbewußtsein der Nachrichtenmedien beseitigen - Ein entscheidender Punkt bei der Reform des Werbegeschäftssystems). *ZGGG*, 1988, No.3, pp.15-16.

Zhu Jianhua 祝建华: "Shanghai ribao zhong de waishang guanggao" 上海日报中的外商广告 (Ausländische Werbung in Shanghaier Tageszeitungen). *Guoji Guanggao* 国际广告, 1987, No.2, pp.15-17.

Zhuang Jianmin 庄建民: "Beijing chachu yipi maopai jiu" 北京查处一批冒牌酒 (Beijing untersucht und bestraft [Fälle von] Alkoholika mit gefälschten Markenzeichen). *RMRB*, 11.4.1985, p.4.

## Gesetzliche Bestimmungen und Verordnungen

"Caizhengbu, Guojia Gong-Shang Xingzheng Guanli Ju guanyu qiye guanggao feiyong kaizhi wenti de ruogan guiding" 财政部, 国家工商行政管理局关于企业广告费用开支问题的若干规定 (Einige Bestimmungen des Finanzministeriums und des Staatlichen Industrie- und Handelsverwaltungsamtes zur Frage der betrieblichen Ausgaben für Werbegebühren). [Datiert: 29.10.1983] *ZGGGNJ*, p.56.

"Caizhengbu, Xinwen Chuban Shu, Guojia Gong-Shang Xingzheng Guanli Ju guanyu guanche «Guowuyuan Bangongting guanyu jianjue zhizhi guonei huzeng guali de tongzhi» de yijian" 财政部, 新闻出版署, 国家工商行政管理局关于贯彻 «国务院办公厅关于坚决制止国内互赠挂历的通知» 的意见 (Ansichten des Finanzministeriums, der Behörde für Presse- und Publikationswesen und des Staatlichen Industrie- und Handelsverwaltungsamtes über die Durchführung des "Zirkulars des Staatsratsamtes zur entschiedenen Unterbindung des gegenseitigen Schenkens von Wandkalendern innerhalb Chinas"). [Datiert: 18.4.1987] *ZGGGNJ*, p.72.

"Gong-Shang Xingzheng Guanli Zongju yinfa «Guanyu zhengdun guanggao gongzuo de yijian» de tongzhi" 工商行政管理总局印发 «关于整顿广告工作的意见» 的通知 (Zirkular zu den vom Obersten Industrie- und Handelsverwaltungsamt verteilten "Ansichten zur Ausrichtung der Werbearbeit"). [Datiert: 5.6.1982] *ZGGGJN*, p.53.

"Guanyu zhengdun guanggao gongzuo de yijian" 关于整顿广告工作的意见 (Ansichten zur Ausrichtung der Werbearbeit). [Datiert: 5.6.1982] *ZGGGNJ*, pp.53-55.

"Guanggao guanli tiaoli" 广告管理条例 (Bestimmungen zur Regelung der Werbung). [Datiert: 26.10.1987] *ZGGGJN* pp.43-44. Auch publiziert in *Xinhua Yuebao* 新华月报, 1987, No.11, pp.99-100. Auch publiziert in *ZGGG*, 1988, No.1, pp.4-5.

"Guanggao guanli tiaoli shixing xize" 广告管理条例施行细则 (Ausführungsanordnungen zu den Bestimmungen zur Regelung der Werbung). [Datiert: 9.1.1988] *ZGGGNJ*, pp.45-48.

"Guanggao guanli zanxing tiaoli" 广告管理暂行条例 (Vorläufige Bestimmungen zur Regelung der Werbung). [Datiert: 6.2.1982] *ZGGGNJ*, pp.48-49.

"«Guanggao guanli zanxing tiaoli» shishi xize (neibu shixing)" «广告管理暂行条例» 实施细则 (内部试行) (Ausführungsanordnungen zu den "Vorläufigen Bestimmungen zur Regelung der Werbung" [intern zur probeweisen Durchführung]). [Datiert: 5.6.1982] *ZGGGNJ*, pp.50-53.

"Guojia Gong-Shang Xingzheng Guanli Ju, Caizhengbu guanyu dui zanzhu guanggao jiaqiang guanli de ji xiang guiding" 国家工商行政管理局, 财政部关于对赞助广告加强管理的几项规定 (Einige Bestimmungen des Staatlichen Industrie- und Handelsverwaltungsamtes und des Finanzministeriums zur verstärkten Kontrolle der Unterstützungswerbung). [Datiert: 19.9.1985] *ZGGGNJ*, p.66.

"Guojia Gong-Shang Xingzheng Guanli Ju, Guangbo-Dianshibu, Wenhuabu guanyu baozhi, shukan, diantai, dianshitai jingying, kanbo guanggao youguan wenti de tongzhi" 国家工商行政管理局, 广播电视部, 文化部关于报纸, 书刊, 电台, 电视台经营, 刊播广告有关问题的通知 (Zirkular des Staatlichen Industrie- und Handelsverwaltungsamtes, des Rundfunk- und Fernsehministeriums und des Kulturministeriums über das Betreiben, Publizieren und Ausstrahlen von Werbung in Zeitungen, Büchern und Zeitschriften, Rundfunk und Fernsehen). [Datiert: 17.4.1985] *ZGGGNJ*, p.62.

"Guojia Gong-Shang Xingzheng Guanli Ju guanyu fabu «Guanggao guanli tiaoli shixing xize» de tongzhi" 国家工商行政管理局关于发布 «广告管理条例施行细则» 的通知 (Zirkular des Industrie- und Handelsverwaltungsamtes zum Erlaß der "Ausführungsanordnungen zu den Bestimmungen zur Regelung der Werbung"). [Datiert: 9.1.1988] *ZGGGNJ*, pp.44-45.

"Guojia Gong-Shang Xingzheng Guanli Ju guanyu jingji tequ guanggao xuanchuan de jidian yijian" 国家工商行政管理局关于经济特区广告宣传的几点意见 (Einige Ansichten des Staatlichen Industrie- und Handelsverwaltungsamtes zur Werbepropaganda der Wirtschaftssonderzonen). [Datiert: 18.11.1986] *ZGGGNJ*, pp.68-69.

"Guojia Gong-Shang Xingzheng Guanli Ju guanyu waiguo guanggao qiye sheli changzhu daibiao jigou pizhun quanxian de tongzhi" 国家工商行政管理局关于外国广告企业设立常驻代表机构批准权限的通知 (Zirkular des Staatlichen Industrie- und Handelsverwaltungsamtes über die Zuständigkeit für die Genehmigung zur Einrichtung ständiger Niederlassungen ausländischer Werbeunternehmen). [Datiert: 7.10.1986] *ZGGGNJ*, p.68.

"Guojia Gong-Shang Xingzheng Guanli Ju guanyu yan jiu guanggao he daili guonei guanggao yewu shouqu shouxufei wenti de tongzhi" 国家工商行政管理局关于烟酒广告和代理国内广告业务收取手续费问题的通知 (Zirkular des Staatlichen Industrie- und Handelsverwaltungsamtes zur Tabak- und Alkoholwerbung sowie zur Frage der Erhebung von Bearbeitungsgebühren für die Vertretung inländischer Werbeaufträge). [Datiert: 2.3.1984] *ZGGGNJ*, p.57.

"Guojia Gong-Shang Xingzheng Guanli Ju, Guojia Tiyu Yundong Weiyuanhui guanyu jiaqiang tiyu guanggao guanli de zanxing guiding" 国家工商行政管理局,国家体育运动委员会关于加强体育广告管理的暂行规定 (Vorläufige Bestimmungen des Staatlichen Industrie- und Handelsverwaltungsamtes und der Staatlichen Sportkommission zur Verstärkung der Kontrolle der Sportwerbung). [Datiert: 24.11.1986] *ZGGGNJ*, pp.69.

"Guojia Gong-Shang Xingzheng Guanli Ju, Weishengbu guanyu fabu «Shipin guanggao guanli banfa (shiyong)» de tongzhi" 国家工商行政管理局,卫生部关于发布«食品广告管理办法(试行)»的通知 (Zirkular des Staatlichen Industrie- und Handelsverwaltungsamtes und des Gesundheitsministeriums zum Erlaß der "Maßnahmen zur Regelung der Nahrungsmittelwerbung [zur Probe]"). [Datiert: 23.4.1987] *ZGGGNJ*, p.72.

"Guojia Gong-Shang Xingzheng Guanli Ju, Guojia Yiyao Guanli Ju guanyu jiaqiang wu zhong yiliao qixie chanpin guanggao guanli de tongzhi" 国家工商行政管理局,国家医药管理局关于加强五种医疗器械产品广告管理的通知 (Zirkular des Staatlichen Industrie- und Handelsverwaltungsamtes und des Staatlichen Verwaltungsamtes für Medizin zur Verstärkung der Kontrolle der Werbung für fünf Arten medizinischer Geräte). [Datiert: 5.12.1987] *ZGGGNJ*, pp.76-78.

"Guojia Gong-Shang Xingzheng Guanli Ju, Nong- Mu- Yuyebu guanyu zuohao nongyao guanggao guanli gongzuo de tongzhi" 国家工商行政管理局,农牧渔业部关于做好农药广告管理工作的通知 (Zirkular des Staatlichen Industrie- und Handelsverwaltungsamtes und des Ministeriums für Landwirtschaft, Viehzucht und Fischerei zur Kontrollarbeit in der Werbung für Pestizide). [In Kraft ab 1.6.1988] *ZGGGNJ*, pp.79-83.

"Guojia Gong-Shang Xingzheng Guanli Ju, Wenhuabu, Jiaoyubu, Weishengbu guanyu wenhua, jiaoyu, weisheng, shehui guanggao guanli de tongzhi" 国家工商行政管理局,文化部,教育部,卫生部关于文化,教育,卫生,社会广告管理的通知 (Zirkular des Staatlichen Industrie- und Handelsverwaltungsamtes, des Kulturministeriums, des Erziehungsministeriums und des Gesundheitsministeriums zur Regelung von Kultur-, Erziehungs-, Gesundheits- und Gesellschaftswerbung). [Datiert: April 1984] *ZGGGNJ*, pp.57-58.

"Guojia Gong-Shang Xingzheng Guanli Ju, Wenhuabu, Shangyebu, Zhongguo Renmin Yinhang, Guojia Tiyu Yundong Weiyuanhui guanyu jiaqiang dui gezhong jiangquan guanggao guanli de tongzhi" 国家工商行政管理局,文化部,商业部,中国人民银行,国家体育运动委员会关于加强对各种奖券广告管理的通知 (Zirkular des Staatlichen Industrie- und Handelsverwaltungsamtes, des Kulturministeriums, des Handelsministeriums, der Chinesischen Volksbank und der Staatlichen Sportkommission zur Verstärkung der Kontrolle jeder Art von Lotterieloswerbung). [Datiert: 15.4.1985] *ZGGGNJ*, pp.61-62.

"Guojia Jiliang Ju guanyu chuju jiliang qiju shangpin guanggao zhengming de zanxing guiding" 国家计量局关于出具计量器具商品广告证明的暂行规定 (Vorläufige Bestimmungen des Staatlichen Amtes für Metrologie über die Ausstellung von Werbebescheinigungen für Meßgerätewaren). [Datiert: 28.7.1982] *ZGGGNJ*, pp.55-56.

"Guowuyuan Bangongting guanyu jiaqiang guanggao xuanchuan guanli de tongzhi" 国务院办公厅关于加强广告宣传管理的通知 (Zirkular des Amtes des Staatsrates zur Verstärkung der Kontrolle der Werbepropaganda). [Datiert: 15.11.1985] *ZGGGNJ*, p.67.

"Guowuyuan Bangongting guanyu jianjue zhizhi guonei huzeng guali de tongzhi" 国务院办公厅关于坚决制止国内互赠挂历的通知 (Zirkular des Staatsratsamtes über die entschiedene Unterbindung des gegenseitigen Schenkens von Wandkalendern innerhalb Chinas). [Datiert: 9.3.1987] *ZGGGNJ*, p.70.

"Guowuyuan guanyu fabu «Guanggao guanli zanxing tiaoli» de tongzhi" 国务院关于发布《广告管理暂行条例》的通知 (Zirkular des Staatsrates zum Erlaß der "Vorläufigen Bestimmungen zur Regelung der Werbung"). [Datiert: 6.2.1982] *ZGGGNJ*, p.48.

"Guowuyuan guanyu yanjin yinhui wupin de guiding" 国务院关于严禁淫秽物品的规定 (Bestimmungen des Staatsrates zum Verbot von Pornographie). [Datiert: 17.4.1985] *RMRB*, 20.4.1985, p.3.

"Qinggongyebu guanyu jiaqiang dui qinggong chanpin guanggao xuanchuan de tongzhi" 轻工业部关于加强对轻工产品广告宣传管理的通知 (Zirkular des Leichtindustrieministeriums zur Verstärkung der Kontrolle der Werbepropaganda für leichtindustrielle Produkte). [Datiert: 6.7.1985] *ZGGGNJ*, pp.62-63.

"Shipin guanggao guanli banfa (shiyong)" 食品广告管理办法 (试行) (Maßnahmen zur Regelung der Nahrungsmittelwerbung [zur Probe]). [Datiert: 23.4.1987] *ZGGGNJ*, pp.72-75.

"Weishengbu, Guojia Gong-Shang Xingzheng Guanli Ju, Guangbo Dianying Dianshi Bu, Xinwen Chuban Shu guanyu jin yi bu jiaqiang yaopin guanggao xuanchuan guanli de tongzhi" 卫生部, 国家工商行政管理局, 广播电影电视部, 新闻出版署关于进一步加强药品广告宣传管理的通知 (Zirkular des Gesundheitsministeriums, des Staatlichen Industrie- und Handelsverwaltungsamtes, des Rundfunk-, Film- und Fernsehministeriums und der Behörde für Presse- und Publikationswesen zur weiteren Verstärkung der Kontrolle von Werbepropaganda für Arzneimittel). [Datiert: 25.3.1987] *ZGGGNJ*, pp.70-71.

"Xinwen Chuban Shu fachu «Guanyu chongshen yanjin yinhui chubanwu de guiding»" 新闻出版署发出«关于重申严禁淫秽出版物的规定» (Die Behörde für Presse- und Publikationswesen erläßt «Bestimmungen zur erneuten Bekräftigung des strengen Verbotes pornographischer Publikationen»). [Datiert: 5.7.1988] *Xinhua Yuebao* 新华月报, 1988, No.7, pp.125-126.

"Xinwen Chuban Shu fachu «Guanyu chubanwu fengmian, chatu he chubanwu guanggao guanli de zanxing guiding»" 新闻出版署发出«关于出版物封面, 插图和出版物广告管理的暂行规定» (Die Behörde für Presse- und Publikationswesen erläßt «Vorläufige Bestimmungen zur Regelung der Titelblätter und Illustrationen von Publikationen und Werbung für Publikationen»). [Datiert: 5.7.1988] *Xinhua Yuebao* 新华月报, 1988, No.7, p.125.

"Yaopin guanggao guanli banfa" 药品广告管理办法 (Maßnahmen zur Regelung der Arzneimittelwerbung). [Datiert: 20.8.1985] *ZGGGNJ*, pp.63-65.

"Zhonghua Renmin Gongheguo yaopin guanli fa" 中华人民共和国药品管理法 (Arzneimittelgesetz der Volksrepublik China). *ZGGGNJ*, pp.58-61. [Datiert: 20.9.1984]

# China-Publikationen
## Institut für Asienkunde Hamburg

CHINA aktuell - Monatszeitschrift, Jahresabonnement DM 116,00 (zuzüglich Porto)

Ostasiatischer Verein e.V. in Zusammenarbeit mit dem Institut für Asienkunde: Asien/Pazifik. Wirtschaftshandbuch 1991, Hamburg 1991, 424 S., DM 65,00 (auch frühere Jahrgänge lieferbar)

Wolfgang Bartke: Biographical Dictionary and Analysis of China's Party Leadership 1922-1988, München etc. 1990, 482 S., DM 348,00

Wolfgang Bartke: Who's Who in the People's Republic of China, München etc., 1991, 909 S., DM 498,00

Wolfgang Bartke (comp.): The Relations Between the People's Republic of China and
I. Federal Republic of Germany
II. German Democratic Republic
in 1989 as seen by Xinhua News Agency. A Documentation, Hamburg 1990, 492 S., DM 28,00 (auch frühere Jahrgänge lieferbar)

Ruth Cremerius/Doris Fischer/Peter Schier: Studentenprotest und Repression in China April-Juni 1989. Analyse, Chronologie, Dokumente, 2. überarb. u. erw. Auflage, Hamburg 1991, 582 S., DM 36,00

Monika Schädler: Provinzporträts der VR China. Politik, Wirtschaft, Gesellschaft, Hamburg 1991, 384 S., DM 36,00

Andreas Gruschke: Neulanderschließung in Trockengebieten der Volksrepublik China, Hamburg 1991, 282 S., DM 28,00

Andreas Lauffs: Das Arbeitsrecht der Volksrepublik China. Entwicklung und Schwerpunkte, Hamburg 1990, 269 S., DM 32,00

Jürgen Maurer: Das Informations- und Kommunikationswesen in der VR China. Institutioneller Rahmen und Ausgestaltung, Hamburg 1990, 150 S., DM 24,00

Yu-Hsi Nieh (comp.): Bibliography of Chinese Studies 1989 (Selected Articles on China in Chinese, English and German), Hamburg 1990, 129 S., DM 18,00 (auch frühere Jahrgänge lieferbar)

Detlef Rehn: Shanghais Wirtschaft im Wandel: Mit Spitzentechnologien ins 21.Jahrhundert, Hamburg 1990, 201 S., DM 28,00

Jürgen Schröder: Unternehmensbesteuerung in der VR China, Hamburg 1990, 123 S., DM 24,00

Lutz-Christian Wolff: Der Arbeitsvertrag in der Volksrepublik China nach dem Arbeitsvertragssystem von 1986, Hamburg 1990, 344 S., DM 36,00

Wolfgang Bartke: The Economic Aid from the People's Republic of China to Developing and Socialist Countries, 2. überarb. und erweiterte Auflage, München 1989, 160 S., DM 120,00

Werner Draguhn u.a. (Hrsg.): Politisches Lexikon Asien, Australien, Pazifik, 2.neubearb. Auflage, München 1989, 365 S., DM 24,00

Joachim Glatter: Rechtsgrundlagen für Handel und wirtschaftliche Kooperation in der Volksrepublik China, Hamburg 1989, 328 S., DM 35,00

Willy Kraus: Private Unternehmerwirtschaft in der Volksrepublik China, Hamburg 1989, 264 S., DM 28,00 (Paperback), DM 38,00 (Leinen)

Lin Jen-kai: Chinas zweite Führungsgeneration. Biographien und Daten zu Leben und Werk von Li Peng, Qiao Shi, Tian Jiyun, Zhao Ziyang, Hu Qili, Hu Yaobang, Wang Zhaoguo, Hamburg 1989, 463 S., DM 36,00

Erhard Louven (Hrsg.): Chinas Wirtschaft zu Beginn der 90er Jahre. Strukturen und Reformen - Ein Handbuch, Hamburg 1989, 400 S., DM 38,00 (Paperback), DM 56,00 (Leinen)

Rüdiger Machetzki (Hrsg.): Sozialistische und planwirtschaftliche Systeme Asiens im Umbruch, Berlin 1989, 116 S., DM 18,00

Frank Münzel (Bearb.): Unternehmens- und Gesellschaftsrecht der VR China, Hamburg 1989, 349 S., DM 34,00

Matthias Risler: Berufsbildung in China. Rot und Experte, Hamburg 1989, 427 S., DM 36,00

Monika Schädler: Neue Wege für Chinas Bauern. Produktion, Beschäftigung und Einkommen im nichtlandwirtschaftlichen Sektor, Hamburg 1989, 200 S., DM 28,00

Oskar Weggel: Die Asiaten - Gesellschaftsordnungen, Wirtschaftssysteme, Denkformen, Glaubensweisen, Alltagsleben, Verhaltensstile, München 1989, 360 S., DM 48,00

Oskar Weggel: Geschichte Chinas im 20. Jahrhundert, Stuttgart 1989, 410 S., DM 36,00

Institut für Asienkunde (Hrsg.): Shanghai: Chinas Tor zur Welt,2. veränd. Auflage, Hamburg 1989, 111 S., DM 15,00

Udo Dörnhaus: Berufsbildungspolitik Taiwans im Verlauf der wirtschaftlichen Entwicklung 1949-1985, Hamburg 1988, 266 S., DM 28,00

Bernd-Geseko v. Lüpke: Die Taiwan-Politik der Volksrepublik China seit 1980, Hamburg 1988, 264 S., DM 28,00

Uwe Richter: Die Kulturrevolution an der Universität Beijing - Vorgeschichte, Ablauf, Bewältigung, Hamburg 1988, 270 S., DM 28,00

Michael Strupp (Bearb.): Die Verträge der Volksrepublik China mit anderen Staaten 1965. Übersetzung und Kommentar, Wiesbaden 1988, 154 S., DM 45,00

Oskar Weggel: China: Zwischen Marx und Konfuzius, 3. neubearb. Aufl., München 1988, 340 S., DM 19,80

Waldemar Duscha: Technologietransfer in die Volksrepublik China durch Wirtschaftskooperation, Hamburg 1987, 329 S., DM 28,00

Erhard Louven: Perspektiven der Wirtschaftsreform in China, Berlin 1987, 134 S., DM 18,00

Rüdiger Machetzki: Die pazifische Herausforderung. Zukunftsperspektiven für Industrie- und Entwicklungsländer, Berlin 1987, 113 S., DM 24,00

Eberhard Sandschneider: Militär und Politik in der Volksrepublik China 1969-1985, Hamburg 1987, 300 S., DM 28,00

Michael Strupp: Chinas Grenzen mit Birma und mit der Sowjetunion, Hamburg 1987, 559 S., DM 39,00

Oskar Weggel: Xinjiang/Sinkiang: Das zentralasiatische China. Eine Landeskunde, 3.Aufl., Hamburg 1987, 242 S., DM 28,00

Werner Handke: Schanghai. Eine Weltstadt öffnet sich, Hamburg 1986, 152 S., DM 21,00

Gerd Helms: "Knigge" für den Umgang mit Chinesen, Berlin 1986, 70 S., DM 18,00

E. Louven/M. Schädler: Wissenschaftliche Zusammenarbeit zwischen der Volksrepublik China und der Bundesrepublik Deutschland. Bestandsaufnahme und Anregungen für die Forschungsförderung, 2. überarbeitete Auflage, Hamburg 1986, 178 S., DM 19,00

Hans Kühner: Die Chinesische Akademie der Wissenschaften und ihre Vorläufer 1928-1985, Hamburg 1986, 180 S., DM 25,00

Oskar Weggel: Weltgeltung der VR China, München 1986, 316 S., DM 25,00

Wolfgang Bartke: Die großen Chinesen der Gegenwart. Ein Lexikon 100 bedeutender Persönlichkeiten Chinas im 20.Jahrhundert, Frankfurt 1985, 356 S., DM 18,00

Wolfgang Bartke/Peter Schier: China's New Party Leadership. Biographies and Analysis of the Twelfth Central Committee of the Chinese Communist Party, London 1985, 289 pp., US$ 50.00

Wolfgang Bartke: The Diplomatic Service of the People's Republic of China as of November 1984, Hamburg 1985, 120 pp., DM 25,00

Werner Draguhn (Hrsg.): Umstrittene Seegebiete in Ost- und Südostasien. Das internationale Seerecht und seine regionale Bedeutung, Hamburg 1985, 343 S., DM 35,00

Institut für Asienkunde (Hrsg.): China heute. Politik, Wirtschaft und Gesellschaft, Berlin 1985, 78 S., DM 18,00

Johann Adolf Graf Kielmansegg/Oskar Weggel: Unbesiegbar? China als Militärmacht, Stuttgart, Herford 1985, 316 S., DM 42,00

Oskar Weggel: Wissenschaft in China. Der neue Mythos und die Probleme der Berufsbildung, Berlin 1985, 169 S., DM 18,00

Hanns J. Buchholz: **Seerechtszonen im Pazifischen Ozean. Australien/Neuseeland - Ost- und Südostasien - Südpazifik**, Hamburg 1984, 153 S., DM 26,00

Michael Strupp: **Verträge der Volksrepublik China mit anderen Staaten. Teil 9: 1966-1967**, Wiesbaden 1984, 225 S., DM 54,00 \*

Jörg Baumann: **Determinanten der industriellen Entwicklung Hong Kongs 1945-1979**, Hamburg 1983, 449 S., DM 38,00

Heiner Dürr/Urs Widmer: **Provinzstatistik der Volksrepublik China**, Hamburg 1983, 315 S., DM 35,00

Bernd Eberstein: **Das chinesische Theater im 20. Jahrhundert**, Wiesbaden 1983, XXII u. 421 S., DM 128,00 \*

Gerold Amelung: **Die Rolle der Preise in der industriellen Entwicklung der Volksrepublik China 1961-1976**, Hamburg 1982, 212 S., DM 24,00

Eckard Garms (Hrsg.): **Wirtschaftspartner China 81/82. Chancen nach der Ernüchterung**, 2. erw. Aufl., Hamburg 1982, 556 S., DM 48,00

Gerd Kaminski/Oskar Weggel (Hrsg.): **China und das Völkerrecht**, Hamburg 1982, 284 S., DM 28,00

Rüdiger Machetzki (Hrsg.): **Deutsch-chinesische Beziehungen. Ein Handbuch**, Hamburg 1982, 288 S., DM 28,00

Michael Strupp: **Chinas territoriale Ansprüche. Aktuelle Probleme der Landgrenzen, der Seegrenzen und des Luftraumes**, Hamburg 1982, 199 S., DM 24,00

Thomas Scharping: **Umsiedlungsprogramme für Chinas Jugend 1955-1980**, Hamburg 1981, 575 S., DM 36,00

Eckard Garms: **Wirtschaftsreform in China**, Hamburg 1980, 152 S., DM 18,00

Rüdiger Machetzki: **Entwicklungsmacht China. Stand, Potential und Grenzen der binnenwirtschaftlichen Leistung**, Hamburg 1980, 403 S., DM 35,00

Brunhild Staiger (Hrsg.): **China. Ländermonographie**, Tübingen 1980, 519 S., DM 56,00

Oskar Weggel: **Chinesische Rechtsgeschichte**, Leiden, Köln 1980, 266 S., DM 128,00

Holger Dohmen: **Soziale Sicherheit in China**, Hamburg 1979, 82 S., DM 15,00

Jy Huang/Wolfgang Kessler/Renkai Liu/Frank Münzel (Übers.): **Recht in China. Aufsätze aus der Volksrepublik China zu Grundsatzfragen des Rechts**, Hamburg 1979, 162 S., DM 15,00

Jörg Michael Luther: **Liu Shao-qis umstrittenes Konzept zur Erziehung von Parteimitgliedern**, Hamburg 1978, 298 S., DM 24,00

Helmut Martin: **Kult und Kanon, Entstehung und Entwicklung des Staatsmaoismus 1935-1978**, Hamburg 1978, 101 S., DM 15,00

Harald Richter: **Publishing in the People's Republic of China**, Hamburg 1978, 114 S., DM 15,00

Brunhild Staiger: **Das Konfuzius-Bild im kommunistischen China. Die Neubewertung von Konfuzius in der chinesisch-marxistischen Geschichtsschreibung**, Wiesbaden 1969, 143 S., DM 54,00\*

Zu beziehen durch:

**Institut für Asienkunde**
Rothenbaumchaussee 32, W-2000 Hamburg 13
Tel.: (040) 44 30 01 \* Fax: (040) 410 79 45

---

# CHINA aktuell
### - Monatszeitschrift -

Sie erhalten
12mal jährlich eine umfassende Darstellung in

## Außenpolitik - Innenpolitik
## Wirtschaft - Außenwirtschaft

der Volksrepublik China, Taiwans, Hongkongs und Macaus
im eben abgelaufenen Monat.
Authentische Information ohne ideologisches Beiwerk, aufbereitet in Form von

### Meldungen   Analysen   Dokumenten

sowie einen
### Jahresindex

Jahresabonnement (zuzüglich Porto): DM 116,00
Einzelheft (zuzüglich Porto): DM 12,00
Bitte fordern Sie ein Probeheft an.

Zu bestellen beim Herausgeber

*Studentenabonnement
DM 60,- plus Porto
Bei Vorlage der
Immatrikulationsbescheinigung*

# Institut für Asienkunde
Rothenbaumchaussee 32   W-2000 Hamburg 13   Telefon (040) 44 30 01-03